名句選解

東信出版社

序文

世上에 글이 없다. 世上에 글이 없다는 것은 정말로 世上에 글이 없다는 것이 아니라, 社會에 氾濫하고 있는 書籍의 洪水沙汰 그것은 쓸모없는 休紙같은 것만 수두룩하고 진짜 쓸만한 글같은 글이 드물다는 말이다. 人間의 脈을 붙들어 世上의 받침대가 되어 겨레의 얼굴이요, 숨통이요, 뼈대로 살아 남아있는 글이 얼마나 되던가?

우리는 激變하는 稀罕한 世代에 살고 있다. 鬼神을 등쳐 먹는 科學文明이란 놈이 주름을 잡는 바람에 文章같은 것은 밀려 쫓기고, 脈을 못추고, 허덕이고 있는 것만은 事實이다. 物質이 優先한다는 觀念이 普遍化되어 눈에 보이고 손에 잡히는 것만이 氣勝을 부리고 行勢를 하는데, 哲學이나 精神面에 關한 分野가 푸대접을 받고 있는 것은 文弱으로 因하여 苦杯를 마셨던 過去의 代價를 치루고 있는 것이다. 科學을 뺨칠만한 哲學이 어찌 없을 까닭이 있으리만 準備過程에 있어서 다만 出現이 되지 않고 있다는것 뿐인데 下回를 한번 기다려 볼만한 일이다. 두가지 事物은 決코 떨어질 수 없는 것이라서 수레의 두개의 바퀴처럼 均衡이 잡히고 調和되어야 하는 것이다.

이 冊에 收錄된 名句나 驚人句 또는 格言至訓등은 歷代에 이름 있는 先人들의 손을 거쳐 엮어진 할만한 名作으로 널리 人口에 膾炙되어 一世를 風靡했던 作品들이라 吟味해 보면 文學의 價値를 알 수 있을 것이다.

얼 빠져 三毒(倭, 洋, 中毒)에 걸린 많은 의붓子息 같이 迷惑한 사람들도 이 冊을 보고 눈 뜨고 깨우쳐서 民族 魂의 所在를 찾아서 韓國人에 마음의 故鄕으로 돌아온다면 더할나위 없이 多幸한 일이다.

檀紀 4323年 9月

白雲居士 **千年鶴**

卷 頭 言

既往에 發刊된 騷人墨客들의 愛玩物로 人氣作品이라고 稱하는 某某寶鑑 云云하는 書籍이, 擧皆 千篇一律的으로 四書五經이나 諸子百家書에 脈絡이 連結되어 作詩의 主人公을 逐句考證하고 出處原典을 폭넓게 提示하여 自然 修養句節에 이르기까지 形式을 갖추고 體系를 세워서 道學의 옷을 입혀 消化시켜 놓았으니 可謂斯文에 有功하였다고 아니치 못할 것입니다.

그러나 玉에도 瑕疵가 있다고 知識人이 異口同聲으로 指摘하는 이른바 洗練되고 特出한, 文章力의 生命이 跋動치는 名句나 驚人句를 찾아볼 수 없다는 아쉬움을 살리고 補充하여 이것과 對照的인 作品으로 浮刻시켜, 살아서 숨쉬는 文段의 句節自体에 脈이 通하고 魂이 潛在한 源泉을 發掘하여 道學의 냄새가 풍기는 要素를 除去하고 時代感覺에 걸맞는 文章의 옷을 입혀 소화시키려고 노력한 것이 이 책의 特徵이라 하겠습니다.

그런 뜻에서 내용을 달리하여 民族魂이나 歷史意識이 담겨있는 우리 韓國人의 名作으로 骨格을 만들고 그 위에다 歐蘇韓柳나 李杜文章은 약간만 加味하여 主客을 분명히 하였고 編末에 民族의 受難期인 6·25動亂 前後에 엮어둔 編者의 拙作幾十編을 정리하여 猥濫히 소개하는 緣由로 先賢들의 名句를 때문에 하였다는 自激之心에서 名句寶鑑이 아닌 名句選解로 表題를 格下시킨

事由를 밝혀두며 自家의 所懷나 하고 싶은 말들은 解詩에 곁들여 源潔流淸을 바라는 마음에서 부득이 頹廢 타락이나 逆理、反社會를 罵倒하고 格言至訓을 내세워 刺棘의 一針을 加하였으며 수준에 미달하는 善良한 後進을 위하여 註釋과 字解를 試圖해 보았으니 嗚呼라 江湖先輩 諸位의 叱責과 편달을 빌면서 犧牲奉仕로 出版에 애써주신 東信出版社 李根滉 사장님에게 深甚한 謝意를 表하며 卷頭의 말로 代하고자 합니다.

檀君紀元 四三二三(西紀 一九九〇)年

編者 朴喜昌 識

목차

七言名句篇 …… 9
五言名作篇 …… 99
李杜文章篇 …… 183
格言至訓篇 …… 217
七言佳作篇 …… 291
狗尾續貂篇 …… 387

七言名句篇

七言名句篇

小山得靄連天立
弱樹多花倒地眠
山影倒江魚躍岫
樹陰斜路馬行枝

[소산득애연천립] 작은 山이 노을을 얻어 하늘을 連하여 서 있고.
[약수다화도지면] 弱한 나무에 꽃이 많이 피어 땅에 꺼꾸러져 줄더라.
[산영도강어약수] 산 그림자가 江에 꺼꾸러지니 물고기는 뫼뿌리에서 뛰고.
[수음사로마행지] 나무 그늘이 길에 비꼈으니 말이 가지로 다니도다.

【聯句集】

조그만 山이 저녁 노을을 받아서 하늘까지 물들어 서 있으며, 弱한 나무에는 꽃이 많이 피어 땅에 쓸어진채 졸고 있다. 山 그림자가 江속에 비치니, 물고기는 뫼뿌리에서 뛰는 것 같고 나무 그늘이 길가에 늘어져 있으니 말이 가지로 다니는 것 같도다.

柳陰入席鶯啼膝
花影傾杯蝶舞脣
銀杏甲藏單碧玉
石榴皮裹散朱砂

[유음입석앵제슬] 버드나무 그늘이 자리에 들어오니 꾀꼬리는 무릎에서 울고.
[화영경배접무순] 꽃 그림자가 술잔에 기울어지니 나비가 입술에서 춤추도다.
[은행갑장단벽옥] 銀杏의 껍질은 홑옷의 푸른 玉을 감추었고.
[석류피과산주사] 石榴의 껍질은 흩어진 朱砂를 쌓도다.

【字解】
靄:아지랑이 애
倒:꺼꾸러질 도
躍:뛸 약
岫:뫼뿌리 수

【註釋】
石榴:석류나무의 열매.
朱砂:丹砂, 붉은 빛이 나는 광물.

【字解】
鶯:꾀꼬리 앵
啼:울 제
膝:무릎 슬
蝶:나비 접
脣:입술 순

鸚鵡能言難似鳳
蜘蛛雖巧不如蠶
大東曙色鷄連唱
萬國春聲鳥共來
萬壑煙霞中立樹
三春風雨後開花

(앵무능언난사봉) 앵무새가 能히 말을 잘하나 鳳같기는 어렵고.
(지주수교불여잠) 거미가 비록 공교하나 누에만은 같지 못하다.
(대동서색계연창) 닭이 連하여 부르고.
(만국춘성조공래) 萬國의 봄소리는 새와 함께 오도다.
(만학연하중립수) 일만구렁 연기와 안개 속에 선 나무요.
(삼춘풍우후개화) 三春의 風雨가 지난 후에 꽃피리라.

앵무새란 놈이 아무리 말을 잘한다고 하나 굶주려도 곡식을 쪼아먹지 않은 鳳凰의 德같기는 어렵고 거미가 제아무리 공교한 재주를 부린다 해도 누에의 그것 만은 같을 수 없다. 큰 東쪽에 밝으려 새벽 닭이 소리를 맞추어 울어대고 모든 나라에 찾아온 봄消息은 새소리와 함께 오도다.

무성한 버드나무 그늘이 자리에까지 들어와 무르녹으니 꾀꼬리가 무릎에서 우는 것 같고, 부어놓은 술잔에 비치는 꽃 그림자에 따라온 나비는 마치 잎술에서 춤을 추는듯 하다. 銀杏열매 껍질은 恰似히 흰옷임은 푸른玉을 감춘듯 하고 榴 열매의 껍질은 꼭 흩어진 朱砂를 싸놓은것 같도다.

藏⋯감출 장
榴⋯석류나무 류
裹⋯쌀 과

【註釋】
鸚鵡⋯앵무새
蜘蛛⋯거미

【字解】
鸚⋯앵무새 앵
鵡⋯앵무새 무
蜘⋯거미 지
蛛⋯거미 주
鳳⋯새 봉, 봉황 봉
蠶⋯누에 잠
曙⋯새벽 서

【註釋】
煙霞⋯연기와 안개
三春⋯봄의 석달(一、二、三月)

七言名句篇

雨意移山晴在樹
(우의이산청재수) 비의 뜻이 山으로 옮기니 개인 것은 나무에 있고.

鍾聲出洞靜餘樓
(종성출동정여루) 鍾소리가 골짝으로 나가니 고요한 것은 樓에 남았도다.

많고 많은 구렁 煙氣와 안개 속에 우뚝선 나무가 可觀인데 봄석달 비바람이 불고 온 끝에 핀 꽃이 대견하다. 비가 오려던 생각이 山으로 옮겨가니 나무는 개여 있고, 은은히 들려오는 鍾소리가 山골짝 밖으로 나가 버렸으니 다락에 남아 있는 것은 靜寂뿐이라.

簷懸魚具江雲遠
(첨현어구강운원) 처마에 달린 물고기 그물은 江구름이 멀고.

案積兵書夜雨多
(안적병서야우다) 冊床에 兵書가 쌓였으니 밤비가 많도다.

晴空去鳥多高見
(청공거조다고견) 개인 空中으로 가는 새는 높이 보는 것이 많고.

大澤潛龍恨不飛
(대택잠용한불비) 큰 못에 잠긴 용은 날지 못하는 것이 恨이로다.

처마 밑에 달려 있는 물고기 그물을 보고 노라니 구름이 멀리 사라지고, 개인 空中에 가득히 꽂혀 있는 兵書를 보고 있으니 밤에 비가 많이 오는도다. 개인 空中으로 날아가는 새는 높아서 보는 것이 많고, 큰 못에 잠겨 엎드려 있어 때를 만나지 못한 龍이 아직 昇天하지 못하는 것이 恨이 아닐 수 없다.

【字解】
霞 : 안개 하
簷 : 처마 첨
懸 : 달 현
案 : 책상 안
潛 : 잠길 잠

白屋三間春賜燕
黃粱一抔午呼鷄
銀河西指更殘漏
玉笛南來月滿潭
草家三間 鳥頭幕을 봄에 해마다 찾아오는 江南제비에게 빌려주고 한낮이 되었으니 누른기장 한줌을 가져다 닭을 불러 먹이를 주는도다. 리키니 밤이 이슥해 졌음인지 떨어지는 漏水도 衰殘하고 玉피리 소리가 南쪽에서 들려오니 때마침 밝은 달이 못을 비쳐주노나.

寒愁雁塞霜千國
曙色鷗隣月一塘
雲收峽澗分明見
木落岑樓忽地高
〔한수안새상천국〕 찬것을 근심하는 의 기러기는 서리가 일천나라요.
〔서색구린월일당〕 새는 빛 해오라기 이 옷은 달이 한 못일세.
〔운수협간분명견〕 구름이 걷히니 澗水가 分明히 보이고. 좁은
〔목락잠루홀지고〕 나무잎이 떨어지니 山 등성 마루가 忽然히 땅에서 높아 졌네.

【註釋】
白屋: 가난한 사람의 초가집
黃粱: 누런 기장
玉笛: 옥통수

【字解】
燕: 제비 연
粱: 기장 량
抔: 줌 부
漏: 샐 루
笛: 피리 적

【字解】
雁: 기러기 안
塞: 변방새, 요새새
鷗: 갈매기 구
塘: 못 당
峽: 골짜기 협
岑: 뫼뿌리 잠
忽: 문득 홀

七言名句篇

種柳青遮洞口虛
栽花紅補墻頭缺
天地中虛命月盈
江山外缺呼雲補

(강산외결호운보) 江山의 밖에 이즈러진 것을 구름 불러 짓게 하고.

(천지중허명월영) 天地 가운데 빈 것을 달을 命하여 채웠도다.

(재화홍보장두결) 꽃을 심어 붉은 것으로 담장머리 이즈러진 것을 짓게 하고.

(종류청차동구허) 버들을 심어서 푸른 것으로 洞口의 빈 것을 가렸도다.

(造物主가 마치) 江山에 이즈러진 部分은 구름을 불러 補完하게 하고, 천지 가운데 비어 있는 空白은 달을 命하여 차게 하였도다. 꽃을 심어 붉게 하여 담장 머리 이즈러진 場所를 補充하게 하고, 때로는 버들을 심어 푸르게 만들어 洞口가 비어서 허전함을 가리었도다.

古木誰憐鳥去啼
危岩欲落雲來補

(위암욕락운래보) 危殆한 바위가 떨어지려함에 구름이 와 지어주고.

(고목수련조거제) 古木을 누가 불쌍히 여기리오. 새가 가서 울어준다.

字解
缺 : 이즈러질 결
補 : 기울 보
栽 : 심을 재
墻 : 담 장
遮 : 가릴 차

花憐古木徘徊落
鳥慰空山寂寞啼
花開傍樹皆生色
鶯出凡禽莫敢啼
孤月極明還雨滴
四隣方寂又兒啼

〔화련고목배회락〕 꽃은 古木을 불쌍히 여겨 徘徊하며 떨어지고.
〔조위공산적막제〕 새는 빈 山을 慰勞하노라고 寂寞하게 울고 있다.
〔화개방수개생색〕 꽃이 피니 곁에 있는 나무가 다 빛이 나고.
〔앵출범금막감제〕 꾀꼬리가 나오니 平凡한 새는 敢히 울지 못할러라.
〔고월극명환우적〕 외로운 달이 밝다가 도리어 비가 떨어지고.
〔사린방적우아제〕 네 이웃이 바야흐로 고요하다가 또한 아이가 우는도다.

絶壁에 솟아있는 危殆하게 생겨 未久에 떨어질 것만 같은 바위는 구름이 와서 안고 돌아 감싸주는 때문인지 그대로 서 있고, 餘生이 얼마 남지 않은 古木을 누가 불쌍히 여기리오. 새가 찾아가서 慰勞하며 울어주는구나. 多情한 꽃은 古木을 불쌍히 여김인지 그 周邊을 徘徊하며 떨어져 주고, 새는 空山을 慰勞하는 뜻인지 고요하고 쓸쓸하게 울고 있네.

환하게 꽃이 滿發하니 곁에 있는 나무까지 다 生色이 나서 돋보이고 꾀꼬리가 나와서 우는 바람에 시원찮은 새들은 敢히 울지 못하는 도다. 외로운 달이 燦爛하게 밝다가도 도리어 빗방울이 떨어지고 四方이웃이 쥐죽은 듯 고요하다가

【註釋】
徘徊 : 정처없이 거니는것.
목적없이 어정거림.

【字解】
慰 : 위로할 위
徘 : 어정거릴 배
徊 : 어정거릴 회

【註釋】
傍樹 : 곁에 있는 나무.
凡禽 : 凡常한 새, 보통 새.

【字解】
傍 : 곁 방
禽 : 새 금
滴 : 떨어질 적

七言名句篇

大海龍遊掀地軸
高峯花發近天鄉
洞僻登山然後世
岩高落瀑已而聲

大海에 龍이 꿈틀거리니 地軸이 온통 흔들리는 것 같고 높은 峯우리에 꽃이 피니 저 하늘 나라에 가깝도다. 골짝이 후미지고 으슥해서 山에 오른 뒤에야 世上에 나온듯 싶고 바위가 어찌나 높은지 떨어지는 瀑布水가 한참만에 소리가 나도다.

山深每下無名鳥
林邃多生不種花
遲醉客欺先醉客

(산심매하무명조) 山이 깊으니 매양 이름없는 새가 나려오고.
(임수다생부종화) 숲이 깊으니 많이 지 않은 꽃이 났도다.
(지취객기선취객) 늦게 醉한 손이 먼저 醉한 손을 속이고.

아이 우는 소리 들리도다.

【註釋】
地軸: 大地를 버티고 있다고 상상되는 축. 땅의 굴대.
天鄕: 天上玉京.
落瀑: 높은 절벽에서 곧장 쏟아져 내리는 폭포.

【字解】
掀: 흔들 흔
軸: 굴대 축
僻: 궁벽할 벽
瀑: 폭포 폭, 소나기 폭
布: 베 포, 펼 포

【註釋】
無名鳥: 이름모를 새.
不種花: 심지 않은 꽃.
若干: 얼마되지 아니함.

【字解】
邃: 깊을 수
醉: 취할 취
欺: 속일 기

半開花笑未開花

〔반개화소미개화〕半만 핀 꽃이 피지 않은 꽃을 웃도다.

山이 원래 깊어서 때때로 이름모를 새들이 아래로 나려오고 숲도 또한 깊은지라 심지 않은 꽃이 씨가 떨어져서 늦게 나는도다. 뒤늦게 醉한 客이 먼저 술에 곯아 떨어진 客을 속이는 것은 精神이 아직은 있기 때문이요. 半만 열린 꽃이 피지 않는 꽃을 보고 웃는 것은 多少間 若干은 피어 있기 때문이다.

逝猶萬古無窮水
落亦三春自在花
百川前路來頭海
萬樹餘枝畢境花

〔서유만고무궁수〕가도 오히려 萬古에 無窮한 물이요.

〔낙역삼춘자재화〕떨어져도 또한 三春에 스스로 있는 꽃이로세.

〔백천전로내두해〕百川의 앞길은 오는 머리가 바다요.

〔만수여지필경화〕萬樹에 남은 가지는 畢境 꽃일러라.

쉬지 않고, 여울져 흘러가는 물은 萬古로부터 窮함 없는 물이요、떨어지는 꽃도 또한 봄석달을 스스로 피어 있는 꽃이로세. 일백 내가 제각기 따로 나누어 흐르지만 앞길의 오는 머리는 바다로 共通되고, 일만 나무가지가 마침내 는 꽃피는 것 뿐이로세.

【註釋】
畢境: 마침내、及其也。

【字解】
逝: 갈 서
畢: 마칠 필

七言名句篇

天愁海渴時時雨
石恐山崩處處釘
雨嫌川渴成渦去
花恐春殘結子飛

〔천수해갈시시우〕 하늘은 바다가 마를까 근심하여 때때로 비를 주고.
〔석공산붕처처정〕 돌은 산이 무너질까 두려워 하여 곳곳에 못을 박았도다.
〔우혐천갈성와거〕 비는 냇물이 마를까 혐의하여 웅덩이를 이루어 가고.
〔화공춘잔결자비〕 꽃은 봄이 쇠잔할까 두려워 하여 씨를 맺고 날도다.

하늘은 바다가 마를 것을 걱정하여 때에 따라 비를 내려 對備를 하여 주고, 돌은 山이 무너질까 念慮하여 要所마다 못을 박아 處方을 마련해 주었도다. 비는 시냇물이 마를까 혐의해서 이르는 곳마다 웅덩이를 만들어 놓고 지나가고, 꽃은 지고 말면 봄이 쇠약하여 시들까 念慮하여 열매를 맺게 한 다음 날도다.

天疑星散月爲將
地恐山奔海作域
水恐濁流磨石白

〔천의성산월위장〕 하늘은 별이 흩어질까 疑心하여 달로 장수를 삼았고.
〔지공산분해작역〕 땅은 山이 달아날까 두려워 하여 바다로 지경을 지었도다.
〔수공탁류마백석〕 물은 濁流를 두려워 하여 돌을 갈아서 희게 했고.

【字解】
崩：무너질 붕
釘：못 정
嫌：혐의할 혐
渦：웅덩이 와

【註釋】
磨石：돌을 갊, 맷돌.
濁流：흙탕물, 흘러가는 흐린 물.

山嫌全翠放花紅

(산혐전취방화홍) 山은 온전히 푸른 것을 싫어하여 꽃을 놓아 붉게 했도다.

별은 本來에 흩어져 있는 것이라 하늘은 다 흩어질까 疑心하여 달로 장수를 삼아 지키게 하고, 땅은 山이 走龍을 따라 달아날까 두려워 하여 바다로 지경을 삼아 내빼지 못하도록 限定을 지었도다. 물은 흘러 濁해질까 두려워 磨石으로 희게 만들었으며, 山은 다 온전히 푸를 것을 嫌疑하여 間間에 붉게 꽃을 놓아 調和가 되도록 按配하였도다.

鳥誰教汝丁寧語
花若無吾寂寞紅
松欲爭奇依石立
花將誇美向人紅

〔조수교여정녕어〕 새는 누가 너로 하여금 丁寧 말하게 하였는가.
〔화약무오적막홍〕 꽃이 萬一 내가 없다면 寂寞하게 붉고 말것이다.
〔송욕쟁기의석립〕 소나무는 奇異한 것을 다투어 돌에 依支하여 서 있고.
〔화장과미향인홍〕 꽃은 將次 아름다운 것을 자랑하여 사람을 向하여 붉었으되.

새는 누가 너를 시켜 틀림없이 꼭 말을 하게 하였던가. 꽃이 萬一 내가 없었던들 無意味하고 寂寞하게 붉고 말했도다. 소나무는 하필이면 奇異하고 怪僻한 것을 다투려고 돌에 依支하여 서 있고, 꽃은 將次 아름다운 姿態를 誇張하려고 사람을 向하여 붉게 피었으니 모두가 正常이 아니로다.

【字解】
域：지경 역
奔：달아날 분
翠：푸를 취

【註釋】
丁寧：틀림없이 꼭.
爭奇：奇怪하고 異常함을 다툼.

【字解】
丁：장정 정, 고무래 정.
誇：자랑할 과

七言名句篇

日日日來來日少
年年年去去年多
魚知水性沈浮可
柳向狂風揖拜何
如禁白髮稱仙可
若住紅顏不醉何
鷄登屋上垂聲唱
鷺坐沙中拜影眠

〔일일일래래일소〕 날마다 날마다 날이 오는 날은 적고.
〔년년년거거년다〕 해마다 해마다 해가 가니 가는 해는 많도다.
〔어지수성침부가〕 물고기는 물의 性品을 알아서 잠기고 떠있는 것이 可하거니와.
〔유향광풍읍배하〕 버들은 狂風을 向하여 揖하고 절하는 것은 무엇인고.
〔여금백발칭선가〕 만일 白髮을 禁할수만 있다면「神仙이라」하는 것이 可하거니와.
〔약주홍안불취하〕 만일 紅顏에 머물러 할진대 醉하지 않고 어쩔 것이냐.
〔계등옥상수성창〕 닭은 屋上에 올라서 소리가 들리도록 부르고.
〔로좌사중배영면〕 해오라기는 모래 가운데 앉아서 그림자에 절하면서 졸도다.

날마다 歲歲年年 쉬지 않고 날이 오니 오는 날은 分明 적고, 해마다 해가 가니 가는 해는 必是 많다고 할지니라. 물고기는 네가 물의 性質을 잘 알기에 잠겼다 떴다 하는 것이 怪異하지 않다고 하거니와, 버들가지 네놈은 어찌하여 미친 바람을 向하여 揖하고 절하는 건 무슨 까닭이냐?

〔字解〕
狂 : 미칠 광
揖 : 읍할 읍

〔註釋〕
白髮 : 하얗게 센 머리털.
紅顏 : 젊고 아름다운 얼굴.

〔字解〕
髮 : 터럭 발
禁 : 금할 금

萬一 白髮이 오는 것을 막을수만 있다면 神仙이라 불러도 안될 것이 없거니와 萬一 靑春의 紅顔을 머무르려 할진대 醉하지 않고 무슨 뽀죽한 수가 있더냐. 닭은 性品이 狡猾해서 屋上에 올라서 발로 헤집으며 목청을 가다듬으려 놓여 울어대고, 모래가운데 앉아 있는 해오라기란 놈은 멋없이 그림자에 절하면서 졸고 있는 理由가 奈邊에 있는지 어디 한번 들어보자.

因蒼壁路入雲中
樓使能詩客住筇
龍造化含飛雪瀑
劒精神削插天峯

〔인창벽로입운중〕 푸른 壁길로 因하여 구름속에 들어가니.
〔루사능시객주공〕 樓가 能히 詩客으로 하여금 지팡이를 머물렀도다.
〔용조화함비설폭〕 龍의 造化는 눈이 나는 瀑布를 머금었고.
〔검정신삭삽천봉〕 칼의 精神은 하늘을 꽂은 봉우리를 깎았도다.

푸른 絶壁이 깎아 지른듯한 길을 따라서 구름속 깊이 들어가니 樓閣이 華麗하고 멋져서 能히 詩客의 마음을 끌게 하여 지팡이를 멈추게 하였도나. 龍이 造化를 부려놓은 白雪이 나는 듯 실瀑布를 머금은 한 場面이 壯觀이 아닐 수 없고 칼날의 閃光이 불꽃튀게 하는 精神이 하늘에 꽂아 있는 봉우리를 깎아서 奇拔한 作品을 만들어 놓았도다.

【字解】
節‥지팡이 공
劒‥칼 검
削‥깎을 삭
插‥꽃을 삽

垂‥드릴 수
唱‥부를 창
眠‥졸 면

滿庭明月無煙燭
繞屋靑山不畫屛
花笑檻前聲未聽
鳥啼林下淚難看

[만정명월무연촉] 뜰에 찬 明月은 煙氣 없는 촛불이요.
[요옥청산불화병] 집을 두른 靑山은 그리지 않은 屛風일세.
[화소함전성미청] 꽃이 欄干 앞에서 웃지만 소리는 듣지 못하고.
[조제임하루난간] 새가 숲 아래에서 울지만 눈물 보기 어렵도다.

뜰안에 가득차 낯과 같이 밝은 빛을 보내주는 明月은 煙氣안나는 촛불이 틀림없고, 여러 겹으로 둘러싼 사시사철 푸른 山은 그려서 造作하지 않는 自然그대로의 멋진 屛風일세. 妖物처럼 아름다운 꽃이 欄干 앞에서 嬌態를 부리며 웃고 있지만 소리는 들을 수 없고, 이름모를 새가 뛰어난 솜씨로 우거진 숲 아래에서 울고 있건만 눈물 보기 어렵도다.

落木西風濟北村
一樽相屬月黃昏
蠅付驥尾千里逝

[낙목서풍제북촌] 落葉지는 西風을 안고 北村으로 건너가니.
[일준상속월황혼] 한 술통에 서로 부쳤으니 달은 黃昏이어라.
[승부기미천리서] 파리가 驥馬꼬리에 붙어 千里를 가고.

【字解】
繞：두를 요
畫：그림 화
屛：병풍 병
檻：난간 함

【註釋】
落木：나무잎이 떨어지는 것, 잎이 떨어진 나무.
順風：바람부는 쪽을 따라감.

鴻遇順風一毛輕

〔홍우순풍일모경〕 기러기는 順風을 만나 서 한 터럭처럼 가벼히 날라간다.

落葉이 우수수 떨어지는데 하염없이 불어오는 西風을 안고 北村에 건너 가 노라니, 시름많은 생각을 한 술통에다 서로 부쳐 마시다 보니 달은 어느덧 黃昏이 었더라. 별 쓸모없는 파리란 놈이 굼벵이도 둥글재주는 있다고 驥馬꼬리에 붙어 千里를 순식간에 달려가고, 기러기가 제대로 順風을 만나 털하나가 가볍게 날아 가듯이 가버리도다.

九秋乘興任逍遙
聊把朋樽世慮消
肅霜初氣山生脊
驟雨餘痕水斷橋

〔구추승흥임소요〕 九月 가을에 興을 타 서 任意로 逍遙할새.
〔요파붕준세려소〕 애오라지 벗의 술통을 잡고 世上 생각을 쓸어 버리도다.
〔숙상초기산생척〕 肅霜의 처음 기운은 山등마루에 나고.
〔취우여흔수단교〕 소낙비의 남은 痕跡은 물이 다리를 끊었도다.

落葉이 歸根하는 九月丹楓에 興이 생겨 마음에 내키는 대로 任意로 逍遙自適하 여 볼새 넉넉하지는 못하나마 벗으로 더불어 가장 만만한 술통을 잡고 世上 시름을 버리려고 (消遣世慮) 마음을 달래본다. 肅殺之氣가 감도는 霜降의 季

【字解】
蠅‥파리 승
驥‥기마 기
尾‥꼬리 미

【註釋】
逍遙‥한가롭게 거닐며 돌아다님.
肅霜‥된 서리, 무서리.
驟雨‥소나기, 갑자기 쏟아지는 줄기찬 비.

【字解】
聊‥애오라지 요
把‥잡을 파

七言名句篇

得句高吟黃葉落
擧盃仰飮白雲搖
月朗風淸今夜足
抱琴何必待明朝

[득구고음황엽락] 글귀를 얻어서 소리높여 읊으니 누런 잎이 떨어지고.
[거배앙음백운요] 잔을 들고 우러러 마시니 흰구름이 흔들리더라.
[월랑풍청금야족] 달이 밝고 바람은 맑아서 오늘 밤이 족하니.
[포금하필대명조] 거문고 안은 것을 어찌 반드시 來日 아침을 기다리리오.

名句나 驚人句 같은 멋진 글귀를 얻어 높은 소리로 興겨워 읊노라니 누런 落葉이 스르르 떨어지고, 술잔을 들고 虛空을 우러러 보며 欲求不滿을 술로 달래 보니 벌써 醉興이 陶陶하여 흰구름이 흔들리며 춤을 춘다. 달은 밝고 바람은 맑고 구름이 흔들리는 오늘 밤이, 今夕何夕이냐. 奇拔한 着想이 어디에 더 할소냐. 잔주는 그만하고 거문고 타는 것을 어찌 來日 아침까지 기다리겠는가. 醉興이 식기 前에 어디 한번 읊으면서 즐겨 보자꾸나?

【字解】
搖: 흔들 요

脊: 등성마루 척
氾: 넘칠 범
濫: 넘칠 람
痕: 흔적 흔

節 冷冷하고 蕭條한 기운은 山등성이로부터 始作이 되며, 아울러 雪上加霜으로 가을을 재촉하여 소낙비까지 쏟아져 그 餘波가 물이 氾濫하여 다리가 끊기는 痕跡을 남겼도다.

看書獨坐三間屋
沽酒還登百丈巒
丹楓葉落秋江冷
黃菊花開老圃明
澗飲霞飡枕碧山
黃麋白鹿共怡顏
瓶口不言當世事
軒眉獨笑暮雲間

(간서독좌삼간옥) 책을 보려고 홀로 三間 집에 앉았고.
(고주환등백장만) 술을 사가지고 百丈의 뫼뿌리에 오르도다.
(단풍엽락추강냉) 丹楓잎이 떨어지니 가을 江이 차고.
(황국화개노포명) 黃菊花가 열렸으니 老圃가 밝더라.
책을 參考하려고 홀로 三間屋에 앉았다가 때로는 술을 사서 도리어 百丈이나 되는 뫼뿌리에 올라가기도 한다. 丹楓잎 떨어지는 가을의 江이 冷하지 않을理 없고、黃菊花가 피어 있는 오래된 圃田은 밝으면서도 零落한 氣分이 들기도 한다.
(간음하손침벽산) 澗水를 마시며 안개를 먹고 푸른 山을 벼개하니.
(황미백록공이안) 黃麋와 白鹿이 함께 얼굴을 和하였도다.
(병구불언당세사) 입을 막고 當世 일을 말하지 아니하고.
(헌미독소모운간) 눈썹을 들어 홀로 저문 구름 사이에 웃도다.

【字解】
沽∷살 고

【註釋】
黃麋∷노란 큰 사슴.
白鹿∷흰 사슴.
瓶口∷입을 다물고 말하지 않음.
軒眉∷눈썹을 든다. 머리를 드는것.

【字解】
飡∷저녁밥 손
麋∷고라니 미
怡∷화할 이

澗水를 손으로 떠 마시며 안개나 大氣를 들여마시고 푸른 山을 베개삼아 누워 볼까. 黃麑와 白鹿인들 어디로 따르게 될 것이다. 입을 막고 當世의 일은 『莫説하고 哑聾歌나 불러볼까. 눈썹을 들어 暮雲間에 홀로 웃는 自身이 可笑로운 存在라고 생각하며 長吁短嘆 하여 본다.

【註釋】
遠害朝看麋鹿遊 : 害를 멀리하면 아침에 사슴노는 것을 본다는 杜甫의 詩.
瓶 : 병 병
軒 : 추녀 헌
眉 : 눈썹 미
啞 : 벙어리 아
聾 : 귀먹을 롱

蕭蕭巾襪渡青溪
滿地烟霞咫尺迷
霜露三更月初落
江湖一望雁長啼

〔강호일망안장제〕 江湖를 한번 바라보니 기러기가 길게 울도다.
〔상로삼경월초락〕 霜露三更에 달이 처음으로 떨어지고.
〔만지연하지척미〕 땅에 가득찬 烟霞에 咫尺이 稀微하도다.
〔소소건말도청계〕 蕭蕭한 巾襪로 青溪를 건너가니.

【註釋】
蕭蕭 : 쓸쓸한 모양, 찬바람소리.
巾襪 : 수건과 양말.
咫尺 : 서로 떨어진 사이가 아주 가까운 거리.
江湖 : 江과 湖水.

【字解】
蕭 : 쓸쓸할 소
襪 : 버선 말
咫 : 지척 지
雁 : 기러기 안
稀 : 드물 희, 적을 희

紅樹青山秋色佳
一樽何處瀉幽懷

쓸쓸하게 手巾과 洋襪로 푸른 시내를 건너가니 땅에 가득히 끼어있는 煙氣와 안개에 咫尺을 分揀할 수 없을만큼 稀微하도다. 서리와 이슬이 내린 夜三更달에 처음으로 떨어지고 江湖를 한번 바라보매 기러기만 길게 울며 날라가는도다.

〔홍수청산추색가〕 붉은 나무와 푸른 山에 秋色이 아름다운데.
〔일준하처사유회〕 한 술통에 어디가서 그윽한 懷抱를 씻으리오.

朝臨揚子溶溶水
晚陟天皇落落崖
幽懷欲瀉上高臺
明月空洲雁影來
橫吹玉笛孤帆暮
仰視銀河一道開

붉은 나무와 푸른山이 한데 어울어진 가을처럼 아름다운 景致가 어디 있으리
오. 한 술통에 어디로 가서 欝欝한 懷抱를 씻어볼거나. 가만있자 좋은수가 있
으렸다. 훌쩍 中國으로 떠나가서 아침에는 揚子江의 질편히 흐르는 물을 구경하
고 저물녘에는 天皇峯의 落落한 언덕에 오르는 것이 上策일성 싶구나.

마음에 맺힌 그윽한 회포를 씻으려고 높은 樓臺에 올랐더니 밝은날 빈 물가에
는 기러기 날라오는 그림자만 보일 뿐이다. 마음이 울적하여 옥통수를 비켜서
불고 있노라니 외로이 가는 돛대가 저물어 가고 하늘을 우러러 銀河水를 보니
한길이 열렸도다.

〔조림양자용용수〕 아침엔 揚子江의 溶溶
한 물에 臨하고.
〔만척천황낙낙애〕 늦게 天皇峯의 落落한
뫼뿌리에 오르더라.
〔유회욕사상고대〕 그윽한 懷抱를 씻고져
高臺에 오르니.
〔명월공주안영래〕 밝은달 빈 물가에 기
러기 그림자만 오는구나.
〔횡취옥적고범모〕 비켜서 玉笛을 부니
孤帆은 저물었고.
〔앙시은하일도개〕 우러러 銀河水를 보니
한길이 열렸도다.

【註釋】
幽懷: 그윽한 회포.
溶溶: 많은 물이 조용하게 흐름.
落落: 여기저기 떨어 지다.

【字解】
瀉: 씻을 사
幽: 그윽할 유
揚: 날닐 양
溶: 편편히 흐를 용
崖: 언덕 애

【註釋】
孤帆: 외롭게 떠있는 배.
仰視: 우러러 봄.

【字解】
洲: 물가 주、섬 주
橫: 비길 횡

28

29　七言名句篇

籬菊開花含玉露
江楓凋葉帶金風
龍臥蒼江秋寂寂
鳥啼亭院日遲遲

한가닥 길이 열려 있도다.

(이국개화함옥로) 울타리 菊花에 꽃이 열렸으니 玉露를 머금었고.
(강풍조엽대금풍) 江가 丹楓잎이 말랐으니 金風을 띠었도다.
(용와창강추적적) 용이 蒼江에 누웠으니 가을이 寂寂하고.
(조제정원일지지) 새가 亭院에서 우니 날이 더디도다.

夜闌星月滿江湖
徙倚書樓興不孤
每引床書鑑千古

울타리 삼아 심어놓은 菊花에 노란꽃이 열렸으니 아침의 맑고 깨끗한 이슬을 머금었고, 江邊 단풍잎이 말라 있으니 가을바람을 띠고 있는 탓인가. 造化無雙한 龍이 푸른 江에 누웠으니 가을이 고요하고 산새가 亭子언덕에서 울고 있으니 날 이긴 것을 意識할러라.

(야란성월만강호) 밤이 늦으니 별과 달이 江湖에 차 있고.
(사의서루흥불고) 옮겨 書樓에 依支하니 興이 외롭지 않도다.
(매인상서감천고) 매양 床書를 끌어 千古를 비치고.

【註釋】
玉露：맑고 깨끗한 이슬.
金風：가을 바람.

【字解】
籬：울타리 리
凋：마를 조
臥：누울 와
院：언덕 원

【註釋】
書樓：충집으로 된 書齋.

更携酒樽話平生

〔갱휴주준화평생〕 다시 술통을 끌어 平生을 말하는도다.

밤이 깊어가니 수많은 별과 달이 江과 湖水의 하늘을 메울만큼 가득차 있고 걸음을 옮겨 書樓에 몸을 依支하니 興이 외로울 수는 없도다. 언제나 書齋에 꽂혀있는 책을 뽑아 千古의 먼 옛날을 거울하여 비쳐보고 다시 술통의 술을 마셔가며 對話로써 平生을 말해 보리라.

秋空如水月登亭
衿抱生凉道氣醒
沙邊宿鷺來深見
草際陰虫入靜聽

〔추공여수월등정〕 가을 空中이 물과 같으니 달이 亭子에 올랐네.

〔금포생량도기성〕 옷깃에 生凉을 안으니 道氣가 깨는것 같도다.

〔사변숙로래심견〕 모래가에 자는 해오라기는 와서 깊이 보이고.

〔초제음충입정청〕 풀 옆에 陰한 벌레는 들어와 고요히 들리는도다.

가을 空中이 맑고 깨끗하기가 물과 같으니 달이 亭子에 떠올랐네. 옷소매 안으로 들어오는 서늘한 기운에 道氣가 잠에서 깨어난듯 爽快하도다. 부른다고 마음이 깨끗하니 모래가에 자다가 온 해오라기는 깊이 形態를 나타내고 풀 옆에서 우는 귀뚜라미 소리가 靜寂을 깨트리고 들려오는구나.

【字解】
闌 : 늦을 란
徙 : 옮길 사
鑑 : 거울 감
携 : 끌 휴
齋 : 집 재

【字解】
衿 : 옷깃 금
醒 : 깰 성
際 : 즈음 제, 가 제

七言名句篇

郊墟雨歇納新凉
〔교허우헐납신량〕郊墟에 비가 그쳐서 서느른한 새로움을 맞았으니

一點青灯更可親
〔일점청등갱가친〕한점의 푸른 등불을 다시 可히 親하리로다.

桂棹臨風如化羽
〔계도임풍여화우〕계수나무 돗대가 바람에 臨하니 羽化하는 것 같고

玉簫邀月更飛觴
〔옥소요월갱비상〕玉통소로 달을 맞아서 다시 술잔을 날리는도다.

들판과 언덕에 비가 그쳤으니 서느른한 새기운이 들어옴에 한점의 푸른 호롱불을 다시 가까이 하여 讀書할만한 季節이로다. 一葉片舟를 띄워 桂樹나무 돗대로 노를 저어 바람을 타고 쏜살같이 달리니 神仙이 된것 같고, 玉통소로 아한曲調 분다음에 다시 술잔을 날리는 맛이 어떠하냐 말이다.

八月九月雁南來
〔팔월구월안남래〕八月九月에 기러기 南으로 오니.

病葉蕭蕭萬壑哀
〔병엽소소만학애〕病든 落葉이 우수수 떨어지니 萬壑이 슬프도다.

湘瑟曲終寒月墜
〔상슬곡종한월추〕瀟湘江 비파의 曲을 마치니 寒月이 떨어지고.

豊鍾響應曉霜催
〔풍종향응효상최〕豊鎬의 鍾소리에 應하여 새벽서리를 재촉했도다.

【註釋】
新凉‥첫 가을의 서느른한 기운.
青灯‥푸른 등잔불.
桂棹‥계수나무 돗대 (蘇軾赤壁賦)『桂棹兮蘭槳擊空明兮泝流光』云.
化羽‥날개로 化하여 神仙이 됨.

【字解】
灯‥燈의 俗字
棹‥노 도
邀‥맞을 요
觴‥술잔 상

【字解】
瀟‥물이름 소
湘‥물이름 상
墜‥떨어질 추
響‥소리 향
曉‥새벽 효
催‥재촉할 최

依例히 八九月이 되면 기러기가 南쪽으로 날아오기 마련인데 이때가 되면 흔히 病든 落葉이 陶汰되는 作用이 일어나 모든 골짝에 哀愁를 더해주는 것이다. 瀟湘斑竹에 얼킨 傳説을 聯想하며 비파를 타다가 曲을 마치니 차가운 달이 떨어지고 豊鎬의 鍾소리가 은은히 들려올 그 무렵 새벽서리가 내릴 것이로다.

一夜西風萬國凉
秋聲太早客愁長
笑餘却喜蒸炎退
把酒高吟興欲狂
歲久大江移舊步
境間古木老眞形

(일야서풍만국량) 한밤에 西風이 불어
萬國이 서늘하니.

(추성태조객수장) 秋聲이 너무일러서 客의 愁心이 길도다.

(소여각희증념퇴) 웃건대 내가 蒸炎 물러간 것을 기뻐하노니.

(파주고음흥욕광) 술을 잡고 큰 소리로 읊으니 흥이 미칠러라.

〔以上 聯句集〕

(세구대강이구보) 해가 오래되니 큰 江이 옛 거름으로 옮기고.

(경간고목노진형) 地境사이에 古木은 참 모습으로 늙었도다.

하룻밤 사이에 스르르 西녘바람이 불어 닥치니 世上이 다 서늘한데 가을바람이 너무 이른 것 같아서 空然히 마음이 心亂하도다. 한편으로 우스운 것은 내가 그렇게 시달렸던 찌는 듯한 늦더위가 물러간 것을 기뻐하노니 술잔을 들고 소리 높혀 읊으니 興이 나서 미칠 것만 같더라.

이 넘무 이른 것 같아서 空然히 마음이 心亂하도다. 한편으로 우스운 것은 내가 그렇게 시달렸던 찌는 듯한 늦더위가 물러간 것을 기뻐하노니 술잔을 들고 소리 높혀 읊으니 興이 나서 미칠 것만 같더라.

【註釋】
瀟湘斑竹‥堯女舜妻인 娥皇女英이 瀟湘江 대나무에 눈물을 뿌리니 아롱무늬가 생겼다는 傳説.

【註釋】
萬國‥世界의 모든 나라.
太早‥너무 이르다, 가장 이름.
客愁‥客地에서 느끼는 愁心.
蒸炎‥찌는듯한 무더위.
高吟‥큰소리로 읊음.

【字解】
凉‥서늘 량
却‥문득 각
蒸‥찔 증
炎‥불꽃 염
狂‥미칠 광
亂‥어지러울 란

【註釋】
舊歩‥옛 거름.
眞形‥참 形體.

古堞苔荒群鳥下
將壇花落一僧歸

山下老松依舊立
門前軟柳吐新枝

香初老佛微微笑
鍾後群山黙黙聽

歲月이 흘러 오랜 時日이 지나가니 큰 江도 옛날 흐르던 자리로 되돌아와 옮겨 가고 地境사이에 서 있는 古木은 참모습이 늙었도다. 오래된 옛날의 城자리에 이끼가 끼어 걱칠쳐졌으니 뭇새들이 내려와 지저귀고 將軍이 指揮하던 壇에 꽃이 떨어졌으니 僧侶한 사람이 절을 向하여 돌아가더라.

山아래 심어진 늙은 소나무는 옛모습 그대로를 간직하여 긴 세월속에 變함없 이 서 있고, 門앞에 있는 軟弱한 버드나무는 늘어진 가지에 새로 잎이 돋아나서 푸른빛을 吐했도다. 變하고 變치 않는 두가지 事物이 對照的이다. 嚴肅하게 焚

[고첩태황군조하] 옛 城터에 이끼가 거칠으니 뭇새가 나려오고.
[장단화락일승귀] 將壇에 꽃이 떨어지니 한 중이 돌아가더라.

[산하노송의구립] 山아래 老松은 옛을 依支하여 서있고.
[문전연류토신지] 門앞에 연한 버들은 새 가지를 吐했도다.
[향초노불미미소] 焚香하는 처음에 老佛 이 微微하게 웃고.
[종후군산묵묵청] 鍾친 뒤에 뭇 山이 黙 黙히 듣더라.

【字解】
堞∶성가퀴 첩
苔∶이끼 태
壇∶제터 단
僧∶중 승
侶∶짝 려

【註釋】
軟柳∶軟弱한 버드나무.
微微∶작음, 아주 보잘것 없음.
黙黙∶잠잠히 말이 없음.

【字解】
軟∶연약할 연
黙∶잠잠 묵
肅∶엄숙할 숙
焚∶태울 분

古堞∶옛 城터.
將壇∶將軍이 戰鬪를 指揮하던 壇.

香하는 처음에 늙은 부처님은 적게 웃고, 鍾소리가 사라진 뒤에 여러 山들이 말 없이 듣는 것 같도다.

屹干山頭凍死鵲
胡不飛去生處樂
秋風嶺上春花奇
直指寺前曲路何

〔흘간산두동사작〕 屹干山 머리에 얼어 죽은 까치는.
〔호불비거생처락〕 어찌 날아가지 않으리 오만 사는 것이 즐겁기 때문이라.
〔추풍령상춘화기〕 秋風嶺 위에 봄꽃이 奇異하고.
〔직지사전곡로하〕 直指寺 앞에 굽은 길은 어찌함이뇨.

누가 『屹干山 머리에서 얼어 죽은 까치가 어찌 살만한 즐거운 곳으로 날아가 지 않는고』 이것이 말이 되지 않아서 深思熟考하여 깨달아 보니, 『屹干山 에서 얼어 죽은 까치는 어찌 날아갈 것을 생각하지 않으리오만 사는 것이 즐겁 기 때문이니라』라고 터득했다는 古人의 말이 있다. 秋風嶺의 短句의 語意는 『가을 바람의 고개』라고 解釋되는데 거기에 봄꽃이 피어 있다는 것이 奇異하고 直指寺 라는 熟語는 『곧게 가리키는 절』이라고 풀이 되는데 굽은 길이 있다는 것은 矛盾 이 되는 것이다. 그렇지만 世上은 그런게 아니고 秋風嶺 위에 春花도 피고 直 指寺 앞에 曲路도 있게 마련인 것이다.

青山影裏鹿抱卵

〔청산영리록포란〕 青山 그림자 속에 사 슴은 알을 품고.

【註釋】
屹干山: 中國에 있다는 높은 山.
凍死鵲: 추위에 얼어 죽은 까치.
春花: 봄에 핀 꽃.
曲路: 꼬불꼬불 굽은길.

【字解】
屹: 산 우뚝솟을 흘
凍: 얼 동
鵲: 까치 작
胡: 어찌 호
嶺: 고개 령
曲: 굽을 곡

七言名句篇

流水聲中蟹打尾
紅桃白李片時春
綠竹青松千古節

〔유수성중해타미〕 흐르는 물소리 가운데 게는 꼬리를 친다.
〔녹죽청송천고절〕 푸른 대나무와 푸른 솔은 천고의 節介요.
〔홍도백리편시춘〕 붉은 복사꽃과 흰 오얏꽃은 쪼각때의 봄일세. (金笠)

品格孤高羽族中
皐鳴直與上天通
有時獨傍疎松外
問是誰家白髮翁

푸른 山의 은은한 그림자 속에 사슴은 알을 품었고, 흐르는 물소리 속에서 게는 스르르 꼬리를 친다. 푸른 대나무와 푸른 소나무의 獨也靑靑한 氣像은 千古의 節介인데 紅桃와 白梨같이 暫間 피었다가 떨어지는 것은 한철의 꽃에 지나지 않는 것일세.

〔품격고고우족중〕 品格은 羽族 가운데에 孤高하니

〔고명직여상천통〕 언덕에서 울면 곧 上天으로 더불어 通하는도다.

〔유시독방소송외〕 때에 있어 홀로 성긴 소나무 밖에서.

〔문시수가백발옹〕 묻노니 이 뉘집 白髮 老人인가. (鶴吟)

그 氣品과 人格이 혼자만 類달리 高尚한 날개부치 가운데에서 옛부터 이르기

【註釋】
綠竹青松∶푸른 대나무와 푸른 소나무.
紅桃白李∶붉은 복숭아와 흰 오얏.
片時∶잠시, 한때.

【字解】
抱∶안을 포
卵∶알 란
蟹∶게 해
桃∶복숭아 도
片∶쪼각 편

【註釋】
孤高∶혼자만 유달리 고상한 것.
品格∶사람의 氣品과 人格.
疎松∶드문드문 서있는 소나무.
白髮翁∶머리가 흰 늙은이.

【字解】
孤∶외로울 고
族∶일가 족
皐∶언덕 고
疎∶성길 소

를 언덕에서 울면 곧 天上에까지 소리가 通한다고 하였도다. 소나무와 잘 어울리는 것이 그 特徵으로 때에 따라 소나무 옆 성긴 가지에 우뚝 서 있는 모습은 白髮老人을 彷彿케 하도다.

叫罷空山月正明
飛登高屋星初落
莫把牛刀試武城
能令狗盜離函谷

一吠寥寥知有村
青山影落月黃昏

[능령구도이함곡] 能히 狗盜로 하여금 函谷關을 脫出하게 만들었고.
[막파우도시무성] 소잡는 칼로 武城을 試驗하지 말지니라.
[비등고옥성초락] 높은 집에 날아 오르니 별이 처음 떨어졌고.
[규파공산월정명] 空山에 부르짖어 罷하니 달이 正히 밝았도다. (鷄吟)

能히 狗盜인 孟嘗君 무리로 하여금 函谷關을 빠져나가게 하였고, 소잡는 닭잡는 것을 試驗했던 武城은 이르지 말라. 해를 치며 높은 집에 날라오르니 별이 떨어지는 새벽이오. 空山에 寂寞을 깨뜨리며 한번 울고 나니 달이 밝은 밤이었더라.

[일폐요요지유촌] 한번 짖기를 寥寥히 하니 마을이 있는 것을 알겠고.
[청산영락월황혼] 青山 그림자가 떨어지니 달은 黃昏일러라.

【註釋】
函谷 : 秦나라 關名.
武城 : 地名.
狗盜 : 개같이 훔쳐먹는 좀도둑.

【字解】
狗 : 개 구
盜 : 도적 도
把 : 잡을 파
叫 : 부르짖을 규
罷 : 파할 파

【註釋】
寥寥 : 쓸쓸하고 쓸쓸한 것.
吳下 : 吳나라 下邳(地名).
傳書 : 글을 傳達하는 것.

七言名句篇

吳下傳書眞可愛
蜀中見日謾相喧

〔오하전서진가애〕 吳下에 글을 傳하니
참 可愛하고나.
〔촉중견일만상훤〕 蜀中에 해를 보고 부
질없이 서로 떠든다는구나.

한번 짖기를 쓸쓸하고 괴괴한 가운데 푸른
山에 그림자는 떨어지고 달이 黃昏에 비칠 무렵이 가장 잘 짖는 때로다. 微物
짐승으로 吳나라 下邳땅에 글을 傳하니 참 可愛하고나. 蜀中에 해를 보고 부질
없이 짖는다는 것은 久陰不晴하다가 瞥眼間에 해가 뜨는 것을 怪現象으로 아는
錯覺이리라.

【字解】
可愛∷아주 사랑스러움.
蜀中∷蜀나라 가운데.
相喧∷서로 시끄럽게 떠들어댐.
謾∷부질없을 만, 속일 만
喧∷시끄러울 훤

目張雙炬吼南山
見汝誰能作好顏
愚者視之如犬豕
黃昏曾不掩柴扉

〔목장쌍거후남산〕 눈에 두 횃불을 켜고
南山에서 소리치니.
〔견여수능작호안〕 너를 보고 누가 能히
좋은 낯을 지을 것인가.
〔우자시지여견시〕 어리석은 사람은 보기
를 개나 돼지같이 하여.
〔황혼증불엄시비〕 黃昏에 일찌기 柴扉를
닫지 않는도다.
(虎吟)

눈에다 쌍 횃불을 키고 南山에서 사납게 소리치며 으르렁거리는 너를 보고 누

【註釋】
雙炬∷두 횃불.
犬豕∷개와 돼지.
柴扉∷사립문.

【字解】
炬∷횃불 거
吼∷울 후, 사나운 짐승, 우는 소리 후
掩∷가릴 엄
柴∷가시 시
扉∷사립문 비

가平安한 좋은 얼굴을 할것인가? 어리석은 사람은 지각이 없어 대수롭게 여기지 않아서 개·돼지 보듯하여 날이 어두워져도 사립문을 닫지 않는구나.

茭藁飼之穿鼻牽
古人畜汝各因天
引車遠致千斤物
服耒深耕百畝田

〔교고사지천비견〕 마른 풀을 먹이고 코를 뚫어 끌으니.
〔고인휵여각인천〕 옛사람이 너를 기르기를 각각 理致를 因하였도다.
〔인거원치천근물〕 수레를 끌어 멀리 千斤의 물건을 이르게 하고
〔복뢰심경백묘전〕 쟁기를 使用함에 능히 百畝의 밭을 갈도다.

마른 짚을 썰어 먹이고 코를 뚫어서 끌고 다니니 옛사람이 너를 기르기 있는 그대로 適應을 잘 하였도다. 수레에 千斤이나 되는 짐을 싣고 먼 距離를 나르는가 하면 쟁기를 使用하여 능히 百畝나 되는 넓은 밭을 갈기도 한다.

(牛吟)

三尺劒頭安社稷
一條鞭末定乾坤
屋頭初日金鷄唱

〔삼척검두안사직〕 三尺劒 머리에 社稷을 便케 하고. (李成桂)
〔일조편말정건곤〕 한가지 새찍 끝에 乾坤이 定해지리. (崔瑩)
〔옥두초일금계창〕 집머리 일찍 날에 金닭이 우니.

【字解】
茭:마른풀 교
藁:짚 고
穿:뚫을 천
鼻:코 비
牽:끌 견
畜:기를 휵
遠致:먼곳의 이름.
引車:牛馬車를 끄는 것.
深耕:깊이 밭가는 것.
百畝:일백이랑(一夫受田百畝)
耒:쟁기 뢰
畝:밭이랑 묘

【註釋】
茭藁:마른 푼과 짚을 썰어 먹임.
穿鼻:코를 뚫는것.
引車:牛馬車를 끄는 것.
遠致:먼곳의 이름.
深耕:깊이 밭가는 것.
百畝:일백이랑(一夫受田百畝)

【註釋】
社稷:한 王朝의 主權이 매어있는 곳。太社와 太稷。宗廟와 함께 重히 여긴 王朝의 象徵。
乾坤:하늘과 땅。
農으:역약하면서도 끊어지지 않고 이어지

七言名句篇

恰似垂楊裊裊長 〔흡사수양요요장〕 드려진 버들가지의 裊裊히 긴 것과 恰似하도다. (李齊賢)

석자 밖에 안되는 칼머리에서 社稷을 便케 하고, 한가지의 채찍 휘둘러서 乾坤을 定하리라. 지붕 위에 일찍 올라간 닭이 해를 치며 우는 것이 꼭 휘늘어진 버들가지의 길게 간들거리는 것과 恰似하도다.

故敎流水盡聾山 〔고교유수진롱산〕 짐짓 流水로 하여금 다 山을 귀먹게 하였도다. (崔致遠)

或恐是非聲到耳 〔혹공시비성도이〕 或 是非소리가 귀에 이를까 두려워 하여.

人語難分咫尺間 〔인어난분지척간〕 사람 말을 咫尺 사이 에 分揀하기 어렵도다.

狂奔疊石啄重巒 〔광분첩석탁중만〕 미쳐 달아나는 거듭 한 돌이 뫼뿌리를 쪼으니.

미쳐 날뛰며 달아나는 疊疊이 쌓인 돌이 거듭 뫼뿌리를 쪼아 놓으니 사람 말이라고는 아주 가까운 咫尺 距離에서도 分揀하기 어려울라. 或 심란하고 말많은 世上에 사람들의 是非하는 소리가 귀에 들어올까 두려워 하여 일부러 흐르는 물로 하여금 듣지 못하도록 다 山을 귀먹게 만들었도다.

雨歇長堤草色多 〔우헐장제초색다〕 비가 긴 堤防에 개어 서 풀빛이 많으니.

〔字解〕

鞭：채찍할 편
裊：간들거릴 요

〔註釋〕

狂奔：미친듯이 뛰어다님.
重巒：첩첩이 쌓인 山.
是非：잘 잘못, 옳고 그른것.

〔字解〕

疊：거듭할 첩, 겹칠 첩
啄：쪼을 탁

※ 李齊賢：號益齋、麗末文臣性理學者 直講、糾正、寺丞判官을 歷任。右政丞에 이름 諡 文忠.
※ 李成桂：李太祖(李氏朝鮮開國始祖)。
※ 崔瑩：高麗末 將軍、恭愍王때 遼東征伐斷行威化島回軍後 李成桂에게 被殺됨.

送君南浦動悲歌
大同江水何時盡
別淚年年添綠波

(鄭知常)

【註釋】
悲歌：슬픈 노래.

【字解】
歇：쉴 헐, 그칠 헐
堤：방죽 제
浦：물가 포, 개 포
淚：눈물 루
添：더할 첨

[송군남포동비가] 그대를 南浦에 보내는 슬픈 노래가 움직일러라.
[대동강수하시진] 대동강 물이 어느 때나 다하랴.
[별루년년첨록파] 離別의 눈물이 해마다 푸른 물결을 더하네.

내리던 비는 긴 언덕위에 개고 芳草만 우거져 푸르렀으니 그대를 南浦에 보내는데 슬픈 노래 불러나 볼까. 『恨많은 大同江水 어느 때나 마르랴 離別눈물 歲歲年年 푸른물결 그지없네』

擧國皆爲左袵人
當時不用姜公策
干戈深入漢江濱
庚戌年中有虜塵

(顯宗賜姜甘贇詩)

【註釋】
虜塵：오랑캐 난리.
干戈：방패와 창, 戰爭에 쓰이는 兵器.
擧國：온 나라.
左袵：오른쪽 섶을 왼쪽 섶 위에 여민다는 말로 아직 未開한 사람을 이름.

【字解】
虜：오랑캐 로
塵：티끌 진
戈：창 과
濱：물가 빈
袵：옷깃 임

[경술년중유로진] 庚戌年 中에 오랑캐 亂이 있어.
[간과심입한강빈] 干戈가 깊이 漢江까지 들어 왔네.
[당시불용강공책] 當時에 姜公의 計策을 쓰지 않았더라면.
[거국개위좌임인] 온 나라가 다 左袵하는 오랑캐가 될 뻔 하였도다.

國運이 否塞하여 寡人이 大統을 이어온 後 庚戌年中에 오랑캐가 侵入하는 亂

七言名句篇

離가 있어서 干戈가 깊이 漢江邊까지 蹂躪을 當했도다. 그 當時에 萬一 姜公의 計策을 쓰지 않았던들 온 나라가 머리 풀고 왼쪽으로 옷깃하는 오랑캐가 될뻔 하였도다.

水鏡埋光柱石頹
四方民俗盡悲哀
相應杳杳重泉下
掛眼東門憤未開

[수경매광주석퇴] 물 거울은 빛을 묻고 柱石은 무너져서.
[사방민속진비애] 四方의 民俗이 다 슬퍼하도다.
[상응묘묘중천하] 생각하건대 應當히 아득한 黃泉 아래에서.
[괘안동문분미개] 눈을 東門에 걸어 憤을 열리게 못하였도다. (元天錫弔崔瑩)

奮威匡國鬢星星
學語街童盡識名
一片壯心應不死

[분위광국빈성성] 威嚴을 떨쳐 나라를 바로 잡으니 鬢髮이 星星하여.
[학어가동진식명] 말을 배우는 거리의 아이들도 다 이름을 아는도다.
[일편장심응불사] 한쪽각 壯한 마음은 應當 죽지 않아서.

【註釋】
水鏡 : 물 거울 (조금도 私가 없는 남의 스승이 될만한 사람의 비유.
埋光 : 빛을 땅속에 묻어버림.
杳杳 : 아득함.
重泉 : 깊은 샘, 먼곳 (여기서는 黃泉을 말함).
頹 : 무너질 퇴
杳 : 아득할 묘
掛 : 걸 괘
憤 : 분할 분

【字解】

【註釋】
※ 元天錫 : 麗臣, 號는 耘谷으로 雉岳에 隱居함.

【註釋】
奮威 : 위엄을 떨침.
鬢星星 : 귀밑에 터럭이 히끗 히끗함.
街童 : 길거리에서 노는 아이.
命脈 : 生命과 脈搏 (염통의 鼓動에 따라 뛰는 맥)

千秋永與泰山橫

(천추영여태산횡) 千秋에 永遠히 泰山으로 더불어 비껴 있으리로다.
(下季良吊崔瑩)

威嚴을 떨쳐 高麗社稷의 命脈을 지켜오던 崔瑩將軍은 白髮이 星星하여 말 배우는 거리아이들 까지도 다 그 이름을 알고 있도다. 壯한 그 一片丹心은 應當 죽을 理 없어서 歷史가 없어지지 않는 限 千秋萬代에 길이 泰山으로 더불어 비껴 있어 빛을 發하리로다.

駕洛遺墟幾見春
首露文物亦隨塵
可憐燕子如懷古
來訪高樓喚主人

(가락유허기견춘) 가락나무 옛 터전에 봄이 몇번 오고 갔나.

(수로문물역수진) 首露王이 세운 文物 티끌 따라 없어졌네.

(가련연자여회고) 可憐하다 제비만이 옛 情을 못잊는듯.

(내방고루환주인) 이 樓閣 찾아와서 主人을 부른다오.
(孟思誠)

時代가 變遷하고 世上이 바뀌어서 駕洛國이 세워졌던 옛날의 터전에 왔다 간것이 몇번이나 되었던가. 首露王이 開國하여 세워놓은 制度나 文物들은 흘러간 歷史가 되어 티끌처럼 사라 졌네. 可憐하다 제비가 微物이긴 하지만 옛 情을 못잊어서 해마다 봄이 오면 이 樓閣을 찾아와서 옛 主人을 부르니 기특하구나.

【字解】
奮：떨칠 분
威：위엄 위
鬢：귀밑털 빈
匡：바룰 광
橫：비낄 횡
瑩：옥 영

【註釋】
駕洛：金首露王이 金海附近에 세운 나라 이름.
燕子：제비.
※ 孟思誠：號는 古佛, 世宗朝 左相, 淸吏로 聞名, 諡는 文貞.

【字解】
駕：멍에 가
喚：부를 환

※ 卞季良：號는 春亭, 官은 藝文舘大提學, 贊成. 吏曹判書를 歷任, 諡는 文肅, 詩와 文에 能하였음.

七言名句篇

當年叩馬敢言非
大義堂堂日月輝
草木亦沾周雨露
愧君猶食首陽薇

(당년고마감언비) 當年에 말을 두드려가며 敢히 그르다고 말하였으니.
(대의당당일월위) 堂堂한 大義는 日月처럼 빛났도다.
(초목역첨주우로) 草木도 또한 周나라 雨露에 젖었거늘.
(괴군유식수양미) 부끄럽도다 그대는 오히려 首陽山 고사리를 먹었도다.

(過首陽山 夷齊碑 成三問)

周武王이 伐紂하던 當年에 말을 두드려가며 堂堂한 大義는 마치 日月처럼 빛날 것이로다. 마침내 周나라의 天下가 되어 草木도 또한 그 雨露之澤을 입지 않는 것이 없도다. 부끄럽다 그대는 首陽山 고사리를 왜 먹었는가? ※死六臣의 한 사람인 成三問이 伯夷叔齊碑가 있는 首陽山을 지나다가 이 詩를 지어 읊으니 碑에서 땀이 흘렀다고 한다.

富貴有爭難下手
(부귀유쟁난하수) 富貴란 다툼이 있어서 손쓰기가 어렵고.

林泉無禁可安身
(임천무금가안신) 林泉은 禁하는 이 없어 서 可히 몸을 便케 하리로다.

採山釣水堪充腹
(채산조수감충복) 山에서 캐고 물에서 낚아 배를 채워 견디고.

【註釋】
堂堂: 의젓함. 조금도 굽힐 것이 없음.
※成三問: 死六臣의 一人, 字는 謹甫, 號는 梅竹堂, 官은 禮房承旨, 諡는 文忠.

【字解】
叩: 두드릴 고
沾: 젖을 첨
愧: 부끄러울 괴
薇: 고사리 미

【註釋】
林泉: 숲속에 있는 샘. 곧 隱者의 居處.
※徐敬德: 號는 花潭, 隱居遯世, 名人, 隱君子, 宣祖때 右議政을 追贈.

詠月吟風足暢神

〔영월음풍족창신〕 風月을 읊는 것이 足
히 精神을 和暢하게 하리로다.
　　　　　　　　　　　　　　　（徐敬德）

富貴라는 것은 사람마다 다투어 얻으려는 것이라. 손쓰기가 어렵고 林泉의 즐거움은 禁하는 이 없는지라 可히 몸을 便히 依支하리로다. 山에 가서 나물캐고 물로가 낚시질하여 배를 채워 건딜만 하고, 바람을 읊으면서 달을 노래하니 精神을 맑고 溫和하게 하는데 洽足할 것이로다.

慈親鶴髮在臨瀛
身向長安獨去情
回首北邸時一望
白雲飛下暮山青

〔자친학발재임영〕 늙으신 어머님은 江陵에 계시는데,

〔신향장안독거정〕 이내 몸은 서울로 向하여 가는도다.

〔회수북저시일망〕 머리를 돌려서 北村을 바라보니,

〔백운비하모산청〕 흰구름 날아 내리고 저문 뫼만 푸르르다.
　　　　　　　　　　　　　　（申師任堂）

風雨蕭蕭拂釣磯

親庭에는 白髮의 老母님이 江陵에 사시는데 觀親왔던 이내 몸은 다시 서울 媤宅으로 向하여 가는구나. 시름에 잠겨서 문득 머리를 돌려 北村을 바라보노라 회구름은 날아 내리고 있는데 저문 날에 뫼만 푸르러 있네.

風雨蕭蕭拂釣磯 〔풍우소소불조기〕 비바람은 蕭蕭히 낚시터에 날릴제.

【字解】
採：캘 채
釣：낚시 조
堪：견딜 감
咏：읊을 영
暢：화창할 창

【註釋】
鶴髮：학의 깃처럼 흰 머리털, 백발을 말함.
長安：서울을 이름.
北邸：북에 있는 집, 북쪽 마을.
觀親：시집간 딸이 친정어머니를 뵘.
臨瀛：바다에 臨함, 江陵을 말함.
※ 申師任堂：栗谷의 母夫人, 詩書畵에 能하고 學德이 있었음.

【字解】
瀛：큰바다 영
邸：집 저
觀：뵈올 근

【註釋】
釣磯：낚시 터

七言名句篇

渭川魚鳥學忘機
如何老作鷹揚將
空使夷齊餓採薇

(위천어조학망기) 渭川의 魚鳥따라 世慮
(여하노작응양장) 어찌하여 다 늦게 鷹
揚將이 되어서,
(공연사이제아채미) 空然히 夷齊로 하여금
고사리를 캐다가 주리게 하였는고.
(譏姜子牙詩金時習)

金樽美酒千人血
玉盤佳肴萬姓膏
燭淚落時民淚落
歌聲高處怨聲高

(금준미주천인혈) 金樽의 좋은 술은 千
사람의 피땀이요,
(옥반가효만성고) 玉쟁반에 按酒는 萬百
姓의 기름이라.
(촉루낙시민루락) 촛물이 떨어질때
姓 눈물 떨어지고.
(가성고처원성고) 노래소리 높은 곳에
怨望의 소리 또한 높더라. (李夢龍擬作)

비바람은 쓸쓸히 낚시터를 나부끼는데 渭水에 곧은 낚시대를 드리우고 世上의
物累를 떨어버리고 새나 물고기의 自然그대로의 참모습을 배우던 몸이 어쩐일로
다 늦게 鷹揚將이 되어서 부질없이 伯夷叔齊로 하여금 고사리를 캐먹다가 주려
죽게 하였는고.

金주전자에 가득 채워진 맛있는 좋은 술은 일천사람의 피와 땀이요、玉쟁반에

【字解】
磯：여울돌 기
拂：떨칠 불
鷹：매 응
餓：주릴 아
渭：위수 위

※ 金時習：세상의 여러가지 얽매임.
鷹揚將：매가 하늘을 날듯 武勇을 떨친 將
軍.
※ 金時習：生六臣의 一人, 字는 悅卿、號는
梅月堂, 落髮爲僧、終身不仕、中宗때 吏
曹判書追贈.

【註釋】
金樽：술통을 美化시켜 이렇게 일컬음.
玉盤：옥으로 만든 쟁반.
佳肴：맛좋은 술안주.

【字解】
盤：쟁반 반
肴：안주 효
膏：기름 고

白頭山石磨刀盡
豆滿江水飲馬無
男兒二十未平國
後世誰稱大丈夫

獰風難透鐵心肝
不怕西關震萬疊

〔백두산석마도진〕 百頭山 돌은 칼을 갈아 다하고.
〔두만강수음마무〕 豆滿江의 물은 말에게 마셔 없애리라.
〔남아이십미평국〕 사나이 二十이 되어 나라를 평하지 못하면.
〔후세수칭대장부〕 後世에 누가 大丈夫라고 일컬으리오.
　　　　　　　　　　(南怡)

白頭山 돌은 칼을 가는데 다 닳게 하고, 豆滿江 물은 말을 먹여 다 없애버리련다. 男兒로 태어나 二十代가 되어 나라를 平定하지 못한다면, 後世에 누가 그를 大丈夫라고 일컬어 주겠는가.(氣魄이 하늘을 찌르는 듯한 名將의 詩인데, 奸鼠 輩가 『未平國』의 平자를 得자로 고쳐서 謀陷하여 죽게 한 歷史의 事實은 가슴 아픈 일이로다.)

〔영풍난투철심간〕 모진바람도 쇠같은 心肝을 뚫기는 어려우리.
〔불파서관진만첩〕 關西땅 萬疊山을 震動한들 두려울 것이 없다.

【註釋】
磨刀 : 칼을 가는것.
奸鼠輩 : 쥐같이 간사한 무리
※ 南怡 : 世祖때 將軍. 太宗의 外曾孫으로 官은 (二十六歲) 兵判임. 小人의 誣告로 受刑.

【字解】
磨 : 갈 마

【註釋】
獰風 : 사나운 바람.
不怕 : 두려울 것이 없음.
一寸肝腸 : 한치 肝과 창자속에 있는 마음.
穆陵 : 宣祖大王의 陵.

七言名句篇

山歇馬巖千丈嶺
夕陽回望穆陵寒

(산헐마암천장령) 馬巖의 千길 고개에
서 말을 멈추어.
(석양회망목릉한) 夕陽에 돌아다 보니
穆陵이 차고나.
〈李恒福〉

제아무리 사나운 關西땅 바람이라도 元老大臣의
險惡한 萬疊山岳을 震動하는 鐵石같은 一寸肝腸을 뚫기란 어려울
것이니 고갯마루에서 말을 暫間 멈추고, 지려는 夕陽을 돌아다 보니 穆陵에 寒氣가 스
미는 것 같도다.

爲國丹心白日明
孤臣一死等毛輕
陳章直欲扶社稷
肯行今朝瘴海行

(위국단심백일명) 나라 爲한 一片丹心
白日처럼 밝으니.
(고신일사등모경) 孤臣의 한번 죽음 터
럭같이 가볍도다.
(진장직욕부사직) 글을 올려 社稷을 붙
들려고 하다가.
(긍행금조장해행) 즐겨 이 아침에 귀양
길을 떠나도다.
〈李晬〉

【字解】
獰:모질 녕
透:통할 투
怕:두려울 파
震:진동할 진

【註釋】
孤臣:임금의 信任을 받지 못하는 신하.
※李晬:龜川君, 光海때 宗親.

肯:즐길 긍
瘴:장기 장

※李恒福:號白沙, 宣祖時領相 光海朝때
北青에 귀양가다 죽음. 謚文忠

나라를 생각하는 그 마음은 靑天에 白日처럼 明白하거니 孤臣의 한번
죽는 것 쯤은 기러기의 한 털처럼 가볍게 여기노라. 번거롭게 글을 올린 것은 社
稷을 붙들려고 한것인데, 暴君의 노여움을 사서 이 아침에 귀양길을 떠나가니
寒心스럽도다.

北風吹汗滿顏流
寸步難天死未休
若使此心移學力
無人不到聖賢儔

〔북풍취한만안류〕 北風이 땀을 불어 얼굴에 차 흐르니.
〔촌보난천사미휴〕 寸步가 하늘 보다 어렵지만 죽어도 쉬지 않는도다.
〔약사차심이학력〕 만일 이 마음을 學力에 옮긴다면.
〔무인부도성현주〕 사람마다 聖賢무리에 이르지 아니할 사람 없으련만은.
(許南呂 見塩商詩)

소금을 한짐 잔뜩 짊어지고 九折羊腸 높은 고갯길을 올라가는데 北風이 땀을 불어 씻어 주지만 원체 힘이 들어 얼굴에 가득차 흐르는도다. 寸步를 떼어놓는 것이 하늘보다 어렵건만 죽어도 쉬지 않고 오르고 있다. 萬一 이 마음으로 하여 금 배우는 힘으로 옮긴다면 다 聖賢의 무리에 이르지 아니함이 없을 것이다.

臣罪如山死亦甘
聖恩寬大謫江南
臨岐別有無窮恨
慈母時年八十三

〔신죄여산사역감〕 臣의 罪가 山과 같아 죽음도 또한 甘受할려니.
〔성은관대적강남〕 聖恩이 寬大하여 江南으로 귀양가오.
〔임기별유무궁한〕 岐路에 臨하여 別달리 다함없는 恨이 있는 것은.
〔자모시년팔십삼〕 어머님의 올해 나이가 여든셋일세.
(權韜의 解配詩)

【字解】
顏∶얼굴 안
儔∶무리 주

【註釋】
聖恩∶임금의 은혜.
※權韜∶權石洲의 兄.

【字解】
謫∶귀양보낼 적
岐∶가닥나뉠 기

七言名句篇

宮柳靑靑鶯亂飛
滿城冠蓋媚春暉
朝家共賀昇平樂
誰遣危言出布衣

（權韠의 宮柳詩）

（궁류청청앵란비） 宮柳는 靑靑하고 꾀꼬리만 요란하게 날고 있는데.
（만성관개미춘휘） 城에 찬 벼슬아치는 봄볕에 상긋거리네.
（조가공하승평락） 朝廷은 함께 太平의 즐거움을 賀禮하려 하는데.
（수견위언출포의） 누가 危殆한 말을 보내어 선비 입으로 나오게 하였는고.

宮闕의 버들은 푸르게 우거져서 꾀꼬리만 요란하게 울면서 날고 있네. 城 안에는 갓쓰고 日傘받은 벼슬아치가 至當大臣 노릇을 하노라고 봄볕에 상긋거리며 阿諂을 하는구나. 朝廷은 다함께 太平을 謳歌하고 있는데 누가 直言하는 거스리는 말을 선비 입으로 나오게 만들었는가.

【註釋】
宮柳：宮中의 버드나무.
冠蓋：네 필의 말로 끄는 옛날 귀족이나 높은 관리가 타던 수레.
昇平：나라가 太平함.
布衣：선비, 벼슬 안한 사람.

※ 權韠：號는 石洲 光海君 때 賢儒, 官은 童蒙教官, 仁祖反正後에 司憲府持平에 追贈.

【字解】
冠：갓 관
蓋：덮을 개

林禽白幾千年鶴

（임금백기천년학） 숲의 새는 몇 千年의 鶴이 희었으며.

岩樹長三十丈松
僧不知吾春夢倦
忽無心打月邊鍾
十年林下棲蹤穩
一日塵中逐影忙
堪笑石泉居士意
到頭無乃便荒凉

〔암수장삼십장송〕 바위의 나무는 삼십길의 소나무가 자랐도다.
〔승부지오춘몽권〕 중은 내 봄 꿈이 게으른 것을 알지 못하고.
〔홀무심타월변종〕 忽然히 無心코 달가에 있는 鍾을 치더라. （林白虎）
〔십년림하서종온〕 十年을 숲 아래서 棲息한 蹤跡이 平穩하니.
〔일일진중축영망〕 하룻날에 티끌로 얼룩진 世上에서 그림자를 쫓느라고 바쁘게 생겼고나.
〔감소석천거사의〕 견디어 생각하노니 石泉을 마시면서 선비로 사는 뜻이.
〔도두무내변황량〕 이르는 곳이 이에 荒凉함이 없을까 우습도다. （朴世堂）

숲에서 있는 새는 몇 千年이나 된 흰 鶴이며, 바위 틈에 꽂혀진 나무는 三十길이나 자란 소나무로다. 중은 심술이 궂어 내가 봄꿈을 꾸노라고 게을러서 늦잠을 부리는 것을 알지 못하고 느닷없이 無心코 달가에 있는 鍾을 쳐서 잠을 깨게 하였도다.

十年을 山속에 묻혀 조용히 숲 아래에 깃들인 자취가 평온하니 하룻날에 富貴

【註釋】
林禽：숲에서 사는 새.
※林白虎：李朝末期의 文人.

【字解】
禽：새 금
倦：게으를 권
打：칠 타

【註釋】
到頭：오는 일, 來頭, 이때부터 닥치는 일, 앞.
※朴世堂：號西溪 肅宗때 文官, 歷史曺佐郎 書掌官, 判中樞府事 樂在山林, 著檣經, 諡는 文節.

七言名句篇

吁嗟龍兮德何衰
長臥波心世不知
莫笑隆中諸葛老
殷勤三顧豈無時

(우차용혜덕하쇠) 아! 龍이여
찌衰했다 하는고.
(장와파심세부지) 물결 복판에
누워 있으니 世上은 다 모르네.
(막소륭중제갈로) 隆中에 있는 諸葛孔明
비웃지 말라.
(은근삼고기무시) 殷勤히 三顧草廬한 것
이 어찌 때가 없을소냐. (李貴)

아! 龍이여, 德이 어찌 그리 衰하여 제 口實을 못하는고. 물결 한복판에 오래 누워 있어 潛龍이라 하는 것을 그 누가 알까 보냐? 隆中에 숨어 있는 諸葛孔明을 能力이 없다고 비웃지 말라. 殷勤히 三顧草廬하여 世上을 놀라게 하였으니 어찌 때가 없다더냐.

東風東望彈琴臺
戰壘愁雲鬱未開

(동풍동망탄금대) 東風에 東쪽으로 彈琴
臺를 바라보니.
(전루수운울미개) 戰壘에 愁雲이 鬱鬱하
여 열리지 못하였도다.

【字解】
吁：탄식할 우
嗟：탄식할 차
隆：높을 융
殷：은근할 은
顧：돌아볼 고

【註釋】
殷勤：드러나지는 않지만 생각하는 것이 깊이가 있다.
潛龍：世上에 露出되지 않고 잠겨있는 용, 숨은 人材의 비유.
吁嗟：아아, 嘆息하는 發語辭.
三顧草廬：세번이나 諸葛亮의 草家를 찾아갔던 劉備의 故事.
※李貴：仁祖反正功臣、平山府使、號는 默齋, 官은 兵判 延平府院君, 靖社一等功臣 追贈 領議政 諡는 忠定.

彈琴臺：忠州에 있는 樓臺名.
戰壘：戰爭을 하기 爲하여 陣을 치던곳.

天地無功軍背水
江山有恨客啣盃
人説是非吾掩口
世爭名利子搖頭
冉牛德行高山仰
司馬文章大海流

東風에 서서 東쪽으로 彈琴臺를 바라보니 싸움터에 슬픔을 느끼게 하는 구름만이 欝欝히 덮혀 있네. 天地는 공이 없느라고 軍士로 하여금 背水陣을 陷沒되게 하였는가 江山도 恨이 있어 客이 술을 먹는다.

(인설시비오엄구) 사람이 是非를 말하면 나는 입을 가리고.
(세쟁명리자요두) 世上이 名利를 다투매 자네는 머리를 흔든다.
(염우덕행고산앙) 冉牛의 높은 德行은 山처럼 우러러 보고.
(사마문장대해류) 司馬遷의 文章은 大海처럼 滔滔히 흐르는 구나. (金笠)

是非와 善惡 그리고 利害와 得失 그 속에 사는 것이 사람인지도 모른다. 是非를 따져서 무엇하겠는가. 世上에서 名利를 다투면 자네는 머리를 흔들고 否定해 버리는데 名利는 해서 무엇하나 그러지 않아도 冉牛의 德行은 높

(천지무공군배수) 天地는 공이 없어 背水陣을 하였고.
(강산유한객함배) 江山은 恨이 있어 客이 술을 마시누나. (黃五의 彈琴臺詩)

※ 黃五: 金笠과 한때의 文章, 初試不得.

【字解】
彈: 탈 탄, 탄알 탄
罍: 진 루

【註釋】
掩口: 말 말자고 입을 가림.
搖頭: 그렇지 않다고 머리를 흔드는것.
冉牛: 孔子 弟子인 冉伯牛.
司馬文章: 司馬遷의 文章.

【字解】
掩: 가릴 엄
搖: 흔들 요
冉: 성 염
司: 맡을 사

七言名句篇

月將衆星陣碧空
風驅木葉戰秋山
摩雲嶺上披雲坐
萬壑中峯次第朝
秋風易水壯士拳
白日咸陽天子頭

〔월장중성진벽공〕 달은 뭇 별을 거느리고 碧空에서 陣을 치는데.

〔풍구목엽전추산〕 바람은 나뭇잎을 몰아서 秋山에서 싸움을 하네.

〔마운령상피운좌〕 摩雲嶺에 올라서 구름을 헤치고 앉아서 있노라니.

〔만학중봉차제조〕 萬壑에 中峯들이 차례로 朝會하네.

〔추풍역수장사권〕 가을바람 易水에 壯士의 주먹으로.

〔백일함양천자두〕 白日에 咸陽에서 天子의 머리로다.

(洪景來)

산이 우러러 보고 司馬遷의 滔滔히 大海처럼 흐르는 文章을 누가 따라갈 것이냐.

雲龍風虎의 獨特한 氣稟을 타고난 洪景來는 作品에 있어서도 破格的이어서 無嚴하고도 不軌의 이며 才致가 있으면서도 殺伐한 것이 特徵이라고 할 수 있다. 달은 뭇 별들을 指揮하여 한판의 勝負를 겨뤄보려고 碧空에서 陣을 치고 있는가 하면, 바람은 나뭇잎을 몰아가지고 秋山에서 激戰을 試圖하고 있는가 하면. 높은 摩雲嶺에 올라서 구름을 걷어 차버리고 앉아 있노라니 數없이 많은 구령의 中間쯤 가는 峯우리가 차례로 朝會하는 것 같다. 『秋風이 蕭蕭하니 易水는 차고

【註釋】
摩雲嶺: 咸鏡北道 端川에 있는 山名.
易水: 燕나라에 있는 江名.
咸陽: 秦나라 서울.
※洪景來: 純祖때 平北龍岡出身、亂을 일으켜 氣勢를 올리다가 定州城에서 戰死함.

【字解】
摩: 만질 마
披: 헤칠 피
拳: 주먹 권
軌: 굴대 궤

驛亭秋雨送人遲
絶域相尋更有誰
孤竹數叢殘月曉
故園回首淚垂垂

(역정추우송인지) 驛亭 가을비에 사람을 보내기가 더디니.
(절역상심갱유수) 絶域에 서로 찾을 이 다시 누가 있으리오.
(고죽수총잔월효) 외로운 대나무 두어 떨기에 쇠잔한 달이 새어가니.
(고원회수루수수) 故園으로 머리를 돌리니 눈물이 드려지네.
(丁茶山)

鼎冠撑石小溪邊
白粉淸油炙杜鵑

(정관탱석소계변) 솥갓을 돌로 고여 시냇가에 걸어 놓고.
(백분청유자두견) 흰가루와 맑은 기름으로 杜鵑花를 지지더라.

가을비가 쓸쓸하게 내리는 역말 亭子에서 사람을 보내는 心情은 凄凉하여 더딜 따름인데 먼 配所에서로 尋訪해줄 사람이 누가 또 있겠는가. 외로운 대나무 떨기로 나 있는데 다 사라져 가는 달이 새벽이 되었으니 田園을 向하여 머리를 돌리려니 눈물이 방울 방울 드려져 떨어지네.

壯士가 한번가면 돌아오지 않는다는 秋風易水에 壯士의 주먹으로 밝은 날 咸陽에서 天子의 머리를 노린다는 뜻이다. 그리하여 그 뜻을 看破한 그의 外叔은 訓學을 拒否했다는 것은 逸話라 하겠다.

【註釋】
絶域 : 먼 땅, 멀리 떨어진 地域.
殘月 : 사라져 가는 새벽달.
※丁若鏞 : 號는 茶山, 李朝末 大學者, 官은 副承旨, 副護軍, 刑曹參議를 歷任. 諡는 文度, 많은 著書를 남김.

【字解】
尋 : 찾을 심
叢 : 떨기 총

【字解】
鼎 : 솥 정
撑 : 고일 탱
粉 : 가루 분
炙 : 고기구울 자
鵑 : 두견 견

七言名句篇

雙箸挾來香滿口
一年春色腹中傳

〔쌍저협래향만구〕 한쌍의 젓가락으로 집 어오매 香氣가 입에 가득하니,
〔일년춘색복중전〕 일년의 봄빛을 뱃속에 傳하노라. （林白虎）

갓모양으로 생긴 솥뚜껑을 돌로 작은 시냇가에 고여 놓고, 흰 밀가루와 참기름을 가지고 杜鵑花를 따 넣고 적을 굽는도다. 젓가락을 움직여 집어다가 입에 넣으니 香氣가 무르녹아 一年에 和暢한 봄빛이 뱃속으로 傳해지는 것 같더라.

道不遠人人遠道
山不離俗俗離山
酒不醉人人自醉
色不迷人人自迷

〔도불원인인원도〕 도가 사람을 멀리하는 것이 아니라 사람이 도를 멀리하고.
〔산불리속속리산〕 山이 風俗을 떠난 것이 아니라, 風俗이 山을 떠났도다.
〔주불취인인자취〕 술이 사람을 醉하게 하는 것이 아니라, 사람이 스스로 醉하고. （林白虎）
〔색불미인인자미〕 色이 사람을 迷惑하게 하는 것이 아니라, 사람이 스스로 迷惑 하느니라. （明心寶鑑）

道라는 것은 길과 같은 것으로 사람이 길을 가는 것이지 길이 사람을 가게할 수는 없다. 길은 사람 곁에 있지만 찾지 않고 가지 않으니 멀어지는 것이다. 사람으로 마땅히 말미암아야할 길, 꼭 가야할 길이 있는데 無關心하고 度外視하는

〔字解〕
箸：젓가락 저
挾：낄 협
惑：미혹할 혹
溺：빠질 익

南蠻鴃舌銅三等
東魯獜經淚萬行
誰識太華山裡客
飄然一棹入滄海

(남만격설동삼등) 南蠻의 노고지리 소리는 구리쇠가 三等이요.
(동로린경루만행) 東魯의 獜經은 눈물이 일만줄기로다.
(수식태화산리객) 누가 太華山 속의 손이.
(표연일도입창해) 飄然히 한 돛대로 滄海에 들어간 것을 알리오. (田愚)

南蠻의 노고지리 하는 사람은 東夷, 西戎 다음 가는 春秋는 눈물로 數없이 얼룩진 經書라네. 누가 太華山 속에 있는 한 客이 飄然히 배를 저어 滄海로 들어가 世上을 避하여 간것을 알겠는가.

晋陽城外水東流
(진양성외수동류) 晋陽城 밖에 물이 東으로 흐르니.

수가 있다. 그래서 道가 사람을 멀리하는 것이 아니요, 사람이 道를 멀리하고 사람이 살아가는 테두리 속에서 어떠한 生活을 하다 보면 風俗이 되는 수가 있다. 地方마다 風俗이 다른 것은 그 周邊環境에 適應되는 삶을 해야 하기 때문이다. 人爲가 介在된 風俗이 自然그대로의 山을 떠날 수 있는 것은 사람이 作用하기 때문이다. 그렇지만 山은 사람의 風俗과는 아랑곳 없이 自己의 所信을 가고 있는 것이다. 그래서 山이 風俗을 떠난 것이 아니라, 風俗이 山을 떠났다고 할 수 있는 것이요. 決코 술이나 色이 사람을 沈溺하게 하는 것이 아니라 自身이 沈溺되어가는 것이다.

【註釋】
南蠻鴃舌: 南쪽 야만인들이 알아듣지 못하게 지껄이는 말.
獜經: 麒獜이 지껄이는 말. 孔子가 春秋를 끝맺었다 (絶筆於獲獜)고 하여 獜經이라고 함.
飄然: 훌쩍 떠나는 모양. 바람에 가볍게 나부끼는 모양. 세상일에 구애받지 않는 모양.
※田愚: 號는 艮齋. 最近世의 儒學者 經工監役, 掌令, 中樞院參議의 補職을 辭退하고, 界火島에서 後學을 가르침.

【字解】
鴃: 왜가리 격
舌: 혀 설
獜: 기린 린
飄: 나부낄 표
滄: 바다 창

【註釋】
晋陽: 晋州의 舊號.

七言名句篇

叢竹芳蘭綠暎洲
(총죽방란록영주) 떨기로난 대나무와 꽃다운 蘭草가 푸르게 물가에 비쳤네.

天地報君三壯士
(천지보군삼장사) 天地에 人君에 갚으니 세 壯士요.

江山無主一孤樓
(강산무주일고루) 江山에 主人이 없으니 한 외로운 다락이라.

歌屏日暖潛龍舞
(가병일난잠룡무) 노래하는 屛風에 날이 따뜻하니 잠긴 龍이 춤을 추고.

釼幕煙深宿鷺愁
(검막연심숙로수) 칼 장막에 煙氣가 깊으니 자는 해오라기는 근심하도다.

南望箕墟無戰氣
(남망기허무전기) 南으로 箕墟를 바라보매 싸울 기운이 없으니.

將壇旗鼓伴春遊
(장단기고반춘유) 將壇에 旗와 북으로 봄을 짝하여 놀리도다.

西風人依嶺南樓
(서풍인의영남루) 西風에 사람이 嶺南樓를 依支하니.
(申光洙蘆石樓詩)

水國青山散不收
(수국청산산불수) 물나라와 푸른 山이 흩어져 거두지 못했도다.

萬戶笙歌明月夕
(만호생가명월석) 萬戶나 되는 피리 노래는 밝은 달 저녁이요.

數聲漁笛白雲秋
(수성어적백운추) 두어 소리 고기잡는 젓대는 흰구름 가을일러라.

【註釋】
叢竹芳蘭: 떨기로난 대나무와 향기 좋은 난초.
歌屛: 屛風을 쳐놓고 노래부름.
(노래하는 屛風)
釼幕: 칼을 걸어 놓은 帳幕.
宿鷺: 자는 해오라기.
箕墟: 箕子의 舊墟, 韓國을 뜻함.
將壇: 將軍이 作戰을 指揮하던 壇.
笙歌: 젓대 노래.
漁笛: 漁夫가 부는 피리.

【字解】
叢: 떨기 총
暎: 비칠 영
釼: 칼 검
鷺: 백로 로
墟: 터 허
伴: 짝 반
笙: 생황 생
祠: 사당 사

※ 申光洙: 號는 石北, 英祖때 文臣 禁府都事 右承旨를 거쳐 敦寧都正 歷任.

老僧院裏疏鍾晚
貞女祠前落葉流
滿岸蘆花三十里
鴈鴻無數下長洲
萬頃平波一色流
披雲此地此坮浮
江淮濟河難爲水
南北東西不見洲
敵國腥塵迷馬島
忠臣短碣落龜頭
蓬萊仙子無消息

〔노승원리소종만〕 老僧院 속에는 성긴 쇠북소리가 늦었고.
〔정녀사전낙엽류〕 貞女祠(阿娘閣) 앞에는 落葉이 흘렀도다.
〔만안노화삼십리〕 언덕에 가득한 갈대꽃 三十里에.
〔안홍무수하장주〕 기러기가 數없이 긴 물가에 내려오도다. (李白雲嶺南樓詩)
〔만경평파일색류〕 일만이랑 半平한 물결 이 한 빛으로 흐르는데.
〔피운차지차대부〕 구름을 헤친 이 땅 에 이 坮가 떠 있구나.
〔강회제하난위수〕 江淮濟河를 바다에 대면 물이 되기 어려우니.
〔남북동서불견주〕 南北과 東西에 洲를 보지 못하리로다.
〔적국성진미마도〕 敵國의 난리는 對馬島 에 稀微했고.
〔충신단갈낙귀두〕 忠臣의 짧은 碑돌은 거북의 머리가 떨어졌도다.
〔봉래선자무소식〕 蓬萊神仙이 消息이 없으니.

【註釋】
疏鍾∷드문 드문 울리는 종소리.
蘆花∷갈대 꽃.
腥塵∷戰爭, 流血劇.
短碣∷작은 碑石.
龜頭∷비돌 머리部分.
蓬萊仙子∷金剛山 神仙.

【字解】
蘆∷갈대 로
腥∷비린내 성
碣∷비석 갈
蓬∷쑥 봉
萊∷쑥 래

七言名句篇

嗟我人間白髮秋
落照吐紅掛碧山
寒鴉尺盡白雲間
放牧園中牛帶影
望夫臺上妾低髮
臨津行客船能促
訪寺歸僧杖不閑
蒼然古木溪南里
短髮樵童弄笛還
日而天地間男兒

(차아인간백발추) 슬프다 내 人間의 白
髮인가 하노라. (鄭賢得)

(낙조토홍괘벽산) 落照가 붉은 것을
吐하여 푸른 山에 걸려 있고.

(한아척진백운간) 찬 까마귀가 자로
재듯이 흰구름 사이를 다하여 날아
가도다.

(방목원중우대영) 放牧한 동산 가운
데소가 그림자를 띠고 있고.

(망부대상첩저환) 望夫臺위에는 妾이 딴
머리를 낮게 드렸도다.

(임진행객선능촉) 나루에 臨하여 가는
손님은 배를 能히 재촉하고.

(방사귀승장불한) 절을 찾아 돌아가는
중의 지팡이가 한가롭지 못하도다.

(창연고목계남리) 蒼然한 古木 시내
남쪽 마을에.

(단발초동롱적환) 短髮을 한 樵童이
피리를 희弄하며 돌아오도다.
(金春澤題落照)

(왈이천지간남아) 가로대 너 天地間 男
兒야.

【字解】
䯻 : 쪽진머리 환

※ 金春澤 : 號는 北軒. 肅宗때 文人. 光成府
院君萬基의 孫. 流配, 監獄生活三十년. 文
章에 뛰어나 謝氏南征記를 漢譯, 이것은
그의 壯元詩임.

知我平生者爲誰
青雲難力致非願
白髮惟公道不悲
萍水一千里浪跡
琴書四十年虛思
驚起懷鄕夢默坐
月三更越鳥南枝
古木多情黃鳥至
大江無恙白鷗浮
九月山中春草綠
五更樓下夕陽紅

(지아평생자위수) 내 平生을 아는 者 누가 있는가.
(청운난력치비원) 靑雲은 힘으로 이루기가 어려운지라 願도 아니요.
(백발유공도불비) 白髮은 오직 公道라 슬프지 않도다.
(평수일천리랑적) 물에 뜬 마른 풀은 一千里 虛浪한 자취요.
(금서사십년허사) 거문고 글은 四十年 헛된 생각이로다.
(경기회향몽묵좌) 故鄕 생각하는 꿈에 놀라 깨어 일어나 默默히 앉으니.
(월삼경월조남지) 달은 三更인데 越나라 새는 남쪽 가지에 앉았도다.
(고목다정황조지) 古木은 多情하여 黃鳥가 이르고.
(대강무양백구부) 大江은 病이 없어 白鷗가 떠 있도다. (金笠)
(구월산중춘초록) 九月 山속에는 봄풀이 푸르렀고.
(오경루하석양홍) 五更樓 아래에는 夕陽이 붉더라.

【註釋】
萍水：마른 풀이 떠 있는 물.
琴書：거문고와 書冊.
懷鄕：故鄕을 생각함.
越鳥：越나라 새.
無恙：病이 없음, 病들지 않음.
籠鳥：(새장) 농속의 새.
秋蠅：가을 파리.

【字解】
萍：개구리밥 평
恙：병양, 근심할 양
籠：농롱
侶：짝려
痴：어리석을 치
蠅：파리 승

孤如籠鳥長思侶
痴似秋蠅更怯寒
深秋木落葉侵關
戶牖全輸一面山

(고여롱조장사려) 외롭기는 농속의 새가 기리 짝을 생각하는 것과 같고.

(치사추승갱겁한) 어리석은 것은 가을 파리가 다시 찬 것을 겁내는 것과 같다.

(심추목락엽침관) 깊은 가을에 나무가 떨어져서 잎이 關을 침노하니.

(호유전수일면산) 지게의 窓이 온전히 一面의 山을 실었도다.

病든 몸이 孤獨하기란 새장속에 갇혀있는 것처럼 안타깝고, 어리석기란 恰似히 다죽어 가는 가을 파리가 다시 추위를 겁내는 것처럼 脈이 없다. 깊어 가는 늦가을 나무잎은 다 떨어져 無嚴하게도 関門에까지 侵人을 하고, 집의 窓門이 한편의 山色을 온통 다 싣고 떠 있는 것 같도다.

縱有盃樽誰共對
已愁風雨欲催寒
春陰欲雨鳥相語
老樹無情風自哀
夜深纖月初生影
山靜寒松自作聲
急風吹霧水如鏡
近渚無人鳥自語

〔종유배준수공대〕 비록 잔에 술이 있으나 누구로 한가지 對하며,
〔이수풍우욕최한〕 이미 風雨가 찬 것을 재촉하고자 하는 것을 근심했도다.
〔춘음욕우조상어〕 봄 그늘이 비가 오려 하니 새가 서로 지저귀고.
〔노수무정풍자애〕 늙은 나무가 情이 없으니 바람만 스스로 슬퍼하도다.
〔야심섬월초생영〕 밤이 깊으니 가는 달이 처음으로 그림자를 내고.
〔산정한송자작성〕 산이 고요하니 찬 소나무가 스스로 소리를 내도다.
〔급풍취무수여경〕 급한 바람이 안개를 부니 물이 거울과 같고.
〔근저무인조자어〕 가까운 물가에 사람이 없으니 새만 스스로 노래하도다.

비록 술단지에 술이 있다고 한들 누가 함께 마셔주며, 벌써 추위를 재촉하는가 근심이 되기도 한다. 봄날이 陰沈하니 비가 오려고 새들은 서로 마주보며 무어라고 지저귀고, 늙은 나무가 肥大해져 몸주체를 못하고 生氣가 없어져서 無感覺하고 아기자기한 맛이 없으니 바람만 자기 혼자 反應이 없다고 周邊을 맴돌며 슬퍼하노라.

【註釋】
翻天∷하늘에 펄럭임.
纖月∷가는 초생달.

【字解】
牖∷창 유
輪∷실어낼 수
催∷재촉할 최
纖∷가늘 섬
吹∷불 취
渚∷물가 저

七言名句篇

밤이 깊어지니 가느다란 初生달이 妖精처럼 그림자를 선보이고, 山이 말없이 요하니 寒心스럽다는 듯이 寒氣를 머금은 소나무가 바람의 威力을 빌어 스스로 소리를 내고 있는 것이다.
急하게 몰아치는 회오리 바람이 안개를 불어 깨끗하게 날려 버리니 水面이 거울 같을 수 밖에 없고, 물가 가까운 곳에 사람이 있을 까닭이 없으니 새만이 자기 들끼리 말을 주고 받는다.

海氣作霧因成雨
浪勢翻天自起風

〔해기작무인성우〕 바다 기운이 안개를 지어서 이로 因하여 비를 이루고,
〔랑세번천자기풍〕 물결 형세가 하늘을 번득이며 스스로 바람을 일으키도다. (朴誾)

朋徒從後妓歌前

〔붕도종후기가전〕 벗의 무리는 뒤를 좇고 妓生은 앞에서 노래하니,

挾路垂楊半是煙

〔협로수양반시연〕 길을 낀 드려진 버들이 半은 이 煙氣러라.

踏石危行窮白日

〔답석위행궁백일〕 돌을 밟고 危殆롭게 가다 보니 하루가 다 했고.

【字解】
翻 : 펄럭일 번

※ 朴誾 : 號挹翠軒, 登第하여 燕山君 十年甲子士禍의 이슬로 살아지니 二十八歲였다. 有文章 詩才獨步, 官正字修撰 歷任.

上山高坐近青天
黃金諸佛三千界
皓首餘生七十年
萬樹東風啼鳥夜
寺鍾聽罷意悠然

（茂州府使 徐萬淳）

〔상산고좌근청천〕 산에 높이 올라 앉으니 푸른 하늘이 가깝도다.
〔황금제불삼천계〕 황금으로 이루어진 모든 부처는 三千世界나 되는데.
〔호수여생칠십년〕 흰머리에 남은 餘生은 七十年이 되었도다.
〔만수동풍제조야〕 많은 나무 東風에 새 우는 밤에,
〔사종청파의유연〕 절의 鍾소리를 들어 罷하니 뜻이 悠然하더라.

친구의 무리들은 뒤에 따라가고 妓生은 앞에서 歌舞를 벌리는데, 길을 끼고 있는 휘늘어진 수양버들이 半은 煙氣속에 잠겨있네. 돌길을 따라 危險을 무릎쓰고 날이 다하도록 걸어가, 산에 올라서 높이 앉아 있으니 마치 푸른 하늘에 가까이 온 듯한 氣分이라. 黃金으로 만들어진 부처의 世界는 모두 三千이나 된다고 하는데 百髮이 된 이사람의 餘生은 七十이 넘었도다. 빽빽이 우거진 많은 나무에 東風은 불어오고 새들이 노래하는지 우는지 지저귀는 봄밤에, 古寺에서 들려오는 은은한 鍾소리가 뚝 그치니 뜻이 悠然해 지는 것이다.

【字解】
皓：힐 호

【註釋】
皓首：白髮된 머리.
踏石：돌을 밟고 다님.

南山有田邊土落

〔남산유전변토락〕 南山에 밭이 있으니 갓에 두둑이 무너지고.

七言名句篇

古木在鳩鳥先飛
丈夫年歲須勿問
西楚霸王渡江時
月照梧桐露結籬
離君今夜淚盈巵
巴山那忍明皇悵
長信難堪婕妤悲
心共楚臺雲雨散
文同漢室妹夫詞
司辰鳴促更嗚咽

[고목재구조선비] 묵은 나무에 비둘기가 있으니 새가 먼저 날아갔도다.
[장부년세수물문](十九歲破字) 丈夫의 年歲를 모름지기 묻지 말라.
[서초패왕도강시] 西楚霸王 項羽가 江을 건널 때(二十四歲)니라.
[월조오동로결리] 달은 梧桐 나무에 비치고 이슬은 울타리에 맺혀 있네.
[리군금야루영치] 그대를 이별하는 오늘 밤에 눈물이 술잔에 차리로다.
[파산나인명황창] 巴山에 어찌 明皇의 슬픔을 참으며.
[장신난감첩여비] 長信에 婕妤의 슬픔을 견디기 어려워라.
[심공초대운우산] 마음은 楚臺와 한가지로 雲雨는 흩어지고.
[문동한실매부사] 글은 漢室과 같으니 妹夫詞일세.
[사신명촉갱오열] 닭이 울음을 재촉하니 다시 흐느껴 울며.

【註釋】
巴山: 蜀의 地名, 陝西省西鄉縣.
明皇: 唐憲宗.
嗚咽: 목이 메어 옴, 흐느껴 욺.
羅衫: 깁(비단)으로 만든 적삼.
婕妤: 漢代史官, 美好之意(武帝時人) 婕妤秩比列候.

【字解】
籬: 울타리 리
巵: 술잔 치
巴: 땅이름 파
那: 어찌 나
悵: 슬플 창
婕: 예쁠 첩
妤: 궁녀의 벼슬이름 여
衫: 적삼 삼

因把羅衫問後期

〔인파라삼문후기〕因하여 비단 소매를 잡고 뒤에 기약을 묻노라.

〔回頭詩 無名女流詩人作〕

回頭—離 扉—巴 悵—長 悲—心
散—文 詞—司 咽—因 期—月

秋雲漠漠四山空
落葉無聲滿地紅
立馬溪邊問歸路
不知身在畫圖中

〔추운막막사산공〕가을 구름은 아득하고 사방산은 비었으니,
〔낙엽무성만지홍〕낙엽은 소리 없이 땅에 가득히 붉어있네.
〔입마계변문귀로〕말을 시냇가에 세우고 돌아가는 길을 물으니,
〔부지신재화도중〕몸이 그림 가운데 있는 것을 알지 못하더라.

(訪 金居士野居 鄭道傳)

단풍이 곱게 물들었다가 낙엽으로 변하는 늦가을 풍경(風景)을 읊은 시(詩)이다. 높은 하늘 가에 구름은 멀리 떠 있고 주위(周圍)에 있는 산이 텅 비어 있는 것처럼 쓸쓸한 것은 나무잎이 소리없이 다 떨어져 땅에 가득히 붉게 물들어 있기 때문이다. 황홀경에 도취되어 말을 시냇가에 세워 놓고 멋있는 풍경을 감상(鑑賞)하고 있노라니 자신이 마치 한 폭의 그림 가운데 서 있는 듯한 착각을 하게 하여 쉽게 발길이 떨어지지 않는다.

【註釋】
漠漠:: 넓고 아득한 모양. 멀리 떨어져 있는 모양.
四山空:: 잎이 떨어져 사방 산이 텅 비어있음.

※ 鄭道傳:: 字는 宗之。號는 三峰。文臣 學者。官은 南陽府使 成均大司成 大司憲歷任。李朝의 創業을 도와 開國一等功臣이 됨。著書는 三峰集 經濟六典 經濟文鑑等.

七言名句篇

食人之食衣人衣
素志平生莫有違
一死固知忠義在
顯陵松柏夢依依

〔식인지식의인의〕 임의 밥 임의 옷을 먹고, 입으며
〔소지평생막유위〕 일평생 먹은 마음 그 어이 변할소냐?
〔일사고지충의재〕 이 죽음이 충과 의를 爲함이기에
〔현릉송백몽의의〕 顯陵의 푸른 松栢 꿈속에 도 못 잊혀라.

이 詩는 梅竹軒인 成三問이 端宗復位를 꾀하려다 金鑌의 告變으로 事前에 發覺되어 무참하게 최후를 당할때 읊은 것이다.

임금님이 주시는 國祿을 먹고 士大夫의 制服을 입고 벼슬하는 몸이 막중한 所任을 띠고 있으니 恩惠가 망극한지라 평생을 두고 國恩에 보답하겠다는 一片丹心은 桑田이 碧海가 된들 그 어이 변할소냐? 原來 한번 죽기를 다짐했던 몸, 運이 否塞하고 일이 그릇되어 忠誠과 義理라는 名分을 남기고 죽음을 擇한 것이 既定의 사실이라면 躊躇하지 않고 조용히 죽으리라. 저 先王이신 文宗대왕의 顯陵에 푸른 松栢이 依依한 것처럼 꿈속에도 잊지 못할 지난날의 어렴풋한 추억을 간직한 채 松栢처럼 변치 않는 節介를 지키면서 義理도 人情도 道德도 눈물도 없는 暴君과 싸우다가 그를 저주하며 안개처럼 사라지리라. 死六臣다운 氣魄이 엿보이는 詩라고 하겠다.

千里家山萬疊峰 은 〔천리가산만첩봉〕 산첩첩 내 故鄕, 천리언만

【註釋】
顯陵∷文宗의 陵
夢依依∷꿈속에도 지난날의 기억이 어렴풋이 남아 있음.

歸心長在夢魂中　〔귀심장재몽혼중〕 자나깨나 꿈속에도 돌아가고파
寒松亭畔弧輪月　〔한송정반고윤월〕 寒松亭 가에는 외로이 뜬 달
鏡浦臺前一陣風　〔경포대전일진풍〕 鏡浦臺 앞에는 한줄기 바람
沙上白鷗恒聚散　〔사상백구항취산〕 갈매기는 모래탑에 모이락 흩어질락
海門漁艇任西東　〔해문어정임서동〕 고깃배들 바다위로 오고가나니
何時重踏臨瀛路　〔하시중답임영로〕 언제나 江陵길 다시 밟아
更着斑衣膝下縫　〔갱착반의슬하봉〕 색동옷 입고 앉아 바느질 할꼬

이것은 栗谷先生母夫人인 申師任堂이 親家에 片母를 남겨두고 시댁인 한양으로 향할 때 斷腸의 悲懷를 나타낸 詩이다. 천리의 머나먼 내 고향길 一萬봉우리가 疊疊히 막혔으니 밤낮으로 가고파 그리는 마음 달랠길 없어라. 寒松亭 가에 외로이 떠 비쳐주는 皎皎한 달빛이나 경포대 앞을 몰아치는 때바람은 모래위에 나는 갈매기의 無時로 모이는 그것이나 浦口를 넘나드는 고기잡이 배가 任意로 왕래하는 것은 옛날과 조금도 다를 것이 없것만 出家한 이내 몸은 지아비에 매인지라 어느 때나 夢寐에도 잊지 못할 江陵의 고향길을 다시 밟아서 옛날에 입고 어리광 하던 색동저고리를 다시 입고 어머님 膝下에서 針線하던 그 시절로 돌아갔으면 오죽이나 좋으련만 찾을길이 없어 애닯으구나. 窈窕淑女의 일면을 연상케 하는 표정이 담긴 詩이다.

【註釋】
夢魂中‥生時와는 달리 꿈꾸는 혼속에
弧輪月‥외로운 바퀴 달
一陣風‥한 때로 몰려와 부는 바람
漁艇‥고기잡이 배
臨瀛路‥강릉가는 길
斑衣‥색동옷

七言名句篇

朝登立石雲生足
暮飲黃泉月掛脣
澗松南臥知北風
軒竹東傾覺日西

〔조등입석운생족〕 아침에 立石峰에 오르니 구름이 발 아래에 나고
〔모음황천월괘순〕 저물 때 黃泉물을 마시니 달이 입술에 걸리는 도다.〔僧〕
〔간송남와지북풍〕 澗水의 소나무가 南으로 누웠으니 北風을 알겠고
〔헌죽동경각일서〕 추녀의 대나무그림자가 東으로 기우니 날이 서쪽함을 깨닫겠도다.〔僧〕

이것은 放浪詩人 김삿갓이 금강산 立石峰 아래 암자에서 詩僧과 더불어 글짓기 겨룸을 한 詩로서 첫글귀는 詩僧의 작품이고 對句를 마춘 것이 김삿갓 작품이니 다 名作들이다. 아침에 立石峰에 올라서 보니 산은 높고 골짝이 깊어 흡사 구름이 발 아래에서 솟아나는 것 같고 저물 때에 黃泉에 가서 물을 마시다 보니 黃昏이 있는 달 그림자가 물에 잠겨 입술에 걸려 들어 오는 듯 하도다. 산골물 흐르는 결에 서있는 소나무 가지가 南쪽으로 누워 있는 것을 보니 北風이 부는 것을 알겠고, 마루 가까이 심어져 있는 대나무 그림자가 東쪽으로 기울어진 것을 보았을 때 날이 서쪽으로 저물어 가는 것을 깨닫겠도다.

絶壁雖危花笑立
陽春最好鳥啼歸

〔절벽수위화소립〕 絶壁이 비록 위태로우나 꽃은 웃고 서 있는데
〔양춘최호조제귀〕 陽春이 가장 좋으련만 새는 울고 돌아간다.〔삿갓〕

【註釋】
立石: 立石峰을 말함
黃泉: 우물의 이름
澗松: 澗水가의 소나무

【註釋】
陽春: 음력 정월을 이름. 봄철

天上白雲明日雨
岩間落葉去年秋
影侵綠水衣無濕
夢踏靑山脚不勞
群鴉影裡千家夕
一雁聲中四海秋

〔천상백운명일우〕 天上의 흰 구름은 내일이면 비가 오고
〔암간낙엽거년추〕 바위 사이에 떨어진 잎사귀는 지난해 가을의 것이다. 〔삿갓〕
〔영침녹수의무습〕 그림자가 푸른 물에 들어가도 옷은 젖지 아니하고
〔몽답청산각불로〕 꿈에 푸른산을 밟았으되 다리가 피곤하지 않도다. 〔僧〕
〔군아영리천가석〕 뭇 까마귀 그림자 속에 一千집의 저녁이 덮혀 있고 〔僧〕
〔일안성중사해추〕 한 기러기 소리 가운데 四海는 가을이 되었도다. 〔삿갓〕

천만길 낭떨어지가 위태롭기 한량없지만 그래도 바위틈에 나있는 꽃은 웃음을 머금고 서 있으며 陽春佳節이 이를데 없이 좋으련만 새는 무슨 까닭으로 울면서 아가야 하는가. 하늘 위에 무심코 떠있는 흰 구름은 내일이면 비가 되어 땅으로 還元할 운명을 지녔고 바위 사이에 뒹구는 낙엽은 지난해 가을에 떨어진 묵은 것이 아니더냐?

그림자가 푸른 물속에 들어갔다고 해서 옷이 젖을 까닭이 없음은 지극히 당연한 事理지만 詩僧은 김삿갓에게 對句를 맞추는데 애를 먹어자니 心算이었다. 삿갓은 서슴치 않고 꿈에 푸른 산을 실컷 헤매었지만 다리가 아프거나 피곤하지는 않도다. 數많은 까마귀 떼가 덮혀있는 그림자 속에 거무스름한 일천집의 黃昏이 엄습해 오

石轉千年方倒地 〔석전천년방도지〕 돌이 千年을 굴러 바야흐로 땅에 떨어질것 같고 〔僧〕

峯高一尺敢摩天 〔봉고일척감마천〕 봉우리가 한자만 높았더라면 감히 하늘을 만질뻔 했도다. 〔삿갓〕

青山買得雲空得 〔청산매득운공득〕 청산을 사서 얻고 보니 구름은 공짜로 얻어졌고

白水臨來魚自來 〔백수임래어자래〕 흰 물에 가까이 오다 보니 물고기는 스스로 오도다. 〔삿갓〕

詩僧 역시 未嘗不 鬼才임에는 틀림이 없었다. 있는 기교와 재간을 다 부려 김삿 갓에게 挑戰해 보았지만 아무리 발버둥 쳐 봐도 김삿갓에 대면 이도 안나 헛물만 키고 말았으니 이번에는 엉뚱한 방향을 건드려 반응을 본 것이다. 산이 얼마나 높던지 아니면 골짜기가 얼마나 깊기에 돌을 한번 굴리면 천년쯤은 걸려야 바야흐로 땅에 떨어질건만 같고 봉우리가 원래 높아서 한자만 더 있었더라면 감히 하늘을 어 루만질뻔 하였도다. 경치좋은 青山을 사서 얻고 보니 구름이 모여들어 代價를 치루 지않고도 공짜로 얻어지고 맑은 물가에 가까이 오다보니 물을 떠나서 존재 할 수 없는 물고기란 놈이 스스로 오지 않고는 못배기는데 造化가 붙은 것이 아닌 가?

秋雲萬里魚鱗白 〔추운만리어린백〕 가을 구름 萬里에 고기 비늘이 희었고 〔僧〕

【註釋】
魚鱗:물고기 비늘

古木千年鹿角高
雲從樵兒頭上起
山入漂娥手裏鳴

〔고목천년녹각고〕 千年 묵은 古木에 사슴의 뿔이 높았도다.
〔운종초아두상기〕 구름은 나무꾼 아이 머리 위에 쫓아 일어나고
〔산입표아수리명〕 山은 빨래하는 색시의 방망이질 하는 손 속에 들어가 우는도다〔삿갓〕

漸入佳境으로 멋을 더하는 詩句의 대결, 그 詩僧의 文章的인 素地는 풍부했지만 김삿갓의 敵手는 아니었다. 萬里長天에 뻗쳐있는 가을 구름은 물고기의 비늘모양으로 희끗희끗하고 波瀾萬丈한 千年古木에는 그 품위와 格에 어울리는 사슴인가 고란인가 뿔을 쳐들고 있는 것이 千兩짜리처럼 값있게 느껴진다. 一說엔 고목이 천년이나 묵으매 말라죽은 덩치가 사슴의 뿔모양으로 앙상하게 뼈대만 남아 있다고 해도 뜻은 통한다. 無時로 모여드는 구름은 나무꾼 아이 머리 위를 따라 일어나고 빨래하는 방망이 소리에 울려 퍼져 꼭 山이 색시의 손속에서 울고 있는 것만 같도다.

水作銀杵舂絶壁
雲爲玉尺度靑山
月白雪白天地白

〔수작은저용절벽〕 물은 은절구를 만들어 절벽에 방아 찧고 〔僧〕
〔운위옥척도청산〕 구름은 玉으로 자가 되어 청산을 재는도다. 〔삿갓〕
〔월백설백천지백〕 달도 희고 눈도 희고 天地도 흰데 〔僧〕

【註釋】
鹿角 : 사슴의 뿔
漂娥 : 빨래하는 예쁜 아가씨

七言名句篇

山深夜深客愁深
(산심야심객수심) 산도 깊고 밤도 깊었는데 客의 愁心도 깊었도다. (삿갓)

미칠듯이 파도를 몰아서 절벽을 사정없이 갈기고 부서지는 그것에 彷彿하고 모였다 흩어지는 구름은 흰 물거품은 은절구 질을 하며 방아 찧는 그것에 彷彿하고 모였다 흩어지는 구름은 玉尺을 가지고 靑山을 자질하듯 활발하게 움직인다. 달은 새 하얗게 비치는데 눈이 내려 더욱 하얗 따라서 天地가 다 새 하얗게 느껴질 뿐이다. 그리하여 산은 깊고 밤은 깊은데 客 의 시름마저 깊어 가지 않을 수 없는 것이 木石이 아니라 사람인지라 아무리 으로 自處한다 치더라도 血肉의 정이 오죽 하였겠는가. 이에 이르러 두 시인은 優 劣을 초월한 둘도 없는 반려자라는 것을 알겠다. 중간의 평가는 흥미를 돋구기 위 한 方便이었다는 것을⋯

樞星昨夜落東城
(추성일야낙동성) 동녘성에 으뜸별이 어제밤 사이에 떨어지니

地慟天悲水自鳴
(지통천비수자명) 땅은 통곡하고 하늘도 슬 퍼하고 물도 스스로 목메어 우네.

別淚津津愴海濶
(별루진진창해활) 이별의 눈물이 넘치고 넘 쳐 슬픔이 바다에 찼네.

憤心疊疊泰山輕
(분심첩첩태산경) 분한 마음 쌓이고 쌓여 태 산도 오히려 낫네.

堂堂大義生前業
(당당대의생전업) 생전에 하던 일 대의가 당 당하고.

【註釋】
銀杵: 銀으로 부어 만든 절구 공이
春絶壁: 절벽에 방아 찧듯이 후려갈김
玉尺: 玉으로 만든 자
度靑山: 청산을 한자 두자 자질함
彷彿: 그럴듯 하게 같은 거의 비슷함
優劣: 우수하고 열등함

【字解】
舂: 방아 찧을 용

【註釋】
樞星: 북두칠성의 첫째별. 天樞. 하늘의 중심
地慟天悲: 땅이 애통하고 하늘이 슬퍼한다 는 뜻으로 온 세상이 다 서러워함을 이름
津津: 넘침. 재미가 좋음.
死後名: 죽은 뒤의 이름
千秋: 먼 세월, 오래고 긴 세월
冤恨: 원통한 생각. 원통하고 恨스러움
荒陵: 황량한 무덤

【字解】
樞: 지도리 추
慟: 애통할 통

烈烈精神死後名 （열렬정신사후명） 열렬한 얼은 사후에 이름
千秋冤恨憑誰問 （천추원한빙수문） 천추에 원한을 누구에게나
寂寞荒陵白日明 （적막황능백일명） 적막하고 거칠은 무덤에는

(吊海公 蔣介石總統)

堂上父母千年壽 （당상부모천년수） 堂上의 父母님은 千年이나
膝下子孫萬代榮 （슬하자손만대영） 膝下의 子孫은 萬代나 榮

이 빛나리.
이 빛나리.
물으리.
햇볕만이 밝네.

동녘성에서 제일가는 巨星처럼 빛나는 존재가 어제밤 사이에 갑자기 사라졌으니라. 땅과 하늘만이 통곡하고 슬퍼할 뿐이리오. 물도 스스로 목이메어 흐느껴 울었으리라. 이별의 눈물은 흐르고 넘쳐서 슬픔이 바다의 넓은 곳을 메웠을 것이고 분한 마음은 북받치고 쌓여 肉重한 태산이 오히려 가벼웠을 것이다. 생전에 해온 일은 大義가 당당한 것이었기에 死後에 남긴 빛나는 이름 역시 정신이 열렬한 것아니겠든가？ 千秋에 맺힌 원한을 누구에게 묻고 하소연하리오. 적막하고 황량한 무덤. 그곳에는 悠悠히 맑게 갠 햇볕만이 밝게 비춰 있겠지. 이것은 자유중국의 蔣介石 총통이 해공 申翼熙 선생의 逝去를 哀悼하면서 吊喪한 詩인데 曲盡하고 哀絶한 衷情이 넘쳐 흐르고 있음.

闊：넓을 활
憤：분할 분
冤：원통할 원

壽를 하고.
華할지니라.

【註釋】
堂上：집 위에. 대청 위. 正三品 以上의 벼슬아치 (堂上官).
膝下：어버이 무릎아래. 어버이의 側近 (곁)

七言名句篇

平安竹長千年綠
富貴花開一品紅
不老草生父母庭
無窮花發子孫枝
壽福祿三星幷燿
天地人一氣同春
萬物靜觀皆自得
四時佳興與人同
春風大雅能容物
秋水文章不染塵

(평안죽장천년록) 平安한 대나무는 길이 千年을 푸르고
(부귀화개일품홍) 富貴의 꽃은 열려 一品으로 붉더라.
(불로초생부모정) 不老草는 父母님 뜰에 나고
(무궁화발자손지) 無窮한 꽃은 子孫의 가지에 피었도다.
(수복록삼성병요) 壽와 福과 祿 세별이 아울러 빛나고
(천지인일기동춘) 天地人 한 기운이 한가지의 봄일러라.
(만물정관개자득) 萬物을 고요하게 보니 다 自得이 되고
(사시가흥여인동) 四時에 아름다운 興은 사람과 같도다.
(춘풍대아능용물) 春風의 크게 맑은 것은 能히 物을 容納하고
(추수문장불염진) 秋水같은 文章은 티끌이 물들지 않았도다.

【註釋】
平安竹: 평안한 대나무. 아무일이 없어서 마음에 걱정이 없는 것.
富貴花: 富貴를 꽃에 비한 것. 富하고 貴한 꽃.
一品: 제일 좋은 물건. 한가지 품목. 벼슬의 첫째 品階
不老草: 늙지 않는다는 풀
無窮花: 無窮히 繁榮하라는 꽃
自得: 스스로 이치를 터득함.
佳興: 좋은 흥취. 멋있는 흥

【字解】
燿: 빛날 요.

天上四時春作首 (천상사시춘작수) 天上의 四時는 봄으로 머리를 짓고

人間五福壽爲先 (인간오복수위선) 人間의 五福은 壽가 먼저가 됨이라.

不貪夜識金銀氣 (불탐야식금은기) 貪하지 않으니 밤에 金銀 기운을 알겠고

遠害朝看麋鹿遊 (원해조간미록유) 害를 멀리하니 아침에 麋鹿의 노는 것을 볼러라.

永夜松燈看楚賦 (영야송등간초부) 긴 밤에 소나무 등불로 楚나라 賦를 보고

清朝華墨寫唐詩 (청조화묵사당시) 맑은 아침에 華麗한 먹으로 唐詩를 쓰도다.

近水樓臺先得月 (근수루대선득월) 물에 가까운 루대(樓臺)가 먼저 달을 얻고

向陽花木易爲春 (향양화목이위춘) 양지(陽地)를 향한 꽃나무는 봄되기가 쉬우니라.

天增歲月人增壽 (천증세월인증수) 하늘은 歲月을 더하고 人間은 壽를 더하며

春滿乾坤福滿家 (춘만건곤복만가) 봄은 乾坤에 가득차고 복은 집에 찼도다.
(立春詩)

【註釋】
大雅：훌륭하고 偉大하고 高尙함. 詩經六義의 하나
秋水文章：가을철에 맑게 흐르는 물처럼 洗練된 文章. 때문지 않은 文章을 말함.
五福：壽、富、康寧、攸好德、考終命
楚賦：楚辭、屈原의 離騷經
唐詩：中國 唐나라 때에 지은 詩

七言名句篇

四友相須獨號君
中書總記古今文
銳精隨世昇沈別
尖舌由人巧拙分
畫出蟾烏明日月
模成龍虎動風雲
管城歸臥雖衰禿
寵擢當時最有勳

(사우상수독호군) 문방사우가 서로 필요한 것이지만 홀로 군이라 일컬으니
(중서총기고금문) 중서랑이 다 고금의 글을 기록하게 하는도다.
(예정수세승침별) 날카로운 정신이 세상을 따라 浮沈함이 區別되고
(첨설유인교졸분) 예리한 舌辯은 사람으로 말미암아 巧拙을 나누었도다.
(화출섬오명일월) 두꺼비와 까마귀를 그려냄에 일월이 밝고
(모성용호동풍운) 龍虎를 본떠 이룩하면 풍운이 움직이도다.
(관성귀와수쇠독) 관성군이 돌아가 누워 있어 비록 쇠하고 모지라졌지만
(총탁당시최유훈) 총애를 받아 발탁할 당시에는 가장 공이 있었도다.

붓(筆)(金笠)

文房四友라고 稱하는 붓과 벼루와 종이와 먹은 네것이 서로 모아져서 하나의 작품을 만들어 내느니만큼 모두 必須인 것이기는 하지만은 唯獨 붓에 局限하여 君이라는 號稱을 부치게된 까닭은 中書君이라고 칭하는 붓이 古今의 글을 다 기록하기 때문인 것이다.

【字解】
蟾∶두꺼비 섬
禿∶모지라질 독
擢∶뽑을 탁

【註釋】
四友∶文房 四友의 略稱。붓, 벼루, 먹, 종이
蟾烏∶두꺼비와 까마귀 곧 日月을 뜻함
中書∶붓의 별명
管城∶붓이 功이 있어 管城君을 封했다는 韓愈의 毛穎傳에 있는 故事
昇沈∶물위에 떠올랐다 잠겼다 함. 時勢가 바뀜을 가르치는 말로 성했다 衰하는 것。
不純物∶純全하지 못하여 雜된 異物質이 섞여 있는 것。
雲從龍風從虎∶易經乾卦文言에 있는 말로서 구름은 龍을 따라 일어나고 바람은 범을 따라 생긴다는 말。

그 精銳로운 것이 세상을 左之右之함에 따라 浮沈이 區別이 되는 것이요, 뽀족히 吐해내는 웅변이 마치 그 사람의 優劣로 말미암아 巧拙이 분류되는 것과 같도다.

달에 있다는 두꺼비와 해에 있다는 까마귀를 그려낼 것 같으면 不純物이 빠져 나가서 日月은 더 밝아질 것이요, 龍과 虎의 본을 떠 模型을 이루기만 하면 바람과 구름은 그냥 저절로 움직일 것만 같도다. 「雲從龍 風從虎」라고 하지를 않았는가?

管城君이라고 하는 붓의 官祿이 다하여 故鄉에 돌아가서 몸을 가누지 못하고 누워 있어 비록 衰弱하고 모지라져 대머리가 되었기로서니 寵愛를 抜擢했을 당시에는 功이 누구보다도 가장 赫赫하지 않았던가?

飢而吮血飽而擠 〔기이연혈포이제〕 주리면 피를 빨고 배부르면 떨어지니

三百昆虫最下才 〔삼백곤충최하재〕 삼백가지 벌레 중에서 가장하등의 재주로다.

遠客懷中愁午日 〔원객회중수오일〕 먼 길에 온 나그네 품안에서 한낮 햇볕을 근심하고

窮人腹上聽晨雷 〔궁인복상청신뢰〕 굶주린 사람의 배 위에서 새벽녘의 우뢰를 듣는도다.

形雖似麥難爲麯 〔형수사맥난위국〕 모양은 비록 보리와 같으나 누룩이 되기 어렵고

字不成風未落梅 〔자불성풍미낙매〕 글자는 「風」자를 이루지를 못했으니 매화꽃도 안 떨어진다.

【字解】
吮 : 빨 연
擠 : 물리칠 제
麯 : 누룩 국

問爾能侵仙骨否
麻姑搔首坐天台

〔문이능침선골부〕 너에게 묻노니 능히 선골도 侵犯하겠는가.
〔마고소수좌천태〕 마고선녀가 머리를 긁으며 天台에 앉아 있노라.

(이 (虱) 金笠)

原來에 이(虱)라는 놈의 根性이 굶주리면 피를 빨아 먹다가 실컷 먹어 배가 부르면 거머리 같이 奸鼠小人輩처럼 떨어져 버리는 許多한 곤충류 중에서도 가장 手法이 卑劣한 下之下의 돼먹지 못한 재주를 가진 놈이 너로구나. 그래 何必이면 먼 길을 오노라고 시달린 나그네의 품속에서 네놈이 점심참을 대노라고 노략질을 하니 한낮 햇볕이 밝으면 잡혀 죽을것을 생각하니 근심이 되고 굶주린 딱한 사람의 배위에까지 잠입하여 새벽 참을 먹으니 긁는 搔動을 벌리느라고 벼락치는 소리를 내는 것을 어찌할 수 없지 않느냐?
可笑로운지고! 네놈이 아무리 까불어 봐도 모양으로 말하면 비록 보리와 같고는 하나 밀지울인 小麥의 껍질로 만든 누룩을 만들 수 없으니 소용이 없는 놈이고, 그렇다고 해서 글자지도 바람풍자에서 삐친 것이 하나 떨어져 도망가서 온전한 글자를 이루지 못하였으니 더구나 바람을 일으켜 매화꽃을 떨어지게 할 생각은 엄두도 내지못할진대 아주 별 수가 없는 놈이로구나.
그렇다면 너에게 한가지만 물겠는데 凡夫는 말할것도 없거니와 長生不死한다는 神仙의 氣質을 타고난 超人의 玉體를 침범하여 膏血을 奪取할 수 있겠느냐? 가로되 「말씀마오 麻姑仙女라고 하는 上流의 神仙도 머리를 긁으면서 天台山에 앉아 있다」는 語句가 있고 麻姑搔痒이라고 「麻姑仙女가 가려운데를 긁는다」는 熟語까지 있으니, 이런 反應이 있을리가 萬無한데 어찌된 일인가 「내가 참을 먹지 않았다면 이런 反應이 있을리가 萬無한데 어찌된 일인가」 어안이 벙벙하여 함구무언하다가 沈吟良久에 왈 내가 혹을 때려다가 失手를 하였구나.

【字解】
姑: 시어미 고

李謫仙翁骨已霜
柳宗元是但流芳
黃山谷裡花千片
白樂天邊雁數行
杜子美人今寂寞
陶淵明月久荒涼
可憐韓退之何處
惟有孟東野草長

〔이적선옹골이상〕 이태백은 뼈가 이미 서리가 되고

〔유종원시단유방〕 유종원은 다만 꽃다운 이름을 남겼도다.

〔황산곡리화천편〕 황산곡 속에는 꽃이 천 조각이요.

〔백락천변안수항〕 백락천가에는 기러기가 두어 줄이로다.

〔두자미인금적막〕 두자 미인은 이제 寂寞하고

〔도연명월구황량〕 도연、명월은 오래 荒涼하도다.

〔가련한퇴지하처〕 가엾다 한퇴지는 어디에로 갔는고

〔유유맹동야 초장〕 오직 맹동야의 풀만 자랄 뿐이로다.

(八大家 金笠)

文章으로 一世를 獨步하고 詩賦로써 天下를 風靡하여 사람이라 稱하기는 아까워서 詩仙 또는 酒仙、謫仙이라고 까지 불리우던 李太白 옹도 죽음 앞에서는 無力하여 뼈는 이미 서리덮힌 塵土가 되어버렸으니 柳宗元이 제아무리 文名을 流芳하였기로서니 이미 부질없는 虛華가 아니라더냐? 그렇다면 黃山谷 속에서 뽐내던 그 사람도 역시 떨어지는 천 조각의 꽃잎처럼 시들어 갔을 것이고 白樂天 하늘가에 날으

【字解】
謫: 귀양갈 적
行: 행할 행、항오 항

던 몇 줄의 기러기와 彷彿했던 백락천의 文才라는 것도 「끼룩」소리 몇 마디 남긴 기러기 같은 것이 아니고 무엇이란 말인가?
語不驚人死不休라고 까지 文章의 위력을 과시하던 杜甫인 杜子美人도 몇 卷의 詩句만 남기고 寂寞하게 풀에 맺힌 이슬처럼 사라져 버렸고 「진(晉)」나라에 文章이 없으되 오직 陶淵明이가 지은 歸去來辭가 있다고 群雌獨雄格으로 높게 평가하던 陶淵明도 「오래된 황량한 달빛」 모양으로 褪色해 버리고 말지를 않았는가? 가엾은 지고. 唐나라에 「一人이라고 하여 泰山北斗라고 稱하며 「退之自謂如夫子」라고 韓退之」는 스스로 말하기를 自身이 孔子와 같다고 이르던 雄文과 道學을 한꺼번에 所有했던 한퇴지 자신은 어디로 갔단 말인가? 결코 살아서 肉身까지 神仙이 되지는 못하였다. 그래서 孟東野에 荒草만 우거져서 虛無한 문장의 자취가 부질없는 一場春夢으로 사라져 사람을 슬프게 하는 것이다.
그렇다면 文章이라는 것도 이름을 떨친다는 것도 세상에 산다는 것도 富貴功名을 누린다는 것도 별수가 없는가? 自身처럼 술에 취하여 미쳐서 氣分을 살려 諷刺와 諧謔으로 세상을 욕하며 濁流에 휩쓸리지 않고 所信을 지켜 孤高하게 살다가 귀신도 모르게 사라져 버린다면 얼마나 멋진 處身이 아닌가? 조그만 것에 拘碍되어 齷齪自保하려고 戰戰兢兢하는 것은 김삿갓으로서는 죽어도 못하는 성미였다. 그래서 아들이 여러번 찾으러 했지만 뒤보러 간다는 평계로 도망처 平生을 放浪으로 마친것이 아닐까.

（八大家）〔金笠〕

人皆平直爾何然
項在胸中膝在肩

〔인개평직이하연〕 사람은 다 평평하고, 곧은데 너는 어찌 그런가.
〔항재흉중슬재견〕 목은 가슴속에 있고 무릎은 어깨에 있도다.

回首不能看白日
側身僅可見青天
臥如心字無三點
立似弓形小一絃
慟哭千秋歸去路
也應棺槨用團團

〔회수불능간백일〕 머리를 돌려도 능히 白日을 볼 수 없고
〔측신근가견청천〕 몸을 기우려 겨우 푸른 하늘을 볼 것이로다.
〔와여심자무삼점〕 누워 있으면 心字에 석점이 없는 것 같고
〔입사궁형소일현〕 서면 꼭 활모양에 한 줄이 작은 것 같도.
〔통곡천추귀거로〕 통곡할 일은 죽어서 저승 길로 돌아갈 적에
〔야응관곽용단단〕 뻑뻑이 널을 둥근 것은 써야만 할것인데.

(拘樓 金笠)

사람은 다 번듯하고 곧게 생겼는데 너만은 어쩐 일로 구부러져 그렇게 凶測하게 생겼단 말인가? 목아지는 가슴속에 붙어 있고 무릎이 어깨에 붙어 있으니 참 稀한 일도 다 있다.

머리를 돌려도 能히 白晝에 밝은 해가 보이지 않으니 안타까운 노릇이고 몸을 기울여야만 겨우 푸른 하늘을 볼 수 있을 정도이니 寒心한 일이 아닐 수 없도다. 누워 있을 적에는 마음심자에 석점이 없어진 꼭 부구러진 반달 모양과 같이 서 있으면 활의 실물같이 생긴데다가 줄이 하나 빠진 것에 닮았다고 표현하는 것이 옳을 것이다.

통곡해야 할 일은 千秋萬歲에 이 세상을 다 살고 저승으로 갈 적에 棺을 만들어

【字解】
棺∷관 관
槨∷관 곽

七言名句篇

蕭蕭瑟瑟又齊齊

야 쓰겠는데 그 생긴 모양처럼 반달이나 활같은 形像으로 설계를 짜서 만들자면 얼마나 골치아픈 작업이냐고 고개를 내두를 것이 아닌가?

〔소소슬슬우제제〕 으스스 날리고 또 가지런히 쌓이는데

埋巷埋山又沒溪

〔매산매곡혹몰계〕 구렁도 메우고, 산도 메우고, 또 시내에도 빠진다.

如鳥以飛還上下

〔여조이비환상하〕 새처럼 날아서 써 올라갔 다 내려오고

隨風之自各東西

〔수풍지자각동서〕 바람부는 곳을 따라서 동 서로 가더라.

綠其本色黃猶病

〔록기본색황유병〕 푸른 것이 그 원래의 색깔 인데 누른것은 오히려 병든 것이고

霜是仇緣雨更凄

〔상시구연우갱처〕 서리와는 이 원수의 인연 인데 비가 또한 처량하게 만든다.

杜宇爾何情薄物

〔두우이하정박물〕 두견새야, 너는 어찌하여 정이 薄한 물건이기에

一生胡爲落花啼

〔일생호위낙화제〕 一生동안 어째서 지는 꽃만 위하여 운단 말인가? 〔落葉吟〕〔金笠〕

쓸쓸하게 우수수 날리기도 하고 더러는 가지런히 쌓이기도 하는데 구렁이나 산을 메우기도 하고 간혹 시냇물에 빠지기도 하는 것처럼 마음 내키는대로 아무곳에

【註釋】

杜宇: 蜀의 望帝가 죽은 후 그의 魂이 두견새가 되었다는 故事.

無端世事亂如系
反本治之易折之
莫言天下時將急
堪歎胸中計不奇

〔무단세사난여사〕無端히 世上일이 어지러운 실 같아서
〔반본치지이절지〕根本으로 돌아와서 다스리면 가지를 꺾는것처럼 쉬울지니라.
〔막언천하시장급〕天下에 때가 將次 急했다고 말하지 말라.
〔감탄흉중계불기〕胸中에 꾀가 奇異하지 못한 것을 견디어 歎息하노라.

無端히 錯亂한 世上事가 어지럽기가 恰似히 헝클어진 실과 같아서 손쓰기가 어

나 떨어지는 것에 拘礙되거나 제한을 받지 않는다. 새처럼 날아서 위 아래로 올라갔다가 도로 내려오기도 하고 부는 바람을 따라서 각자의 意思대로 東西를 가릴것 없이 가고싶은 대로 떨어지는 자리가 제집인 것이다. 푸른 빛깔이 그 본연의 색상인데 누런 빛으로 변하게 되는 것은 오히려 병이 들어 壽命을 재촉하는 이를테면 어쩔 수 없는 자연의 攝理라 하겠지만 서리와는 快宿으로 原來 원수의 인연이라. 서리를 맞으면 脈을 못쓰는데다가 서리까지 내리면 다시 처량한 신세가 되는 것은 정말 파김치가 되고 마는 것이다. 두견새야, 너는 어떻게 생긴 눈물도 인정 사정도 없는 冷血動物처럼 무정하고 야속하고 刻薄한 凶物이기에 평생을 지는 꽃만을 위하여 그렇게 슬프게 울어 주고, 낙엽지는 가을이 더 凄凉하거늘 한번도 울어 준 일이 없지 않느냐?

月白夜蜀魄啾
含悲情依樓頭
爾啼悲我聞苦
無爾聲無我愁
寄語世上苦勞人
愼莫登春三月子
規樓

(월백야촉백추) 달이 흰 밤에 촉나라 넋
이 우니
(함비정의루두) 슬픈 정을 머금고 다락 머리
를 의지하누나.
(이제비아문고) 네 울음이 슬프니 내가 듣기
도 괴롭도다.
(무이성무아수) 네 소리가 없었던들 내 근심
이 없었을 것을
(기어세상고로인) 세상에 괴롭고 수고로운
사람에게 말하노니
(신막등춘삼월자규루) 조심하여 춘삼월 두견
새 우는 다락에 오르지 말지니라.

〔端宗大王〕

달이 새하얗도록 밝은 밤에 蜀나라 넋이라고 하는 두견새가 하염없이 우는데 슬

러운데 根本으로 돌아와서 体系있게 다스리면 나무가지를 꺾는것처럼 쉽게 매듭이
풀릴 것이니라. 天下에 將次 때가 急해졌다고 서두르고 塘慌하지 말지니라. 그것을
解決할 수 있는 方案이 自己胸中에 없는것 말하자면 奇異한 計策이 窮한 것을 견
디어 嘆息할만한 일이 아니라던가.

【字解】
啾：울 추

픈 感懷를 못이겨 樓閣의 欄干 머리에 몸을 依支하여 서 있도다. 네 울음소리가 哀切하니 내 듣기가 괴로운 것이 內堂 마님을 떼어놓고 僻地인 산설고 물설은 寧越 땅에 流配되어 束縛되어 있는 몸 어찌 설음을 참을 수 있으리오. 차라리 네 소리가 없었더라면 창자를 에이는 듯한 내 苦惱와 憂愁는 없었을 것을.

恨많은 이 세상에 괴로워하고 피곤한 사람에게 말하여 이르노니 「삼가하여 제발 피었던 꽃 떨어지는 춘삼월에 두견새 우는 樓閣엘랑 오르지 마소」 애끓는 그 소리를 들으면 가슴이 메어지고 鬱寂한 마음이 치밀어 흐르는 피눈물을 누를길이 없다오. 내가 차라리 王子가 아닌 一般平民으로 태어났더라면 이와같은 患難이나 苦楚는 겪지 않았어도 될 것을 하면서 하늘을 怨望하였을 것이다.

一自冤禽出帝宮 〔일자원금출제궁〕 한번 원통한 새가 帝宮으로부터 나와

孤身隻影碧山中 〔고신척영벽산중〕 외로운 몸 외짝 그림자가 푸른산 속에 있네.

假眠夜夜眠無假 〔가면야야면무가〕 밤마다 졸음을 빌리려 해도 졸 겨를이 없고

窮恨年年恨不窮 〔궁한년년한불궁〕 해마다 궁함을 한하려 해도 한이 다하지 않는다.

聲斷曉岑殘月白 〔성단효잠잔월백〕 소리가 새벽뫼에서 끊기니 쇠잔한 달이 희고

血流春谷落花紅 〔혈류춘곡낙화홍〕 피가 봄 골짝에 흐르니 떨어진 꽃이 붉도다.

【字解】

曉∴새벽 효

天聾尚未聞哀訴
胡乃愁人耳獨聰

(천롱상미문애소) 임금님이 귀가 먹어 오히
려 애소를 듣지 못하였으니
(호내수인이독총) 어찌하여 근심하는 이가
귀만 홀로 밝으리오.

〔端宗大王〕

漢나라 望帝가 한번 宮闕에서 나와 죽으매 怨恨이 사무쳐 그 넋이 두견새가 되었다고 하니 歸蜀道라 부르며 슬피우는 것은 촉나라 길로 돌아가자는 뜻이다. 그러나 돌아가지 못하고 두견새가 되어 외로이 形體와 그림자가 서로 따라다니며 푸른 산속에서 홀로 徘徊하고 있는 것이다. 「공산명월야삼경(空山明月夜三更)」에 슬피우는 두견새는 노래마다 不如歸라 돌아 가느니만 같지 못하다는 뜻이다. 밤이면 밤마다 억지로 좋음을 請하여 잠을 이루려 해도 고국땅에 못가는 不如歸처럼 잠을 이룰 겨를이 없어 괴롭고 해마다 窮한 것을 恨하여도 한이 맺혀 다하지 않으니 근심이 풀리지를 않는지라. 「나는 아무것도 다 싫으니 목숨만은 거두어 달라고」哀願하는 것이 본심이요, 衷情인 것이다. 그는 天地神明에게 빌었다. 소원을 들어 달라고.

子規인 두견새 소리가 새벽녘 뫼뿌리에 뚝 끊쳤을 때에는 사그라져 가는 으스름 달이 稀微하게 하늘에 걸려 있고 어찌나 울었는지 피가 봄 골짝에 흐르듯 꽃잎이 붉기만하다. 三寸인 임금님은 귀가 먹었는가? 아니면 奸臣들이 阿附하여 총명을 가려 듣고 보지 못하도록 꽉 막아버렸는가? 오히려 내가 哀願하며 목숨만 살게해 달라고 呼訴한 소리를 귀담아 듣지 못하였단 말인가? 어찌하여 이에 근심 하는 사람에게 귀만 밝아서 歸蜀道라 부르는 소리에 神經을 곤두세워 미치게 하는가? 불쌍하게도 단종임금 역시 영월의 配所에서 歸蜀道가 아닌 不歸之客이 되어 영영 돌아오지를 못하였다. 怨恨과 기구한 운명을 恨嘆하며 짧은 생애를 마쳤다. 이 글은 當時의 사연을 읊은 詩이다.

形獸心人多古聖
形人心獸盡今賢
擾擾東華冠帶士
暮天風雨奈君恩

〔형수심인다고성〕 모양은 짐승인데 사람인 것은 옛 聖人에 많았는데
〔형인심수진금현〕 모양은 사람이요, 이제의 어진일세
〔요요동화관대사〕 시끄러운 동녘땅에 의관하고 띠띤 선비가
〔모천풍우내군은〕 어둔 하늘 비, 바람에 임금 은혜를 어찌 하리오. 〔嘆詩〕〔徐孤靑〕

몸의 形体는 짐승처럼 생겼어도 마음은 똑바로 사람같은 분들은 옛 聖人에 많았는데 어찌된 緣由인지 形体는 사람이로되 마음이 짐승처럼 陰凶하고 粗雜한 것은 오늘날 어질다고 하는 사람의 太半이 다 그런 사람 뿐이니 寒心한 일이 아닐수 없는지라.
시끄러운 우리 韓國인 동녘땅이라고 稱하는 곳에 갓 쓰고 띠를 띤 衣冠을 갖추었다는 儒學者 소리를 듣는 사람들이 저문 하늘에 비바람이 몰아쳐서 複雜을 느낄 때에 임금님 恩惠를 어찌 생각하겠는가? 范希文은 江湖의 먼곳에 가서 있으면 임금을 思慕한다 하였으니 옛적에 선비의 壯한 것을 알 수 있다.

少小飽聞佛國名
登臨此日不勝情

〔소소포문불국명〕 예 듣던 佛國寺를
〔등림차일불승정〕 오늘에야 올랐더니

【字解】
擾∴요란할 요

七言名句篇

群山不語前朝事
流水猶傳故國聲
半月城邊春草合
瞻星臺下野花明
至今四海風塵定
古壘松陰臥戍兵

〔李承晚〕

(군산불어전조사) 지나간 온갖 역사 산들은 말이 없고
(유수유전고국성) 흐르는 물 소리만이 옛 소식을 전한다.
(반월성변춘초합) 半月城 언덕 가엔 봄 풀이 어울렸고
(첨성대하야화명) 瞻星臺 아래에는 들꽃만이 피었구나.
(지금사해풍진정) 오늘은 전쟁마저 끝나고
(고루송음와수병) 軍士들도 쉬는군

젊고 작았을 적에 많이 경치 좋기로 이름났다고 들어오던 경주 불국사를 오늘에야 비로소 올라가 구경하니 感慨無量한 표정을 억제하지 못하리로다. 에 얽힌 지난날의 온갖 사연을 山들은 묵묵히 지켜 보았건만 아무런 말이 없고 잔잔하게 흐르는 물소리만 恨에 맺힌 옛날의 소식을 전하여 주는듯이 구슬프게 들려 오지를 않는가? 반달처럼 둘러있다고 해서 붙여진 半月城 언덕 언저리에는 봄에 나서 자란 풀들이 한군데 엉키어 푸르러 있고 하늘에 떠있는 별을 보고 天文을 占 쳤다는 瞻星臺 아래에는 들꽃만 밝게 피어있어 지난날 신라의 千年歷史가 잠들어 있구나.

이제 이르러 온 세상에 바람이 불어 일어나는 티끌처럼 어지럽고 어수선하던 전 쟁마저 끝나고 옛날에 싸우던 陳터 소나무 그늘에는 수자리 살며 지키는 軍人들 도 한가로이 누워서 쉬고 있으니 安心이 되는구나.

【字解】
瞻 :: 볼 첨

半島山河漲陣烟
胡旗洋帆翳春天
彷徨盡是無家客
漂泊誰非辟穀仙
城市遺墟餘古壁
山村燒地起新田
東風不待干戈息
細草遍生敗壘邊

〔반도산하창진연〕 강산을 바라보매 진 치는 역기 자욱하고
〔호기양범예춘천〕 되 깃발 양 돛대 봄하늘을 가리웠는데
〔방황진시무가객〕 집 없이 떠 도는 이들
〔표박수비벽곡선〕 생쌀 씹고 다닌다.
〔성시유허여고벽〕 거리엔 壁만 우뚝
〔산촌소지기신전〕 산 마을엔 새 밭 매고
〔동풍부대간과식〕 전쟁이야 멎건 말건 봄바람 불어 들어
〔세초편생패루변〕 피 흘려 싸우던 들에 속잎 돋아 나온다.

(戰時春) 4284年 봄 釜山에서 〔李承晚〕

우리 국토가 전쟁의 와중에 휘말려 전국이 다 싸움터가 되어 버려 연기만 자욱히 깔려있고 되놈들인 중공군의 깃발과 연합국인 서양 사람들의 動員되어 봄 하늘을 가릴만큼 싸움이 고조되어 가고 있는데, 집을 잃고 떠도는 사람들이다 이 피난민인 版局에 고향을 떠나 定處없이 헤매는 그 누가 生食하는 神仙이 아니겠는가. 다 집이 없으니 밥을 익혀 먹을 형편이 못되어 생쌀을 씹고 다니니 神

【字解】
漲 : 넘칠 창
漂 : 빨래 표
泊 : 대일 박

七言名句篇

海印寺名冠海東
伽倻山色古今同
樓懸翠靄微茫外
僧臥白雲縹渺中
孤雲臺下千年樹
大寂殿前萬里風

〔해인사명관해동〕 海印寺 그 이름 높이 들리고
〔가야산색고금동〕 伽倻山 푸른 빛은 예와 같구나
〔루현취애미망외〕 樓閣엔 아지랑이 아물거리고
〔승와백운표묘중〕 중들은 구름속에 던져 누웠네
〔고운대하천년수〕 고운대(孤雲臺) 아래에는 고목이 섰고
〔대적전전만리풍〕 大寂殿 앞에는 끝없는 바람

仙이 된 것이나 다를 것이 없다는 것이다. 都市周邊의 市街地는 전쟁의 참화를 입어 建物은 燒失되어 城壁만 앙상한 뼈처럼 우뚝 서 있고 山村의 허물어진 땅에는 새밭을 일구어 가꾸는 모습도 눈에 들어온다. 그야말로 焦土化되고 廢墟가 된 셈이다. 전쟁이 그치지 않았다고 해서 그런것과는 아랑곳 없이 찾아와서 훈훈한 바람이 불어닥쳐 高貴한 피를 흘리면서 惡戰苦鬪하던 터에는 봄기운을 받은 가느다란 풀들의 새싹이 파랗게 돋아나고 있다.

【字解】
靄 : 아지랑이 애

亂後藏經無恙在 (난후장경무양재) 난리에 八萬藏經 탈이 없는 것

沙門爭說世尊功 (사문쟁설세존공) 중들은 부처님 공덕 (功德)이라네.

〔李承晚〕

陜川海印寺하면 한국에서는 제일간다고 손꼽을 만큼 널리 알려진 名利이요, 星州 伽倻山하면 絶景으로 名聲이 높은 곳인데 듣던 바와 같이 산천의 모양은 옛날과 같아서 조금도 변한 것이 없구나. 高樓巨閣인 大刹밖에서 보면 아득하게 끼어 있는 아지랑이가 까마득하게 아물거리고 僧侶들은 별로 하는 것이 없는지라, 흰구름 아득한 속에서 몸을 던져 누워 있을 따름이라. 樓臺 아래에는 千年이나 묵은 듯한 古木아 옛날의 神秘를 간직한 채 서 있으며 大寂光殿이라고 칭하는 大雄殿의 別名을 지닌 그 집 앞에는 萬里밖에서 불어오는 듯한 끝없는 바람이 엄습해 오고 있다.

類例가 없는 민족적인 受難인 6·25사변을 겪은 뒤에도 國寶라고 하는 八萬大藏經만은 아무 탈없이 健在한 것은 老僧이나 沙彌들이 다같이 異口同聲으로 말하는 것은 大慈大悲한 석가여래 世尊님의 功德이라고 칭송함에는 異議가 있을 까닭이 없다. (海印寺) 4286年 가을 美國大使 뿌릿스 内外分과 불릿스大使 일러 將軍 및 여러 벗들과 함께 海印寺에 오르다.

半島東邊地盡頭 (반도동변지진두) 동으로 바닷가 땅이 다한 곳

蓬萊咫尺是瀛洲 (봉래지척시영주) 蓬萊니 瀛洲니 예가 아닌 강

七言名句篇

秦皇昔日求何藥 〔진황석일구하약〕 秦始皇은 무슨 약을 구하렸던고
漢帝幾時夢此樓 〔한제기시몽차루〕 漢武帝도 이 다락을 꿈꾸었으리.
穢貊靑山當戶立 〔예맥청산당호립〕 穢貊 땅 푸른 산이 앞에 둘리고
扶桑紅日上欄浮 〔부상홍일상란부〕 扶桑의 아침 해 솟아 오른다.
亂中風月無人管 〔난중풍월무인관〕 난리 때라 이 좋은 경주인이 없고
一任漁翁與白鷗 〔일임어옹여백구〕 漁夫랑 白鷗에게 맡겨 버렸군.

〔李承晩〕

韓國의 地勢 생김새가 동쪽으로 급격히 다하여 絶景을 형성하였으니 蓬萊山이라고 하는 金剛山이나 瀛洲라고 하는 한라산도 모두 이 우리 韓國의 땅이다. 옛날에 天下英雄인 秦나라 始皇帝는 六國을 통일한 후 童男童女五百人을 三神山(蓬萊(금강), 方丈(지리), 瀛洲山(한라산)에 보내어 不死藥을 求하려고 하였다는 事實이 있었고 周流天下를 하여가며 威勢를 떨치고 末年에는 神仙이 되려고 급급하던 漢武帝도 이 樓閣을 몇번이나 憧憬하며 꿈을 꾸었겠는가? 그러나 다 妄想이요 虛事였다. 臨終에 이르러 깨우쳐 한 말이 「節食服藥 하여 差可小病而已」라고 節度있게 음식을 먹고 藥이나 服用하여 병이나 적게 할 따름이라고 空然한 헛수고를 후회하였다.

【字解】
貊 : 오랑캐 맥
穢 : 더러울 예

옛날에 강원도를 穢貊朝鮮이라고 이른 것은 中國人이 우리 나라를 멸시해서 한말이지만 그 푸른산이 손에 잡힐듯이 앞을 둘러 싸 있고 扶桑이라고 하는 동해에 붉은 아침해가 목욕하며 솟아 오른다는 것은 이 淸澗亭을 이름인듯 싶다. 龍虎相搏하는 亂離中이라 이 좋은 곳을 맡길만한 사람이 있을리가 없어 늙은 漁夫와 해오라기에게 風月의 자연을 一任해 버렸네 그려. (杆城 淸澗亭)

平安壯士目雙張
快殺邦讐似殺羊
未死得聞消息好
狂歌亂舞菊化傍

(평안장사목쌍장) 평안도의 장사가 두눈을 부릅뜨고,
(쾌살방수사살양) 쾌하게 나라의 원수 죽이기를 양잡듯 하였도다.
(미사득문소식호) 이몸이 죽지 않고 좋은 소식을 얻어 듣고
(광가난무국화방) 국화꽃 핀 곁에서 미치게 노래하고 어지럽게 춤추리라.
(聞安重根義士伊藤博文 狙擊 金澤榮)

평안도(平安道)의 장사(壯士)인 안중근(安重根) 의사가 두눈을 부릅뜨고 (義憤)을 참지 못하여 거족적 (擧族的)인 국가의 원수인 이등방문(伊藤博文)을 통쾌(痛快)하게 죽이기를 마치 양(羊) 한마리를 잡듯 아주 쉽게 해 치웠도다. 늙은 이몸이 죽지 않고 바라던 희소식(喜消息)을 들었으니 지조(志操)와 절개(聯想)하는 노랗게 핀 국화곁에서 장(壯)한 의사(義士)의 충혼(忠魂)을 위로하며 미칠듯이 노래하고 어지럽게 춤을추면서 착잡한 생각을 달래어 본다.

【註釋】
平安壯士∷平安道 出身의 壯士.
邦讐∷나라를 빼앗은 원수. 擧族的인 원수.
似殺羊∷아주 간단하게 염소 죽이듯 쉽게 죽임.
消息好∷好消息을 뒤집어 놓은 것으로 "좋은 소식"의 뜻.
菊花傍∷국화곁. 志操와 節介를 말함.
※金澤榮∷號는 滄江. 高宗때 學者. 官은 中樞院書記官 內閣記錄局史籍課長歷任 乙巳條約後 中國에 亡命하여 餘生을 보냄. 古詩에 뛰어남. 著書에 韓國小史, 韓史綮崧陽耆舊傳등.

七言名句篇

未圓常恨就圓遲
圓後如何易就虧
三十夜中圓一夜
世間萬事摠如斯

(滿月 宋翼弼)

(미원상한취원지) 둥글지 아니함이 항상 둥근데 나아가는 것이 더딘것을 한하더니
(원후여하이취휴) 둥근 뒤에는 어찌하여 쉽게 이지러지는데 나아가는고
(삼십야중원일야) 서른 밤 가운데 둥근 것은 하루 밤이니
(세간만사총여사) 세상에 모든 일이 다 이와 같으니라.

【註釋】
未圓:보름의 둥근달이 아닌것.
就圓遲:둥근 보름달이 되는것이 더딤.
易就虧:보름달이 이즈러지기가 쉬움.
摠如斯:다이와 같음. 달이 둥글기는 더디고, 이즈러지기 쉬운것과 같음.
※宋翼弼:號는 龜峰 文章、禮學에 뛰어났으며, 經天緯地之才라는데 庶出로 登科를 못하고 栗谷、牛溪와 交遊, 持平을 追贈. 著書는 龜峰集이 있음.

雪裏寒梅雨後蘭
看時容易畫時難

(설리한매우후란) 눈 속에 찬 매화와 비가온 뒤의 난초가
(간시용이화시난) 볼 때는 쉬운것 같아도 그릴 때에는 어려운지라.

둥근 보름달이 되기 전에는 언제나 보름이 되어 한번 둥근 뒤에는 어찌 그리 쉽게 이즈러지는가 하고 그것을 아쉬워 하는데 사람의 심리(心理)가 둥글고 원만(圓滿)한 것을 바라고 동경(憧憬)하며 이즈러지고 휴손(虧損)한 것을 싫어하고 꺼려하나니, 한달 서른 밤에 완전(完全)히 둥근 밤은 겨우 보름 한밤 뿐이니 세상의 모든 일이 이와 같아서 좋은일 즐거운 일은 아주 드물고 굿은 일 언짢은 일은 늘 연속(連續)되는 인간사회(人間社會)의 사연(事緣)이 한(恨)많은 것과 비슷하도다.

【註釋】
畫時難:그릴때가 어려움. 시로 묘사(描寫)하여 표현하기가 어려움.
詩人眼:시인(詩人)의 안목(眼目). 시상(詩想)을 뜻함.
臙脂:그림 그리는 물감.

早知不入詩人眼
寧把臙脂寫牧丹

(조지불입시인안) 일찍 시인의 눈에 들어오지 않는 것을 알았더라면
(영파연지사목단) 차라리 물감으로 목단꽃을 그렸을 것을.

(寫牧丹 金宏弼)

身依寒壁理麻糸
妻在閨門織布糸
心事無端如亂糸
蜘蛛與蠶孰優劣
一波眞元天上自

눈 속에 피어있는 찬 매화와 비가 온 뒤의 파란 난초가 마치 한 폭의 그림처럼 싱그럽다. 볼때에는 쉬운것 같았지만 막상 시로 표현을 하자니 잘 되지 않는다. 애당초(當初) 시인의 안목(眼目)에 들어오지 않을 것을 알았더라면 골치 아프게 이것을 그만두고 차라리 물감으로 목단을 그리는 것이 훨씬 수월하지 않았겠는가. 기복(起伏)이 능란(能爛)하면서도 재치(才致) 있는 솜씨를 보여 준 시이다.

(신의한벽이마사) 몸은 찬 벽에 의지하여 삼실을 꼬는데.
(처재규문직포사) 아내는 안방에서 (실로) 베를 짜도다.
(심사무단여난사) 마음은 까닭없이 어지러운 실처럼 錯雜한데.
(지주여잠숙우사) 거미와 누에 중에 뉘실이 낳은가?
(일파진원천상자) 한가닥 根源은 天上에서 나왔는데,

※ 金宏弼 : 號는 寒暄堂. 金宗直門人 官은 軍資監主薄, 監察 形曹佐郎歷任 燕山君戊午士禍때 金宗直一派로 몰려 熙川에 流配, 甲子士禍때 賜死됨. 諡는 文敬. 文廟에 從祀. 著書에 寒暄堂集 宗範 景賢錄 等이 있음.

七言名句篇

無端岐路世間多
霖雨居然三峽裏
夕陽無限五湖西
汗漫推窓天盡月
支離依壁世皆蛩

〔무단기로세간다〕 까닭없이 갈림길이 세상에 많아서야.

〔임우거연삼협리〕 장마비는 슬그머니 三峽속에 내리고, (모르는 사이에) 三峽속에 내리고.

〔석양무한오호서〕 저녁빛은 限없이 五湖西를 비치누나.

〔한만퇴창천진월〕 마음이 들뜨고 어수선하여 창문을 여니 하늘에 달이 다했고,

〔지리의벽세개공〕 支離하여 壁에 依支하니 세상이 다 귀뚜라미 소리 뿐이로다.

(簡震模)

絶粒茹芝別境尋
見君到處便仙矜
自有庭梅三實足

■전수심법(傳授心法)

〔절입여지별경심〕 쌀낟을 끊고 芝草를 먹으며 別境을 찾으니

〔견군도처변선금〕 그대를 보니 到處마다 문득 神仙이라 할만 하더라.

〔자유정매삼실족〕 스스로 뜰 梅花가 있어 세 열매면 足한데.

마음이 들떠 있어 흩어진 狀態로 탐탁한 맛이 없어 되어가는 대로 지내는데 窓門을 밀고 내다 보니 하늘에 걸린 달은 사그라지고, 너무 오래되어 싫증이 날만큼 괴롭게 壁에 의지하여 앉아 있노라니 世上의 모든 것이 귀뚜라미 우는 소리로 들릴만큼 擾亂하도다. 재미없고 귀찮은 世上이라는 뜻이 담겨 있는 詩이다.

※ 簡震模 號는 興泉。高宗末葉 學者。

只愁風雨一枝傷
緣隨梧月酬琴曲
又向溪南醉酒觴
莫道花殘春色暮
中流別有採蓮芳

(지수풍우일지상) 다만 風雨에 한 가지 傷할까 근심할러라.
(연수오월수금곡) 因緣으로 梧月을 따라서 琴曲을 酬酌하고.
(우향계남취주상) 또한 溪南을 향하여 술잔에 醉했도다.
(막도화잔춘색모) 꽃이 衰殘하고 봄빛이 저물다고 이르지 말라.
(중류별유채연방) 中流에 別달리 꽃다운 연을 캐도다.

〔韓靜山〕

이 글은 筆者가 40代時節에 不遠千里 放浪求道하던 중에 伽倻山中에서 嶺南巨儒라고 하는 韓靜山 선생을 만나 傳授心法을 받을때에 얻은 것이다. 火食을 안먹고 辟穀을 하는, 신선처럼 티없이 淸秀한 용모를 지닌 그대가 이 深山幽谷을 찾아오니 그대를 보는 순간 到處에 문득 神仙과 같은 생각이 든다. 얼굴을 觀察하니 膝下에 삼형제를 두게 생겼는데 다만 비바람에 한가지가 傷할까 근심스럽다 하더니 20년후에 이 글이 적중하여 今年에 慘憺을 當한 일이 있었다. 詩出性情이라고 다시 한번 놀라지 않을 수 없다. 因緣이 있어서 梧月에 거문고의 妙曲을 듣고 또한 溪南의 술잔에 취하듯이 공부의 至極處인 海上丹點에 까지 말이 오고가 心醉하는 황홀경을 만끽할 수 있었다. 꽃이 시들고 봄빛이 저물어 가는 40대가 되었다고 蹉跎하지 말라. 上流가 아닌 中流에서도 꽃다운 蓮을 캐는것이 있듯이 「精進하면 그대는 大成할 氣質을 가졌다」고 격려해 주시던 것이 지금까지 기억이 생생하게 떠오른다.

※ 韓緒泰 : 號 靜山. 陝川郡 伽倻面 簀村里 出生. 學行俱全 退陶淵源. 後進養成 丕變世俗.

大地茫茫同載聞。
沛然淸明天上位
萬理抱裏一軆躬
俛仰堪與游甕企
五月十日天始淸
宿雨初晴桃源裡
千峰萬壑不辭勞
到底方至通處喜。

五言名作篇

正言齋待篇

朝光先受地　(조광선수지) 아침 햇빛을 먼저 받는 땅에
三神赫世臨　(삼신혁세림) 三神이 밝게 세상에 臨하셨도다.
桓因出象先　(환인출상선) 한인이라고 부르는 하나님께서 모습을 먼저 드러내어
樹德宏且深　(수덕굉차심) 德을 심음이 크고 또한 깊으사
諸神議遣雄　(제신의견웅) 뭇 신과 議論하여 桓雄을 보내시니
承詔始開天　(승조시개천) 詔勅을 이어 처음으로 開天하였도다.
蚩尤起靑邱　(치우기청구) 蚩尤가 靑邱에서 일어나
萬古振武聲　(만고진무성) 萬古에 武의 名聲을 떨쳤도다.
淮岱皆歸王　(회대개귀왕) 淮水와 岱山이 다 王에 돌아오니
天下莫能侵　(천하막능침) 天下에 能히 侵犯할 者 없도다.
王儉受大命　(왕검수대명) 王儉이 大命을 받으시니
懽聲動九桓　(환성동구한) 기뻐하는 소리가 九桓을 흔들었도다.
魚水民其蘇　(어수민기소) 물고기가 물을 만난듯 백성이 되살아나고
草風德化新　(초풍덕화신) 풀에 바람이 부는듯 德化가 새롭도다.

怨者先解怨 (원자선해원) 怨恨있는 자 먼저 원한을 풀게 하고
病者先去病 (병자선거병) 病 있는자 먼저 병을 없게 했도다.
一心存仁孝 (일심존인효) 한 마음에 仁과 孝性을 두어
四海盡光明 (사해진광명) 四海가 가득히 光明이 있도다.
眞韓鎭國中 (진한진국중) 眞韓이 나라안을 鎭定시키니
治道咸維新 (치도함유신) 治道가 다 새로와 졌도다.
慕韓保其左 (모한보기좌) 慕韓은 그 왼쪽을 保全하였고
番韓控其南 (번한공기남) 番韓은 그 남쪽을 당기었도다.
巉岩圍四壁 (참암위사벽) 높은 바위가 네 벽을 둘러 쌓았으니
聖主幸新京 (성주행신경) 聖主께서 新京에 행차했도다.
如稱錘極器 (여칭추극기) 저울추 또는 저울판 같음이여!
極器白牙岡 (극기백아강) 저울판은 白牙岡이요.
稱榦蘇密浪 (칭간소밀랑) 저울대는 蘇密浪이요.
錘者安德鄕 (추자안덕향) 저울추는 安德鄕이라.
首尾均平位 (수미균평위) 머리와 꼬리가 고루 平平한데 位置하여

【註釋】
眞韓∶辰韓의 誤字인듯 함
慕韓∶馬韓의 誤字인듯 함
番韓∶弁韓의 誤字인듯 함

賴德護神精
興邦保太平
朝降七十國
永保三韓義
王業有興隆
興廢莫爲說
誠在事天神

(뢰덕호신정) 德을 힘입어 神精을 지키었도다.
(흥방보태평) 나라를 일으켜 太平을 保存하리니,
(조항칠십국) 70국의 朝貢을 받으리로다.
(영보삼한의) 길이 三韓의 義를 保全하여
(왕업유흥륭) 王業이 興하고 隆盛하리라.
(흥폐막위설) 興하고 廢함을 말하지 말라.
(성재사천신) 眞實로 天神을 섬김에 있느니라.

아침 햇볕이 鮮明하다는 朝鮮이라는 號稱은 햇빛을 먼저 받은 땅이라는 말로서 三神上帝께서 밝게 降臨하시는 나라이기도 하다. 桓仁上帝께서 먼저 모습을 나타내신 類例없는 聖地로 덕을 심은 業績이 크고 또한 깊이가 이를데 없도다. 諸神을 모아 의논하여 桓雄을 地上國으로 내려 보내시니 詔書와 勅命을 받들어 비로소 開天을 한 것이로다. 蚩尤란 사람이 中國人이 靑邱라 일컬으던 조선땅에서 일어나 萬古에 빛나는 武의 名聲을 떨치더라. 이윽고 黃帝와 더불어 탁록야(琢鹿野)에서 雌雄을 決하는 싸움을 벌렸으니 「치우작란(蚩尤作亂)」이라고 기록하였으나 史官은 淮河과 代宗이라 稱하는 河北과 泰山까지도 다 우리 한국의 疆土였으며 天下에 能히 當하리가 없으니 침범할 者가 있겠는가.

檀君王儉께서 大命을 받으사 祭主 및 君王의 位에 오르시니 기뻐하는 소리가 九桓(九桓∶九夷의 稱)의 온 天下를 흔들었도다. 물고기가 百姓이라면 君王의 德은 물과 같다고 할지니 그래서 蘇生하게 되니 마치 풀에 부는 바람처럼 새로운 德化를 當할 리가 없도다. 그리하여 怨恨이 맺힌 者는 원한을 풀게 해주고 病든 사람은 먼저 병을 낮게 해주었도다. 이렇게 한결같이 마음에 仁慈하고 孝性을 두어 본받게 하니 온 天下, 四海가 모두 德化에 나붓기어 光明이 가득찼도다.

辰韓이 나라안을 눌러 平定시키니 다스리는 方法이 다 一新해 졌도다.

馬韓은 진한의 외쪽 모퉁이를 保全하였으며 弁韓도 그 남쪽을 끌어당겨 한 구석을 雄據하였도다.

높은 바위로 둘러쌓인 要塞地가 四圍의 壁에 둘러싸여 있으니 聖主께서 外敵에 神經쓸 필요성을 느끼지 않아 마음놓고 새서울로 行次하시었도다. 저울판과 바르고 저울판과 같이 平平함이여! 저울판은 白牙岡처럼 모가 서려있고 저울대는 蘇密浪처럼 반듯하고 저울추는 安德鄕처럼 튼실하도다. 首尾가 相應하여 位置를 維持했으니 德化에 힘입어 싱그럽고 정밀함을 均平한 위치를 維持했으니 德化에 힘입어 싱그럽고 정밀함을 守護하였도다. 나라를 흥하게 하여 태평함을 보존하리니, 邊鄙의 七十餘國이 와서 朝貢을 받치는도다. 興하고 느하는 것을 말해서 무엇하랴? 정성껏 天神을 섬기는데 있다고 자기 마음에 정성을 다하고 최선을 다하는 데 있다는 것이 너무나 明白한 사실이라 하겠다.

村郊稱弁韓 〔촌교칭변한〕 마을 밖 弁韓 땅에

別有殊常石 〔별유수상석〕 殊常한 돌 하나 있네.

臺荒躑躅紅 〔대황척촉홍〕 받침대는 깨지고 철쭉만 붉었는데

字没莓苔碧 〔자몰매태벽〕 글자는 보이지 않고 이끼만 푸르구나.

生於剖判初 〔생어부판초〕 天地가 처음으로 열릴 때 생겨

五言名作篇

立了興亡夕
文獻俱無徵
此非檀氏跡

〔입요흥망석〕 興하고 亡함에 세우기를 다하였네.
〔문헌구무징〕 글에 보이는 證據는 조금도 없지만
〔차비단씨적〕 이 어찌 檀君의 자취가 아니랴.

(出典 檀君 世紀 十二世 阿漢)

이 글은 張子房과 더불어 秦始皇을 저격하려다 실패했던 蒼海力士인 여홍성이 遼河 남쪽에 세워진 巡狩管境碑가 歷代帝王의 이름이 새겨진 金石文字 중에서 가장 오래된 것인데 이 碑 앞을 지나다가 읊은 詩로써 檀君世紀에 전하여 내려온다. 12世檀君인 阿漢 世檀君 阿漢이 세운 것이라고 한다.

河南쪽에 세운 巡狩管境碑 歷代帝王의 이름이 새겨진 金石文字 중에서 가장 오래된 것인데 이 碑 앞을 지나다가 읊은 詩로써 檀君世紀에 전하여 내려온다. 12世檀君인 阿漢이 이곳에 별달리 殊常한 돌 하나가 있으니 이 碑石을 이름이니라. 받침대는 깨지고 형편이 없는데 철따라 피는 철쭉꽃만 붉어있고 洞口 밖 郊外 弁韓 땅이라 이르는 글자는 낡아서 보이지 않고 이끼만 푸르게 끼어 있을 따름이라. 그렇게 때에 세운 것이라면 天地가 처음으로 열릴 때 생겼다 해도 過言은 아니니라. 옛적 문헌이나 考證이 될 만하여 無數한 興亡을 목격하며 서 있었을 것이 아닌가. 이것이 檀君의 흔적이라는 한 根據는 조금도 나타나 있는 것은 없지만 풋이 想起될 뿐이다. …… 단적(檀跡)

(天符思想과 桓檀歷史 참조)

聞說鴻荒日
檀君降樹邊
傳世不知幾
位臨東國土
歷年曾過千
時在帝堯天
後來箕子代
同時號朝鮮

(문설홍황일) 아득한 옛날 歷史傳하는 論說文獻에 따르면
(단군강수변) 檀君임금이 神木있는 祭天壇 앞에 내려오시어
(위림동국토) 東方나라 王位에 올랐으니
(전세부지기) 檀君一世 二世하는 歷代數는 몇세나 되는지 알지 못하노라
(역년중과천) 檀君朝鮮(韓)의 年代數는 千餘年인데
(시재제요천) 그때가 바로 中國에 歷史가 始作되는 堯임금 때라오
(후래기자대) 그後에 箕子가 나라를 繼承했는데
(동시호조선) (權近答明洪武帝) 매양 나라이름은 그대로 朝鮮이라 이름하였오

李氏朝鮮이 建國된後 權陽村을 中國에 使臣으로 보냈을때 明나라 洪武帝가 그 대의 나라에 開國의 由來와 歷史意識與否를 물었을때 應制詩로 答辨한 글이다. 우리 韓國은 天命을 받아 開國한 堂堂한 國統과 主體意識을 갖은 獨立國이라는 名分을 强調하였다. 檀君朝鮮이 四十七代에 二千二百四十年을 正確하게 指摘하지 못한것이 遺憾이라 하겠음.

【註釋】
鴻荒：아주 오래된 옛날 太古洪荒
東國：우리나라의 號稱 中國에 對하여 東쪽에 位置한 나라라는 뜻.
歷史意識：歷史性을 깨닫는 마음의 作用
應制詩：임금의 命에 依하여 詩歌를 지음.
論說文獻：事物의 이치를 들어 意見을 말한 책.

【字解】
鴻：기러기 홍
箕：키 기
堯：임금 요

五言名作篇

伊昔赫居世　〔이석혁거세〕 옛적 赫居世王은
開國五鳳年　〔개국오봉년〕 中國漢나라 五鳳元年에 開國하였네
相傳千年久　〔상전천년구〕 서로 千年이나 오래 傳하고
粗保一隅偏　〔조보일우편〕 대강 一隅의 彊土를 保存하였네
却獻鷄林土　〔각헌계림토〕 문득 慶州의 땅을 드리고
來朝鵠嶺天　〔래조곡령천〕 鵠嶺하늘에 와 朝會하였네
綿綿三姓祀　〔면면삼성사〕 綿綿한 三姓의 王統을 祭祀지내니
永絶亦堪憐　〔영절역감련〕 기리 끊어짐을 또한 슬퍼하노라

(明太祖命題新羅詩)

德이 있어 聖人이라고 하여 朴赫居世를 王位로 推戴했던 新羅는 漢나라 五鳳 元年에 開國하여 唐末까지 千年社稷을 持續하였으니 國土의 一部를 保存하다가 마침내 三國을 統一한後 敬順王이 나라를 高麗에 바치고 開城으로 朝會하니 綿綿히 이어오던 三姓의 王統을 이날에 國祚가 斷絶됨을 슬퍼한다고 하는 明太祖가 命하여 짓게 한 新羅詩이다.

【註釋】
赫居世 : 新羅의 始祖 金尺을 얻어 神秘를 作用했다 하며 德이 있어 閼英王妃와 함께 二聖이라고 稱함.
五鳳 : 中國漢나라 宣帝때 年號
鷄林 : 新羅時代 慶州의 號稱
鵠嶺 : 鵠述嶺
綿綿 : 잇달아서 끊어지지 않음.

【字解】
鵠 : 따오기 곡
偏 : 치우칠 편
隅 : 모퉁이 우
憐 : 불쌍히여길 련

兄須愛其弟 〔형수애기제〕 兄은 모름지기 그 아우를 사랑하고

弟必恭其兄 〔제필공기형〕 아우는 반드시 그 兄을 공경할지니라.

常以毫毛事 〔상이호모사〕 항상 터럭같은 일로써

莫傷骨肉情 〔막상골육정〕 골육(骨肉)의 정을 傷치 말라오.

馬猶同槽食 〔마유동조식〕 말도 오히려 같은 여물통에서 먹고

鴈亦一行成 〔안역일항성〕 기러기도 역시 한 줄을 짓나니

宅室雖云樂 〔택실수운락〕 宅室이 비록 즐겁다고 이르나

婦言愼勿聽 〔부언신물청〕 婦人의 말일랑 삼가 듣지를 마오.

이것은 太白逸事에 나오는 兄弟歌와 大同小異한 檀奇古史에 나타난 兄弟詩이다. 같은 부모의 혈육을 타고 먼저 난 兄은 마땅히 뒤에 난 아우를 사랑하고 뒤에 난 아우는 필연적으로 자기보다 손 위인 형을 공경해야 할지니라. 항상 터럭과 같은 사소한 일을 가지고 골육을 나눈 同氣間에 情을 傷하게 말 것이니라. 말 같은 동물도 오히려 같은 하나의 여물통에서 사이좋게 죽을 나누어먹고 기러기 같은 날짐승도 또한 한 줄로 行伍를 이루어 차례를 어지럽게 아니 하나니 婦人의 宅室이 비록 즐겁다고 하나 거기에 현혹되어 義를 저버려서는 아니되나니 조심하여 듣지 않는 것이 上策이라오.

靜處觀群動
眞成爛漫歸
湯氷俱是水
裘葛莫非衣
事或隨時別
心寧與道違
君能悟斯理
語黙各天機

(정처관군동) 고요히 群動을 보니
(진성란만귀) 참으로 爛漫하도다.
(탕빙구시수) 탕 빙 도 같이 물일진대
(구갈막비의) 구 갈인들 옷이 아니랴.
(사혹수시별) 일은 때로 달라지나
(심녕여도위) 마음이야 어찌 도를 어기랴.
(군능오사리) 그대가 이 이치를 알거든
(어묵각천기) 어묵을 천기따라 하소.

고요히 處하여 大勢에 엇갈린 뭇 動機를 관찰해 보니 진실로 爛漫하여 어지럽기 이를데 없도다. 대관절 따져 보자 끊는 물과 어름이 다같이 물이기는 하지만 성질이 완전히 判異하고 갖옷과 갈포옷이 다같이 옷에는 틀림이 없건만 用途가 다른건 常識이 아니더냐. 일에는 간혹 때에 적응하다 보면 權을 쓰고 달라지는 수가 있지만 맘이야 어찌 도를 어기고 不義에 타협을 하겠는가. 그대가 능히 이 이치를 깨우쳐 안다면 말하고 묵묵한 것을 각각 天機에 따라 應變해야 옳다는 내 주장을 결코 나무랄 수는 없을 것일세. 이 詩는 丙子胡亂때 和戰을 둘러싸고 意見이 엇갈릴때 遲川 崔鳴吉 선생의 卓越한 講和主張으로서 오랑캐에 굴하는 것은 甚히 유감스럽지만 社稷을 보전하기 위해서는 어쩔수 없는 일이라는 주장은 대세를 看破한 名案인 것만은 사실이었다. 이에 대하여 淸陰 金尙憲 선생은

〔周易과 世界 참조〕

【註釋】
靜處∷고요한 곳. 은밀히
群動∷뭇 동기. 여러가지 일의 실마리
爛漫∷많이 흩어짐. 지나치게 익어 물커져 흩어짐
裘葛∷갑옷과 갈포옷
天機∷하늘의 機密

成敗關天運
須看義與歸
雖然反夙暮
豈可倒裳衣
權或賢猶誤
經應衆莫違
寄語明理士
造次愼衡機

〔조차신형기〕 잠시라도 형기를 삼가하소.
〔기어명리사〕 그대 밝은 선비에 권하노니
〔경응중막위〕 경은 모두가 어길 수 없다네.
〔권혹현유오〕 권은 좋은듯 하나 그릇되기 쉽고
〔기가도상의〕 치마 저고리를 꺼꾸로 하랴.
〔수연반숙모〕 어찌 아침 저녁이 바뀌며
〔수간의여귀〕 모름지기 의리를 쫓아가라
〔성패관천운〕 성패는 천운에 맡기나

성사되고 실패하는 것은 天運에 달려있으나 모름지기 義理를 보고 더부러 돌아갈지니라. 비록 그렇다 치더라도 이른 아침과 늦은 저녁은 엄연히 다르니 뒤집을 수는 없고 치마와 저고리를 꺼꾸로 입고 다닐 수는 없지 않은가. 權이라고 하는 것은 或은 좋은것 같지만 오히려 일을 그릇칠 수 있고 大經大法 그것은 原理原則인지라, 모두가 이것을 어길 수 없다네. 理致를 안다는 선비인 그대에게 말하노니 이라도 權衡의 기틀을 신중을 기하여 잃지말기를 바라네. 이것은 淸陰이 한 오랑캐에 항복할 수 없다는 百折不屈의 氣慨를 나타낸 詩로서 屈辱을 참을 수 없다고 崔遲川이 降書를 써 놓으면 淸陰은 여러번 찢었으니 時人이 평가하기를「裂之者도 可요, 拾之者도 可」라고 하는 것은 너무나 유명한 사실이다.

【註釋】

夙暮 : 일찍과 저물. 아침과 저녁
裳衣 : 아래옷과 웃옷. 치마와 저고리
賢猶誤 : 좋은것 같지만 오히려 그릇치고
莫違 : 어길 수 없음. 거역하지 못함.
明理士 : 이치를 깨우친 선비
造次 : 잠간 사이. 오래지 않은 동안
衡機 : 權衡의 기틀. 事物의 輕重을 평가할 수 있는 기틀
儼然 : 아무리 하여도 움직일 수 없는 모양
大經大法 : 사사함이 없는 곧은 이치와 바른 규칙
權衡 : 사물을 저울질하여 評하는 일
裂之者도可요拾之者도可 : 찢는 사람도 옳고 줍는 사람도 옳다.

五言名作篇

月下庭梧盡 (월하정오진) 달빛어린 마당엔 梧桐잎 지고
霜中野菊黃 (상중야국황) 차가운 서리속에 들국화 피어있네.
樓高天一尺 (루고천일척) 다락은 높아 하늘과 尺 사이라
人醉酒千觴 (인취주천상) 사람은 醉하여 술잔을 거듭하네.
流水和琴冷 (유수화금냉) 흐르는 물소리는 거문고 소리에 화하여서 차거웁고
梅花人笛香 (매화인적향) 피리부는 코끝에 梅花香氣 그윽하도다.
明朝相別後 (명조상별후) 來日 아침 이별한 후에는
情與碧波長 (정여벽파장) 우리들의 그리움은 푸른 물결처럼 끝이 없으리.

(黃眞伊)

이것은 路柳墻花의 신세가 된 松都名妓 黃眞伊가 當代의 風流客인 蘇世讓 判書의 鐵石肝腸을 녹이던 送別詩인바 木石이 아닌 그는 誘惑을 뿌리치지 못하였다고 한다.

달빛이 가득찬 뜰아래엔 스스로 오동잎 지고 차거운 서리 맞은 들국화는 마치 자신의 처량한 모습처럼 가냘프게 피어 있는데 높은 樓閣은 마치 한 尺만 더 있으면 하늘을 어루만질것 같고 사람은 온통 술에 취하여 술이 술을 먹는다고 千盞을 거

【註釋】
千觴∷천잔의 술
路柳墻花∷길가의 버들과 담밑의 꽃처럼 누구든지 꺾을 수 있는 娼女(娼女)의 비유

※黃眞伊∷中宗때 松都名妓。詩와 歌舞가 出衆하여 松都三絶이라 稱함.

暗窓銀燭低
流螢度高閣
悄悄深夜寒
簫簫秋葉落
關河音信稀
端憂不可釋
遙想青蓮宮
山空蘿月白

(산공나월백) 寂莫한 空山에 달빛이 밝구나.
(요상청련궁) 멀리 青蓮宮을 생각하고 있노라니
(단우불가석) 시름을 풀 길 없네。
(관하음신희) 山河는 막혀 음신(音信) 드무니
(소소추엽락) 쓸쓸히 가을 잎은 떨어지네。
(초초심야한) 근심스레 차가운 밤 깊었는데
(유형도고각) 반딧불 高閣을 지나쳐 여름가네。
(암창은촉저) 어둠 깃든 窓에 은촛불 낮추고

(許蘭雪軒)

이것은 女流詩人인 許蘭雪軒이 복잡한 事緣에 얼켜 憂愁의 眉間을 찌푸리며 읊은 詩이다。 어둠에 깔린 창가에 깜박거리는 은촛불을 낮추고 흐르는 반딧불이 높

【註釋】
銀燭‥‥백납으로 된 초
流螢‥‥흘러가는 반딧불
悄悄‥‥근심하여 落心하는 모양
簫簫‥‥바람이나 북소리가 쓸쓸하다。
音信‥‥소식 편지
蘿月‥‥댕댐이에 얽힌 달

露梁春水野 (로량춘수야) 露梁을 떠날때엔 봄빛이 가득하더니
洪峽夏雲天 (홍협하운천) 洪川 골짜기엔 여름구름이 떠 있네.
跋涉來尋再 (발섭내심재) 산넘고 물건너 또다시 찾아오니
多渠繼父賢 (다거계부현) 네 아비의 어진 忠誠 많이도 닮았구나.

(李元翼)

이것은 梧里 李元翼 대감이 光海君의 失政을 諫하다가 怒念을 사서 함경도 洪川으로 귀양갔을 때 그의 忠僕이 水陸千里 길을 멀다 아니하고 찾아 주었을때 嘉賞히 여겨 지어준 詩이다. 저번에 귀양길에 오르려고 漢陽近郊를 떠날때에는 봄빛이 무르녹아 春水滿四澤을 이루더니 이제 洪川 골짜기 위에는 벌써 夏雲多奇峰이 되었구나.

無常한 세월의 變遷과 자신의 처지를 돌아보니 서글픈 감회를 누를길 없네. 山疊疊水重重 머나먼 길에 산을 몇번이나 넘고 물을 몇번이나 건너 아득히 어떻게 두번씩이나 찾아왔던 말인가? 必是 네 아비의 그 어질고 忠誠스런 血統을 이어받아 담은데가 너무나 많구나. 嗟嘆하여 마지않는 忠僕의 갸륵함을 아쉬워하는 뜻을 歷歷히 나타낸 詩이다.

【註釋】

老樹無情風自哀 : 늙은 나무가 정이 없으니 바람이 스스로 슬퍼한다는 朴誾의 詩句

空山明月 : 寂寞한 산에 비치는 밝은 달.

松風蘿月 : 소나무 숲을 스치어 부는 바람과 댕댕이 덩쿨에 걸려있는 달

【註】

露梁 : 경기도 서울 근처에 있는 壬亂때 싸움터

洪峽 : 洪川의 골짜기

跋涉 : 밟고 건넘. 산을 넘고 물을 건너서 길을 감.

繼父賢 : 아버지의 어진 충성심을 이어 받음.

春水滿四澤 : 봄 물이 사방 못에 가득함

夏雲多奇峰 : 여름 구름이 奇異한 봉우리가 많음

※李元翼 : 號는 梧里. 文臣, 政治家. 官은 領議政. 諡는 文忠. 扈聖功臣으로 完平府院君을 封함. 著書는 梧里集, 續梧里集, 梧里日記 등이 있음.

簫簫落葉聲 〔소소낙엽성〕 쓸쓸한 落葉소리를
錯認爲疎雨 〔착인위소우〕 錯覺해서 성기게 오는 빗소리로 알았도다.
呼僧出門看 〔호승출문간〕 중을 불러서 門에 나가 보니
月掛溪南樹 〔월괘계남수〕 달이 시냇가 南쪽에 있는 나무에 걸렸도다. 〔鄭松江〕

밤의 寂寞을 깨고 쓸쓸하게 들려오는 나무잎이 떨어지는 소리를 어떻게 들으면 꼭 드문 드문 떨어지는 빗방울소리로 錯覺하게 하는구나. 그래서 중을 불러 門밖에 나가서 보게하니 달만 시냇가 南쪽에 있는 나무가지에 걸려있지 않은가.

大旱逢甘雨 〔대한봉감우〕 큰 가뭄에 단비를 만나고、
他鄕逢故人 〔타향봉고인〕 他鄕에서 故鄕사람을 만났도다.
洞房花燭夜 〔동방화촉야〕 洞里房에 花燭을 밝히는 밤이요、
登科還鄕時 〔등과환향시〕 科學에 올라 고향에 돌아갈 때니라. 〔題四喜 月沙〕

오랜 가뭄 끝에 목을 적셔주는 단비를 만나고 他鄕방에 첫날밤에 新郞新婦가 百年의 佳約을 맺는 洞里房에 新郎新婦가 百年의 佳約을 맺는 花燭을 밝히고 과거에 合格하여 고향에 돌아갈때가 네가지 가장 기쁘다는 魯國使臣의 詩에 그 머리에 다 七年、千里、無月、少年을 붙여 才致壯元을 한분이 月沙라고 한다.

【註釋】
簫簫：바람소리가 쓸쓸하다.
錯認：착각해서 아는것. 잘못 과 어긋남.
疎雨：성기게 오는 비. 빗방울이 드물게 떨어짐.
月掛：달이 걸려 있음.
※鄭徹：號는 松江、文臣、詩人。官은 司諫 執義 直撫學 禮曹參判 觀察使歷任。著書는 松江集、松江歌辭等多數。添

【註釋】
甘雨：오래 가뭄 끝에 오는 비.
故人：고향의 다정한 친구.
洞房：마을에 꾸민 新房.
花燭夜：초불을 밝히는 結婚의 첫날밤.
登科：科學에 及第함.選拔試驗에 合格하는 것.

人之愛正士 〔인지애정사〕 사람이 바른 선비를 사랑하는 것은
好虎皮相似 〔호호피상사〕 범의 가죽을 좋아하는 것과 같다고 할지
生前欲殺之 〔생전욕살지〕 생전에는 죽이고자 하지만
死後方稱美 〔사후방칭미〕 죽은 뒤에는 바야흐로 아름답다고 일컫느니라. 〔題有感〕〔曹南冥〕

世上 사람들이 다 正直하고 眞實한 뜻있는 선비를 사랑한다고 하는 것이 쓸모가 있는 범의 가죽을 좋아하여 갖고자 하는 것과 恰似하다고 할지니, 범이 살아 있을 적에는 어떻게 해서든지 저놈을 꼭 잡아서 죽여야 쓰겠는데 하고 벼르고 咀呪하고 謀陷하고, 沮害하지만 일단 죽은 후에는 참 아름답고 價値를 지닌 둘도 없는 것이라고 추켜 세우는데 거기에 무엇인가 잘못되어 있는 것이 있으니 아름답고 가치를 지닌 물건일진대 勞苦를 아끼지 않는다면 먼저는 虎皮를 갖지 말았어야 하는데 害하고자 하지 않았어야 하고 이미 그런 마음이 있었다면 선비를 사랑하는 眞實이 아니라는 懷疑를 느끼게 한다. 前後가 倒錯하여 무슨 마음인가?

踏雪野中去 〔답설야중거〕 눈을 밟고 들 가운데로 감에
不須胡亂行 〔불수호란행〕 모름지기 어지럽게 가지 못할지니라.
今日我行迹 〔금일아행적〕 오늘 내가 가는 자취를

遂作後人行 〔수작후인행〕 드디어 뒤 사람이 가는 것을 지을 것이라. 〔金九〕

쌓인 눈을 밟고 들 가운데로 지나갈적에 제멋대로 亂雜하게 걷다가 失手를 해서는 아니될 것이니라. 오늘에 내가 걸어간 자취는 뒤에 걸어갈 사람들의 본 보기가 되어 보고 法度하여 지키고 모방하게 될 것이니 어찌 輕率히 하고 無知妄作을 해서야 되겠는가? 눈길이 미끄러져 자빠지기 쉬운 것처럼 세상에 사람이 살아가는 길이 힘들고 험악하고 순탄하지가 않아서 障碍物이 많고 역경이 나 苦衷이 많은지라 쉬지말고 조심해서 한발 한발씩 공을 들여 목적지까지 도달하였을 때 긍지와 자부심이 생기는 것이다.

柳色絲絲綠
桃花点点紅

〔유색사사록〕 버들의 빛깔은 실마다 푸르고
〔도화점점홍〕 복사꽃은 점점이 모두 붉더라. 〔金富軾〕

金富軾이 읊기를 『버들빛은 일천실이 푸르고 복사꽃은 만점이 붉다』고 했더니 원한맺힌 鄭知常鬼가 김부식의 뺨을 때리며 말하기를 『네 어찌 복사꽃 일만점과 버들 일천실만 아느냐? 너는 본래 임금을 속이는 자라.』 정공원귀가 공중으로부터 이 글귀를 訂正하여 밝게 읊기를 버들 색깔은 푸르고 복사꽃은 點點이 붉다』고 하였다. 정과 김 두사람이 서로 꺼려 김부식이 정지상을 죽였으니… 詩는 性情에서 나온다고 하고 김부식의 옹졸함을 엿볼 수 있는 것이다.

〔原文〕 金富軾吟曰柳色千絲絲綠桃花萬點紅 鄭知常寃鬼 打金富軾頰曰 汝豈知桃萬點柳千絲乎。 汝本欺君者也。 詩亦欺也。 鄭公寃鬼自空中 訂正此句而朗吟曰 柳色絲絲綠桃花點點紅云爾。 鄭金兩人相忌而金富軾誅殺鄭知常。

五言名作篇

東國金剛出
中原五嶽低
仙人多窟宅
王母恨生西

〔동국금강출〕 東國에 金剛山이 솟아났으니
〔중원오악저〕 中原에 五嶽이 낮아졋도다
〔선인다굴택〕 仙人의 窟과 집이 많으니
〔왕모한생서〕 王母가 西쪽에서 난 것을 恨하도다.
(無名女流詩人作)

해뜨는 東邦인 우리 韓國에 天下名山인 金剛山이 솟아났으니 제아무리 威力을 誇示하는 中國의 五嶽인들 코가 납작해지지 않을 수 없는 것은 比較의 對象이 되지 않기 때문이다. 神仙이 사는 窟이나 집이 많은 것은 人材가 많다는 것을 意味함이니 瑤池의 西王母도 이런 絶景과 仙人이 많은 韓國을 憧憬하여 西쪽에서 난것을 恨할 것이라는 金剛山의 壓軸詩이다.

【註釋】
金剛山 우리 韓國 江原道에 있는 名山.
金剛(春) 逢萊(夏) 楓岳(秋) 皆骨(冬)의 別名이 있음.
中原:中國의 代名詞로 中華 中原 등이 있음.
漢族이 일어난 黃河城址을 뜻함.
五嶽:泰山(東岳) 崇山(中岳) 衡山(南岳) 華山(西岳) 恒山(北岳) 등 中國에 있는 山.
王母:西王母 瑤地에서 宴樂을 즐기며 살았다고 하는 神仙.
壓軸:詩軸에 실은 여러가지 詩中에 가장 잘 지은 詩.
支天柱:하늘을 고일만한 받침대, 곧 큰 人物을 말함.

誰許没柯斧
我斫支天柱

〔아작지천주〕 내 하늘을 바칠 기둥을 깎으리로다.
〔수허몰가부〕 누가 자루없는 도끼를 나에게 주겠는가?
(元曉大師)

이것은 元曉大師가 慶州市街를 俳徊하며 읊었다는 詩로 『누가 나에게 女人을 許之해 주겠는가 내 國家의 棟樑이 될 人材를 낳으리라』는 隱語를 그를 맞아들여 陸廡儒賢의 鼻祖인 薛聰을 낳았으니 瑤石公主는 破戒僧으로 僞裝하여 蚊川에 짐짓 빠져 옷을 말리겠다고 公主를 接近했다는 逸話는 有名하다.

【註釋】
※ 元曉:新羅文武王때 高僧, 氏는 薛, 諡는 和淨.
隱語:직접 그 事物을 바로 말하지 아니하고 은연중에 그 뜻을 나타나게 하는 말.
瑤石公主:文武王女 때에 寡婦로 있었다고 함.
陸廡儒賢:學文과 德行이 있는 이를 合祀하는 制度.
鼻祖:始祖 우두머리라는 뜻.
破戒僧:戒律을 깨트리고 지키지 않는 僧.

琳宮梵語罷

天色淨琉璃

〔임궁범어파〕 琳宮에 佛敎의 노래소리가 그치니

〔천색정유리〕 하늘 빛이 깨끗한 琉璃와 같도다.

(鄭知常)

溪菊香初動

巖楓紅欲燃

〔계국향초동〕 溪邊의 菊花香氣는 처음으로 움직이고

〔암풍홍욕연〕 바위의 丹楓은 붉어 불타고자 하는도다.

(徐敬德)

시냇가 菊花의 짙은 香氣는 微風을 타고 처음으로 움직이는데 바위 틈에 난 丹楓은 붉게 물들어 山이 다 타는듯한 情熱을 쏟아 놓는다는 멋있는 自然의 風致를 나타낸 詩이다.

寺院에 佛敎徒의 念佛하는 소리가 뚝 그치니 하늘 빛이 맑고 깨끗한 琉璃와 같이 一點의 物累도 없어졌다는 것을 表現한 名作인데 金富軾이 이 글이 마음에 들어 自己가 지은 것으로 하여 발表을 提議하니 鄭知常이 不應함으로 因하여 사이가 나빠졌다고 한다.

踞坐海鴨山

〔거좌해압산〕 海鴨山에 걸터앉아서

【註釋】

琳宮：寺院

梵語：僧侶들이 외우는 佛敎의 노래 念佛같은 것.

※ 鄭知常：號는 南湖, 官은 正言, 司諫. 高麗仁宗때 文臣, 妙淸亂때 金富軾에게 被殺됨.

중.

【字解】

罷：파할 파, 고달플 피

琉：유리 류

璃：유리 리

軾：수레알턱가로나무 식

【字解】

巖：바위 암

楓：단풍나무 풍

燃：불탈 연

【註釋】

海鴨山──洪景來가 그의 外叔의 腰浦江──집 周邊私塾에서 글工夫할 때 놀았다는 앞뒤의 山과 江。(中和郡에 있음)。

洗足腰浦江 〔세족요포강〕 腰浦江에서 발을 씻겠노라.

(洪景來)

愛君如愛父 〔애군여애부〕 임금을 아버지 같이 사랑하고
憂國如憂家 〔우국여우가〕 나라 근심하기를 집과 같이 하노라.
白日臨下土 〔백일임하토〕 白日이 아래에 있는 땅에 臨하시나니
昭昭照丹衷 〔소소조단충〕 밝게 붉은 마음 비치리이다.

(趙光祖)

驍勇이 過人하고 才質이 特出했다는 洪景來는 平北 龍岡出身으로 어려서부터 다른데가 있었다. 外叔을 좇아 글工夫를 할때 비록 나이는 어렸지만 山河를 주름잡고 世上을 깔아뭉갤만한 凡夫로는 꿈도 못꿀 自己 特有의 覇氣가 넘쳐 흐르고 있었으니 사람들이 높고 크다고 하는 海鴨山에 걸터 앉아서 名色이 江이라고 하는 腰浦江에서 발을 씻으려는데 어느누가 敢히 나를 겨루겠는가 하는 傑作品이다.

【字解】
踞 : 걸터앉을 거
鴨 : 오리 압
腰 : 허리 요
霸 : 으뜸 패
恣 : 방자할 자

【註釋】
※ 趙光祖 : 號는 靜菴, 官은 大司憲 中宗朝에, 改革政治에 힘쓰다가 己卯士禍때 賜死됨. 諡는 文正 文廟에 從祀.
白日 : 맑게갠 날
丹衷 : 속에서 우러나는 精誠, 참된 마음, 眞實

【字解】
衷 : 가운데 충, 맞을 충

人君을 어버이 같이 아끼고 나라를 내집처럼 생각하는 것은 政治人의 常識이다. 하물며 靑天에 白日이 下土에 照臨하시는데 昭昭한 衷情인 一片丹心을 어찌

몰라보겠느냐는 뜻을 나타낸 詩인데 小人輩의 造作으로 謀陷을 입어 賜死됨은 愛惜한 일이다.

臣同賈太傅
〔신동가태부〕 臣은 賈太傅 같은데.

主豈楚懷王
〔주기초회왕〕 임금은 어찌 楚懷王 같겠는가.

霜風吹雁去
〔상풍취안거〕 서리바람은 불고 기러기는 가는데.

中斷不成行
〔중단불성항〕 가운데가 끊어져서 行伍를 이루지 못했도다.
（許蘭雪軒）

臣下는 그 道理를 다한 梁太傅賈誼와 같건만 임금은 어찌 楚懷王孫心의 어질고 純眞한 것, 같을 수 있겠는가? 기러기 가는 길에 霜風이 휘몰아쳐 流血劇을 빚어서 가운데가 끊어져 行伍를 이루지 못하였으니 애달프도다.

神策究天文
〔신책구천문〕 神秘한 計策은 天文을 窮究하고.

妙算窮地理
〔묘산궁지리〕 奇妙한 計算은 地理를 다 알았도다.

【註釋】
賈太傅∶梁太傅賈誼、漢文帝 때 文臣.
楚懷王∶孫心 純厚하고 愚直한 君主、項羽에게 殺害됨.
※ 許蘭雪軒、許筠의 妹氏、女流詩人（光海君 때）

【字解】
賈∶성가, 장사 고
誼∶옳을 의, 도타울 의
弑∶죽일 시
劇∶연극 극, 심할 극

五言名作篇

戰勝功旣高
知足願云止

[전승공기고] 싸움에 이겨서 공이 이미 높으니.
[지족원운지] 足한줄 알았거든 그만두기 願하노라.
[與隋將于仲文詩 乙支文德]

【註釋】
薩水大捷：隋나라 煬帝가 高句麗를 쳐들어 왔다가 크게 敗한 싸움.
※ 乙支文德：高句麗 嬰陽王때 名將, 隋나라 百萬大軍을 薩水에서 무찌름(薩水大捷).

薩水大捷의 名將 乙支文德은 文武를 兼備한 人物로 隋將于仲文을 戲弄한 詩이다. 그대의 作戰이 하도 神妙하여 天文地理를 다 通達했도다. 百戰百勝으로 乘勝長驅하였으니 그 功이나 높은손가 慾心은 限이 없는 것 足한줄 알았거든 그만 두는것이 어떤가? 네가 나의 譎計를 모르고 스스로 墓窟을 파니 可笑롭다는 뜻이 內包되어 있다.

水國秋光暮
驚寒雁陣高
憂心輾轉夜
殘月照弓刀

[수국추광모] 물만 보이는 孤島에 가을 빛이 저물었으니
[경한안진고] 찬기운데 놀란 기러기떼만 높이 떠있네
[우심전전야] 근심되는 마음으로 잠못 이루는 밤에.
[잔월조궁도] 衰殘한 달이 활과 칼을 비쳐주노라.
(李舜臣)

忠武公 李舜臣 將軍의 閑山島 大捷을 聯想하게 하는 詩이다. 물만 반반하게

【註釋】
水國：물나라 바다의 世界. 물만 반반한 섬나라.
輾轉：돌아 누움. 잠을 못이루고 누어서 이리저리 뒤적임.
※ 李舜臣：忠武 宣祖壬辰倭亂때 水軍 統制使가 되어 倭賊을 무찌름(閑山島 大捷).

【字解】
輾：돌아누울 전

洞庭波萬頃

華岳月千秋

蒼茫朝鮮客

登臨淚未收

(동정파만경) 洞庭湖의 물결은 일만 이랑이오.

(화악월천추) 華岳의 달은 千秋의 가을이라.

(창망조선객) 蒼茫한 朝鮮손이.

(등림루미수) 오르고 다달으니 눈물을 거둘 수 없도다.

(李廷龜)

文名을 떨치던 月沙가 洞庭湖의 絶景을 바라보며 錯雜한 感懷를 못이겨 虎口의 脫出을 생각하며 지은 詩. 四喜란 詩題에서 魯國使臣의 詩에다 두字式을 부처서 壯元을 한 그는 束手無策의 窮地에 몰려 臨機應變으로 이 詩를 지어 놓고 喪輿를 타고 巧妙하게 빠져 나갔다고 한다. 洞庭湖의 물결은 끝없이 華岳의 밝은 달은 千秋의 가을인데 넓고 멀어 아득한 朝鮮의 서글픈 客이 올라서 굽어보니 눈물을 거둘 수 없을만큼 心氣가 愀然하여 마음을 걷잡을 수 없다.

【註釋】
蒼茫: 넓고 멀어 아득함.
※李廷龜: 號는 月沙, 官, 左, 右議政 文忠 文章家 明宗 十九年生하여 仁祖 三十年에 卒.

【字解】
茫: 아득할 망
輿: 수레 여, 가마 여
愀: 얼굴빛변할 추

擊鼓催人命 〔격고최인명〕 북을 울려 人命을 재촉하니.
西山日欲斜 〔서산일욕사〕 西山에 날이 비끼고자 하는구나.
黃泉無一店 〔황천무일점〕 黃泉에는 한 가게도 없으니.
今夜宿誰家 〔금야숙수가〕 오늘밤에는 누구의 집에서 자료오.

（成三問）

百折不屈의 氣慨가 衝天할만큼 끝까지 不義에 抗拒하다가 處刑된 死六臣의 一人인 成三問 詩. 울리는 북소리에 맞춰 處刑을 서두루니 西山落日이 사라지려 하는구나. 아득한 黃泉길에 旅人宿이 있을 理가 없는데 오늘밤이 깊어지면 누구의 집에서 자고 간단 말인가.

山與雲俱白 〔산여운구백〕 山과 구름이 다 함께 희어서.
雲山不辨容 〔운산불변용〕 구름과 山을 분별하여 形容하지 못할러라.
雲歸山獨立 〔운귀산독립〕 구름은 돌아가고 山만 홀로 서있으니.
一萬二千峯 〔일만이천봉〕 일만이천 봉우리라.

（宋時烈）

【註釋】
擊鼓：북을 침。
黃泉：저승 저세상、사람이 죽어서 가는길。

【字解】
辨：분별할 변、가릴 변。
菴：암자 암。
揀：가릴 간。
糊：풀 호。
混：섞을 혼。
含：머금을 함。
菅：쌀 축。

※ 宋時烈：號는 尤菴, 諡는 文正, 肅宗때 左相, 文廟에 從祀。

小僧枕半囊　〔소승침반낭〕 작은 중이 半背囊을 베고.
夢踏金剛山　〔몽답금강산〕 꿈에 金剛山을 밟아보았네.
蕭蕭客來聲　〔소소객래성〕 蕭蕭히 客이 오는 소리에.
驚起西山暮　〔경기서산모〕 놀라 깨어보니 西山이 저물었네.
　　　　　　　　　　　　　　　（金笠擬作）

學者요, 政治人인 宋尤菴은 行雲流水 같은 文章의 所有者로 高見을 가진 분이다. 山과 구름이 모두 함께 희어서 어데서 어데까지가 구름인지 山인지 分揀할 수 없을 만큼 뒤섞겨서 模糊하고 混同하게 하는구나. 그렇지만 及其也 山이 하나가 될 수 없는 두개의 異物體의 本性이 드러나서 山은 山으로, 구름은 구름으로 돌아 가니 一萬二千峯이 그대로 서 있을 수 밖에 별 道理가 없을 것이라는 말밖에 뜻을 含蓄한 詩이다.

누가 뭐래도 李杜文章을 凌駕할만큼 神出鬼没한 鬼才 그 사람은 金笠이라고 詩를 마음대로 한분은 그밖에 없었으니 그는 미치지 않고서는 살 수 없었고 諷刺諧謔이 아니고는 欝結한 가슴의 숨통을 틀수 없었기에 그냥 吐하면 詩요, 중얼대면 名句아닌 것이 없었다.
小僧이 半쯤 주머니를 베고 꿈에 金剛山을 밟고 다니다 보니 怳惚하고 눈이 부셔서 어리둥절 하다가 뿌스럭거리는 발자국 소리에 놀라 깨어보니 아뿔사 西

【註釋】
行雲流水 : 떠다니는 구름과 흐르는 물처럼 막힘이 없음.
含蓄 : 말이나 글속에 다른 뜻이 들어있음.
分揀 : 사물의 다른 것을 가려 헤아림.
模糊 : 흐리어 똑똑하지 못함.
小僧 : 중이 남앞에 자기를 낮추어 이르는 말. 여기는 작은 중.
蕭蕭 : 쓸쓸한 모양, 찬 바람소리, 뿌스럭거리는 나뭇잎이나 사람, 발자국소리.

【字解】
蕭 : 쓸쓸할 소
凌 : 능멸할 능
駕 : 멍에 가
諷 : 빗대말할 풍
刺 : 기롱할 자 찌를 척
諧 : 희롱할 해
謔 : 희롱할 학
怳 : 황홀할 황
惚 : 황홀할 홀

五言名作篇

願生高麗國
一見金剛山

〔원생고려국〕 高麗國에 태어나서.
〔일견금강산〕 한번 金剛山 보기를 願하노라.

高麗사람으로 태어나서 한번 金剛山 보는 것이 所願이라는 말로/얼마나 憧憬과 羨望의 對象이 되었으면 그럴것인가 하는 생각을 갖게 하는 것이다.

大星明煌煌
小星明耿耿

〔대성명황황〕 큰별은 밝기가 煌煌한데.
〔소성명경경〕 작은별은 밝되 희미하고 깜박거리는 도다.

큰별은 번쩍번쩍 밝게 비치고 작은 별도 제나름대로 희미하지만 깜박거리고 있는 것이 恰似하게도 큰 사람은 높은 次元에서 世上을 爲하여 움직이고 작은 사람은 自身의 營利를 爲하여 欲求를 채우려고 蠢動하고 있는 것이 莫非 山川의 精氣라는 것을 實感하게 하는 것이다.

【註釋】
煌煌 : 번쩍번쩍 빛나는 모양.
耿耿 : 깜박거리고 희미한 모양. 불빛이 깜박거림. 근심하는 모양.

【字解】
煌 : 빛날 황
耿 : 빛날 경

東國花開洞
壺中別有天
萬壑雷聲起
千峰雨色新
春來花滿地
秋去葉飛天
松上青蘿結
澗中流白日

〔동국화개동〕東國 꽃 핀 마을에.
〔호중별유천〕별다른 天地가 있는가 보다.
〔만학뢰성기〕일만구렁에 우뢰소리 일어나고.
〔천봉우색신〕일천 봉우리에는 비빛이 새롭도다.
〔춘래화만지〕봄이 오니 꽃은 땅에 가득히 피고.
〔추거엽비천〕가을이 가니 잎이 하늘로 나는구나.
〔송상청라결〕소나무 위에 청라가 맺어 있고.
〔간중유백일〕澗水속에는 흰달이 흐르는도다.
(崔致遠)

新羅末期의 大儒學者요 大文章家인 崔孤雲 先生은 超出方外의 人士로서 많은 作品을 남겼으니, 儒佛仙三教가 다 우리 固有思想속에 含蓄되었다고 強調한 것을 鸞郎碑序 같은데서 엿볼 수 있다.

【註釋】
壺中天∶別天地, 仙境.
萬壑∶여러겹으로 겹쳐진 깊은 골짜기, 많은 골짜기.
千峰∶많은 봉우리.
青蘿∶푸른 담장이 덩쿨.
※崔致遠∶號는 孤雲, 羅末에 官은 侍讀兼 翰林學士 唐나라에 登第討黃巢檄으로 有名. 道學文章을 兼하고 不遇를 慨嘆隱居함. 文廟에 從祀, 諡文昌侯.

【字解】
壺∶병 호
壑∶구렁 학
蘿∶담장이덩풀 라
澗∶간수 간
鸞∶난새 란

五言名作篇

倦馬看山好
停鞭故不加
岩間繞一路
煙虛或三家
花色春來矣
溪聲雨過耶
渾忘吾歸去
奴曰夕陽斜

(권마간산호) 게으른 말로 山보기가 좋으니.
(정편고불가) 채찍을 머물러 짐짓 더하지 아니했도다.
(암간자일로) 바위사이로 겨우 한길이 나있고.
(연허혹삼가) 煙氣가 빈곳에 或 세집이나 될러라.
(화색춘래의) 꽃빛은 봄이 왔는가 보다.
(계성우과야) 시내소리는 비가 지냈는가.
(혼망오귀거) 渾然히 내가 돌아가는 것을 잊었더니.
(노왈석양사) 종이 이르기를 夕陽이 기울어졌다고 하더라. (金笠)

게으른 말로 絶景을 求景하는데 채찍이 必要없으니 岩間에도 한길이 通해져 있고, 煙氣속 空間에도 人家는 서 있으며 그 속에도 봄은 와서 꽃은 피고 시냇물 소리는 비가 왔다는 것을 말해주고 있다. 無我의 渾然한 自己陶醉가 되어 돌아가는 것을 잊고 있더니 『書房님 夕陽은 기울어져 날이 저물었수다』하고 얄밉게 재촉하니 꿈은 깨지고 일은 끝났다는 뜻이리라.

【註釋】
倦馬‥게으른 말, 날내지 않은 말.
看山‥뫼자리를 얻으려고 살을 살핌.
停鞭‥채찍을 멈춤.

【字解】
倦‥게으를 권
鞭‥채찍 편
繞‥겨우 자
渾‥혼연 혼
陶‥즐길 도, 질그릇 도
醉‥취할 취

王氏作東藩　〔왕씨작동번〕 王氏가 東藩을 지어.
維持五百年　〔유지오백년〕 五百年을 維持했다네.
哀微終失道　〔쇠미종실도〕 哀微하여 마침내 道를 잃었으니.
興廢實關天　〔흥폐실관천〕 興廢가 실상 하늘에 關聯되었네.
慘憺城猶是　〔참담성유시〕 慘憺한 城은 이와 같은데.
繁華國已遷　〔번화국이천〕 繁華한 나라는 이미 옮겨졌도다.
我來曾歎息　〔아래증탄식〕 내옴으로 일찌기
喬木帶寒烟　〔교목대한연〕 喬木이 찬 烟氣를 띠고 있는 것을 歎息하노라. （權近）

權陽村은 博識과 經綸을 兼한 開國功臣으로 保守派 아닌 革新人物로서 自己 主幹을 表現한 詩이다. 中國의 東藩國으로 稱臣하던 王氏의 高麗가 五百年을 維持하다가 國力이 쇠弱하여 失道함으로서 滅亡하게 되었으니 興廢가 無非 하늘에 關係된 運이라고 規定하였다. 慘憺하여 凄凉할만큼 肝腦塗地가 된 城郭의 痕跡은 國祚가 李氏朝鮮으로 遷移된 것을 意味하도다. 내가 온 後로 喬木世臣

【註釋】
東藩：東쪽의 邊方을 지켜주는 屬國.
維持：지탱하여 나감.
哀微：쇠하여 微弱해짐.
興廢：興하고 亡하는것.
慘憺：괴롭고 슬픔. 悲慘하고 暗憺함.
繁華：繁盛하고 華麗함.
喬木：높이 자란 나무, 우뚝한 世臣의 비유.

【字解】
藩：울타리 번
慘：참혹할 참
憺：고요할 담, 편안할 담
喬：높을 교, 높이 솟을 교

五言名作篇

石磴雲生袖
松巒月入懷
要看空界濶
須上寶瓶臺
　　（鄭樞 洛山寺詩）

〔석등운생수〕 돌山 비탈길에 구름이 소매에서 나고.
〔송만월입회〕 소나무 뫼뿌리에 달이 품속으로 들어오도다.
〔요간공계활〕 종요로히 空界의 廣濶한 것을 보려고.
〔수상보병대〕 모름지기 寶瓶臺에 올라가도다.

돌로 온통 깔려 있는 비탈길에 地帶가 높아서 구름이 옷소매에서 솟아나는 것 같고, 소나무 우거진 뫼뿌리에는 달이 품속으로 들어오는 것 같도다. 요컨대 空間世界가 얼마나 廣濶한가 보려고 모름지기 높이 우뚝 솟은 寶瓶臺에 올라 갔도다.

俗客不到處
登臨意思清

〔속객부도처〕 俗客이 이르지 않는 곳에.
〔등림의사청〕 登臨하고 보니 意思가 快清하고나.

들이 찬 煙氣를 띠고 살아져간 것이 不知其數인 것을 歎息하노라.

【註釋】
石磴：돌이 박힌 山비탈길.
松巒：소나무 우거진 山.
寶瓶臺：樓臺 이름.

【字解】
磴：산에 삐물어진 길 등
巒：뫼뿌리 만
瓶：병 병
濶：넓을 활, 闊의 俗字

【註解】
廣濶：훤하게 넓음.
空界：아무것도 없는 빈 世界.
※鄭樞：字는 公權, 號는 圓齋, 論는 文簡, 官은 政堂文學左諫議大夫를 거쳐 輸誠翊祚 功臣이 됨.

山形秋更好 〔산형추갱호〕 山形體는 가을이 다시 좋은데.

江色夜猶明 〔강색야유명〕 江빛은 밤에 오히려 밝고나.

白鳥高飛盡 〔백조고비진〕 흰새는 높이 날라 다하고.

孤帆獨去輕 〔고범독거경〕 孤帆은 홀로 가기를 가볍게 하였도다.

自慚蝸角上 〔자참와각상〕 달팽이 뿔위에서.

半世覓功名 〔반세멱공명〕 半生이나 功名을 찾은 것이 스스로 부끄럽도다.

(金富軾甘露寺詩)

事大主義者라고 貶을 받는 金富軾 그는 三國史記를 著作한 文豪인 同時 妙淸亂을 平定한 出將入相한 柱石之臣이라고 解釋이 된다. 凡常한 俗人이 이를 수 없는 곳에 올라보니 氣分이 爽快하기 이를데 없다. 秋色으로 물이 든 가을山도 좋거니와 江빛은 밤이 더 맑은 것은 明月이 비쳐주기 때문이리라. 흰새는 한없이 높이 날라 사라지고 돛대만 외로운 배는 바람을 타고 가볍게 가는구나. 내 蝸角之爭의 하찮은 일로 名利에 役役하여 功名을 찾느라고 公正을 害하지 않았나 하는 自激之心이 든다는 것이다.

【註釋】
俗客 : 俗世의 손、時俗 사람.
蝸角 : 달팽이의 촉각이 서로 싸웠다는 蝸角之爭의 略稱(하찮은 다툼).

【字解】
帆 : 돛대 범
慚 : 부끄러울 참
蝸 : 달팽이 와
覓 : 찾을 멱
貶 : 깎아내릴 폄

※ 金富軾 : 高麗仁宗時에 名臣、史學家로 出將入相하여 三國史記를 編纂하였음. 平章事、輸忠定難、靖國功臣의 號를 받고 門下侍中이 됨.

五言名作篇

善竹連孤竹　　(선죽연고죽)　善竹이 孤竹으로 連했으니
清風灑古今　　(청풍쇄고금)　清風이 古今에 灑落하도다.
清霜圃隱節　　(청상포은절)　맑은 서리는 圃隱의 節介요.
烈日伯夷心　　(열일백이심)　뜨거운 날은 伯夷의 마음이라.
石老危橋罅　　(석로위교한)　돌은 오래 되어 다리는 갈라져 危殆롭고.
山陰暮色浸　　(산음모색침)　山 그늘에 저문 빛이 잠겨 있네.
丈夫多感慨　　(장부다감개)　丈夫가 感慨한 생각이 많아.
把酒詠幽襟　　(파주영유금)　술을 잡고 그윽한 胸襟을 읊는도다.
　　　　　　　　　　　　　　　　(車天輅善竹橋詩)

圃隱이 殉節하신 善竹橋가 孤竹君의 아들인 伯夷叔齊의 百世淸風이라는 大義에 連해졌으니 時期는 비록 古今의 差가 다르지만 灑落한 清風은 같지 않은가. 烈日처럼 뜨거운 것이 伯夷의 丹心일 것이며 圃隱이라면 烈日처럼 뜨거운 忠節이라면 橋脚에 틈이 벌어져 危殆롭고 山 그늘에 어둠이 깔려 浸해 있는 것은 어쩔 수 없은가. 마음에 슬픈 感情이 북받치기 쉬운 것이 大丈夫 세 經年閱歲 돌은 늙어 清霜처럼 高潔한 것이

【註釋】
孤竹：나라이름(伯夷叔齊의 나라).
清霜：맑은 서리(깨끗함의 비유).
烈日：뜨거운 날, 덥게 쬐이는 햇볕.
感慨：마음속 깊이 사무치게 느낌.

【字解】
灑：깨끗할 쇄, 물뿌릴 쇄.
圃：채마밭 포, 남새밭 포.
罅：틈 하.
浸：잠길 침.
慨：슬플 개.
襟：가슴 금, 옷깃 금.

※ 車天輅：號는 五山, 官은 校理, 僉正을 歷任, 文章이 뛰어나서 韓濩(글씨)와 崔岦(文章)과 先生(詩)을 松都 三絶이라고 하였다. 明宗 十一年에 나서 光海朝 七年에 卒함.

라서 술잔을 잡고 그윽한 가슴에 懷抱를 달래며 읊어나 볼까.

覇業將終日 (패업장종일) 覇業이 장차 마치는 날에.

王圖改卜年 (왕도개복년) 王圖가 卜兆를 고치는 해리라.

國援休北望 (국원휴북망) 나라 救援을 北에 바라지 말라.

天氣已南遷 (천기이남천) 天氣는 이미 南으로 옮겨졌느니라.

社稷心空壯 (사직심공장) 社稷에 마음은 부질없이 壯하고.

經綸學可傳 (경륜학가전) 經綸은 學問으로나 可히 傳하리로다.

三韓一柱石 (삼한일주석) 三韓에 한 柱石같은 人物이.

零落善竹橋 (영락선죽교) 善竹橋邊에서 시들어 떨어졌네. (車雲輅善竹橋詩)

高麗의 社稷은 마침내 없어지고 李朝의 王業이 始作되는 해리라. 北元의 援軍은 바랄 餘地가 없으니 天運의 趨勢가 이미 벌써 南으로 옮겨졌음이니라. 高麗

【註釋】
覇業: 諸侯의 으뜸가는 事業.
王圖: 王者의 크고 뛰어난 計劃.
社稷: 王朝의 主權, 나라의 개념.
經綸: 天下를 組織的으로 잘 다스림.
零落: 시들어 말라 떨어짐, 没落됨.
柱石: 기둥과 주춧돌.

【字解】
覇: 으뜸 패
卜: 점 복
援: 당길 원, 구원할 원
稷: 피 직
綸: 실끈 륜
零: 떨어질 영

※ 車雲輅:: 號는 滄州 官全義縣監을 거쳐 教理歷任 詩와 文에 能하여 車天輅와 함께 天才라고 하였다.

五言名作篇

停驂撫雙碣 (정참무쌍갈) 말을 멈추고 두 碑石을 어루만지니.

風雨幾經年 (풍우기경년) 風雨가 몇해나 지나갔는가.

相對多無地 (상대다무지) 相對하려해도 땅이 많이 없고.

良能本自天 (양능본자천) 良能은 본래 하늘로부터 하였도다.

誰知被豪俊 (수지피호준) 누가 저 豪俊인줄 알리오.

稟得此山川 (품득차산천) 이 山川에 받아 얻었도다.

寄語諸新學 (기어제신학) 말을 모든 新學에 부치노니.

君親一體然 (군친일체연) 임금과 어버이는 한몸 같은 것이라.

(睦叙欽忠孝碑詩)

의 舊臣으로 社稷을 爲하는 마음이 空然히 壯하게 치솟기는 하지만 때가 늦어 어쩔수가 없으니 經綸의 꿈을 學問으로나 傳하는 수 밖에 하는 수 없다. 三韓의 柱石같은 거센 人物도 秋風落葉처럼 善竹橋邊에서 시들어 떨어지고 말지 않았던가.

【註釋】

雙碣: 두 비석.
良能: 先天的인 才能. 타고 날때부터 아는 것.
豪俊: 才幹이나 知慧가 뛰어난 사람.
※ 睦叙欽: 號는 梅溪. 仁祖때 文官. 官은 左右承旨. 松都留守 同知中樞府事를 歷任. 諡는 忠貞.

【字解】

驂: 세말멍에할 참
碣: 비석 갈
豪: 호걸 호
俊: 준걸 준
稟: 받을 품, 바탕 품

가던 말을 멈추고 忠孝 두 碑를 어루만지니 風磨雨洗하여 歲月이 얼마나 지났는가. 相對할만한 機會가 많이 없었고 良能인 忠孝란 本來 하늘로부터 마련된 것이다. 누가 저 사람이 하기 어려운 일을 하였으니 豪俊이줄 알겠는가. 이 山川의 精氣를 타고난 뛰어난 사람이니라. 모든 後學에게 말하여 두노니, "忠臣은 孝子의 門에서 求한다"고 하였으니 어버이와 임금은 한 몸 같은 것이다.

忠孝碑成日 〔충효비성일〕 忠孝의 碑石이 이루어지는 날에.

賢良守土年 〔현량수토년〕 賢良이 國土를 지키는 해더라.

民興知有地 〔민흥지유지〕 民生이 일어남에 땅이 있는줄 아는데.

人性孰無天 〔인성숙무천〕 사람 性品에 누가 하늘이 없겠는가.

美跡千秋石 〔미적천추석〕 아름다운 자취는 千秋의 돌인데.

芳名萬古川 〔방명만고천〕 꽃다운 이름은 萬古의 시내로다.

應知閱宇宙 〔응지열우주〕 應當 宇宙를 지내면.

雙峙獨嵬然 〔쌍치독외연〕 두 언덕이 홀로 嵬然함을 알것이로다.

(金榮 忠孝碑詩)

【註釋】
賢良: 어질고 착함.
嵬然: 높은 모양.

【字解】
閱: 지낼 열
嵬: 산높을 외

五言名作篇

이 忠孝碑가 서던 날이 바로 어진 사람들이
類를 부르는 것이다. 民生이 일어날 때 땅의 惠澤을 입는지라 웬만하면 알테지만
사람의 性品은 하늘에서 받아서 自己 마음이 곧 하늘이니 누가 하늘이 없겠는가.
千秋에 傳할 수 있게 돌에 새겨 아름다운 자취를 만들었으니, 萬古에 시내처럼
悠悠히 흐르는 꽃다운 이름이 아니겠는가. 應當 오랜 歲月이 흘러 時代는 바뀌
어도 忠孝 그것만은 巍然히 높이 서서 永遠히 시들지 않으리라.

褒孝嘉忠日
移風易俗年
奉親名滿世
許國節磨天
並美留雙表
流芳共一川
幾多經過客

〔포효가충일〕 孝를 褒賞하고, 忠을 嘉하게 여기던 날이오.
〔이풍역속년〕 風俗을 고쳐 바꾸던 해러라.
〔봉친명만세〕 어버이를 받드니 이름이 世上에 가득하고.
〔허국절마천〕 나라에 許諾하니 節介는 하늘을 갈 것이로다.
〔병미류쌍표〕 아름다운 것을 아울러 雙表를 머무렀고.
〔유방공일천〕 꽃다움이 흘러서 한내를 한가지 했도다.
〔기다경과객〕 얼마나 많게 여기를 지나가는 손님이.

【註釋】
移風易俗：風俗을 고쳐서 바꿈.
奉親：어버이를 받들어 모심.
流芳：꽃다운 이름을 後世에 기리 傳함.
過客：지나가는 손님.
瞻仰：우러러 봄.
潛然：눈물이 줄줄 흐르는 모양. 주루루 눈물을 흘림.

【字解】
褒：기릴 포, 칭찬할 포
嘉：아름다울 가
磨：갈 마
瞻：볼 첨
潛：눈물 줄줄 흐를 산

瞻仰爲潛然

(첨앙위산연) 보고 우러러서 위하여 눈물을 흘리리로다.

(韓慶洙忠孝碑詩)

有美主忠孝
名聲動萬年
至誠能愛日
高義可參天
上下雙旌石
中分一帶川

(유미주충효) 아름다움이 있어 忠孝를 主張하니.

(명성동만년) 名聲이 萬年을 움직였네.

(지성능애일) 至極한 精誠은 能히 날을 아끼고.

(고의가참천) 높은 義는 可히 하늘에 參與 하리로다.

(상하쌍정석) 아래 위에 두 表彰한 돌이요.

(중분일대천) 가운데로 한띠의 내를 나누었네.

父母에 孝道하는 것을 칭찬하고 勸獎하며 國家에 忠誠하는 것을 착하게 여겨 칭송하는 날에 風俗이 고쳐지고 바꾸어질 것이니라. 父母를 잘 받들면 착하다는 名聲이 世上에 充滿하고 나라를 爲하여 목숨을 바치면 節介가 하늘에 사무치게 될지니라. 忠孝를 兼全한 雙表를 머무렀으니 꽃다운 이름은 한내와 같이 흘러가리로다. 이곳을 지나가는 많은 손님이 이 碑를 우러러 보며 눈물을 흘리지 않을 수 있으리오.

【註釋】

名聲 : 世上에 떨친 이름.
愛日 : 날이 가는 것을 아깝게 여김.
故國 : 祖上이 살던 歷史가 오래된 나라.
舊跡 : 옛날의 발자취.

【字解】

參 : 참여할 참.
旌 : 기 정, 표할 정
彰 : 나타날 창, 드러낼 창

五言名作篇

清風吹故國
舊跡更昭然
不朽一片石
萬古屹然峙
道傍來去者
孰非爲人子

〔청풍취고국〕 맑은 바람이 故國에 불면.
〔구적갱소연〕 舊跡이 다시 昭然해지리.
(河義甲忠孝碑詩)

〔불후일편석〕 썩지 않는 한조각 돌이.
〔만고흘연치〕 萬古에 우뚝 솟아 있네.
〔도방래거자〕 길 곁을 오가는 사람이.
〔숙비위인자〕 뉘 남의 아들이 아니리오.
(林昌澤姜孝子碑)

忠孝가 人倫의 根本이 되니 아름다움이 이를 데 없고, 名聲이 장하고 빛나니 可히 流芳百世할 것이로다. 至極한 精誠이 있는 孝子는 날 가는 것을 아꼈다 하며, 높은 義理는 하늘이 感動하여 알아준다고 할지니라. 아래위 表彰한 두 돌이 가운데로 한 개울이 흐르니, 半落中分 하였도다. 맑은 바람이 故國에 스르르 부는 날 忠孝의 빛나는 옛 자취가 昭然해질 것이 아닌가.

忠孝라는 名分을 지닌 썩지 않은 한조각 빗돌이 서 있으니, 오랜 옛날부터 우

【註釋】
不朽: 썩지 않음.
一片石: 한조각 돌.
屹然: 높게 솟은 모양. 우뚝함.

【字解】
朽: 썩을 후
屹: 산 우뚝 솟을 흘
峙: 산 우뚝설 치

뚝하고 높은 것이 怪異할것 없으렸다. 이 路邊을 오고 가는 過客이 어디 사람이 아들이 되지 않는 이가 있으리오. 處地가 같으면 뜻이 通하는 法이라고 그냥 지나가지는 않으리라.

問爾中天月 〔문이중천월〕 묻노니 네 中天달아.

淸秋幾度來 〔청추기도래〕 맑은 가을에 몇 번이나 왔는가.

昔時窺禁闥 〔석시규금달〕 옛적에는 禁闥을 엿보고.

今夜照荒臺 〔금야조황대〕 오늘밤엔 荒臺를 비치네.

重九良辰屆 〔중구양신계〕 重陽의 좋은 때에 이르고.

半千往跡哀 〔반천왕적애〕 半千年에 간 자취 슬프고나.

明光誰與伴 〔명광수여반〕 밝은 빛은 누가 짝하리오.

我亦爲停盃 〔아역위정배〕 내 또한 술잔을 머물리라.
(金韻夏姜孝子碑)

中天에 높이 떠 있는 밝은 달아 맑은 가을 하늘을 몇번이나 오가며 廣漠한 空

【註釋】
禁闥 : 宮中의 閣門
荒臺 : 荒廢된 樓臺
重九 : 重陽節인 陰九月九日을 이름.
半千 : 千年의 半. 五百年을 말함.
停盃 : 마시던 술잔을 잠간 멈춤.

【字解】
窺 : 엿볼 규
闥 : 대궐문 달
停 : 머무를 정

五言名作篇

雪月前朝色
寒鍾故國聲
南樓愁獨立
殘郭暮煙生

〔설월전조색〕 雪月은 前朝의 빛이요.
〔한종고국성〕 寒鍾은 故國의 소릴세.
〔남루수독립〕 南樓에 근심되어 홀로 서 있노라니.
〔잔곽모연생〕 衰殘한 城郭에 저문 煙氣 뻗쳐 있네.
(權韠南門樓詩)

間을 비쳐 주었던가. 옛적엔 豪華한 宮闕을 엿보며 나타나더니 오늘밤엔 荒凉한 滿月臺를 비쳐주는구나. 九月九日 重陽節의 좋은 때에 이르러 지나간 五百年의 자취를 슬퍼하노라. 밝은 빛은 너로 더불어 다툼이 가 없으니 내 또한 술잔을 멈추고 李白의 『我今停盃一問之』를 再演하며 너와 함께 醉하리라.

寂寞한 雪月이 前朝의 빛이라면 차고도 은은한 鍾소리는 故國의 恨을 담은 소리라네. 南門樓臺에 올라 憂愁의 眉間을 찌푸리며 홀로 서 있노라니 衰殘한 城郭의 저문 煙氣는 亡國의 넋을 弔喪하는 듯 말없이 길게 뻗쳐 있네.

五百高麗祀
〔오백고려사〕 五百이 되는 高麗해에.

【註釋】
前朝: 前代의 王朝.
故國: 祖上이 살던 故鄕나라.
殘郭: 다 허물어져 자취만 남은 옛 城터.

權韠: 光海君때 學者 權石洲의 兄.

堂堂一介臣
遺墟開古廟
絶學倡來人
血染土花碧
氣爭秋嶽新
壁留吾祖筆
萬事益傷神
歎息花潭老

〔당당일개신〕 堂堂한 一介臣일세.
〔유허개고묘〕 끼친 터는 옛 祠堂을 열었고.
〔절학창래인〕 뛰어난 學問은 오는 사람을 앞질렀도다.
〔혈염토화벽〕 피는 土花를 물들여 푸르렀고.
〔기쟁추악신〕 기운은 추악을 다투어 새롭도다.
〔벽류오조필〕 壁에 우리 祖父의 붓이 머물렀으니.
〔만사익상신〕 萬事가 더욱 精神이 傷하는구나.
〔탄식화담노〕 花潭의 늙은 것을 嘆息하노니.

(曹命教壽筆軒詩)

高麗社稷이 바뀌는 五百年間에 堂堂한 一介의 臣下로서 國家와 運命을 같이 한 분은 圃隱이었다. 그 遺墟에는 古廟가 열었으니 文章과 道學이 後人의 追及을 不許할만큼 特出하였다. 鮮血을 뿌려 歷史를 푸르게 하였으니 氣慨는 秋節의 松嶽을 無色하게 하였도다. 무슨 因緣인지 우리 祖父님 글씨가 壁에 붙어 있어 더욱 마음을 傷하게 하는구나.

【註釋】
堂堂: 의젓하다. 번듯하다.
遺墟: 조상이 남겨준 옛터.
古廟: 옛 祠堂.
土花: 濕氣로 因하여 생겨나는 곰팡이.
傷神: 정신을 害함.
※曺命教:: 號는 澹雲, 英祖때 文官 藝文舘 提學、成川、白川、廣州守令을 거쳐서 開城留守 歷任.

【字解】
倡:: 창도할 창(앞장선다는 뜻).

五言名作篇

于今永我疎
抗身依聖哲
觀物樂鳶魚
不藉彈冠手
寧抛帶月鋤
當年如得見
勝得十年書

(우금영아소) 이제 길이 나에게 버성겼도다.
(항신의성철) 몸을 겨루어 聖哲을 依支하였고.
(관물낙연어) 物을 보매 鳶飛와 魚躍을 즐겼도다.
(부자탄관수) 갓 씻는 손을 憑籍하지 아니하고.
(영포대월서) 차라리 달을 띤 호미를 던졌도다.
(당년여득견) 當年에 만일 얻어 봤더라면.
(승득십년서) 十年 글 읽는 것보다 낳았으리라.
(李滉花谷書院詩)

【註釋】
鳶魚 : 소리개는 하늘에서 날고, 물고기는 못에서 뛴다는 鳶飛戾天, 魚躍于淵의 略稱.
彈冠 : 갓을 씻음(新浴者必彈冠).
※ 李滉 : 號는 退溪, 官은 左贊成文衡, 諡는 文純, 文廟에 從祀.

【字解】
鳶 : 소리개 연
籍 : 빙자할 자
抛 : 던질 포
鋤 : 호미 서
襲 : 엄습할 습
肱 : 팔뚝 굉
喫 : 먹을 끽
編 : 엮을 편
簡 : 대쪽 간

【註釋】
逍遙自適 : 自己 마음대로 거닐며 한가롭게 지냄.
斷編殘簡 : 연속되지 않는 글이나, 떨어져 一部가 없어진 책.

사람이 年輪은 抵抗할 수 없는 것이 肉身의 老衰現象이라 黃眞伊의 美貌에도 마음이 搖之不動이었던 花潭先生에게도 掩襲해 왔다. 그렇게 親密하게 對해 주던 先生도 氣力이 衰하여서인지 疏外하는것 같아서 안타까왔다. 聖賢의 道를 닦아 一家를 이룬 花潭인지라 鳶飛魚躍의 浩然之氣와 더불어 靑雲의 꿈을 抛棄하고 物累를 超脫하여 富貴功名이나 曲肱飲水의 樂을 滿喫하며 살아왔으니, 萬一 當年에 先生을 봤더라면 斷編殘簡을 펼쳐 가며 十年 讀書로 깨우친 마음의 良識보다 나았을 것이다.
머 逍遙自適하였으니

珍重花潭語
淵源千載儒
騰來深有警
免落一邊枯
至人觀化後
有客雨中遊
道在巖阿潤
雲生野逕幽

〔진중화담어〕 珍重한 花潭의 말씀이.
〔연원천재유〕 천해에 淵源한 선비라.
〔등래심유경〕 베껴보니 깊이 깨우쳐져서.
〔면락일변고〕 一邊에 말라 덜어지는 것을 免했도다.
(金麟厚花谷書院詩)
〔지인관화후〕 至人의 化를 보고서.
〔유객우중유〕 손이 비를 만났도다.
〔도재암아윤〕 도는 바위 언덕에 있어 潤澤하고.
〔운생야경유〕 구름은 野逕에 나서 그윽하더라.

鎭重寡默하고 條理整然한 花潭의 말씀이 根源을 더듬어 千載不傳之秘를 據得한 眞儒에 틀림없는 것이리라. 그래서 理達之文이나 格言至訓을 騰寫하여 스스로 깨우쳐 왔기에 無毛之獸의 愚蠢한 것 같은 一枝의 枯落을 免하게 되었으니 多幸이로다.

【字解】
騰: 베낄 등
據: 펼 터
蠢: 어리석을 준

【註釋】
珍重: 보배같이 所重함.
淵源: 事物의 根源, 所自出을 말함.
※ 金麟厚: 號는 河西. 官은 文科校理, 諡는 文正. 文廟에 從祀.

【註釋】
巖阿: 바위, 언덕.

石苔隨意緑 〔석태수의록〕 돌 이끼는 뜻에 따라 푸르고.
山澗盡情流 〔산간진정류〕 山의 시냇물은 情을 다하며 흐르도다.
逢君問先跡 〔봉군문선적〕 君을 만나서 먼저 간 자취를 물으니.
更喜典刑留 〔갱희전형류〕 다시 典刑을 머무른 것을 기뻐하노라.
(李珥 花谷書院 詩)

至極한 것은 接近하면 닮아가고 化하게 마련인데, 두 先生은 年條는 틀리지만 본듯한 親密感을 느끼게 한다. 이곳에 와서 비를 만났고 先生은 비록 故人이 되었지만 그 道는 바위 언덕에 남아서 潤氣가 흐르고 구름은 들길에 나서서 幽深한 仙境을 彷彿케 하는 도다. 돌에 낀 이끼는 제멋대로 푸르러 있고, 山間에 시냇물은 情을 다하여 소리내어 흐르고 있다. 그대를 만나서 故人의 간 자취를 물어보니 다시 典刑을 만들어 後世에 남긴 것을 기뻐하노라.

道學東方祖 〔도학동방조〕 道學은 東方의 祖宗이요.
綱常萬古臣 〔강상만고신〕 綱常은 萬古의 臣下로다.
偏荒因不夜 〔편황인불야〕 偏荒이 因하여 밤이 아니요.

【字解】
阿∶언덕 아
逕∶길 경
幽∶그윽할 유
苔∶이끼 태
澗∶간수 간

※李珥∶號는 栗谷, 官은 右贊成, 諡는 文成, 先見之明이 있는 名賢으로 文廟에 從祀.
野逕∶들 길.
石苔∶돌에 낀 이끼.
典刑∶예전부터 내려오는 法典 法이 되는 典籍.

【註釋】
道學∶道德이나 理致에 關한 學文.
綱常∶三綱과 五常, 倫紀를 말함.
偏荒∶아주 邊方에 사는 禮節을 모르는 사람들.
禽獸∶새나 짐승.
儒風∶儒者의 風習.

禽獸化爲人 〔금수화위인〕 禽獸는 化하여 사람이 되었도다.
魯國儒風振 〔노국유풍진〕 魯國의 儒風이 떨쳤고.
成都廟貌新 〔성도묘모신〕 成都의 廟貌가 새로 왔도다.
瞻依知有所 〔첨의지유소〕 보고 의지하는 곳이 있음을 알지니.
庭栢最精神 〔정백최정신〕 뜰의 잣나무가 精神을 지녔도다.
(曹文秀崧陽書院詩)

道學은 儒賢의 꼭대기니 東方의 祖宗이라 할만하고, 綱常은 忠國의 殉節을 지켰으니 萬古의 忠臣이라 할만 하도다. 極邊方 野蠻人도 影響을 받아 開明을 하고 禽獸같이 無禮한 사람들도 사람같은 사람으로 變했도다. 禮節의 나라인 魯國의 遺風은 떨치고 蜀나라 成都의 廟貌는 새로와졌도다. 於是乎 보아서 依支할만 한 處所를 얻었나니 鬱鬱한 庭栢이 서 있는 바로 그곳이니라.

世上長年苦 〔세상장년고〕 世上은 해가 길도록 괴롭고.
山中每日閒 〔산중매일한〕 山中은 每日 한가롭더라.

【字解】
偏‥‥치우칠 편
獸‥‥짐승 수
殉‥‥따라죽을 순
蜀‥‥나라 촉
廟‥‥사당 묘
栢‥‥잣 백

【註釋】
濺濺：물이 急히 흐르는 모양.

五言名作篇

濺濺巖下水
何事出人間

（천천암하수） 急히 흐르는 바위 아래 물이.
（하사출인간） 무슨 일로 人間에 났느냐?
(金斗文湧巖山詩)

歷賞皆仙境
尤奇獨皺巖
層雲長匝地
疊玉始開函
特秀非天柱
旁陳似石帆

（역상개선경） 지나면서 다 仙境이라 稱讚하니.
（우기독추암） 더욱 奇異한 것이 홀로 皺巖이러라.
（층운장잡지） 층구름이 길게 땅에 두르고.
（첩옥시개함） 첩첩한 玉은 비로소 函을 열었도다.
（특수비천주） 特히 빼어난 것이 天柱가 아니요.
（방진사석범） 곁에 베푼 것이 石帆과 같도다.

세상사람은 늙어서 오래살수록 괴롭고 山中에 살자니 每日 너무 閒暇한 것이 탈이로다. 急히 여울져 흘러 바위아래로 쏟는 물이 어찌하여 번거롭게 人間世上에 났던가. 조용히 남몰래 혼자 있지 아니하고 말이니라. 迂廻的인 含蓄味가 있는 것을 볼 수가 있다.

【字解】
濺：물깊이 흐를 천
迂：돌 우
廻：돌 회

【註解】
迂廻：빙둘러서 가는것.

【註釋】
皺巖：주름살이 잡힌 바위.
天柱：하늘을 괴고 있다고 하는 나무.
紱冕：보불과 면류관, 벼슬한 사람의 服色.
轡銜：고삐에 자갈을 물림.
浩浩：넓고 큰 모양.
喃喃：제비가 짹짹거림. 잘 지껄이는 모양.
金鞍：金으로 장식한 안장.
窈窕：山水가 깊고 조용함.
珠履：아름다운 신발.
巇巖：높고 깎아지른듯한 바위.
晴嵐：화창한 아즈랑이.
舞衫：춤추는 적삼.
鳩鷺：따오기와 갈매기.
松杉：소나무와 삼나무.
芳樽：좋은 술단지, 또는 좋은 술.

水清藍自染
逕細草誰芟
天列三台貴
人稱一德咸
暮年辭紱冕
與世隔酸醎
居幸連門巷
行須竝轡銜
遣情吟浩浩
談笑語喃喃
短景成堪愛

〔수청람자염〕 물이 맑으니 쪽이 스스로 물들고.
〔경세초수삼〕 길이 가느니 풀을 누가 베일고.
〔천열삼태귀〕 하늘은 三台의 貴함을 벌렸고.
〔인칭일덕함〕 사람은 한 德이 있다고 다 일컫더라.
〔모년사불면〕 저문 해에 紱冕을 사양하니.
〔여세격산함〕 世上으로 더불어 酸醎이 막혔더라.
〔거행연문항〕 居함에 多幸히 門巷을 連했고.
〔행수병비함〕 행함에 모름지기 고삐자갈 물림을 아울렀도다.
〔견정음호호〕 情을 보냄에 읊음이 浩浩하고.
〔담소어남남〕 談笑함에 말이 喃喃하더라.
〔단경성감애〕 짧은 景槪는 견디어 사랑함을 이루었고.

【字解】

鐵‥‥주름살 추
層‥‥층 층
匝‥‥두를 잡
疊‥‥거듭할 첩
秀‥‥빼낼 수
旁‥‥곁 방
帆‥‥돛대 범
藍‥‥쪽 람
染‥‥물들 염
芟‥‥베일 삼
台‥‥별 태
紱‥‥보불 불
冕‥‥보불 면
隔‥‥막힐 격
酸‥‥실 산
醎‥‥짤 함
巷‥‥구렁 항
竝‥‥아우를 병
轡‥‥고삐 비
銜‥‥말자갈 함
遣‥‥보낼 견
喃‥‥재잘거릴 남
繊‥‥봉할 함
鞍‥‥안장 안

※ 李仁老‥高麗毅宗朝, 生한 學者요 文人으로 號는 雙明齋, 官은 秘書監과 右諫議大夫를 歷任하여 草, 隷書에 能함.

五言名作篇

高懷自莫緘
金鞍催窈窕
珠履上巉巖
谷鳥警歌板
晴嵐逐舞衫
霜毛欺鵠鷺
玉骨鬪松杉
紅日芳樽倒
蒼崖醉墨鑱
佳名傳萬古
應伴不亡凡

〔고회자막함〕 높은 懷抱는 스스로 封하기 어렵도다.
〔금안최요조〕 金鞍은 窈窕함을 재촉하고.
〔주리상참암〕 珠履로 巉巖한데 올랐도다.
〔곡조경가판〕 谷鳥는 노래板을 일깨우고.
〔청람축무삼〕 맑은 嵐氣는 춤추는 적삼을 쫓더라.
〔상모기곡로〕 서리털은 鵠鷺를 속이고.
〔옥골투송삼〕 玉骨은 松杉과 싸우더라.
〔홍일방준도〕 紅日에 芳樽이 꺼꾸로졌고.
〔창애취묵참〕 蒼崖는 醉墨이 날카롭더라.
〔가명전만고〕 아름다운 이름을 萬古에 傳하니.
〔응반불망범〕 應當 없어지지 않은 凡常함을 짝했도다.

(李仁老皺巖詩)

珠…구슬 주
履…신 리
鞍…산높고험할 참
巖…널 판
板…쫓을 축
衫…적삼 삼
鵠…따오기 곡
鷺…해오라기 로
鬪…싸울 투
杉…삼나무 삼
鑱…날카로울 참
韻…부를 자
薇…마을 애, 거리낄 애
匹…짝 필
頂…정수리 정

久負江湖約

紅塵二十年

白鷗如欲笑

〔구부강호약〕 오래 江湖에 言約을 저버린 것은

〔홍진이십년〕 紅塵에 二十年을 하기 때문이니라.

〔백구여욕소〕 白鷗가 웃고자 하는 것 같으니.

지나면서 봐도 다 仙境이라고 稱讚하지 않을 수 없는 것은 巘巖이 特出하고 奇異하기 때문이다. 層層으로 떠 오르는 구름은 길게 땅에 둘러 있고 疊疊히 치솟은 玉같은 바위는 函을 열어놓은듯 멋이 있도다. 特出하게 빼어난 것이 하늘의 支柱도 아닐텐데 희한하고 곁에는 배의 돛대 모양으로 생긴 돌이 韻致가 있다. 물은 맑아서 쪽빛으로 물들어 있고 小路길에 풀은 누가 베어 준 것이나 벌린 三台星은 貴한 三公의 象徵인데 사람으로 말하면 書經의 咸有一德을 갖쳤다 하리로다. 末年에 벼슬길을 떠나서 江湖에 살다보니.

世上재미를 느끼지 못할러라. 多幸히도 사는 것이 크게 拘碍는 안받아 겹門은 巷間에 連했으며 고삐에 자갈물린 馬匹을 保有할 程度는 될러라. 浩蕩하게 情을 보내고 談笑는 喃喃히 지저귀듯 하였도다. 短景은 견디어 사랑할만 하고 高尚한 懷抱는 스스로 입다물기 어렵도다. 金안장은 窈窕한 곳에 가자고 재촉하고 좋은 신발차림으로 高고 危殆한 山頂에 올랐도다.

谷鳥는 다투어 노래하고 봄날에 낀 아지랑이는 춤추는 적삼에 아롱거리는 것 같도다. 나린서리는 따오기나 해오라기가 아닌가, 疑心하고 玉骨같이 생긴 奇岩은 松杉과 같이 섞여 어울렸도다. 붉은 해가 香氣질은 술통에 거꾸러져 어른거리고 푸른언덕에 醉하여 휘두르는 붓끝이 날카롭도다. 絕景이라는 아름다운 이름이 萬古에 길이 傳하리니 없어지지 않는 非常한 짝이 應當 이것인가 하노라.

【註釋】
江湖約：江湖에서 낚시질 하는 일.
紅塵：번거로운 세상, 속세의 티끌.
故故：짐짓, 일부러.

故故近樓前

〔고고근루전〕 짐짓 樓앞에 가까이 하도다.

《柳淑碧瀾渡詩》

細雨一帆前

〔세우일범전〕 가는 비 한 돛대앞에 있는 것일세.

《成石珚碧瀾渡詩》

江湖無限意

〔강호무한의〕 江湖의 無限한 뜻은.

難期把釣年

〔난기파조년〕 낚시할 해를 기약하기 어렵도다.

世故驅人急

〔세고구인급〕 世上일이 사람몰기를 急하게 하니.

오랫동안 江湖에 낚시질하는 言約을 저버린 것은 紅塵世波에 얽혀 二十年이라는 歲月을 헤어나지 못했던 緣故로다. 해오라기란 놈이 恰似히 웃는것 같아서 일부러 樓앞에 가까이 다가와서 춤을 추고 가는 듯 하도다.

世上에 緣故가 생겨 時間에 쫓기는 신세가 되다 보니 어느겨를에 한가하게 낚시나 잡고 神仙노름 하기를 念頭에 둘 수 있더란 말인가. 江湖에 無限한 뜻이 있다면 그것은 가는 비 부슬부슬 나릴제 一葉片舟에 돛대를 달고 蒼波에 떠서 물고기 아닌 세上을 낚는것 그것인가 하노라.

【註釋】
※ 柳淑: 朝鮮畵家로 號는 蕙山, 官은 司果로서 山水, 人物, 花鳥에 能하였다. 純祖—高宗

世故: 世上의 事故.
細雨: 가랑비.
※ 成石珚: 號는 桑谷, 官은 大提學 禮戶刑判 江原, 忠淸觀察使 歷任, 諡는 靖平.

津人管迎送 〔진인관영송〕 나룻터 사람이 맞고 보냄을 맡았으니.
波上又經年 〔파상우경년〕 물결위에서 또 한해를 보냈네.
出沒扁舟小 〔출몰편주소〕 出沒하는 조각배가 작으니.
青山落鏡前 〔청산낙경전〕 푸른山이 거울 앞에 떨어졌도다.
(柳伯濡碧瀾渡詩)

洞庭雄天下 〔동정웅천하〕 洞庭湖가 天下에 雄壯하니.
少陵眞敵棋 〔소릉진적기〕 少陵이 참 敵棋일세.
今觀朴淵瀑 〔금관박연폭〕 이제 朴淵瀑布를 보니.
窅然難爲詩 〔요연난위시〕 窅然히 詩를 하기 어렵도다.
(尹塾朴淵瀑布詩)

뱃나루를 지키는 沙工은 오는 사람을 맞고 가는 사람을 보내는 일로 물결위에서 몇해를 보냈도다. 나갔다 들어갔다 하는 조각배가 너무나 작아서 青山이 거울앞에 떨어지는것 같은 錯覺을 하게 하는 것은 波濤가 출렁거리기 때문이리라.

【註釋】
津人‥‥나룻터에서 사는 뱃사공.
扁舟‥‥쪽각배.
錯覺‥‥잘못깨달게 되어 실지와 어긋남.
※柳伯濡‥‥官은 講讀官과 左司諫 大夫를 歷任 (狀元登第) 諡는 文靖, 恭愍王 — 太宗 時

【字解】
扁‥작을 편
錯‥어긋날 착, 섞일 착

【註釋】
洞庭‥‥洞庭湖, 中國湖南省에 있는 名勝地.
少陵‥‥杜甫의 號, 許后를 葬한곳, 陵西에 杜甫의 舊宅이 있는 名勝地.
敵棋‥‥敵手, 바둑이나 장기의 수가 비슷한 사람.
窅然‥‥깊고 그윽함.
※尹塾‥‥英正祖代文臣, 官은 黃海兵馬節度使, 判中樞府事를 歷任 諡는 忠肅, 贈領議政.

洞庭湖의 壯觀이 天下에 第一雄壯하다고 하며, 少陵이 이것과 맞먹는 名勝地로 알고 있지만 이제 朴淵瀑布에 와 보니 깊고 그윽한 含蓄味를 어떻게 表現해야 좋을지 詩를 하기 어렵도다.

峨峨五冠山 (아아오관산) 峨峨한 五冠山이.
高標配日觀 (고표배일관) 높은 標致는 날을 짝하여 볼만하고.
靈秀入空碧 (영수입공벽) 神靈하고 빼어나 푸른 空中에 들어갔도다.
萬古雄盤礴 (만고웅반박) 萬古에 雄壯하여 盤礴하도다.
長松蔭層嶺 (장송음층전) 長松은 層嶺에 덮였고.
瑤草被巖壑 (요초피암학) 瑤草는 巖壑에 입혔도다.
崖深瀉朝霞 (애심사조하) 언덕이 깊어서 아침안개를 吐하고.
壁絶盤巢鶴 (벽절반소학) 壁이 끊겼으니 깃든 鶴이 서렸도다.
五峰次低昻 (오봉차저앙) 五峰이 차례로 低昻하니.

【字解】
棋 : 바둑 기
窨 : 깊고 말 요

【註釋】
峨峨 : 산이 험하고 우뚝 솟은 모양.
高標 : 높은 標致 (얼굴이 매우 아름다움).
盤礴 : 두루 뭉쳐있는 것.
層嶺 : 충충으로 된 山마루.
瑤草 : 고운 풀.
低昻 : 서로 내려갔다 올라갔다 하는것.
伯仲 : 서로 맞먹는 것.
神壇 : 신령을 제사지내는 壇.
祀秩 : 祭祀지내는 차례.
頹靡俗 : 무너지고 切斷이난 風俗.
木鷄 : 質樸하고 純粹한 自然, 그대로의 나무로 만든 닭의 온전한 곡조.
(莊子達生篇) 紀省子爲王養鬪鷄, 十日而問鷄己乎曰未也, 方虛憍而恃氣, 十日又問日未也猶應響影十日又問日幾矣鷄雖有鳴己無變矣望之似木鷄矣其德全矣異鷄無敢應者反走矣. 抱朴子應嘲篇墨子刻木鷄以廣天木鷄養到到深學問純粹人
班固西都賦營厲天 (天、近也、附也).
崔淑精 : 世祖成宗代文臣으로 號는 逍遙齋, 官은 持平 副提學을 歷任하고 詩와 文이 特出하였음.

冠佩列仲伯
中有古神壇
祀秩同五嶽
緬懷下山人
令聞昭千億
平生忠孝心
永激頹靡俗
相思不可見
空歌木鷄曲

〔관패열중백〕 갓을 仲伯이 차고 벌렸도다.
〔중유고신단〕 가운데 옛 神壇이 있으니.
〔사질동오악〕 祀秩이 五嶽과 같도다.
〔면회하산인〕 멀리 생각함에 下山하는 사람이.
〔영문소천억〕 착한 소문이 千億이 밝도다.
〔평생충효심〕 平生에 忠孝하는 마음이.
〔영격퇴미속〕 길이 頹靡한 風俗을 激動케 했도다.
〔상사불가견〕 서로 생각하고 可히 보지 못하나니.
〔공가목계곡〕 부질없이 木鷄曲을 노래하노라.
（崔淑精五冠山詩）

높고 높아 險하고 우뚝솟은 五冠山은 神靈하고 秀麗하여 虛空의 푸른데까지 들어갔도다. 高尚한 標致는 해를 짝하여 壯觀을 이루고 萬古에 길이 雄大하여 두루 뭉쳤도다. 그리하여 길게 자란 소나무는 層을 이룬 山 이마에 덮혀있고 玉

【字解】
峨 :: 높을 아
礴 :: 뭉칠 박
巔 :: 산마루 전
瑤 :: 아름다울 요
低 :: 낮을 저
昂 :: 높을 앙
佩 :: 찰 패
緬 :: 멀면, 아득할 면
靡 :: 쓰러질 미

認得名洞義 〔인득명동의〕 洞의 이름한 뜻을 알아 얻으니.

杜門蓋有因 〔두문개유인〕 杜門이 대개 因함이 있도다.

群賢龜息處 〔군현귀식처〕 群賢이 龜息한 곳이요.

聖主龍飛辰 〔성주용비신〕 聖主가 龍같이 날때라.

曆數歸周武 〔역수귀주무〕 曆數는 周武王에 돌아가고.

綱常繫晉臣 〔강상계진신〕 綱常은 晉臣에 매었도다.

閒愁驢背客 〔한수노배객〕 閒暇로히 근심하며 나귀탄 손이.

같이 고운 풀은 바위구렁에 덮혀 있네. 언덕의 깊은 곳에서는 아침 안개가 쏟아
져 나오고 끊어진 낭떠러지에는 머뭇거리며 그 사이를 떠나지 않는
도다. 五峰이 차례로 낯았다 높아지니 冠을 차고 伯仲에 벌렸도다. 中間에 신령
을 제사하는 壇이 있으니 祭祀하는 차례가 五嶽과 같도다.
먼 懷抱에 잠겨 내려오는 사람이 稱讚하는 소문이 그지없도다. 平生에 忠孝하
는 마음이 기리 무너지고 쓰러지는 風俗을 激動하게 하였도다. 서로 생각하고
可히 볼수 없는 사람을 위하여 純粹한 자연의 木鷄曲을 노래하리라.

【註釋】
杜門∶문을 닫음. "문을 닫고 나가지 않는
다"(杜門不出)는 뜻.
龜息∶거북처럼 엎드려 숨어사는것.
龍飛∶용이 나는듯 때를 얻음.
曆數∶운수.
芳塵∶貴賓의 수레에서 나는 먼지.

【字解】
龜∶거북 귀
龍∶용 룡
繫∶맬 계
驢∶나귀 노

過此式芳塵

〔과차식방진〕 이곳을 지내며 芳塵을 공경할 것이로다. (玉晉輝杜門洞詩)

왜 杜門洞이라고 했나. 그 洞名을 認識하여 얻게 되었으니 문을 박았다는 것이 대개 來歷이 있을지니라.

群賢이 거북처럼 엎드려 숨어사는 곳이요, 聖主가 得勢하여 龍飛하는 때러라.

運數는 周나라 武王으로 돌아가듯 李成桂의 天下요, 綱常은 晉나라의 介子推의 節介처럼 杜門洞七十二賢에 매어있도다. 閑暇로히 憂愁에 젖어 나귀 등에 탄 손이 이곳을 지나며 貴人의 수레에서 나는 먼지를 恭敬하며 지나가도다.

時春山氣佳 〔시춘산기가〕 때는 봄이요 山기운은 아름다우니.

谷鳥如喚客 〔곡조여환객〕 골새가 손을 부르는것 같도다.

幽尋協宿想 〔유심협숙상〕 그으기 찾으니 옛생각에 합하고.

勝賞欣新獲 〔승상흔신획〕 勝地를 칭찬하니 새로 얻은 것을 기뻐하도다.

浸浸古雙湫 〔침침고쌍추〕 浸浸한 옛 雙 늪은.

欲近悚心魄 〔욕근송심백〕 가까이 하고자하매 心魄이 두렵도다.

【註釋】

浸浸 : 어둡고 흐림.
心魄 : 마음과 넋.
蕩漾 : 물이 즐펀히 넘쳐흐르는 모양.
施鞭 : 채찍을 베푸는 것.
聞笛 : 피리소리를 들음.
交感 : 서로 사귀어 느낌.
幽明 : 밝은 세상과 어두운 세상.
洞酌 : 먼 물을 取하여 잔질해서 그릇을 닦아 술을 빚음.
〔詩經大雅洞酌篇〕
屯膏 : 世上이 屯難해서 膏澤이 미치기 어려움. 〔易經屯卦〕

五言名作篇

神物襲重泉 〔신물습중천〕 神物은 重泉을 엄습하였고.
飛湍下千尺 〔비단하천척〕 나는 여울은 千尺을 내려오도다.
弘澄瀉雲天 〔홍징사운천〕 깊고 맑아서 雲天을 씻고.
蕩漾動林石 〔탕양동림석〕 넘쳐 흘러서 林石을 움직였도다.
義責甘施鞭 〔의책감시편〕 義는 채찍베푸는 달게여김을 맡았고.
冥期契聞笛 〔명기계문적〕 感動함은 피리 듣는데 합함을 기약했도다.
交感由情衷 〔교감유정충〕 사귀어 느낌이 情衷으로 말미암았으니.
奚云幽明隔 〔해운유명격〕 어찌 幽明이 막혔다고 이르리오.
采采巖中花 〔채채암중화〕 巖中의 꽃을 캐서.
持以有洞酌 〔지이유형작〕 가져서 써 洞酌으로 勸侑했도다.
嘉澤戒屯膏 〔가택계둔고〕 아름다운 惠澤은 屯膏를 警戒하노니.

【字解】
喚: 부를 환
獲: 얻을 획
湫: 늪 추
鍊: 두려울 송
魄: 넋 백
湍: 여울 단
泓: 물깊을 홍
澄: 맑을 증
漾: 물결일 양
蕩: 넓고클 탕, 방탕할 탕
冥: 어둘 명
衷: 맞을 충
隔: 막힐 격
采: 캘 채
侑: 권할 유
洞: 멀 형
酌: 잔질할 작
屯: 진칠 둔
膏: 기름 고
藝: 심을 예
牟: 보리 모

吾民藝牟麥 〔오민예모맥〕 吾民이 牟麥을 심었도다. (李齊賢朴淵詩)

때는 봄이라 피어나는 山기운이 아름다우니 골짝에서 지저귀는 새소리는 꼭 손님을 부르는 것처럼 多情하게 들린다. 그윽한 것을 찾다 보니 옛생각이 떠오르고 勝地를 감상하다 보니 새로 얻은 것을 기뻐하노라. 沈沈하여 어둡고 흐린 옛 두개의 눈에 接近하려 하니 어쩐지 마음의 넋이 섬뜩 (무섭고 꺼림직하다)하여 내키지 않는다. 神그러운 물건이 거듭 샘을 掩襲한 것 같고 나는 여울은 千尺이나 나려오는듯 하도다. 깊고 맑은 물은 雲天을 씻는듯 하고 즐편하게 넘쳐 흐르는 물은 林石을 生動하게 하였도다. 義理는 채찍을 베풀어 가르침을 달게 맡았으며, 誠心으로 感動하여 피리소리를 듣고 마음으로 合할 수 있는 契機를 기약했도다. 서로 맞대고 느낀다는 것은 마음의 情이 맞기 때문이니 어찌 人間世界와 靈界가 막혀서 안通한다 이르리오. 바위 가운데 피어 있는 꽃을 캐어 먼 물을 取하여 가져다가 술을 빚어 서로 勸하며 마셔나 볼까. 國家의 큰 惠澤에 膏澤이 屯難하여질까 警戒하노니 우리 國民이 牟麥을 심었으니 多幸한 일이로다.

紅樹映日屏 〔홍수영일병〕 붉은 나무는 날을 비치는 병풍이요.

碧溪瀉潭鏡 〔벽계사담경〕 푸른시내는 못을 쏟는 서울일러라.

行吟玉界中 〔행음옥계중〕 玉界 가운데 行하며 읊으니.

【註釋】
紅樹 : 단풍이 붉게 물든 나무.
碧溪 : 푸른 시냇물.
清淨 : 맑고 깨끗함.
天上玉京 : 하늘위에 玉皇上帝가 산다고 하는 假想的인 서울. (白玉京)

陡覺心清淨

〔도각심청정〕 한갓 마음이 清淨한 것을 깨달음을러라. (徐敬德朴淵詩)

天磨惟普賢 〔천마유보현〕 天磨가 오직 普賢이니.
獨立欲無對 〔독립욕무대〕 홀로서서 對가 없고저 하였도다.
萬古出鴻濛 〔만고출홍몽〕 萬古에 鴻濛에 나니.
天地亦一塊 〔천지역일괴〕 天地도 또한 한 덩어리라.
數日在山腰 〔수일재산요〕 두어날을 산허리에 있으니.
仰視但眉黛 〔앙시단미대〕 우러러보니 다만 眉黛러라.
今朝入足底 〔금조입족저〕 今朝에 발밑에 들어가니.

붉게 단풍으로 물든 나무는 해에 비쳐 屛風처럼 둘러있고 푸르고 맑은 시냇물은 못으로 쏟아지는 거울처럼 티끌이 없도다. 天上玉京에 온 듯한 錯覺이 생겨 거닐며 읊고 나니 한갓 몸이 가볍고 마음이 清淨하여 爽快한것 같도다.

【字解】

陡 : 한갓 도

【註釋】

天磨 : 天磨山、 一名은 普賢峯이라 함.
鴻濛 : 하늘과 땅이 아직 갈리지 아니한 모양. (開闢以前)、天地、自然의 元氣.
山腰 : 산허리.
眉黛 : 눈썹을 그림. 부인이 물감으로 눈썹을 칠하던 일.
足底 : 발밑.
五內 : 五臟.
鯤鵬 : 鯤魚와 鵬새、鯤이라는 물고기가 鵬이라는 큰 새로 탈바꿈하는 것.
摩盪 : 문지르고 밀어부침.
天背 : 하늘 등.
完膚 : 傷處가 없는 완전한 채로 있는 살가죽、 흠이 없는 곳의 비유.
破碎 : 깨뜨리어 부수어 버림.
戱劇 : 익살을 부리는 演劇. 실없이 하는 行動.

氷雪生五內 〔빙설생오내〕 氷雪이 五臟에 나더라.

西南皆大海 〔서남개대해〕 西南은 다 큰 바다라서.

霧靄自千態 〔무애자천태〕 안개와 노을이 스스로 千態러라.

變化有鯤鵬 〔변화유곤붕〕 變化가 鯤이 鵬새 되는데 있으니.

摩盪垂天背 〔마탕수천배〕 만지고 밀어서 天背에 들였도다.

坤維本積厚 〔곤유본적후〕 땅은 오직 본래 두터운 것을 쌓았으니.

造物豈見貸 〔조물기견대〕 造物이 어찌 꾸어줌을 봤겠는가.

至今無完膚 〔지금무완부〕 이제 이르러 完全한 살이 없으니.

處處遭破碎 〔처처조파쇄〕 곳곳마다 깨지고 부서짐을 만났도다.

細大只戲劇 〔세대지희극〕 가늘고 큰 것이 다만 戲劇이니.

何異小兒輩 〔하이소아배〕 어찌 小兒의 무리와 다르리오.

【字解】

藻繪∷글이나 그림.

淋漓∷물이나 피가 흠뻑 젖어 흥건히 고임.

滯碍∷막히고 걸림 (거리낌). 떨어지거나

藻∷기운순전할 몽

腰∷허리 요

黛∷눈썹먹 대

靄∷구름피어오를 애

鯤∷곤어 곤

鵬∷봉새 붕

摩∷만질 마

盪∷움직일 탕

膚∷살 부

碎∷부술 쇄

劇∷연극 극, 심할 극

偶∷우연 우

瀉∷토할 사

滯∷막힐 체

淋∷물방울떨어질 림

漓∷즐펀이흐를 이

藻∷마름 조

繢∷그릴 회

繪∷그림 회

五言名作篇

茲山杳不言
今古漫遷代
奇遊天與幸
偶一不可再
平生萬里心
一瀉無滯碍
盃樽付淋漓
文字更藻繪

〔자산묘불언〕 이 山이 아득하여 말을 않으니.
〔금고만천대〕 今古에 부질없이 代만 옮겼도다.
〔기유천여행〕 기특하게 노는 것이 하늘이 준 多幸인데.
〔우일불가재〕 우연히 한번 있는 일이요. 可히 두번 못할 것이라.
〔평생만리심〕 平生 萬里같은 마음이.
〔일사무체애〕 한번 쏟아서 막히고 拘碍됨이 없도다.
〔배준부임리〕 잔과 술통을 흠뻑 배도록 먹는데 부쳤으니.
〔문자갱조회〕 文字는 다시 글과 그림일러라.

(朴閈普賢峯詩)

天磨山은 오직 普賢峯을 이름이니 홀로 서서 相對가 있을 수 없도다. 萬古開闢以前에 났으니 天地도 또한 한 덩어리가 아니더냐? 몇날을 산허리에 있었으니 우러러보매 女人의 눈썹을 그린것 같도다. 오늘 아침에는 발 밑으로 들어갔더니 어찌나 시원한지 五臟안에 얼음과 눈이 생기는것 같도다. 西쪽과 南쪽이 다 바다로 둘러있어 안개와 노을이 變態가 無雙하도다.

變化하는 것은 恰似히 鯤이라는 물고기가 鵬새로 바뀌는데 있으니 만지고 밀어 하늘의 등에까지 이르게 하였도다. 땅은 오직 本來에 萬物을 積載하는 厚重한 바탕이니 造物의 原理가 어찌 臨時變通으로 꾸어다가 부칠 수 있겠는가. 至今에 와서 멍이들어 完全한 살이 없으니 곳곳이 깨지고 부서짐을 만났도다. 가늘고 큰일들이 다만 遊戲와 活劇과도 같으니 어찌 어린아이 무리의 作亂과 다르리오. 이 山이 아득하여 말이 없으니 今古에 부질없이 世代만 變遷하여 代數만 옮겨 놓았도다. 奇特하게 노는 것이 참으로 天幸이니 偶然히 한번 어쩌다 있는 일이요, 두번 다시 없는 일이로다. 平生 萬里같이 아득한 心思를 한번 쏟아서 積滯되고 拘碍됨이 없으리로다. 술잔과 술통으로 흠뻑 젖어 배도록 마시려 하노니 文字라고 하는 것은 다시 말해서 詞藻와 繪畫같은 것이라고 말해도 無妨하다고 할것이니라.

凉人小亭間
浮雲日往還
有時風送雨
神物應藏岫

〔신물응장수〕 神物이 應當 뫼뿌리에 감춰 있을지니.
〔부운일왕환〕 뜬구름이 날로 갔다 돌아오는도다.
〔유시풍송우〕 때에 있어 바람이 비를 보내니.
〔양인소정간〕 사람을 서늘하게 하는 것이 조그만 亭子 사이로세.
(金文豹龍岫山詩)

神通한 物件이 應當 뫼뿌리에 감추어 있나보다. 뜬구름이 날로 갔다가 돌아오

墻頭見南山 〔장두견남산〕 담머리에서 南山을 보니.
樹木何累累 〔수목하루루〕 樹木이 어찌 그리 많은고.
依山萬家室 〔의산만가실〕 山에 依支한 일만 집들이.
櫛比鱗參差 〔즐비인참치〕 櫛比하게 비늘처럼 參差해 있도다.
人家半空堆 〔인가반공퇴〕 人家가 半空에 모여 있으니.
犬吠連雲裡 〔견폐연운리〕 개가 구름 連한 울타리에서 짓는도다.
烟生巧點綴 〔연생교점철〕 煙氣가 나니 공교롭게 흩어졌다 이어지고.
風動自委蛇 〔풍동자위이〕 바람이 움직이니 스스로 委蛇하도다.
巖巖山頭石 〔암암산두석〕 巖巖한 산머리 돌은.

【註釋】
櫛比：빗살처럼 가즈런하게 늘어섬.
參差：어긋어긋해서 一定치 않음.
點綴：여기저기 흩어진 點이 서로 이어짐.
委蛇：의젓하고 天然스러운 모양.
巖巖：높고 빼어남. 돌이 높게 겹쳐 위험한 모양.

【字解】
櫛：빗 즐
比：견줄 비
鱗：비늘 린
差：층질 치, 어긋날 차
籬：울타리
綴：이을 철
委：의젓할 위
蛇：자득한 모양 이
巖：산가파를 암

終古無改移 〔종고무개이〕 예가 맞도록 고쳐 옮김이 없도다.
俛默坐相對 〔면묵좌상대〕 머리 숙여 默默히 앉아 對하니.
我意山獨知 〔아의산독지〕 내 뜻을 山이 홀로 아는도다.
長松蔭溪壑 〔장송음계학〕 자란 솔이 시내 구렁을 덮었으니.
奇彼千歲姿 〔기피천세자〕 奇特하다 저 千歲의 바탕이로다.
墻陰秋草綠 〔장음추초록〕 담 그늘에 가을 풀이 푸르렀으니.
爾生胡不悲 〔이생호불비〕 네 사는 것이 어찌 슬프지 아니하리오.

(鄭樞 子男山詩)

담모퉁이 위로 南山을 바라보니 樹木은 어찌 그리 많기도 한가. 山에 依支하여 세워진 許多한 집들이 빗살같이 가즈런하게 물고기 비늘처럼 붙어 서있네. 人家는 半空中에 모여 있으니, 개가 구름속 울안에서 짓는구려. 煙氣는 나서서 巧하게 여기저기 흩어진 點이 서로 이어지고 바람이 움직이니 의젓하고 천연스러운 貌樣으로 變하여지네. 높고 秀麗한 山머리에 우뚝솟은 돌은 예로부터 世上이 마칠때까지 고쳐 옮길줄 모르는도다. 머리를 숙여 말없이 서로 對하노라니 나의 뜻을 山이 홀로 아는성 싶네. 자란 소나무 가지가 척척 늘어져 시

【註釋】
秋草綠 : 가을 풀이 푸르다.
※鄭樞 : 高麗耦王때 文臣, 號는 圓齋, 官은 諫議, ㆍ를 거쳐 輸誠翊祚功臣이 됨. 諡는 文定.

【字解】
俛 : 머리숙일 면, 구부릴 면
蔭 : 덮을 음
姿 : 맵시 자, 모습 자
胡 : 어찌 호

五言名作篇

春澗玉聲寒
松花金粉落
此日眼中多
崧陽好風景
高臨見通迤
貪酌忘先後

〔탐작망선후〕 술을 貪하여 先後를 잊고.

〔고림견이하〕 높이 臨하여 가깝고 먼곳을 볼러라.

〔숭양호풍경〕 崧陽의 좋은 風景이.

〔차일안중다〕 이날에 眼中에 많도다.
(金靜厚蠶頭詩)

〔송화금분락〕 松花는 金가루가 떨어지고.

〔춘간옥성한〕 봄 澗水는 玉소리가 차도다.

내구렁에 덮여있으니 奇異하도다 저 千해의 바탕이여! 시들지 않으리로다. 담 밑 그늘에 자라난 가을 풀이 푸르렀으니 엄숙한 서리가 닥쳐올 가냘픈 네 삶이 어찌 애달프지 않으리오.

술을 좋아하여 마시다 보니 앞뒤에 한일을 다 잊어버리고 높은 곳에 올라 한곳에 이르러 가깝고 먼곳을 두루 살펴본다. 崧陽에 좋은 風景이 어찌나 마음에 드는지 이날에 눈속에 들어와 있는 것이 그지없도다.

【註釋】
忘先後 : 앞에 한 일이나 뒤에 한일을 다 잊어버림. (先忘後失)
※ 金靜厚 : 號는 東離, 官은 典籍, 直講을 歷任. 宣祖九年에 生하여 仁祖十八年에 卒함. 文臣.

【註釋】
松花 : 소나무의 꽃, 또는 그 가루.
春澗 : 봄 山間의 개울물.
玉聲 : 玉같이 졸졸 흐르는 물소리.

盤石客來坐
仙人舊有壇

(반석객래좌) 盤石에 손이 와 앉으니,
(선인구유단) 仙人의 옛 壇이 있도다.

(河偉良紫霞洞詩)

松花의 金가루는 떨어지고 봄의 澗水가 錚盤에 玉을 굴리듯 소리를 내며 흐르는데 어느 사이에 盤石에 손이 와 앉아 있고나. 살펴보니 神仙이 옛적에 쌓아 놓은 壇이 있지 않은가. 앉아있는 그 손이 또한 仙人이 아닌가 하는 錯覺을 일으키게 한다.

來訪杜鵑春
青山爾主人
年年紫霞洞
白水吾心事

(백수오심사) 白水는 내마음 일이요.
(청산이주인) 青山은 네가 主人이라.
(연년자하동) 해마다 紫霞洞에.
(내방두견춘) 와서 杜鵑花의 봄을 찾도다.

(張昌復紫霞洞詩)

흰물은 나의 關心되는 일이요, 푸른山은 그대가 主人이로세. 해마다 紫霞洞에 찾아오는데 何必이면 꼭 진달래 피는 봄을 擇하는 것은 아마도 情熱을 불태우기 爲함이리라.

【註釋】
盤石:넓고 편편한 큰 돌.

【字解】
紫:붉을 자
鵑:두견 견

芳草城東路
雨晴燕掠泥
村暖雞呼屋
疎松野外坡
野寺松花落
晴川柳絮飛
聚散今猶古
功名夢也悲

(방초성동로) 꽃다운 풀은 城東쪽 길이요.
(우청연약니) 비가 개니 제비가 진흙을 취하도다.
(촌난계호옥) 마을이 따뜻하니 닭이 지붕에서 울고.
(소송야외파) 성긴 솔은 들밖에 언덕이로세.
(야사송화락) 들절에 松花꽃 떨어지고.
(청천유서비) 개인 시냇가에 버들개지 날도다.
(취산금유고) 모이고 흩어짐이 古今이 같으니.
(공명몽야비) 功名은 꿈이런가 슬프도다.

꽃다운 풀은 城東쪽 길에 우거져 있고, 성긴 소나무는 들밖의 언덕위에 나있도다. 마을이 따뜻하니 닭이 지붕에 올라 한바탕 울어대고 비가 개이니 제비가 집을 지으려고 진흙을 물고 오는도다.

【字解】
掠 : 노략질할 략

【註釋】
柳絮 : 버들개지.

萬壑烟光動
千峰雨氣通
巖樹濃凝翠
溪花亂泛紅

〔만학연광동〕 萬壑에 烟氣빛 움직이고.
〔천봉우기통〕 千峰에 빗기운이 通했도다.
〔암수농응취〕 巖樹는 무르녹아 푸른 것이 어리었고.
〔계화난범홍〕 溪花는 어지럽게 붉은 것이 떠있도다.

水墨古屛風
一鳥沒長空

〔수묵고병풍〕 水墨으로 그린 옛 屛風에.
〔일조몰장공〕 한 새가 긴 空中에서 떨어지도다.

들에 있는 절에도 松花꽃이 날아가 떨어지고 맑게 갠 냇가에 버들개지 나는고나. 모였다가 흩어지는 것은 古今에 通하는 鐵則이로소니 功名이란 꿈이런가 슬프도다. (마음대로 잠을 수 없는 일이라서 꿈같고 슬프다)

많은 골짝에는 烟氣가 자욱히 깔려 움직이고 櫛比한 봉우리에는 비가 내리고 있도다. 바위에 난 樹木은 무르녹아 푸른빛이 어리었고 시냇가에 핀 꽃잎은 어지럽게 물위에 떠있도다.

【字解】
濃 : 무르익을 농
凝 : 엉길 응
翠 : 푸를 취
泛 : 뜰 범

五言名作篇

過海風凄緊 〔과해풍처긴〕 바다를 지나니 바람이 차고도 急하며.
連雲雪杳茫 〔연운설묘망〕 連한 구름에 눈이 아득하도다.
먹물로 그려진 오래 묵은 屛風에 한마리 새가 긴 空中에서 소리없이 떨어지네. 바닷바람이 차고 또한 急하니 이어진 구름에는 눈발이 가득하네.

漁市關門早 〔어시관문조〕 漁市場엔 關門을 일찍 여니.
征帆入浦忙 〔정범입포망〕 가는 돛대가 浦口에 들어오기 바쁘도다.
雪壓江邊屋 〔설압강변옥〕 눈은 江邊집을 눌렀고.
風鳴浦口檣 〔풍명포구장〕 바람은 浦口의 돛대를 울리더라.

漁市場에 關門이 일찍부터 열렸으니 고기잡이 돛대배가 갯벌港口에 들어오기 바쁘도다. 눈은 내려 江邊집은 쓰러질듯 눌러있고 浦口의 돛대를 울리는 바람소리 搖亂하도다.

【註釋】
杳茫 : 아득함.

【字解】
凄 : 쓸쓸할 처
杳 : 아득할 묘
茫 : 아득할 망

【註釋】
關門 : 적을 막기 좋은 門. 重要한 出入口.
搖亂 : 시끄럽고 떠들썩함.

【字解】
壓 : 누를 압
檣 : 돛대 장

斫膾銀絲細
開樽綠蟻香
曉過靑郊驛
春遊白嶽山
村舍疏林外
田畦亂水間
隱見溪流轉
縱橫野壠分

〔작회은사세〕膾를 썰으니 銀실이 가늘고。
〔개준록의향〕술단지를 여니 綠蟻가 香氣롭도다。
〔효과청교역〕새벽엔 靑郊驛을 지나고。
〔춘유백악산〕봄에는 白嶽山에서 놀더라。
〔촌사소림외〕村집은 성긴 숲 밖에 있고。
〔전휴란수간〕밭두둑은 어지러운 물 사이러라。
〔은견계류전〕숨어보니 시내흐름이 굴렀고。
〔종횡야롱분〕縱橫으로 들 언덕이 나누었도다。

膾를 해 먹으려고 잘게 썰으니 銀실처럼 가늘고、술단지를 열어보니 동동주의 구덕이가 香氣를 풍기누나。
새벽에는 依例히 靑郊驛을 지나가고 봄에는 혼히 白嶽山에 가서 놀았도다。

【註釋】
斫膾 : 膾를 썰음。
綠蟻 : 술구덕이。
斫 : 쪼갤 작
膾 : 회 회
蟻 : 개미 의

【字解】
畦 : 밭두둑 휴
壠 : 언덕 롱, 밭두둑 롱

五言名作篇

嵯峨柳院樓
廣望瓜田路
鴉投鵠嶺雲
村逕綠如裙
城郭日初曛
鳶集蜈山樹

〔연집오산수〕 소리개는 蜈山나무에 모였고.

〔성곽일초훈〕 城郭에는 날이 처음으로 어둡더라.

〔촌경록여군〕 마을길은 푸른 치마와 같고.

〔아투곡령운〕 까마귀는 鵠嶺구름으로 던져가네.

〔광망과전로〕 넓은 외밭길을 바라보고.

〔차아류원루〕 높은 버들언덕 다락이로다.

農村의 집은 드문드문 나있는 솔숲뿐밖에 그려있는 발두둑은 어지러운 물사이를 갈라 놓았네. 숨어서 가만히 살펴보니 흐르는 시냇물은 굴러 힘을 쏟아 놓았고 縱橫으로 뻗어 있는 높고 낮은 언덕은 地境을 나누어 제 格을 이루었네.

소리개는 蜈山나무에 모여 먹이를 찾고 까마귀는 鵠嶺구름에 몸을 던지며 限없이 날아가네. 시골길은 마치 치마를 둘러놓은 듯 芳草가 짚었고, 옛 城터에는 막 땅거미가 찾아오려고 어둑어둑 하더라.

【字解】
鳶∶소리개 연
蜈∶지네 오
鴉∶까마귀 아
鵠∶따오기 곡
逕∶길 경
裙∶치마 군
曛∶어둑어둑할 훈

【字解】
瓜∶외 과
嵯∶높을 차
院∶어덕 원

城郭遺基壯 〔성곽유기장〕 城郭에 남은 터가 雄壯하고.

干戈往事悠 〔간과왕사유〕 干戈는 지난 일이 悠悠하도다.

넓게 펼쳐있는 오이밭길을 바라보고 다음에는 높은 버드나무 언덕에 있는 다락을 쳐다본다. 허물어진 荒城 옛터는 規模가 雄壯하고, 방패와 창으로 치고 받던 지난일은 아득한 옛날처럼 悠悠히 멀어갔네.

紅樹五陵秋 〔홍수오릉추〕 붉은 나무는 五陵 가을인데.

橫笛倒騎牛 〔횡적도기우〕 비낀 피리는 꺼꾸로 소를 탔네.

瘦骨千年立 〔수골천년립〕 파리한 뼈는 千年을 서있고.

蒼根百里盤 〔창근백리반〕 푸른 뿌리는 百里에 서렸도다.

붉은 나무는 五陵의 가을을 繡놓았고 살은 빠지고 앙상하게 뼈만 남은 千年 古木은 鹿角만 높았고 꾸로 타고 오네. 피리를 옆으로 비껴 부는 牧童이 소를 꺼땅속으로 百里나 얼혀있는 푸른 뿌리는 氣慨를 誇示하고 있는 듯 하도다.

【字解】
干∶방패 간
戈∶창 과

【註釋】
五陵秋∶慶州新羅王陵의 가을.
倒騎牛∶꺼꾸로 타고 꺼꾸로 탄 소、老子가 푸른 소를
(倒騎靑牛)
瘦骨∶파리하고 뼈만 남음.
※ 盤根錯節∶서린 뿌리와 엉크러진 마디. 勢力이 굳어져 흔들리지 않는 기반.

【字解】
騎∶말탈 기
瘦∶파리할 수

插水雲根聳
橫空黛壁開
日照群峯秀
雲蒸一洞深

〔삽수운근용〕 물에 꽂힌 돌은 솟아 있고.
〔횡공대벽개〕 하늘에 비낀 검은 벽이 열려 있네.
〔일조군봉수〕 날이 비치니 群峯이 빼어나 있고.
〔운증일동심〕 구름이 끼니 한 골짝이 깊더라.

물속에 꽂힌 돌, 空中에 비낀 壁, 날이 비치는 뭇 봉우리, 구름에 낀 깊은 골짝이 妙味있게 按配되어 솟고, 열리고, 빼어나고, 깊어서 한데 어울어져 있으니 未嘗不 壯觀이 아닐 수 없다.

白練飛千尺
青銅徹萬尋
盤石在潭心
吹送水龍吟

〔백련비천척〕 흰 비단은 千尺을 나르고.
〔청동철만심〕 푸른 구리쇠는 만길을 通했더라.
〔반석재담심〕 盤石이 못가운데 있으니.
〔취송수룡음〕 불어서 보내니 水龍이 읊더라.

흰 비단을 펼친듯한 瀑布水는 천자(千尺)나 되는 곳에서 날라 쏟아지고 青銅처럼 서있는 絶壁은 만길을 通했다. 盤石이 못가운데 솟아 있어 龍이 물을 불어 보내는 것 같도다.

【註釋】
雲根∶구름의 異稱. 구름이 山의 巖石에서 나온다는데서 온 말. 山의 別名, 구름이 일어나는 根元.

【字解】
插∶꽂을 삽
聳∶솟을 용
蒸∶찔 증

【註釋】
白練∶흰 비단, 폭포를 뜻함.
青銅∶푸른 구리쇠, 절벽을 말함.
萬尋∶만길.
潭心∶못가운데, 한복판.

玉樹歌聲盡
松都覇業零
臺荒猶滿月
石老舊瞻星
世變皆超忽
衣冠已杳冥
相逢遼柱鶴
駐馬吊榛荊

〔옥수가성진〕 玉樹는 노래소리가 다하고.
〔송도패업영〕 松都는 覇業이 시들었도다.
〔대황유만월〕 집은 거칠어도 오히려 달은 가득차 있고.
〔석노구첨성〕 돌은 늙어서 옛적의 별을 불러라.
〔세변개초홀〕 世上이 變하여 다 超忽해지고.
〔의관이묘명〕 衣冠文物은 이미 杳冥하도다.
〔상봉요주학〕 서로 遼東의 鶴이 되어 만나서.
〔주마조진형〕 말을 멈추고 廢墟를 吊喪하노라.

(洪迪)

子孫들이 부르던 노래소리도 끝이 나고 松都의 覇業도 秋風의 落葉처럼 시들어 버렸네. 雜草 우거진 荒凉한 滿月臺엔 달만 걸려있고 돌이 늙은 옛적에 瞻星壇에는 별만 떠있네. 世上은 高尚한 氣品으로 變貌되었고, 衣冠文物같은 禮樂制度는 아득한 옛 꿈으로 흘러갔도다. 서로 遼東의 城門 위에 鶴이 되어 쌓인 懷抱를 풀어나 볼까. 錯雜한 생각에서 말을 멈추고 廢墟의 서글픔을 吊喪하노라.

【註釋】
玉樹 : 子孫 (芝蘭玉樹) 아름다운 나무, 才能 이 뛰어난 사람. (晋書玄謝傳) 埋玉樹于 土中 使人情何能已
覇業 : 諸候가 하는 가운데 天下를 號令하 는 으뜸가는 事業.
超忽 : 氣品이 高尚한 모양.
(皮日休) 逸興轉超忽, 멀고 아득한 모양.
杳冥 : 아득하고 어두움.
(孟浩然) 江湖坐超忽.
遼柱鶴 : 遼東사람, 丁令威가 仙術을 배워 鶴으로 化하여 遼東城門에 와서 앉았다는 故事. (雲霧杳冥)
榛荊 : 雜木이나 가시나무가 우거진곳.
(柳宗元) 遺畝當榛荊
宣和遺事 所經行路皆榛荊
(後集)

【字解】
忽 : 문득 홀
駐 : 머무를 주
榛 : 개암나무 진
荊 : 가시 형

※ 洪迪 : 明宗 宣祖時文臣으로 號는 養齋官 은 兵曹正郎 執義 舍人을 歷任하고 詩文 에 能하였음.

五言名作篇

伊人藏器久
聖代已昇平
未罷清江釣
依然綠野耕
安貧心力壯
樂志世緣輕
莫恨遭時晚
明君貴老成

〔이인장기구〕 이 분이 오랜 抱負로.
〔성대이승평〕 이미 昇平을 맞았네.
〔미파청강조〕 淸江에 낚싯대 드리우고.
〔의연록야경〕 푸른 들에서 農事를 힘쓰더라.
〔안빈심력장〕 가난에 處할수록 心力이 굳고.
〔낙지세연경〕 잡은 뜻은 世上인연 멀리했다네.
〔막한조시만〕 때늦을 것을 恨嘆치 마오.
〔명군귀노성〕 밝은 임금 老成한 이 좋아한다네.

(蘭溪(朴堧) 敬次從兄菊堂公興生韻)

이 분이 抱負를 몸에 간직하여 그릇을 마련한지 오래 되었으니 때마침 李朝의 黃金期인 昇平의 聖代를 맞이 하였네. 때로는 맑은 江에 가서 낚시질 하고 如前히 들에서 農事를 힘썼다네. 가난함을 便히 여겨 마음에 굽히지 않았고 뜻을 즐거워 하여 世上名利 멀리 했다네. 때늦고 不遇함을 恨嘆치 마소. 明君께서 老熟한 成德君子를 좋아한다네.

【註釋】
藏器: 抱負를 그릇(몸)에 간직함.
昇平: 太平盛代를 이름.
依然: 전과 다름없이, 如前히.
安貧: 가난한 가운데에서도 마음을 편안히 먹음.
樂志: 뜻을 즐김. 自己가 좋아하는 뜻을 쫓아 志操를 지키고 功名을 가볍게 여김.
老成: 老練하고 成熟함.
※ 朴堧、號는 蘭溪、音樂에 精通하여 雅樂을 集大成함. 官은 兵判、藝文舘 大提學을 歷任함. 諡는 文獻.

隱坐高軒靜 〔은좌고헌정〕 숨어 앉으니 高軒이 고요하고.
松風江月明 〔송풍강월명〕 松風에 江月이 밝구나.
主翁塵想絶 〔주옹진상절〕 主人이 俗된 생각이 없으니.
徹骨有餘淸 〔철골유여청〕 心身이 깨끗하도다. (其一)
瞑眼無言說 〔감안무언설〕 눈을 감고 말없이 앉았으니.
靈光觸處明 〔영광촉처명〕 心神이 아주 밝구나.
夜深初出定 〔야심초출정〕 밤이 깊어간 후에.
端坐一燈淸 〔단좌일등청〕 端正히 앉으니 한 燈만이 밝더라.
一輪潭底月 〔일륜담저월〕 한바퀴 물속에 비치는 달은. (其二)
潭靜月猶明 〔담정월유명〕 못이 고요하니 달이 더욱 밝고나.
潭月俱空處 〔담월구공처〕 못과 달이 다 빈것 같으니.

【註釋】
高軒: 집의 높은 추녀.
塵想: 世上의 雜念.
徹骨: 뼈에 사무침, 뼈 끝까지 통함.
瞑眼: 남의 잘못을 보고 모르는체 눈감아 줌.
靈光: 사람마다 가지고 있는 靈性의 빛.
觸處: 가서 부닥치는곳, 到處.

【字解】
徹: 통할 철
瞑: 앉아줄 감

※ 朴興生: 字는 敬夫, 號菊堂, 官은 驪州 春川敎授와 昌平縣令 歷任, 進士生員兩試 合格, 鄕試壯元, 學行과 文章이 뛰어나 世俗을 丕變케 하고, 經綸의 抱負가 있는 아까운 人材라 하여 吏曹判書의 贈職을 追叙하였음. 金自粹를 師事함.

何分濁與淸 〔하분탁여청〕 무엇으로 淸濁을 분간하리오. 〔其三〕

(朴興生∷菊堂和退隱翁軒題)

시골에 隱居하여 앉아 있으니 높은 추녀가 고요하고 소나무 사이로 불어오는 바람과 江에 비치는 달이 밝구나. 主人이 塵世의 雜念이 없어 物累가 떨어졌으니 心身에 남은 淸雅함이 있도다. 남의 잘못을 눈감아 주고 말없이 있노라니 心神이 밝아 부딪치는 곳마다 洽然하더라. 밤이 깊어서 처음으로 나가 자리를 定하고 端正히 앉으니 한 燈이 더욱 밝은 것 같도다. 한바퀴 못속을 비치는 밝고 개인 달이 있기에 못은 소리없이 더욱 고요하고 달은 말없이 더욱 밝더라. 못도 비어 있고 달도 空虛하기에 밝은 빛과 맑은 기운을 受容할 수 있는 것이라면 맑고 흐린 것을 분간할 수 있는 次元이나 限界를 어디에 두어야 할지 알 수가 없다.

勞形千里外 〔노형천리외〕 고단한 몸은 千里 밖에 있고.

靑眼一樽前 〔청안일준전〕 靑眼은 한 술단지 앞이로세.

明日還分袂 〔명일환분메〕 明日에 서로 離別하니.

相逢不好緣 〔상봉불호연〕 相逢하는 것이 果然 어느때일런지. 〔其一〕

謝君瑚璉器
憐我斗筲人
愧底衡門下
逢春鬢雪新

〔사군호련기〕 그대의 瑚璉之器가 壯하고.
〔연아두초인〕 내가 斗筲人인 것이 可憐하네.
〔괴저형문하〕 山中 깊은 곳에 묻혀 있으니.
〔봉춘빈설신〕 봄을 만나 머리털만 희는 것이 부끄럽구나.

(菊堂次永同郡守李達韻贈其行)(其二)

形體는 千里밖에서 奉仕하느라고 수고로운데 幕間空白을 타서 欝寂함을 풀려고 좋은 氣分으로 술단지를 마주보게 되었다. 來日이 오면 소매를 나누고 惜別의 苦衷을 當해야 하니 이제 떠나면 어느 때나 만날런지.
그대의 棟樑之材 될만한 人格이 壯한데 比하여 나의 庸劣하고 不肖한 人間됨이 부끄럽다네. 山間僻村에서 隱遁하여 사는 몸이 世味에 淡泊하여 봄을 찾아 와 窓밖에 싱싱한 大地에는 活氣가 넘치고 있건만 그와는 달리에 횐털만 늘어가는 自身이 부끄럽다네.

山郡春風初
群花擁前後

〔산군춘풍초〕 山中 고을에 봄바람이 일찍 오니.
〔군화옹전후〕 뭇꽃이 앞뒤를 다투었도다.

【註釋】
青眼 : 좋은 마음으로 보는 눈.
瑚璉 : 棟梁之材.
斗筲人 : 한말이나 말 두되 들이 그릇, 못난 사람.
衡門 : 허술한 대문, 隱居의 居處.
鬢雪 : 귀밑에 털이 눈처럼 희어지는 것.
棟樑之材 : 한 나라의 기둥이 될만한 큰 인재.

【字解】
瑚 : 산호 호
璉 : 호련 련
筲 : 말두되드리대그릇 초
愧 : 부끄러울 괴
鬢 : 귀밑털 빈

芳辰難再得 〔방신난재득〕 좋은 때는 두번다시 얻기가 어려운데.
須醉共攀緣 〔수취공반연〕 모름지기 醉하여 한가지로 인연을 잡았다네.
長安遊子輩 〔장안유자배〕 長安에 노는 무리들은.
呼我謫仙人 〔호아적선인〕 나더러 李謫仙(太白)이라고 부르는구나.
今日爲州苦 〔금일위주고〕 오늘날 골살이 하기 괴로움이여.
救民愁更新 〔구민수갱신〕 百姓을 救하는 걱정이 새롭구나.

山間 고을에는 봄이 일찍 찾아와서 겨울을 녹이는 봄바람이 불어닥쳐 뭇꽃이 앞뒤를 다투어 피었도다. 좋은때란 한번 흘러가면 다시 얻기가 어려운 법인데, 모름지기 얼큰하게 醉하여 함께 인연을 잡아나 볼까. 長安에서 노는 무리들은 나를 보고 李太白이 같은 神仙이라고 하는데 그들이 어찌 나를 알소냐? 오늘날 골살이에 쫓겨서 괴롭고 疲困함이여! 百姓을 먹여 잘살게 하는 것이 원(郡守)의 職務인데 그것이 어디 그리 쉬운가.

暮入金鷄洞 〔모입금계동〕 日暮에 金鷄洞에 들어가니.

【註釋】
謫仙 : 天上에서 得罪하여 人間界로 귀양왔다는 神仙. 李太白을 이름.
疲困 : 몸이 지쳐서 困함.

【字解】
擁 : 안을 옹
攀 : 더위잡을 반
謫 : 귀양보낼 적
疲 : 파리할 피, 곤할 피

穿雲尋古途 〔천운심고도〕 구름을 뚫고 옛 길을 찾을러라.
有人今卜築 〔유인금복축〕 사람이 있어 이제 새로 집을 지으니.
山水更淸高 〔산수갱청고〕 산수가 다시 맑고 높더라.
　　　　　　　　　　　　　　（其一）

吾生本淡蕩 〔오생본담탕〕 내 삶이 本是 淡蕩하여.
衣布馳名途 〔의포치명도〕 布衣로 名途를 달렸도다.
却羨晃然叟 〔각선황연수〕 문득 晃然한 늙은이가.
雲居道自高 〔운거도자고〕 雲林에서 사니 道가 스스로 높은 것이 부럽도다.
　　　　　　　　　　　　　　（其二）

相從白鶴姿 〔상종백학자〕 白鶴과 같은 스님과 마주앉아.
共聽淸猿吟 〔공청청원음〕 원숭이의 읍조리는 소리를 들을러라.
坐久兩無語 〔좌구양무어〕 앉은지 오래되도록 둘이 말이 없으니.
無心還有心 〔무심환유심〕 無心한 것이 도리어 有心한 것일러라.
　　　　　　　　　　　　　　（其三）

【註釋】
卜築：살만한 곳을 가려서 집을 지음.
名途：運命.
淡蕩：맑고 넘品.
晃然：환하게 밝은 모양, 밝게 깨닫는 모양.
淸猿吟：원숭이의 응얼거리는 소리.

【字解】
築：쌓을 축
馳：달릴 치
晃：밝을 황
叟：늙은이 수
猿：원숭이 원

爾傳釋家教
我懷梁甫吟
邈然千載下
尚有故人心

(이전석가교) 너는 釋家의 敎를 傳하고.
(아회양보음) 나는 梁甫의 읊조림을 품었노라.
(막연천재하) 邈然히 千年 아래에.
(상유고인심) 오히려 古人의 마음이 있더라. (其四)
(菊堂金鷄寺雲隱晃然尚珠詩卷和次)

날이 저물어 金鷄洞을 찾아 들어가니 구름을 뚫고 艱辛히 더듬어 옛길을 찾게 되었다. 사람이 있어 마침 살만한 곳을 가려 집을 지으니 산이 높고 물이 맑기 때문이리라. 내가 사는 것이 本來 淡泊하고 豪蕩한 性品으로 布衣의 寒士로 運命을 달리하게 되었도다. 문득 晃然히 老人이 雲林에서 살아 道가 스스로 높은 것을 부러워하여 찾아 왔노라. 鶴처럼 孤高한 스님과 마주 앉아서 두사람이 다 말을 아니하니 원숭이의 읊는 소리를 意識할러라. 오래도록 마음이 있고 情이 끌리는것 같도다. 無心한것 같으면서도 도리어 佛弟子요, 나는 諸葛武侯의 弟子인 梁甫의 읊조림을 품고 있는 儒學의 무리가 아니더냐? 까마득하게 千年이 흘러간 이제에 類가 다르다고 해서 담을 쌓고 지낼 까닭이 있겠는가. 古人의 너그러운 마음을 본받고 싶다. (退之自謂如夫子라는 韓文公도 大顚을 가까이 한 일이 있었음)

【註釋】
釋家教‥釋氏집의 가르침. 佛教.
梁甫‥諸葛亮의 弟子. 儒學을 이름.

【字解】
釋‥중 석, 부처 석
甫‥겨우 보
邈‥아득할 막

天喪斯文从 〔천상사문종〕 斯文에 運이 微微하니.
儒風渾失眞 〔유풍혼실진〕 儒風이 渾然히 眞面目을 잃었도다.
放閒愧竊食 〔방한참절식〕 한가하니 밥먹기도 부끄럽고.
遯世愧謀身 〔둔세괴모신〕 隱居하여 몸 保護하기도 우습도다.
玉石爭求價 〔옥석쟁구가〕 玉과 돌이 다투어 값을 求하는데.
薰蕕各占春 〔훈유각점춘〕 薰蕕가 다 봄빛을 자랑하네.
生芻秣吾馬 〔생추말오마〕 牧草로 나의 말을 먹이려 함에.
維縶更無人 〔유칩갱무인〕 말 매줄 사람도 또한 없구나.
(菊堂有感詩)

【註釋】
儒風 : 儒者의 風習、敎化。
竊食 : 훔쳐 먹음。
謀身 : 몸 保護하기를 꾀함。
遯世 : 世上을 避하여 사는것。
薰蕕 : 香氣로운 풀과 못된 냄새가 풍기는 풀。

【字解】
从 : 從의 本字。
竊 : 도둑 절。
遯 : 달아날 둔。
蕕 : 냄새나는풀 유。
薰 : 향풀 훈。
芻 : 꼴 추。
秣 : 말먹일 말。
縶 : 말맬 칩。

하늘이 儒學을 興旺하게 할 뜻이 없는지 儒風이 擧皆 頹廢하여 그 眞面目을 잃었도다. 閑暇하여 하는 일이 없으니 空然히 밥먹기 쑥스럽고 世上을 避하여 살자니 몸 保全할 價値도 없는 것이 우스운 생각이 든다. 어느 世上이나 매 한가지이지만 玉같이 特出한 사람이나 돌같이 별 수 없는 사람들이 제 各己 다

月白寒松夜
波晏鏡浦臺
哀鳴來又去
有信一沙鷗

〔월백한송야〕 달 밝은 한송정(寒松亭) 의 밤
〔파안경포대〕 파도(波濤) 잠든 경포대의 가을
〔애명래우거〕 애처(哀悽)로이 울고 오가며
〔유신일사구〕 소식 전하는 바다 갈매기요

이것은 고려조 4대 光宗때 接伴使로 유명했던 張儒가 亂을 避하여 吳越에 當到하였을 때 거문고 바닥에 새겨진 東國寒松亭의 曲을 풀지 못하니 즉석에서 漢詩로 풀이 했던 것이 이 句節이다. 이른바 달은 새 하얗게 비치는 차거운 소나무를 聯想케 하는 寒松亭의 밤이며 밀려오는 파도소리 마저 잠이 들어 쥐죽은 듯이 고요한 경포대의 가을이여! 창자를 에일듯이 애처롭게 울면서 왔다가는 다시 사라지는 한 마리 갈매기가 「그 어이 애달프지 아니하리오」하는 含蓄味를 안고 있다.

〔出典 太白逸事 蘇塗經典本註〕

【註釋】
寒松夜‥寒松亭의 밤
鏡浦秋‥경포대의 가을
沙鷗‥갈매기
接伴使‥외국의 사신을 함께 모시고 접대하는 소임을 맡은 官員 다니며

花開昨夜雨
花落今朝風
可憐一春事
往來風雨中
　　　　（偶吟　宋翰弼）

（화개작야우）꽃이 어제 밤 비에 피었다가
（화락금조풍）꽃이 오늘 아침 바람에 떨어지는구나.
（가련일춘사）가엾다 한 해의 봄 일이
（왕래풍우중）바람과 비가운데 왔다 가는구나.

어제밤 비를 머금고 피었던 꽃이 오늘 아침 바람에 덧없이 떨어지니 그 얼마나 순간적인가? "아름다운 사람은 命이 짧다"《佳人薄命》하였고 "꽃은 열흘을 붉지 않는다"《花無十日紅》고 하였으니 가엾고도 불쌍한 지고. 비바람 속에 피고 지는 꽃처럼 왔다가 자취없이 가버리는 봄도 또한 애닯다 하거니와 一場春夢처럼 無常한 人間事도 그와 같을진대 그 어이 서글프지 아니 하리오"하는 含蓄된 隱喻를 엿볼 수 있는 詩이다.

【註釋】
可憐 : 가엾다. 불쌍하다.
一春事 : 한 해의 봄 일.
※宋翰弼 : 宣祖때 學者。號는 雲谷。文學으로 이름이 있음。著書는 雲谷集이 있음。

李杜文章篇

春水滿四澤
夏雲多奇峯
秋月揚明輝
冬嶺秀孤松

〔춘수만사택〕 봄 물은 四方못에 가득 차 있고
〔하운다기봉〕 여름 구름은 奇異한 봉우리가 많도다.
〔추월양명휘〕 가을 달은 밝은 빛을 날리고
〔동령수고송〕 겨울 고개에는 외로운 소나무가 빼어났도다.

草木群生들의 生命의 源泉인 봄기운이 담긴 물은 四方못에 채워져 있고 더운여름의 象徵인 뭉게구름은 奇異한 봉우리를 많이 이루었으며, 휘영청 밝은 가을달이 輝煌燦爛한 것이 可愛한지고, 겨울철 山마루에 빼어난 소나무의 獨也靑靑한 君子의 節介가 얼마나 대견한가.
이 詩는 人爲나 造作이 없는 自然그대로의 四時의 風景을 나타낸 名作이다. 顧凱之의 原作이라고도 함. (陶淵明 四時)

國正天心順
官淸民自安

〔국정천심순〕 나라가 바르면 天心이 順하고
〔관청민자안〕 官廳이 맑아야 國民이 스스로 便安해 진다.

【註釋】
春水: 비가 와서 봄철에 흐르는 물.
四澤: 四方의 못.
夏雲: 여름철의 구름.
奇峯: 생김새가 奇異한 봉우리
秋月: 가을 달
揚明: 휘영청 밝음.
冬嶺: 겨울의 고갯마루
孤松: 외따로 서 있는 소나무.

妻賢夫禍少

[처현부화소] 아내가 어질면 지아비에 災殃이 적고

子孝父心寬

[자효부심관] 아들이 효도하면 아버지의 마음이 너그러워진다.

첫째 國家에 紀綱이 서서 處事가 올바르고 國民의 示範이 될 것이 있어야 民心이 天心으로 본받고 呼應하게 되어있는 것이오, 官廳이 淸廉하고 斬新해야만 民이 安堵의 숨을 쉬고 편히 살 수 있다. 아내가 어질면 內助와 感化가 男便에 미쳐서 災殃이 解消되고 아들이 착해서 孝를 하면 刻薄해질 수 없는것이 父母의 마음이랴. 世上은 돌고 도는 것 孝道를 하면 報答은 子孫이 받게된다. 〈壯元詩〉

松下問童子
言師採藥去
只在此山中
雲深不知處

〈송하문동자〉 소나무 아래에서 童子에게 물으니
〈언사채약거〉 스승은 약을 캐러 갔다고 한다.
〈지재차산중〉 다만 이 山 가운데 있건만
〈운심부지처〉 구름이 깊어서 있는 곳을 알지 못하리로다.

소나무 밑에서 隱居者의 行方을 童子에게 물으니 하면서 말하기를 『비록 이 山 속에 있기는 하지만 구름이 깊어서 方向感覺이 杳然하면서 말하기를

【註釋】

天心：하늘의 마음。天意。
官淸：官吏가 淸廉潔明함。
妻賢：아내가 賢明함。아내가 어질고 착한것
心寬：마음이 너그러움。마음에 여유가 있고 원만함。

童子：사내아이
採藥：약재를 캠。
只在此山中：오직 이山속에 있음。사물이 일정한 방위밖에 나가지 않음。
言：어조사 언。
不知處：곳을 알지 못함。어느 곳에 있는지 알 수 없음。

草堂春睡足
窓外日遲遲
大夢誰先覺
平生我自知

〔초당춘수족〕草堂에 봄 졸음이 足하니
〔창외일지지〕窓밖에 날이 더디고 더디도다.
〔대몽수선각〕큰 꿈을 누가 먼저 깰 것인가.
〔평생아자지〕平生에 내가 스스로 알고 있노라.

(諸葛武侯)

草家집 마루에서 春困이 졸음을 몰고와 充足을 하다보니 窓밖에 해는 길어 더디 더디 기한이 없다. 經綸天下의 抱負를 꿈으로 그려 보건만 先覺者가 누구더냐, 平生에 나 혼자만 알고 있다는 三國의 風塵을 席捲하던 諸葛武侯다운 詩이다.

世事琴三尺
生涯酒一杯
擧頭唯見日
何處是長安

〔세사금삼척〕世上일은 거문고 석자요
〔생애주일배〕살아가는 과정은 술 한잔일세
〔거두유견일〕머리를 들어 오직 날을 보니
〔하처시장안〕어느 곳이 이 長安이냐?

〔唐吟〕

世上일은 三尺의 거문고만 있으면 여기에 陶醉해서 잊을 수 있고 세상 살아가는

【註釋】
草堂∷몸채에서 따로 떨어진 곳에 지붕을 이은집 따로 지붕을 이은 노곤한 졸음. 春眠
春睡∷봄철에 노곤한 졸음. 春眠
窓外∷창문 밖에
遲遲∷더디고 더딤. 날이 길다.
大夢∷큰 꿈. 크게 吉한 꿈.
先覺∷남보다 먼저 깨달음.
平生∷一平生. 나서 죽을때까지 그 사이.
一生.
自知∷自己의 力量을 自己가 앎.

【字解】
睡∷졸 수.

【註釋】
世事∷세상 일.
琴三尺∷석자의 거문고.
生涯∷살아있는 동안.
酒一杯∷술 한 잔. 한잔의 술.
擧頭∷머리를 번뜻이 들고 남을 대함.
長安∷서울.

胡地無花草
春來不似春
自然衣帶緩
非是爲吾身

〔題王昭君〕

(호지무화초) 胡地에 花草가 없으니
(춘래불사춘) 봄이 와도 봄같지 않도다.
(자연의대완) 自然히 옷과 띠가 늦어지니
(비시위오신) 이 내몸을 爲한 것이 아니로다.

오랑캐의 땅에는 不毛之地가 아니면 荒蕪地로 된 虛虛벌판이라, 꽃이 피지 않으니 봄이 와도 봄같을 수 없는 것은 自然의 現狀이라. 自然히 몸이나 옷을 團束하는데 마음이 쓰지지 않아 姿勢가 흩어지고 옷이나 띠가 풀리는 것은 이 내몸을 爲한것이 아니라 마음은 漢나라에 와 있고 單于를 떠났기 때문에 얼굴이 수척해져서 前의 아름다운 容貌를 찾아볼 수 없게 되었다 한다.

千山鳥飛絶
萬逕人跡滅
孤舟簑笠翁

(천산조비절) 일천山에 새가 나는 것이 끊어지고
(만경인적멸) 일만길에 人跡이 사라졌도다.
(고주사립옹) 외로운 배에 도롱이 삿갓 쓴 老人이

동안에는 술 한잔으로 목을 축이고 그럭 저럭 살면 된다. 오늘도 해는 떠 있어 머리를 들면 볼 따름이로소니 어느 곳이 長安인지 알아서 무엇 하겠는가, 이것은 唐에 있는 詩로써 때를 얻지 못하고 故息적인 삶으로 世上의 趣味를 잃은 사람의 虛送歲月을 뜻한 것임.

【註釋】
胡地‥오랑캐의 땅
花草‥꽃피는 풀이나 나무.
不似春‥봄 같지 않음.
봄 답지 않음.
衣帶緩‥옷과 띠가 늦어짐. 옷을 졸라매지 않고, 緊張과 團束을 안해서 몸매가 풀어짐.
非是爲吾身‥내몸을 爲하는 것이 아니라 世上에 재미가 없음을 이름.

【註釋】
鳥飛絶‥나는 새가 끊김, 새가 날지 않는것
人跡滅‥사람 자취가 끊어짐.
簑笠翁‥도롱이와 삿갓을 쓴 노인
獨釣‥혼자 낚시질 함.

獨釣寒江雪 〔독조한강설〕 홀로 찬 江강에서 낚시질 하는도다. 〔柳宗元〕

戰端전단의 渦中와중에 휘말려 千山천산에는 나는 새도 볼 수 없고 許多허다한 길에 人跡인적이 끊일 만큼 殺伐살벌하고 森嚴삼엄하도다. 외로운 뱃전에 도롱이 삿갓 쓴 姜太公강태공은 老人노인이 때를 기다리는 듯 찬 江강에서 홀로 낚시질하고 있다. 胸中흉중에 天下천하를 주름잡을 만한 抱負포부나 識見식견이 없다면 그것은 결단코 無意味무의미한 것이다.

樽中酒不空 〔준중주불공〕 술단지 가운데에 술이 비지 않았도다.
座上客常滿 〔좌상객상만〕 자리 위에는 손이 恒常항상 가득 차고
吹簫散楚兵 〔취소산초병〕 통소를 불어 楚초나라 軍士군사를 흩었도다. 〔唐吟〕
鷄山秋夜月 〔계산추야월〕 鷄鳴山계명산 가을 달밤에
                                            〔孔融〕

鷄鳴山계명산 秋夜月추야월에 張子房장자방의 玉洞簫옥동소는 西楚覇王서초패왕 項羽항우에게는 致命傷치명상을 주게한 楚歌초가 그것이었다. 이것으로 싸움의 勝負승부는 끝난 셈이다. 龍虎相搏용호상박의 八年風塵팔년풍진은 이렇게하여 漢한나라의 天下천하가 되고 말았다.
자리 위에는 언제든지 貴賓귀빈이 가득 차 있고 술단지 속에는 香臭향취를 품어내는 美酒미주가 가득히 차 있으니 걱정할 것이 없다. 風流人풍류인다운 氣像기상이 엿보이는 시이다.

鳥宿池中樹 〔조숙지중수〕 새는 못 가운데 있는 나무에서 자고

【字解】
袞곤 : 도롱이 사
笠립 : 삿갓 립.

【註解】
柳宗元유종원 : 唐당의 文人문인 政治家정치가. 唐宋八大家당송팔대가의 一人일인. 字자는 子厚자후. 監察御史감찰어사에 올랐다가 王叔文왕숙문 事件사건에 關聯관련되어 柳州刺史유주자사로 끝마춤.

【註釋】
鷄山계산 : 鷄鳴山계명산 下하의 山名산명.
秋夜月추야월 : 가을의 달밤. 닭이 뜬 가을의 밤.
吹簫취소 : 통소를 부는 것.
散楚兵산초병 : 楚초나라 軍士군사를 흩어지게 하다. 楚兵초병을 解散해산하게 만듦.
客常滿객상만 : 손님이 언제나 많이 와 있음.
樽中준중 : 술단지 가운데. 술을 담아두는 그릇 속에.
孔融공융 : 後漢후한 魯國人노국인. 孔子후공자후 字자는 文擧문거. 어려서부터 才操재조 뛰어나서 獻帝헌제때에 北海相북해상이 되어 儒術유술을 表표하고 學校학교를 세우니 大中大夫대중대부를 拜함.

僧叩月下門
月到天心處
風來水面時

(승고월하문) 중은 달 아래에서 門을 두드린다.
(월도천심처) 달은 하늘 中心에 이르고
(풍래수면시) 바람은 水面에 불어 올때라.
 (邵唐節)

自然環境에 適應하면서 살게 되어 있는 樹木에서 服飲자리를 마련하여 잠을 자고 있는 것이 生物의 構造라、새는 못속에 있는 드린다.
달이 가장 밝은 것은 하늘 中心에 이르렀을 때이고 바람이 가장 魅力을 일으키는 것은 水面을 스치고 갈때 잔잔한 물결이 일며 威勢를 떨치게 마련되어 있는 것이리라.

馬得千里鞭
鶯失一枝春
十年燈下苦
三日馬頭榮

(마득천리편) 말은 千里의 채찍을 얻었고
(앵실일지춘) 꾀꼬리는 한가지의 봄을 잃었도다. 〔鷲城大監〕
(십년등하고) 十年 燈불 아래 한 苦生이
(삼일마두영) 三日 동안 누리는 말머리의 榮華라네.

말을 한대 갈겨주려고 버들가지를 꺾어 채찍을 만드는 바람에 말은 千里를 달리는 刺棘劑가 됐지만 꾀꼬리는 한가지의 봄을 喪失하여 앉으 자리 하나가 없어졌도다. 十年 동안 죽을 힘을 다하여 苦生한 것이 겨우 三日동안 말머리에 누리는 榮다.

【註釋】
賈島：唐代 范陽人。 號 蝸石山人。 出家하여 無本이라함。 後에 還俗。 詩文에 能하여 韓愈의 極讚을 받음。
鳥宿：새가 자다.
天心：하늘의 中心。 天意 눈으로 볼 수 있는 하늘의 한 가운데.

【註釋】
千里鞭：千里를 채찍질 함。 말에게 千里를 가라고 채찍을 加함
一枝春：한가지의 봄。 꾀꼬리가 버들가지에 깃들여 봄을 노래함.
燈下苦：燈불 아래에서 工夫하느라고 苦生하는것.
馬頭榮：出世하여 말을 타고 榮華를 누리는 것.

華를 갖는것이 人生이라면 너무나 서글프고 寒心하지 않은가, 그것도 運이 나쁘면
平生 헛탕을 치고 마는 것이다.

打起黃鶯兒 〔타기황앵아〕 노란 꾀꼬리 아이를 쳐 일으켜서
莫教枝上啼 〔막교지상제〕 하여금 가지 위에서 울지 못하게 하라.
啼時驚妾夢 〔제시경첩몽〕 울 때에 妾의 꿈을 놀라게 하면
不得到遼西 〔부득도요서〕 시러곰 遼西에 이르지 못하리로다
　　　　　　　　　　　　　　　　（無名氏의 伊州歌）

가지 위에서 하염없이 우는 꾀꼬리란 놈을 때려 시끄럽게 騷亂을 피우지
못하도록 할까부다, 한참 단꿈을 꾸어 郎君을 그리다가 네우는 소리에 놀라 깬다
면 무슨 재주로 수자리 살고 있는 머나먼 遼西땅을 어떻게 이를것인가.

家貧思賢妻 〔가빈사현처〕 집이 가난하면 어진 아내를 생각하고
國亂思良相 〔국난사양상〕 나라가 어지러우면 훌륭한 政丞을 생각한
　　　　　　　　　　　　　다.　　　　　　　　　　　　（李克）
疾風知勁草 〔질풍지경초〕 빠른 바람에 굳센 풀을 알겠고
板蕩識誠臣 〔판탕식성신〕 板蕩이 되었을때 精誠스런 臣下를 알것이
　　　　　　　　　　　　　로다.　　　　　　　　　　　（蕭瑀傳）

【註釋】
打起：쳐 일으킴. 때려서 일어나게 함.
驚妾夢：첩의 꿈을 놀라게 하면, 놀래서 내 꿈을 깨게 한다면.
遼西：滿州의 遼河西쪽. 遼河北東을 遼東이라 하고 遼河西쪽을 遼西라고 함.

【註釋】
騷亂：시끄럽고 어수선을 피움. 騷動.
賢妻：현명한 아내. 良妻. 어진 아내.
良相：어진 宰相, 能力있는 指導者.
勁草：억센 풀.
板蕩：政法이 紊亂하여 紀綱이 없어짐.
誠臣：精誠을 다하는 臣下.

집안 형편이 어렵고 苟且할수록 알뜰하게 살림을 잘 꾸려가고 식솔을 보살펴 줄만한 착한 아내의 內助를 생각하고 政治가 어지러워 國家의 中心이 흔들릴 때일수록 이것을 收拾할만한 出衆한 宰相을 생각하게 된다. 거칠고 빠른 바람에는 흔들리고 쓰러지지 않는 풀이 없을 때에 오직 홀로 꼬떡않는 군센품을 알 수 있고 政事가 紊亂해져 일의 갈피를 잡지못할 昏亂할때에 마음을 變치않는 精誠스런 臣下를 알 것이니 平常時에는 다 忠誠하는것 같아서 識別할 수 없느니라.

樽酒樂餘春 〔준주낙여춘〕 술단지의 술로 남은 봄을 즐기고
棋局消長夏 〔기국소장하〕 바둑판으로 긴 여름을 消費시켰도다.
採菊東籬下 〔채국동리하〕 菊花를 東녘 울타리 밑에서 캐다가 〔王維〕
悠然見南山 〔유연견남산〕 悠然히 南山을 바라보노라. 〔陶潛〕

얼마 남지않는 봄을 단지의 술로 즐겨서 보내고 無聊하기 짝이없는 길고 긴 여름날을 바둑판으로 사라져 보내리라. 東쪽 울타리 밑에 피어있는 노란 菊花꽃을 따려다가 沈着하게 南山을 바라다 본다. 自我陶醉의 浩然한 마음으로 逍遙自適하며 物累를 超脫했던 陶淵明이 隱君子로 自處하며 愛菊하던 일을 回想할만한 詩이다.

一飽百情足 〔일포백정족〕 한번 배부르면 일백 情이 洽足하고

【字解】
教 : 하여금 교
勤 : 군셀 경
板 : 널조각 판
蕩 : 법없어질 탕

【註釋】
消長夏 : 긴 여름을 써서없앰.
昏亂 : 어둡고 어지러움. 혼미해서 뒤심란하다.
採菊 : 국화주를 만들려고 꽃을 따는 것
悠然 : 침착하고 여유있는 모양. 마음이나 태도가 태연하고 안정됨.

【字解】
棋 : 바둑판 기
籬 : 울타리 리

一酣萬事休 〔일감만사휴〕 한번 醉해지면 모든 일이 끝이로다.

誰知盤上饌 〔수지반상손〕 누가 소반 위에 밥이

粒粒皆辛苦 〔입립개신고〕 알알마다 다 쓰고 괴로울을 알겠는가. (李紳)

金剛山도 食後景이라고 한번 배를 채워 배불리 먹고나면 일백가지 모든 일이 洽足해서 아무 생각이 없어지고 醉해서 골아 떨어지면 죽여도 모를 판인데 모든일 이 끝장이 아니더냐? 사람이 恒常 먹고 살면서도 누가 밥상 위에 차려진 밥의 한알 한알이 農夫의 勞苦인 피와 땀으로 얻어진 값진물건이란 것을 알겠는가, 곡식을 所重히 여겨야 한다는 뜻이 含蓄되어 있다.

人皆苦炎熱 〔인개고염열〕 사람은 다 불꽃같은 더위를 괴로워 하건만

我愛夏日長 〔아애하일장〕 나는 여름해가 긴 것을 좋아하노라. (唐文宗)

今日漢宮人 〔금일한궁인〕 오늘은 漢나라 宮人일러니

明日胡地妾 〔명일호지첩〕 내일이면 되놈 땅에 妾이 된다네. (李白의 王昭君)

사람들은 모두 타는듯한 더위를 괴로와 하고 있지만 나는 별로 더위란 것을 느끼지 않고 도리어 여름날의 해가 긴 것이 마음에 든다.

오늘은 漢나라 宮女의 몸이지만 來日이면 胡國땅 單于의 妾이 되기 마련이니 그

【字解】

酣 : 술취할 감.
盤 : 쟁반 반.
饌 : 밥손.
粒 : 쌀난알 립.
辛 : 괴로울 신.

白樂天 : 唐代의 詩人. 字는 樂天. 名居易 號는 香山居士. 山西省大原사람. 新樂府 長恨歌, 琵琶行 등 많은 傑作을 남김. 著書 白氏文集 七一卷

一飽百情足 : 실컷 먹으면 아무 생각이 없음.
萬事休 : 모든 일이 헛되이 끝남.
辛苦 : 어렵고 고생스럽다.

【註釋】

苦炎熱 : 심한 더위로 괴로워 함. 더위에 몸 시 시달림.

夏日長 : 여름날이 길다.

漢宮人 : 內人, 나인. 옛날 궁궐 안에서 大殿內殿을 가까이 모시는 內命婦의 總稱. 宮人, 宮女, 女侍.

胡地妾 : 오랑캐 땅의 첩. 오랑캐 임금(匈奴)의 〈酋長〉의 애첩.

悲痛함이 어떠하리오, 사람의 운명이란 알 수 없는 것으로 그는 千秋의 恨을 품은 채 和親의 祭物로 바쳐졌으니 當代의 絶色인 王昭君이었다.

亭皐楓葉下
隴首秋雲飛
雲端楚山見
林表吳岫微

〔정고풍엽하〕 정자 언덕에 丹楓잎 떨어지고,
〔롱수추운비〕 언덕 머리에 가을 구름 날도다.
〔운단초산견〕 구름 끝에 楚나라 산이 보이고,
〔임표오수미〕 숲 밖에 吳나라 뫼뿌리가 작고나.

〔杜甫〕

亭子가 서 있는 나지막한 山에는 丹楓잎이 우수수 떨어지고, 山이 좀 높고 비탈진 언덕배기에는 엷은 가을구름이 날고 있도다. 구름 끝에는 아득하게 楚나라 山이 보이고, 우거진 숲 밖에는 吳나라 뫼뿌리가 작게 펼쳐져 있네.

獨坐幽篁裏
彈琴復長嘯
深林人不知
明月來相照

〔독좌유황리〕 홀로 그윽한 대밭속에 앉아서
〔탄금부장소〕 거문고를 타고 다시 길게 휘파람 분다.
〔심림인부지〕 깊은 숲에 있는것을 사람은 알지 못하고
〔명월래상조〕 明月만 와서 서로 비쳐 주누나.

〔竹里舘 王維〕

혼자서 깊고 고요한 대밭속에 앉아서 塵世의 시름을 잊으려 거문고를 타고나서

【字解】
炎∷불꽃 염.
熱∷더울 열.

【註釋】
幽篁∷그윽한 대밭. 깊숙한 대나무 숲.
彈琴∷가야금을 탐. 거문고를 타는 것.
長嘯∷길고 세차게 내부는 휘파람.
深林∷깊게 무성한 수풀.
王維∷唐의 詩人이며 畫家, 字는 摩詰。山西省大原人, 山水畫에 能하고 後에 文人畫 始祖로 追仰。王維學士 著書 王石丞集。

李杜文章篇

口是禍之門
舌是斬身刀
閉口深藏舌
安身處處牢

〔구시화지문〕 입은 이 災殃의 門이요
〔설시참신도〕 혀는 이 몸을 베는 칼이다.
〔폐구심장설〕 입을 단고 깊이 혀를 감추면
〔안신처처뢰〕 몸을 便히 지켜 곳곳에 못나오게 막을지니라.

(瑪道)

다시 기다랗게 휘파람을 불어본다. 원체 깊은 숲이라 사람은 알리가 없고 惟獨 天에 걸려있는 밝은 달만이 찾아와서 서로 多情한 것처럼 皎皎히 비쳐주고 있다.

한번 吐하면 거두어 들이지 못하는 것이 입이나 혀를 通하여 나오는 말이라 입은 이것이 禍福의 문이요, 혀는 이것이 몸을 자르는 칼과 같은지라. 입을 꽉 다물고 혀를 쉽게 움직이지 못하도록 깊이 간직하여 몸을 防備하되 要所마다 나오지 못하도록 짐승의 우리처럼 굳게 지킬지니라.

驟雨不終日
飄風不終朝
兒童誦君實

〔취우부종일〕 소나기는 盡終日 오지 아니하고
〔표풍부종조〕 회오리바람은 아침 마칠때까지 불지 않는다.
(老子)
〔아동송군실〕 아이들도 君實을 외우고

【字解】
篁∷대밭 황.
彈∷탈 탄.
嘯∷휘파람 소.

【註釋】
禍之門∷재앙의 문. 재화를 招來하는 所以 (까닭)
斬身刀∷몸을 베이는 칼. 자기 몸을 절단 내는 凶器.
深藏舌∷깊이 혀를 감춤. 깊숙히 혀를 무겁게 간직하여 가볍게 움직이지 않음.
處處牢∷곳곳에 못나오게 굳게 단속함.
瑪道∷可道. 少純好道. 善屬文. 後周景威人. 字는 事晉. 累加司徒封燕國公. 以爲太傅. 契丹滅晉又事周. 漢高祖立. 乃歸漢太師奉請朝滅漢道又事周. 拜太師兼中書令文懿. 歷事四姓十君. 在位二十餘年.

【字解】
籥∷슬쓸할 소.
舌∷혀 설.

【註釋】
驟雨∷소나기. 여름철에 갑자기 퍼붓는 큰 비.

走卒知司馬

〔주졸지사마〕 走卒들도 司馬를 아는도다. 〔蘇軾〕

自然現象도 亦是 限度가 있어서 소나기는 盡終日까지 오는 수가 없고 회오리바람은 아침이 마칠 때까지 持續되지 않는다.

司馬温公은 言行이 如一한 誠實하고 厚德한 君子로서 철없는 아이들도 司馬를 알 程度라면 얼마만큼 깊이 感化되었는가 하는 것을 알 수 있다.

三旬九遇食
〔삼순구우식〕 三旬에 아홉번 飲食을 먹고
(陶潛의 擬古詩)

十年着一冠
〔십년착일관〕 十年에 한번 衣冠을 부친다.
(田藝衡)

元龜鳴則鼈應
〔원명즉별응〕 큰 자라가 울면 자라들이 應하고

兔死則狐悲
〔토사즉호비〕 토끼가 죽으면 여우가 슬퍼한다.

한달에 아홉번 먹고 견딜만큼 家計가 어려워 끼니를 太半이나 거르고, 十年에 한번 衣冠을 차릴 程度로 사는 것이 形便없거나 몸가짐에 對한 無関心한 사람도 있다.

類는 類를 부르고 기운이 같으면 應하는 것으로 큰 자라가 울면 자라들이 應하고 토끼가 죽으면 여우가 슬퍼하는 것은 같은 무리의 不幸을 슬퍼하는 同情인 것이다.

【註釋】

三旬∷ 上旬 中旬 下旬의 總稱
九遇食∷ 아홉번 끼니를 먹음.
着一冠∷ 한번 갓을 부친다. 衣冠을 한번 추다.

【字解】

元龜∷ 큰자라 원.
鼈∷ 자라 별.
狐∷ 여우 호.

【註釋】

兔死狐悲∷ 토끼의 죽음을 여우가 슬퍼함. 같은 무리의 同情.

李杜文章篇

金城不可破 (금성불가파) 金城은 可히 破할 수 없고

鐵壁不可奪 (철벽불가탈) 鐵壁은 可히 빼앗을 수 없다.

毋詒盲者鏡 (무이맹자경) 소경에게 眼鏡을 주지 말고

毋予躄者履 (무여벽자리) 앉은뱅이에게는 신을 주지 말지니라.

쳐부수기 어려운 堅固한 城은 可히 무너뜨릴 수 없고, 쇠로 만든 단단한 壁같은 城郭은 빼앗을 수 없다. 소경에게는 볼 能力이 없으니 眼鏡을 주어도 所用이 없고 앉은뱅이는 걷는 能力을 喪失하였으니 신을 주어 봤자 用途가 없으니 空然히 주어서 疲困하게 만들 必要가 없다는 말이다. 〈淮南子〉

海闊從魚躍 (해활종어약) 바다가 넓으니 물고기는 쫓아서 뛰고

天空任鳥飛 (천공임조비) 하늘이 비었으니 새는 마음대로 날도다. 〈古今詩話〉

海靜三山出 (해정삼산출) 바다는 고요한데 三山이 솟아나 있고

天空一鶚高 (천공일악고) 하늘은 비었는데 독수리 한마리가 높이 떠 있다. 〈貫休〉

끝없이 廣濶한 바다에는 물고기가 거침없이 뛰고 있으며 하늘이라고 하는 空間

【字解】
詒‥‥끼칠 이.
躄‥‥앉은뱅이 벽.
履‥‥신 리.

【註釋】
鐵壁‥‥쇠로 만든 아주 튼튼한 벽.
不可奪‥‥可히 빼앗을 수 없음. 단단하고 물샐틈이 없어 건드리지 못함.
毋詒‥‥주지 말라. 끼치지 말라.
毋予‥‥주지 말라. 許與하지 말라. 줄 必要가 없다는 말.
躄者‥‥앉은뱅이.

【註釋】
盲者‥‥소경. 眼盲人, 盲人.
徐積‥‥宋 山陽人。字 仲車。三才父沒。父名石。終身不用石器 行過石避 而勿踐 事母至孝 母之廬墓三年 初從安定胡瑗學 祐元初 官楚州教授諡節孝。

【註釋】
海濶‥‥바다가 넓음. 바다가 넓게 탁 트여 있음.
從魚躍‥‥물고기가 그곳을 쫓아 뛰고.
天空‥‥하늘. 大空.

도 亦是 無限大인데 새가 任意로 날고 있으니 上下를 直流하고 있는 한 기운을 實感할 수 있다.

風浪이 일지않는 고요한 바다에 三山은 불끈 솟아있으며 하늘의 빈 大氣圈에는 독수리 한마리가 높이 떠서 圓을 그리며 徘徊하고 있다. 未嘗不 싫지 않은 氣像이다.

曲木惡直繩 (곡목오직승) 굽은 나무는 곧은 먹줄을 미워하고

奸邪惡正法 (간사오정법) 奸邪한 사람은 바른 法을 미워한다. (文學子)

木從繩則直 (목종승즉직) 나무가 먹줄을 좇으면 곧아지고

后從諫則聖 (후종간즉성) 임금이 諫言을 좇으면 聖人이 된다. (書經悅命)

굽은 나무는 생긴대로는 쓸 수 없고 곧은 用에 작게 써야 됨으로 미워하게 되고, 奸邪한 사람의 마음은 바른 法에 制裁의 對象이 되는 故로 싫어하는 것은 當然한 常識이다.

나무가 먹줄대로 따라가면 어쩔 수 없이 곧아지는 것처럼 임금이 올바르게 諫하는 말을 귀담아 들어서 힘써 고치면 훌륭한 임금소리를 남기게 될 것이다.

【註釋】
風浪：바람과 물결.
大氣圈：地球를 싸고 있는 大氣의 領域
未嘗不：일찌기 그렇지 않은 것은 아님. 그렇다는 것을 迂廻的으로 表現한 말. 未嘗不然.
三山出：海岸線에 세 봉우리가 솟아 있음.
一鶚高：한마리의 독수리가 높이 날고 있음.
任鳥飛：새가 任意로 날음. 새가 거리낌없이 이 날아감

【字解】
瀾：넓을 활.
鶚：숙수리 악.

【註釋】
曲木：굽은 나무.
直繩：곧은 먹줄.
奸邪：性質이 奸巧하고 행실이 나쁨(바르지 못함).
正法：바른 법칙.
從諫：바르게 諫하는 말을 따름.

【字解】
繩：노 승.

泉渴則流涸

〔천갈즉유학〕 우물이 마르면 흐르는 물 줄기도 마르고

根朽則葉枯

〔근후즉엽고〕 뿌리가 썩으면 잎이 마른다.　（曹冏）

外面似菩薩

〔외면사보살〕 外面은 菩薩처럼 慈悲롭지만

內心如夜叉

〔내심사야차〕 속셈은 夜叉의 殘忍한것 같도다.　（列子）

우물은 흐르는 물줄기와 直結되어 있고 나무의 뿌리는 줄기와 가지를 通하여 잎으로 連結되어 있다. 그래서 우물이 마르면 흐르는 물줄기도 말라서 끊기고 뿌리가 썩으면 잎이 시든다.

겉으로 봐서는 菩薩처럼 慈悲한 人間性을 지닌 것 같은데 속셈을 뜯어보면 夜叉의 그것처럼 殘忍하고 凶暴한 魔性을 內包하고 있는 것이다.

世上의 擧皆가 假面劇의 탈을 쓰고 僞裝의 쇼를 하고 있다는 것은 酷評일 것이지만, 純粹한 眞實性을 가진 太古之民이 없다는 아쉬움에서 出發부터 다시 始作하는 敎育이나 政治風土가 바람직하지 않나 생각을 해 보기도 한다.

【註釋】
根朽則葉枯：뿌리와 가지는 기운이 直結돼 있으므로 한뿌리가 썩으면 한가지가 마르게 되어 있음.
外面：거죽. 바깥 형태. 외양.
菩薩：부처의 다음가는 어진분 자비롭고 인자한 불보살.
內心：속. 마음. 心中.
夜叉：殘忍하고 酷毒한 鬼神.
列子：列禦冠지음 八卷. 東晉張堪이 註書가 있음. 唐代에 沖虛眞經이라는 이름이 생김.

道通天地無形外 〔도통천지무형외〕 道는 天地의 形象없는 밖에 通하고

思入風雲變態中 〔사입풍운변태중〕 생각은 風雲 變態하는 가운데 들어왔도다. 〔程明道〕

三山半落靑天外 〔삼산반락청천외〕 三山은 반쯤 靑天 밖으로 떨어지고

二水中分白鷺洲 〔이수중분백로주〕 二水는 가운데로 白鷺의 물가를 나누었도다. 〔李白〕

爲人性僻耽佳句 〔위인성벽탐가귀〕 사람된 性僻이 아름다운 글귀를 貪하여

語不驚人死不休 〔어불경인사불휴〕 말이 사람을 놀래키지 않으면 죽어도 쉬지 못하리라.

老去詩篇渾謾興 〔노거시편혼만흥〕 늙어 오므로 詩篇이 히 부질없는 興이라.

春來花鳥莫深愁 〔춘래화조막심수〕 봄이 왔다고 花鳥는 깊이 근심하지 말라. 〔杜甫〕

百計不能逃白髮 〔백계불능도백발〕 백 가지 꾀가 能히 白髮을 逃亡할 수 없는데

一生堪笑役虛名 〔일생감소역허명〕 일생에 헛된 이름에 役使 한 것이 견디어 우습도다. 〔陸游〕

【註釋】

風雲：英雄이 큰 뜻을 펼 수 있는 좋은 기회. 조화의 契機.

變態：어떠한 形態나 狀態가 달라짐. 달라진 形態.

三山：江蘇省 江寧縣 西南에 있는 山. 세 봉우리가 連해 있으므로 三山이라 하였음.

半落：반쯤 떨어졌다는 것은 구름에 三山의 半分이 가리어서 靑天 저쪽으로 떨어져서 空中에 걸려있는 듯이 보임.

二水：秦淮의 二水. 이 江은 도중에서 合流 또는 二分하여 一은 城中으로 들고 一은 城外를 돌아 흐름. 이 二水의 갈림에 白鷺 洲라는 섬이 있음.

性僻：굳어진 習慣. 性格과 버릇.

驚人：사람을 놀라게 할만큼 뛰어나게 잘된 것을 이름.

謾興：온갖 부질없이 일어나는 興趣.

百計：온갖 계책. 있는 꾀를 다 動員해 보는 것.

役虛名：헛되고 실속이 없는 명예심에 팔려 役事함.

陸游：宋나라 山陰人 字는 放翁. 幼時부터 文名을 날림. 官은 孝宗때 樞密院編修를 歷任 范成大의 薦으로 參議官被任 언제나 才氣가 넘쳤고 詩에 뛰어남.

西風昨夜動園林 〔서풍작야동원림〕 西風이 어제 밤에 庭園의 숲을 움직여

萬地黃花落盡金 〔만지황화낙진금〕 땅에 가득한 누런 꽃이 떨어져서 금빛이 다했도다. 〔王介甫〕

絕壁過雲開錦繡 〔절벽과운개금수〕 絕壁에 구름이 지나니 錦繡가 열렸고

疎松隔水奏笙簧 〔소송격수주생황〕 성긴 소나무에 물이 막혔으니 笙簧을 아뢰는도다. 〔杜甫〕

司馬相如藺相如 〔사마상여인상여〕 司馬相如와 藺相如는

姓不相如名相如 〔성불상여명상여〕 姓은 서로 같지 않지만 이름은 서로 같도다.

束帶發狂欲大叫 〔속대발광욕대규〕 띠를 묶고 미친 것을 發하여 크게 소리쳐 부르짖고 자 하니

安得赤脚踏層氷 〔안득적각답층빙〕 어찌 붉은 다리로 層 어름을 밟는 것을 얻겠는가 〔杜甫早秋〕

落花不語空辭樹 〔낙화불어공사수〕 落花는 말이 없어 부질없이 나무를 사양하고

流水無心自入池 〔유수무심자입지〕 流水는 無心코 스스로 못으로 들어오는도다. 〔白居易〕

【註釋】

錦繡：비단과 수를 놓은 織物

笙簧：雅樂에 쓰이는 管樂器의 일종

司馬相如：字는 長卿, 成都人 文章·詩賦에 能하여 漢代의 詞宗이라함.

藺相如：戰國때 趙나라 名將

束帶：갓을 쓰고 띠를 띰, 곧 禮服을 갖추는 것.

發狂：병으로 미친 症勢가 일어남. 더위서 미칠듯이 날뜀

大叫：크게 소리쳐 부르짖음

赤脚：냉기로 살빛이 검붉어진 다리.

辭樹：「나는 이만 가야 하겠소」하고 나무에게 떠날을 아룀

無心：생각하는 마음이 없는 것. 뜻하지 않고 아무 생각없이

江上草閣柳新暗
（강상초각류신암）
江 위에 草閣에는 버들이
새로 어둡고

城邊野池蓮欲紅
（성변야지연욕홍）
城邊 들못에는 蓮 꽃이 붉
고자 하더라.

出師未捷身先死
（출사미첩신선사）
군사를 내어 이기지 못하
고 몸이 먼저 죽었으니

長使英雄淚滿襟
（장사영웅루만금）
길이 英雄으로 하여금 눈
물을 옷깃에 가득하게 했도다. (杜甫)

峨眉山月半輪秋
（아미산월반륜추）
峨眉山 달 半바퀴 가을
이

夜發清溪向三峽
（야발청계향삼협）
밤에 清溪를 떠나서 三峽
을 向하니

思君不見下榆州
（사군불견하유주）
그대를 생각하나 보지못하
고 榆州로 내려 가는도다. (李白峨眉山月歌)

日照香爐生紫煙
（일조향로생자연）
날이 香爐를 비치니 붉은
煙氣가 나고

遙看瀑布掛長川
（요간폭포패장천）
멀리 瀑布를 보니 긴 내가
걸린 듯 하도다.

【註釋】

草閣：볏짚으로 지붕을 이은 樓閣.

出師：군사를 전쟁터로 내보냄. 出兵, 전쟁을 이르킴

英雄：才能과 知略이 出衆하고 勇猛이 있어 雄大한 抱負를 가진 사람

峨眉山：泗川省 巴蜀에 있는 山名.

平羌清溪：地名

三峽：泗川, 湖北 兩省의 경계인 양자강 中流에 있는 三峽谷. 巫峽 瞿塘峽 西陵峽

榆州：河北省 臨榆縣에 있음.

香爐：香爐峯 香을 피우는 조그마한 香爐

紫煙：담배 연기, 보라빛 연기.

飛流直下三千尺
〔비류직하삼천척〕 날아 흐르기를 곧게 三千자를 내려가니

疑是銀河落九天
〔의시은하낙구천〕 이 銀河水가 九天에서 떨어지는 것을 疑心하도다. (李白 驪山瀑布)

織女牽牛雙扇開
〔직녀견우쌍선개〕 織女와 牽牛星이 두 부채를 열었으니

年年一度過河來
〔년년일도과하래〕 해마다 한번씩 河水를 지내오는도다.

莫言天上稀相見
〔막언천상희상견〕 天上에서 드물게 서로 본다고 말하지 말라.

猶勝人間去不回
〔유승인간거불회〕 오히려 人間에 가면 돌아오지 못하는 것보다 낳으니라. (李白 七夕詩)

問余何事棲碧山
〔문여하사서벽산〕 내게 묻노니 무슨 일로 푸른 山에 棲息하는고

笑而不答心自閑
〔소이부답심자한〕 웃고 말하지 않으니 마음이 스스로 閑暇하도다.

桃花流水杳然去
〔도화유수묘연거〕 복사꽃 흐르는 물이 杳然히 가니

別有天地非人間
〔별유천지비인간〕 別다른 天地요、人間이 아니로다. (李白 山中答俗人)

【註釋】
直下: 똑바로 내려감, 물줄기가 골장 아래로 내려 쏟음.
銀河: 은하수, 밤에 흰구름 모양으로 길게 보이는 별의 무리.
九天: 하늘의 제일 높은 곳. 九重天
天上: 하늘 위. 天上界
去不回: 한번 가기만 하면 다시 돌아올 수 없는 것.
杳然: 오래되어 까마득하다. 아득하여 정신이 아리송하다. 전혀 소식이 없다.

春風搖江天漠漠 〔춘풍요강천막막〕 봄이면 바람이 江을 흔들고 하늘은 아득히 멀어 보이네

暮雲捲雨山娟娟 〔모운권우산연연〕 여름날 저문 구름 비를 뿌리면 山은 한결 아름다워지네

丹楓翻鴉伴水宿 〔단풍번아반수숙〕 가을 丹楓에 나는 까마귀 는 고깃배 잠자리로 데려오고

長松落雪驚醉眠 〔장송낙설경취면〕 겨울 長松에 쌓였다 떨어지 는 눈소리에 잠을 깬다네 〔蘇東坡〕

兩人對酌山花開 〔양인대작산화개〕 두 사람 마주앉아 술잔을 나누니 山에는 꽃이 피네

一盃一盃復一盃 〔일배일배부일배〕 한 잔, 한 잔, 또 한 잔이 구나

我醉欲眠君且去 〔아취욕면군차거〕 내 취해서 잠들고자 하니 그대는 돌아가시라

明朝有意抱琴來 〔명조유의포금래〕 내일 아침에 뜻이 있거든 거문고를 안고 올지어다. 〔李白〕

昔人已乘黃鶴去 〔석인이승황학거〕 옛 사람이 이미 黃鶴을 타고 가버려서

此地空餘黃鶴樓 〔차지공여황학루〕 이 땅에는 헛되이 黃鶴樓 만 남아 있네

【註釋】
漠漠: 廣大하여 아득히 멀어서 아슬아슬한 것을 말함
娟娟: 고운 모양
丹楓: 늦가을에 붉게 물든 나무잎, 丹楓나무
翻鴉: 날개를 번득이며 나는 까마귀
水宿: 水中의 배 안 잠자리
長松落雪: 크게 자란 소나무, 높은 가지 위 에 쌓였던 눈뭉치가 뚝 떨어지는 소리
我醉欲眠: 〔陶淵明傳〕에 陶淵明이 만약에 저 취했을 때엔 客은 돌아가시라『내 취 해서 자고자 하니 卿은 돌아가시라』는 句 節이 있다. 이기엔 卿이 君으로 變했다.

黃鶴一去不復返 〔황학일거불부반〕 黃鶴은 한번 가서 다시 돌아오지 않아

白雲千載空悠悠 〔백운천재공유유〕 白雲만 千年 긴 세월을 헛되이 흘려 보냈도다. (崔顥 黃鶴樓詩)

小少離家老大回 〔소소리가노대회〕 작고 젊어서 집을 떠나 늙고 커서 올라오

鄕音無改鬢毛衰 〔향음무개빈모쇠〕 시골 風俗은 고쳐진 것이 없는데 귀밑 털만 희어졌네

兒童相見不相識 〔아동상견불상식〕 아이들은 서로 보고 알까

笑問客從何處來 〔소문객종하처래〕 웃으며 묻기를 「손님이 어디서 왔소까」하더라 (賀志章)

月落烏啼霜滿天 〔월락오제상만천〕 달은 지고 까마귀는 우는 데서리는 하늘에 가득찼네

江楓漁火對愁眠 〔강풍어화대수면〕 江의 丹楓과 고기잡이 배로 愁眠山을 對하였도다.

姑蘇城外寒山寺 〔고소성외한산사〕 姑蘇城 밖에 있는 寒山寺로부터

夜半鍾聲到客船 〔야반종성도객선〕 밤 中에 鍾소리가 客船에 이르렀도다 (張維의 楓橋夜泊詩)

【註釋】

小少‥나이가 작고 젊었을 때、키가 작고 어렸을 때
老大‥나이가 늙고 커서、세월이 많이 간 뒤로
鄕音‥고향 또는 故國의 音聲
鬢毛衰‥귀밑털이 하얗게 늚음、관자놀이와 귀사이에 난 털이 반백으로 쇠하였음
漁火‥고기잡이 배에 켜는 등불이나 횃불
姑蘇城‥春秋時代의 吳나라 都邑。江蘇省 蘇州府에 있음
愁眠‥楓橋近處에 있는 山
寒山寺‥江蘇省 吳縣의 서쪽 楓橋近處에 있음。唐의 高僧 寒山과 拾得이 있었던 곳이라 함
夜半‥한밤중、밤 十二時를 이름、夜分

【字解】

鬢‥귀밑털 빈

父不憂心因子孝 〔부불우심인자효〕 아버지 마음이 근심되지 않는 것은 아들이 孝함을 因함이요

夫無煩惱是妻賢 〔부무번뢰시처현〕 지아비가 煩惱함이 없는 것은 아내가 어질기 때문이라.

言多語失皆因酒 〔언다어실개인주〕 말이 많고 失手를 하는 것은 다 술로 因함이요.

義斷親疏只爲錢 〔의단친소지위전〕 義가 끊어지고 親한 것이 성기는 것은 다만 돈을 爲함이라. (景行錄)

雲淡風輕近午天 〔운담풍경근오천〕 구름은 맑고 바람은 가벼 워 낮 하늘에 가까워 왔네

訪花隨柳過前川 〔방화수류과전천〕 꽃을 찾고 버들을 따라 앞 냇가를 지나 도다.

傍人不識余心樂 〔방인불식여심락〕 곁에 있는 사람은 내 마음의 즐거움을 알지 못하고

將謂偸閒學少年 〔장위투한학소년〕 장차 한가함은 훔쳐서 少年을 배운다고 이르더라. (程明道春日偶成)

昨夜江邊春水生 〔작야강변춘수생〕 어제밤 江가에 봄물이 생겼으니

艨艟巨鑑一毛輕 〔몽동거함일모경〕 軍艦같은 큰 배가 한 터럭처럼 가볍게 가는 도다.

【註釋】

憂心‥근심하는 마음. 憂心悄悄
煩惱‥번거로운 시달림, 마음의 고통
義斷親疏‥義理가 단절되고 親한 交分이 멀어지는 것.
雲淡風輕‥구름은 엷게 깔렸고 산들바람 솔솔 불어 옴
偸閒‥한가한 틈을 타는 것.
春水‥봄철에 흐르는 물, 봄비가 와서 물이 불어나는 것
艨艟‥軍鑑, 전쟁에 쓰는 배

【字解】

偸‥도둑 투.
艨‥싸움배 몽.
艟‥싸움배 동.

李杜文章篇

向來枉費推移力
今日中流自在行
半畝方塘一鑑開
天光雲影共徘徊
問渠那得清如許
爲有源頭活水來

(향래왕비추이력) 지난번에 헛되이 밀어 옮기는、 힘을 허비했더니
(금일중류자재행) 오늘에는 中流에서 마음대로 行하게 되었도다. (朱晦庵의 菴道前吟)
(반묘방당일감개) 半畝의 모난 못에 한 거울이 열렸으니
(천광운영공배회) 하늘빛과 구름 그림자가 한가지로 어정거리는구나
(문거나득청여허) 묻노니 저 어찌하여 저같이 맑은 것을 얻었는가
(위유원두활수래) 根源머리에 活水가 있어서 오는 것이 있음을 爲함이니라. (朱晦庵의 得道後吟)

간밤에 비가 내려 江邊에 물이 불어서 軍艦같이 거창한 배가 털하나 날라 가듯 가볍게 흘러가네. 지난번엔 쓸데없이 그 육중한 것을 힘으로 밀어 끌어 옮기려 했던 헛된 努力이 오늘날 물 한복판에 拘礙없이 自由自在로 가고 있지 않는가 水라는 原動力을 얻었기 때문이다.

半이랑의 네모난 작은 못에는 한 거울이 열려서 하늘에서 비치는 햇빛이며 구름의 그림자 같은 것이 황홀하게 어른거리누나 묻노니 저것이 어찌하여 저렇게 맑은 것을 얻었는고, 根源 머리에 살아있는 물 그것이 오고 있기 때문인 것이다.

봄 물이 불어서 배가 가고 活水가 들어와서 萬類를 照明할 수 있는 能力을 갖게 되니 물은 体가 第一 작은 것이지만 造化가 붙는 것이다.

【註釋】
向來‥지난번、 아레、 어저께
枉費‥헛된 努力、 쓸데없이 虛費心力하는 것
推移力‥배를 힘으로 밀어 끌고 옮겨감
自在‥拘束과 防害가 없이 제 스스로 있음. 自由自在의 略稱
天光雲影‥하늘의 맑은 빛과 구름의 어두운 그림자
共徘徊‥다 함께 비쳐 어른거림, 다같이 왔다갔다 거니는 것
那得淸如‥어떻게 저런 맑은 것을 얻었는가
源頭‥源泉의 劈頭 (일의 시작)
活水‥살아서 움직이는 물

順治皇帝出家詩

天下叢林飯似山 〔천하총림반사산〕 天下의 떨기로 우거진 숲에 밥이 山처럼 쌓여있으니

鉢盂到處任君餐 〔발우도처임군찬〕 몸이 가는 곳마다 任意로 먹을 수 있도다.

黃金白璧非爲貴 〔황금백벽비위귀〕 黃金이나 白玉 따위가 貴한 것이 되지 아니하고

惟有袈裟被最難 〔유유가사피최난〕 오직 袈裟를 입는 것이 가장 어려움이 있도다.

朕乃大地山河主 〔짐내대지산하주〕 朕이 이 큰 땅덩어리 山河의 主人으로

憂國憂民事轉煩 〔우국우민사전번〕 憂國憂民 하는 일이 굴러 번거로웠도다.

百年三萬六千日 〔백년삼만육천일〕 百年을 따지자면 大略 三萬六千日인데

不及僧家半日閒 〔불급승가반일한〕 僧家의 반나절 閒暇한 것에 미치지 못하도다.

悔恨當初一念差 〔회한당초일념차〕 뉘우쳐 恨하는 當初에 한생각 差異로 해서

【註釋】

順治皇帝：淸나라 世祖。名福臨、太宗第九子。帝代에 中原을 통일하고 淸나라 基礎를 이룸、在位는 十八年

叢林：雜木이 우거진 숲

鉢盂：중의 밥그릇

袈裟：임금이 입는 法衣

朕：나, 임금이 自稱

悔恨：뉘우치고 한탄함, 後悔하거나 怨痛하여 한숨짓는 嘆息

【字解】

鉢：바리때 발
盂：바리 우
朕：나 짐
袍：도포 포
袈：가사 가
裟：가사 사

李杜文章篇

黃袍換却紫袈裟
我本西方一衲子
緣何流落帝王家
未生之前誰是我
我生之後我爲誰
長大成人纔是我
合眼朦朧又是誰
百年世事三更夢
萬里江山一局棋
禹疏九州湯伐桀

(황포환각자가사) 임금이 입었던 누런 도포를 紫袈裟로 바꾸어 입었도다.
(아본서방일납자) 내 본래 西方의 長衫을 입었던 僧侶의 몸으로.
(연하유락제왕가) 무슨 因緣으로 帝王家에서 태어나게 되었는가.
(미생지전수시아) 태어나기 전에는 누가 이 나이며.
(아생지후아위수) 내가 난 후에 내가 누구로 되었는가.
(장대성인자시아) 長大하여 成人이 되어 겨우 이 나라고 했더니.
(합안몽롱우시수) 눈을 감고 몽롱해져서 저 世上으로 가면 또한 누가 될 것인가.
(백년세사삼경몽) 百年 世上일이란 夜三更에 꿈을 한번 꾸는 것이라면.
(만리강산일국기) 萬里江山 역시 한판 바둑의 勝負와 다를 것이 무엇이냐?
(우소구주탕벌걸) 禹임금은 九州를 疏通시켰고 湯임금은 桀을 쳤으며

【註釋】
黃袍:누런 도포, 임금의 禮服
一衲子:한 중의 옷을 걸치고 다니는 사람, 중의 謙稱
流落:집안이 가난하여 타향으로 떠돌아 다님.
帝王家:帝王의 집안
長大成人:자라나고 커서 이미 成年이 된 사람.
合眼朦朧:눈이 감겨 意識이 分明하지 않은 狀態, 달빛이 희미한 것처럼 흐리멍텅하여 아득한 것.
百年世事:百年을 산다고 하는 人間世上의 일
三更夢:밤중의 꿈, 하룻밤을 五分한 세번째 시각의 꿈
一局棋:한판의 바둑, 한판의 勝負

【字解】
衲:장삼 납
朦:달빛 희미할 몽
朧:달빛 흐릿할 롱

秦吞六國漢登基
兒孫自有兒孫福
不爲兒孫作馬牛
古來多少英雄漢
南北東西臥土泥
來時歡喜去時悲
空在人間走一回
不如不來亦不去
也無歡喜也無悲
每日淸閑自己知

〔진탄육국한등기〕 秦나라는 六國을 삼키고 漢나라는 基盤에 올랐도다.
〔아손자유아손복〕 兒孫은 스스로 兒孫의 福이 있으니
〔불위아손작마우〕 兒孫을 爲하여 소와 말이 되지 않을지니라.
〔고래다소영웅한〕 옛적부터 많은 英雄들이
〔남북동서와토니〕 南北과 東西에 진흙속에 饅頭처럼 누워있지 않느냐
〔래시환희거시비〕 올 때에는 기뻐하고 갈 때에는 슬퍼하나니
〔공재인간주일회〕 空然히 人間에 있어서 달아나 한번 돌았노라.
〔불여불래역불거〕 오지도 말고 또한 가지도 말아서
〔야무환희야무비〕 기뻐함도 없고 슬픔도 없는 것만 같지 못하니라.
〔매일청한자기지〕 날마다 맑고 한가하면 自己를 알지니

【註釋】
六國··山東六國、楚、燕、齊、韓、魏、趙
作馬牛··말과 소처럼 한평생 죽도록 일만 하는 것
臥土泥··다 죽어서 진흙속에 묻혀있는 것
多少英雄··많은 英雄(少는 虛字)
走一回··분주히 한바퀴 도는 것

李杜文章篇

紅塵世界苦相離 〔홍진세계고상리〕 번거로운 俗世의 티끌속에 서로 離別하는 것이 괴롭도다.

口中吃的清和味 〔구중흘적청화미〕 입으로는 清和한 맛을 먹고

身上願被白衲衣 〔신상원피백납의〕 몸으로는 흰 長衫 입기를 願하노라.

五湖四海爲上客 〔오호사해위상객〕 五湖와 四海에서 上客이 되어서

逍遙佛殿任君棲 〔소요불전임군서〕 佛殿에 逍遙해가며 내 任意로 棲息하겠노라.

莫道出家容易得 〔마도출가용이득〕 出家하는 것을 容易하게 얻는다고 말하지 말라.

昔年累代重根基 〔석년누대중근기〕 옛해 累代에 거듭 뿌려진 因緣에 根據함이니라.

十八年來不自由 〔십팔년래부자유〕 十八年 이래 자유롭지 못 했던 帝王의 生涯에

山河大戰幾時休 〔산하대전기시휴〕 山河의 大戰을 몇 때나 쉬어본 적이 있었던고

我今撤手歸山去 〔아금철수귀산거〕 내 이제 손을 털고 山으로 돌아가노니

【註釋】

紅塵: 속세의 티끌, 繁華한 세상, 錯雜한 風塵世上

五湖: 中國의 太湖近方에 있는 다섯개의 湖水

四海: 四方의 바다, 四溟, 四表, 온 天下

上客: 上座에 모실만한 손님, 上賓

逍遙: 한가롭게 거닐며 돌아다님

出家: 俗人이 중이 됨을 이름, 집을 나가는 것

撤手: 이 세상의 물건을 다 팽겨치고 가진것을 다 떨어버리고

【字解】

吃: 말더듬을 흘

那管千愁也萬愁 〔나관천수야만수〕 천만가지 근심 걱정을 어이 管掌할 것인가?

이것은 順治皇帝가 萬乘天子의 자리를 버리고 入山할 때 지은 出家詩이다. 天子가 되어 耳目口鼻 四体의 欲求를 무엇인들 任意로 채울 수 없으리오, 가는 곳마다 밥이 있고 金銀寶貨가 있고 使令이 몸을 代身하여 役事해 주는데 무엇이 더 이상 바랄 것이 있으리오만 그 자리를 草芥같이 버리고 袈裟를 입는 것을 택한데는 무엇인가 그럴만한 緣由가 있는 것이다. 그가 帝王이라는 中國天下 山河의 主人公으로 經國治民하느라고 얼마나 勞心焦思하고 煩惱를 당했던가, 기껐해야 百年을 산다해도 三萬六千日에 不過한 것을 사실상 蒙昧無知하여 허무하게 欲界에의 그림자를 쫓아 다니며 迷惑하게 사는 것보다 깨달아서 半나절을 옳게 사는 것만 같지 못하다는 悔恨의 마음이 作用하는 刹那에 黃金道袍를 紫袈裟로 바꾸어 입게 되었으니 이것도 또한 因緣이라고나 할까, 富貴貧賤이나 興亡盛衰는 無常하여 人傑과 함께 돌고 도는 것. 그렇다면 내라는 存在 역시 뜬구름같이 우주간에 暫間몸을 부쳤다가 漂流하는 浮萍草처럼 흘러가는 순간에 머무는 것이라고 할까?

原來 皇帝는 西域의 僧侶의 몸으로 輪廻하여 帝王家에 태어나게 되었으니 이 무슨 因緣인고, 前生에 自己가 누구란 것을 아는 이도 없거니와 死後에 어떻게 될 것인지 아는 이가 누구인가? 長成하여 사람으로 行勢하는 그 동안에 겨우 내 自身을 알더니 눈이 감겨 精神이 朦朧해진 다음에는 내가 또한 누가 될지 안다 한들 어이하리. 百年의 세상사란 一場의 春夢인데 萬里江山을 차지하려 다투는 英傑들도 雌雄을 決하려는 한판의 바둑일세. 帝王으로 이름높은 夏禹氏는 帝王이나 疏通하여 洪水를 平한 뒤에 成湯은 桀을 쳐서 登極을 하였더니 秦始皇이 出現하여 六國을 다 삼키고 漢高祖 劉邦의 天下로 뒤바뀌어 基礎를 굳혔으니 무슨말이 필요 한가. 子息孫子 살게해 놓고 죽으려고 努力하는 사람들아 그것이 麥地 헛수고일세 子孫들은 다 각기 제 福으로 사는 것을 자손을 위하여 소와 말이 되는 것은 미련

一斬長蛇漢太祖 二君不事齊王蠋

한 짓이라네.

옛적부터 쟁쟁한 英雄들이 그렇게도 많이 앉았지만 저승으로 갈때에 빈손으로 안간 사람 하나라도 있다던가. 東西南北에 櫛比한 흙 饅頭가 되고말지 않았는가. 이 세상에 올때에는 기뻐하고 저세상으로 갈때에는 슬퍼하는 것이 사람의 常情인데 부질 없이 별수없는 人間界를 분주히 한바퀴 돌았구나. 그럴것이라면 처라리 오지도 말고 가지도 말아서 기쁨도 슬퍼함도 없었던건만 같지 못하지 아니한가. 날마다 마음이 맑고 한가하면 自我를 알지니 번거로운 紅塵世界 離別이 괴롭도다. 日月이 비치는 五湖나 四海의 넓은 땅 덩어리에 上座에 앉아서 佛殿에 거닐며 任意로 棲息하여 念佛이나 할까나?

出家入山하는 것은 쉽다고 하지마라. 이것도 未嘗不 前生에 因緣이 있어야 된다는 것은 眷屬을 버려야 하는 것이 아니더냐. 十八年이란 王位에 執着되어 자유롭지 못한 몸이 東奔西走 南征北伐에 山戰水戰을 느라고 便할 날이 몇해던가. 내 지금 손을 털고 아무것도 없었던 原點으로 환원하여 산으로 돌아갈새 千萬가지 근심 정 간여할 바 없으니 富貴榮華는 다 人間世上으로 돌려 보내고 太虛의 極樂永生가는 準備를 서두를 것이니 무슨 미련이 있겠는가?

〔一斬長蛇〕(일참장사한태조) 한번 큰 뱀을 벤것은 漢나라 太祖인 劉邦이요

〔二君不事齊王蠋〕(이군불사제왕촉) 두 임금을 섬기지 않은 것은 齊나라 王蠋이요.

【註釋】
一斬長蛇: 漢高祖 微賤했을 때 술에 醉하여 큰 못에 이르니 긴 뱀이 나타나거늘 칼을 빼어 베었더니 老嫗가 나타나 말하기를 「내 아들은 白帝의 아들일러니 이제 赤帝의 아들이 베었다」하고 因忽不見 하였다고 함.

王蠋: 戰國때 齊나라 畵邑人. 燕나라 樂毅가 齊나라를 破하고 王蠋을 請했으나 應하지 않고 自決 하였음. 「忠臣不事二君烈女不更二夫」

三國風塵諸葛亮 〔삼국풍진제갈량〕 三國의 風塵에 대표적인 人物은 諸葛亮이요

四面楚歌楚霸王 〔사면초가초패왕〕 四面楚歌가 된 것은 西楚霸王 項羽요

關斬將關雲長 〔오관참장관운장〕 五關의 將帥를 베인 것은 關羽인 雲長이요

六國盡滅秦始皇 〔육국진멸진시황〕 六國을 다 滅하고 통일을 한 것은 秦始皇이요

七年大旱殷成湯 〔칠년대한은성탕〕 七年의 大旱을 만난 것은 殷나라 成湯이요

八十西來姜太公 〔팔십서래강태공〕 八十에 西쪽으로 와서 周文王을 만난 것은 姜太公이요

九世同居張公藝 〔구세동거장공예〕 九世나 한 집안에서 함께 산 사람은 張公藝이고

十年持節漢蘇武 〔십년지절한소무〕 十年이나 節介를 지켜 끝까지 匈奴에게 屈하지 않은 것은 漢나라 蘇武요.

百子千孫郭子儀 〔백자천손곽자의〕 百子千孫을 두어 이름난 이는 汾陽王 郭子儀요.

千日之睡陳圖南 〔천일지수진도남〕 千日이나 잠을 자 天下를 念頭에 두지 않은 이는 陳圖南이요.

【註釋】

諸葛亮 : 三國때 劉備의 軍師, 神出鬼沒한 名人, 戰略家 「子房之從容不如孔明之正大孔明之正大不如子房之從容」

關雲長 : 三國때 漢나라 名將, 桃園結義하여 劉備와 兄弟의 義를 맺고, 忠誠을 다했음

秦始皇 : 名은 政, 六國을 통일하고 勢를 떨쳤으나 不德하고 無道하여 二世에 亡함

姜太公 : 周나라 鷹揚將, 殷王紂를 쳐서 伐罪救民하였음 「渭水直釣 窮八十達八十」

張公藝 : 唐人, 九世를 한집안에 같이 살아 北齊, 隋, 唐나라 다 그 門에 旌表를 함

蘇武 : 漢나라 杜陵人 武帝때 匈奴에 使臣으로 갔다가 抑留되어 十九年만에 昭帝가 匈奴와 和親을 했으므로 還國함.

郭子儀 : 唐, 華州人 方朔節度使로 安史의 亂을 平定한 功으로 汾陽王을 封함. 永泰의 初 僕周懷恩이 이끄는 回紇의 軍을 擊破하여 德宗으로부터 尚父의 號를 받음.

宋泓 : 後漢 長安人 字仲子 哀平中官侍中 光武帝 即位 衡拜太中大夫 旋爲大司空 封宣平侯

【字解】

蠋 : 뽕나무벌레 촉

李杜文章篇

萬歲瞻仰孔夫子
億兆不忘唐堯舜
貧賤之交不可忘
糟糠之妻不下堂
破邪則下拯沈淪
顯正則上弘大法
不吹毛而求小疵
不洗垢而察難知
漢似胡兒胡似漢

〔만세첨앙공부자〕 萬歲의 師表로써 우러러 보는 이는 文宣王 孔子요.

〔억조불망당요순〕 億兆年이 되도록 잊지 못 하는 이는 有虞陶唐氏인 堯舜이더라.

〔빈천지교불가망〕 가난할때 사귄 벗은 可히 잊지 못하고

〔조강지처불하당〕 지게미나 겨를 먹고 苦生하던 아내는 뜰에 내릴 수 없다.〈宋泓〉

〔파사즉하증침륜〕 邪邪한 것을 두드려 부수면 아래로 잠기고 빠진 것이 건져질 것이요.

〔현정즉상홍대법〕 바른 것을 나타나게 한다면 위로 큰 法이 넓어질 것이다. 〈三論玄義〉

〔불취모이구소자〕 털을 불어가며 조그마한 瑕疵를 求하지 말고

〔불세구이찰난지〕 때를 씻어가며 알기 어려운 것을 살피지 않을지니라. 〈漢書〉

〔한사호아호사한〕 漢나라는 오랑캐 같고 오랑캐는 漢나라와 같으니

【註釋】
糟糠之妻 : 가난할때 술 지게미나 쌀겨같은 구차한 음식을 먹어가며 고생을 같이 하던 아내.
破邪 : 간사한 것을 두드려부숨. 올바르지 못한것을 깨뜨려 부수는것.
浸淪 : 차츰 젖어들어가 빠지는것.
顯正 : 바르고 堂堂한 것을 내세워 나타나게 하는것.
吹毛 : 털을 분다는 뜻으로, 극히 쉬운 일을 말함.
求疵 : 흠집을 찾아냄. 잘못을 들춰 내는것.
洗垢 : 때를 벗겨가며 헌데를 찾음〈洗垢索瘢〉의 略稱
難知 : 알기 어려운 일, 알지않아도 될 일.

【字解】
糟 : 지게미 조.
糠 : 겨 강.

改頭換面總一般

〔개두환면총일반〕 머리를 고치고 낯을 바꾼 것이다 一般이랑. (古今風謠)

功蓋天下者不賞

〔공개천하자불상〕 功이 天下를 덮은 사람은 賞줄 수 없고

勇略震主者身危

〔용략진주자신위〕 勇猛과 智略이 임금을 떨친 사람은 몸이 危殆하다. (史記)

【註釋】
改頭換面∶內容은 그대로 두고 但只 그 表面만을 고침.

格言至訓篇

格言至訓篇

三四世無顯官
二三十不功名
入書房出碩士
生幼學死學生

(삼사세무현관) 三、四世가 되도록 나타난 벼슬이 없고,
(이삼십불공명) 二、三十이 넘도록 功名을 세우지 못했도다.
(입서방출석사) 들어오면 書房이오 나가면 碩士인데,
(생유학사학생) 살아서는 幼學이요, 죽어서는 學生일러라.
(崔勉菴輓姜甑山韻)

父子之間을 一世라 한다면 三、四世라면 四、五代가 되는 셈이니, 四、五代가 되도록 벼슬 한자리 한 일이 없고, 二、三十이 넘도록 이렇다고 할 만한 功名을 세워 놓은 것이 없었도다. 그런故로 들어오면 書房이라고 부르고, 나가면 碩士라고 부르는 것이 常識에 屬하는 일로써 살아서 告祀할 때에는 幼學 아무개 하고, 죽어서는 顯考學生 누구라고 하게 되어 있는데 骨子는 딴 곳에 있는 것이다. 그렇다면 凡夫와 다를것이 무엇이란 말인가? 없는 것 같은 속에 있는 것, 普通사람이 꿈도 못꿀 天地公事라는 큰 일을 했다는데 다른 것이 있는 것이다.

處處春草秋綠
落落長松夏寒
宜未雨而綢繆

(처처춘초추록) 곳곳에 봄풀은 가을까지 푸르르고,
(낙락장송하한) 가지가 척척 늘어져 키가 큰 소나무 그늘은 여름에도 차다. (王維)
(의미우이주무) 마땅이 비오기 前에 집을 얽어 準備하고

【註釋】
三四世：父子는 一代에 二世가 되니 三、四代면 四、五、六世가 됨.
顯官：나타난 벼슬, 높은 관직, 重要한 官吏.
功名：功을 세워 이름을 떨침.
書房：官職이 없는 사람의 姓 밑에 붙여 이름 대신 부르는 말.
碩士：벼슬이 없는 선비의 通稱.
幼學：벼슬을 하지 않는 선비.
學生：生前에 벼슬하지 아니한 사람에게 對한 尊稱.

【註釋】
落落長松：오래묵어 키가 크고 가지가 아래로 축축 늘어져서 나무밑에 그늘을 이루고 있는 소나무(蔭落落之長松).
綢繆：미리 꼼꼼하게 準備함. 얽어 이 萬一에 對備함.
臨渴掘井：목이 말라서야 우물을 팜. 이 갑자기 일을 當하여 허둥지둥 함.

毋臨渇而掘井
〔무임갈이굴정〕 목마름에 臨迫하여 허둥지둥 우물을 파서는 안되느니라 〔治家格言〕

依賢者固不困
〔의현자고불곤〕 어진이에 依支하는 사람은 진실로 困難하지 않으며

依富者固不窮
〔의부자고불궁〕 富한 이에 依支하는 사람은 진실로 窮하지 않느니라. 〔孔子家語〕

堤有隙浪潰之
〔제유극랑궤지〕 堤防에 틈이 있으면 물결쳐서 무너뜨리고

木有蠧風摧之
〔목유두풍최지〕 나무에 좀먹은 것이 있으면 바람이 불어서 꺾어지게 만든다. 〔蘇子〕

守鐵石之深衷
〔수철석지심충〕 鐵石과 같이 깊은 衷心을 지키고

厲松栢之雅操
〔여송백지아조〕 松栢의 맑은 志操처럼 嚴하다.

感慨殺身者易
〔감개살신자이〕 마음이 사무쳐 몸을 죽이는 일은 쉽지만

從容就義者難
〔종용취의자난〕 조용히 義에 나간다는 것은 어려우니라 〔近思錄〕

經天緯地之才
〔경천위지지재〕 天地를 經緯할 수 있는 才操.

拔山超海之力
〔발산초해지력〕 산을 빼고 바다를 뛰어넘을 만한 힘을 가졌도다.

【註釋】
處處: 곳곳. 어느데나
春草: 봄철에 새로 돋아난 연한 풀
賢者: 어진 사람. 어질고 총명한 사람.
堤有隙浪潰之: 큰 堤防도 개미구멍으로부터 무너진다는 뜻. 堤防에 조그마한 틈만 있어도 물결이 쳐서 무너지고 깨어지게 맘음.
鐵石: 쇠와 돌처럼 굳고 단단함
深衷: 속에서 우러나는 참된 마음. 한없이 깊은 정성된 마음.
雅操: 淸雅한 志操. 훌륭한 마음가짐.

【字解】
綱: 얽을 주
繆: 얽을 무
潰: 무너질 궤
厲: 엄할 려

士爲知己者死
(사위지기자사) 선비는 自己를 알아주는 사람을 위하여 죽고

女爲悅己者容
(여위열기자용) 女人은 自己를 기쁘게 해주는 사람을 위하여 화장을 한다. 〈史記刺客傳〉

無遙正正之旗
(무요정정지기) 正大한 旗幟를 맞아서 對抗하지 말고

勿擊堂堂之陣
(물격당당지진) 堂堂한 陣을 치지 말지니라 〈孫子軍爭〉

如螳螂之拒轍
(여당랑지거철) 버마재비가 수레바퀴에 抗拒하는 것과 같다

如蚊子之負山
(여문자지부산) 모기 새끼가 山을 지는 것처럼 堪當할 수 없다. 〈三國遺事〉

人不言鬼不知
(인불언귀부지) 사람이 말하지 아니하면 鬼神도 알지 못한다.

時難得而易失
(시난득이이실) 때라는 것은 얻기는 어렵고 잃기는 섭다. 〈史記〉

水至清則無魚
(수지청즉무어) 물이 너무나 맑으면 물고기가 없고

人至察則無徒
(인지찰즉무도) 사람이 지나치게 살피면 무리가 없느니라.

【註釋】
蚊子 : 모기 새끼
負山 : 山을 짊어지려 한다.
人不言鬼不知 : 天下의 원리가 肉身을 가진 人間을 通해서 이루어지는 것이오, 鬼神의 손을 거쳐서 이루어졌다는 말은 없다. 그렇다면 鬼神은 사람의 補助役割을 하는 附隨的인 存在라면 形体가 나타나지 않는데 그림자가 생길 수 없는 것처럼 사람을 않는데 鬼神이 안다는 것은 語不成說이다. 다시 말해서 鬼神같은 것이 사람이다.

天作孼猶可違 〔천작얼유가위〕 하늘이 지은 災殃은 오히려 可히 免할 수 있거니와

自作孼不可逭 〔자작얼불가환〕 스스로 지은 罪는 可히 逃避할 수 없느니라. 〔書經〕

富貴若有神助 〔부귀약유신조〕 富貴한 것은 神의 도움이 있는 것 같고

貧賤若有鬼禍 〔빈천약유귀화〕 貧賤한 것은 鬼神의 災禍가 있는 것 같으니라.

難復生此世上 〔난부생차세상〕 다시 이 世上에 태어나기 어려운 지라.

幸得爲男子身 〔행득위남자신〕 多幸히도 男子의 몸을 얻어가 지고

無一事成功去 〔무일사성공거〕 한 일을 成功하지 못하고 간다 면

青山嘲綠水嚬 〔청산조녹수빈〕 青山은 嘲弄하고 綠水는 찡그릴것 이다.

이 世上에 태어나기도 쉽지 않거니와 더구나 男子의 몸을 얻은지라 그냥 왔다가 일하나 成事하지도 못하고 無意味하게 口腹이나 家累에 役役하고 간다면 青山은 조롱하며 비웃고 綠水도 찡그리고 辱할 것이다. 이것은 日人 하나부사(花房)가 지었다고 하지만 「不以人廢言」이라는 뜻에서 收錄하였다.

【註釋】
神助：귀신의 도움. 天佑神助
鬼禍：귀신이 詛呪나 作戲로 禍를 입은것 같음.

【字解】
孼：재앙 얼
逭：도망할 환

【註釋】
難復生：다시 생겨나기는 어렵다.
偉人이 다시 나기 어렵다는 뜻도 됨. 聖人이나
青山嘲綠水嚬：青山이 嘲笑하고 綠水가 嚬蹙을 할것인데 하물며 사람이 누가 헛 살았 다고 비웃고 놀리지 않으며 이맛살을 찌푸 리지 않을 것인가.
不以人廢言：좋지않은 사람의 말이라고 해서 그말이 훌륭한 것을 버려서는 아니된다는 말.

靜裏乾坤閒中日月
〔정리건곤한중일월〕 고요한 가운데 乾坤이요 한가한 가운데 日月이라.
〔朱熹〕

精神所到金石可透
〔정신소도금석가투〕 精神이 이르는 곳에 金石을 可히 뚫는다.
〔朱熹〕

精勤不退一念通天
〔정근불퇴일념통천〕 精進하고 勤勉하여 물러서지 않으면 한 생각이 天理를 通한다.
〔參同契註〕

清明在躬志氣如神
〔청명재궁지기여신〕 清明한 것이 몸에 있으며 志氣가 神과 같으니라.
〔近思錄〕

老驥伏櫪志在千里
〔노기복력지재천리〕 늙은 千里馬가 마구간에 엎드려 있어도 뜻은 千里를 달리려 한다.
〔世說〕

大巧若拙大辨若訥
〔대교약졸대변약눌〕 크게 공교한 것은 拙한 것 같고 크게 말 잘하는 사람은 語訥한 것 같으니라.
〔老子〕

大方無隅大器晚成
〔대방무우대기만성〕 크고 모난 것은 모퉁이가 없고 큰 그릇은 늦게 이루어진다.
〔老子〕

大勇若怯大智如愚
〔대용약겁대지여우〕 큰 勇猛은 怯내는 것 같고 큰 지혜는 어리석은 것 같으니라.
〔呂氏春秋〕

虎死留皮人死留名 〔호사유피인사유명〕 범은 죽어 가죽을 남기고 사람은 죽어서 이름을 남긴다. 〔歐陽修〕

妄畵蛇足曲辭諂謂 〔망화사족곡사첨미〕 망녕되이 뱀의 발을 그리고 詭辯으로 阿諂한다. 〔後漢書〕

輔車相依脣亡齒寒 〔보거상의순망치한〕 수레의 짐받이 판자와 수레바퀴는 서로 의지하고 입술이 망하면 이가 차진다. 〔韓非子〕

賦斂不時朝令暮改 〔부렴불시조령모개〕 賦稅를 거두는 것이 때가 맞지 않아서 아침에 命令한 것을 저녁에 고친다. 〔鼂錯〕

足反居上首顧居下 〔족반거상수고거하〕 발이 도리어 위에 있고 머리가 도리어 아래에 있다. 〔賈誼〕

可惜龍頭翻成蛇尾 〔가석용두번성사미〕 可惜하다. 龍의 머리가 飜覆되어 뱀의 꼬리를 이루었도다 〔傳燈錄〕

日暮道遠倒行逆施 〔일모도원도행역시〕 날은 저물고 길은 멀다 보니 꺼꾸로 行하고 逆으로 베풀었다. 〔史記〕

龍亡虎逝變怪百出 〔용망호서변괴백출〕 龍이 없어지고 범이 사라지니 이상한 災變이 수없이 일어난다. 〔韓愈〕

格言至訓篇

人無遠慮必有近憂 (인무원려필유근우) 사람이 먼 생각이 없으면 반드시 가까운 근심이 있느니라. 〔論語〕

危邦不入亂邦不居 (위방불입난방불거) 위태로운 나라에 들어가지 아니하고 어지러운 나라에 살지 않을지니라. 〔論語〕

貧而無諂富而無驕 (빈이무첨부이무교) 가난해도 아첨하지 말고 富해도 驕慢함이 없을지니라. 〔論語〕

來者不拒去者莫追 (래자불거거자막추) 오는 사람을 막지 말고 가는 사람을 쫓아가지 말라. 〔孟子〕

毫釐之差千里之謬 (호리지차천리지유) 털끝만한 차이가 千里 만큼 어긋난다. 〔孟子〕

旣明且哲以保其身 (기명차철이보기신) 이미 총명하고 또 明哲하여 그 몸을 잘 保全한다. 〔詩傳〕

爲山九仞功虧一簣 (위산구인공휴일궤) 九仞의 山을 쌓아 올리매 한 삼태기가 모자라서 功이 이즈러진다. 〔書傳〕

同聲相應同氣相求 (동성상응동기상구) 소리가 같으면 서로 應하고 氣運이 같으면 서로 求하느니라. 〔周易〕

慢藏誨盜冶容誨淫 (만장회도야용회음) 시원찮이 간직하면 도적을 가르치고 容貌만 꾸미는 것은 음탕함을 가르친다. 〔周易〕

【註釋】

阿諂: 남에게 환심을 사기 위하여 비위를 맞추려고 남을 알랑거림. 阿附하는 것.

驕慢: 자기인체 뽐내고 도도해서 남을 업신여김. 건방지고 방자하여 眼中에 보이는 것이 없음.

毫釐: 아주 가는 털끝. 극히 작은것을 가리키는 말.

九仞: 아홉길(八尺日仞)

【字解】

諂: 아첨할 첨
驕: 교만할 교
毫: 터럭 호
釐: 다스릴 리
謬: 그릇될 유
虧: 이즈러질 휴
簣: 삼태기 궤

見利思義見危授命
〔견리사의견위수명〕 利를 보거든 義를 생각하고 위태함을 보거든 목숨을 바친다.
〔論語〕

罔談彼短靡恃己長
〔망담피단미시기장〕 저 사람의 短點을 말하지 말고 자기의 長點을 믿지 말지니라.
〔千字文〕

富有四海守之以儉
〔부유사해수지이검〕 富한 것이 天下를 두었더라도 지키기를 儉素한 것으로 써 할지니라.
〔明心寶鑑〕

鳶飛戾天魚躍于淵
〔연비여천어약우연〕 소리개는 날라서 하늘에 이르고 물고기는 못에서 뛴다.
〔中庸〕

才雄倒峽氣逸凌雲
〔재웅도협기일능운〕 才操의 雄健함은 三峽을 거꾸로 하였고, 氣運은 구름을 凌蔑하였도다.

肉跳風月鸚鵡之言
〔육도풍월앵무지언〕 誤書(글자의 뜻을 잘 못써서)로 보기 어렵고 價値없는 漢詩나 앵무새처럼 입으로 그냥 흉내내는 말.

雲中白鶴朝陽鳴鳳
〔운중백학조양명봉〕 구름속에 나는 白鶴(학), 朝陽(地名)에 우는 鳳凰이라. 무리에 뛰어난 사람

梧葉風高桂枝月滿
〔오엽풍고계지월만〕 梧桐 잎에 바람이 높고, 桂樹나무 가지에 달빛이 차 있도 다.

【註釋】
慢藏: 허술하게 보관함. 물건을 알뜰하게 챙기지 않고 무관심하게 간직함
冶容: 얼굴을 예쁘게 단장함. 겉치레만 하고 마음에 德이 없는 것을 말함

【字解】
誨: 가르칠 회
靡: 없을 미
鳶: 솔개 연
戾: 이를 려

格言至訓篇

江南種橘江北爲枳 〔강남종귤강북위지〕 江南의 귤을 심은 것이 江北으로 옮기면 탱자가 된다. 〔爾雅〕

屠龍無策刻鵠不成 〔도룡무책각곡불성〕 龍을 잡으려 해도 꾀가 없고 따오기를 그리려해도 이루지 못한다.

井蛙見天夏虫語冰 〔정와견천하충어빙〕 우물 안 개구리가 하늘을 보고 여름벌레가 겨울을 말한다.

測管窺天傾蠡酌海 〔측관규천경여작해〕 대롱을 기우려 하늘을 엿보고 조개껍질 잔을 기우려 바다를 잔질 한다.

眞僞顚倒玉石混淆 〔진위전도옥석혼효〕 진짜와 가짜가 거꾸로 뒤바뀌어 玉과 돌이 한데 뒤섞여 있다. 〔抱朴子〕

井底之蛙籠中之鳥 〔정저지와롱중지조〕 우물밑에 개구리요, 새장속에 있는 새라. 〔聞見이 없는 孤陋한 사람의 비유〕

沈魚落雁閉月羞花 〔침어낙안폐월수화〕 잠긴 물고기와 떨어지는 기러기며 달은 구름에 숨고 꽃을 부끄럽게 한다는 絶世의 美人 〔莊子〕

千變萬化惟意所適 〔천변만화유의소적〕 千萬가지 변화가 오직 뜻하는 바에 따라간다. 〔列子〕

招之不來麾之不去 〔초지불래휘지불거〕 불러도 오지 아니하고 쫓아내도 가지 않는다. 〔史記〕

【註釋】

屠龍: 쓸데없는 技藝. 용을 잡는 기술로 실용가치가 없음을 일컫음 (屠龍之策)

顚倒: 엎어져서 넘어짐. 事物이 꺼꾸로 뒤바뀐 상태

混淆: 이것 저것 뒤섞여서 어수선함 ※漢書: 以管窺天 以蠡測海

沈魚落雁: 미인을 보고 물고기는 떨어진다는 말

閉月羞花: 달은 구름사이로 얼굴을 감추고 꽃을 부끄럽고 無色하게 한다는 말

千變萬化: 천만가지 변화가 한없이 무궁함

字解

橘: 귤나무 귤
枳: 탱자 지
窺: 엿볼 규
蠡: 조개 여
顚: 넘어질 전
淆: 뒤섞일 효
籠: 새장 롱

擊虛不墜觸實不破
〖격허불추촉실불파〗 빈 것을 쳐도 떨어지지 아니하고 찬것을 대질러도 깨지지 아니한다

皮之不存毛將安附
〖피지부존모장안부〗 가죽이 있지 않은데 털이 장차 어떻게 붙어있을 것인가? 〔虎射〕

反水不治後悔無及
〖반수불치후회무급〗 엎어진 물은 다스릴 수 없으니 後悔를 해도 미칠 수 없다.

上全天恩下完性命
〖상전천은하완성명〗 위로는 임금의 은혜를 온전히 하고 아래로는 자기의 목숨을 완전히 보전한다. 〔後漢書〕

柔能制剛弱能制強
〖유능제강약능제강〗 柔한 것이 능히 剛한것을 制御하고 약한 것이 능히 강한 것을 制御한다. 〔後漢書〕

道之爲物惟恍惟惚
〖유능제강약능제강〗 道라는 물건이 오직 황홀하여 헤아릴 수 없다. 〔老子〕

※지혜와 덕은 폭력과 대결하여 이긴다는 말 〔三略〕

治世能臣亂世奸雄
〖치세능신난세간웅〗 太平한 세상에는 能力있는 신하로되 어지러운 세상에는 奸雄이 될 것이다. 〔許邵〕

姦宄競逐豺狼滿道
〖간궤경축시랑만도〗 간사한 무리들이 다투어 쫓아다니고 승냥이와 늑대가 길에 우글거림. 〔三國吳志〕

【註釋】
天恩 : 하늘의 은혜. 임금의 은덕
性命 : 人性과 天命. 性品과 生命
能臣 : 잘 다스리는 臣下. 정치를 잘 하는 능력있는 신하
奸雄 : 奸邪한 英雄. 교활하고 꾀가 많아 弄奸을 하는 才幹있는 사람

【字解】
墜 : 떨어질 추
沈 : 잠김 침
羞 : 부끄러울 수
麾 : 지휘할 휘
觸 : 받을 촉
恍 : 황홀할 황
惚 : 황홀할 홀
究 : 간악할 궤
豺 : 늑대 시
狼 : 이리 랑

其卒無尾 其始無首
〔기졸무미 기시무수〕 그 마치는 것이 꼬리가 없고 그 始作하는 것이 머리가 없다. 밑도 끝도 없다.
〔莊子〕

不識貴人 凡夫肉眼
〔불식귀인범부육안〕 貴한 사람을 알아보지 못하니 凡夫의 肉眼이라.
〔撫言〕

一勝一負 兵家常勢
〔일승일부병가상세〕 한번 이기고 한번 지는 것은 兵家의 떳떳한 形勢라.
〔唐書〕

一言出口 駟不及舌
〔일언출구사불급설〕 한 말이 입으로부터 나오니 駟馬가 혀의 빠름에는 미치지 못한다.
〔舊唐書〕

明有禮樂 暗有鬼神
〔명유예악암유귀신〕 밝은 데는 禮樂이 있고 어두운 데는 鬼神이 있다.
〔韓愈〕

蠭目己露 豺聲未振
〔봉목이로시성미진〕 벌의 눈은 이미 露出 되었지만 승냥의 소리만은 떨치지 않았도다
※속일 수 없다는 말
흉악한 印象

乘勝席捲 徑至成都
〔승승석권경지성도〕 이긴 餘勢를 석을 말듯이 지름길로 成都에 이르다.
〔晋書〕

室無懸磬 野無靑草
〔실무현경야무청초〕 집안에는 빈 그릇처럼 아무것도 없고 들에는 푸른 풀이 없이 죽었다.
〔左傳〕

驕狷傲慢 禍之始也
〔교한오만화지시야〕 교만하고 사납고 오만 한 것은 災禍의 비로소라
〔南史〕

【註釋】
凡夫肉眼 ‥ 보통 사람의 육체적인 眼目. 깊이 가 없는 것을 뜻함
兵家 ‥ 兵學의 전문가(兵家者流) 軍事에 종사하거나 兵術을 論하던 學者
席捲 ‥ 자리를 둘둘 멍석말듯이 너른 땅을 쉽사리 쳐서 빼앗음
懸磬 ‥ 그릇속이 비어있는 모양처럼 집안이 가난하여 아무것도 가진것이 없음

【字解】
駟 ‥ 사마 사
捲 ‥ 걷을 권
懸 ‥ 달 현
磬 ‥ 경쇠 경

傲不可長欲不可縱
〔오불가장욕불가종〕
못하고 欲心을 可히 放縱치 못할 것이라.
傲慢함을 可히 자라지
〔禮記〕

度百千劫猶如彈指
〔도백천겁유여탄지〕
百千劫을 지내는 것이
손가락을 튀기는 것과 같다.
〔維摩經〕

行住坐臥受諸苦惱
〔행주좌와수제고뇌〕
가고 머무르고 앉고 눕
는 때대로 모든 괴로운 시달림을 받는다.

防患未然曲突徙薪
〔방환미연곡돌사신〕
患難을 미연에 방지하
려고 굴뚝을 밖으로 꾸부리고 땔나무를 딴
곳으로 옮긴다.
〔淮南子〕

蠢蠢犬羊阻衆陵寡
〔준준견양조중능과〕
준준한 것들이 무리를 막고 적은 것을 陵蔑히
여긴다.
〔文選〕

懸河注火奚有不滅
〔현하주화해유불멸〕
달리는 河水로 불에
물대면 어찌 滅하지 않을 수 있으리오.
〔梁書〕

井中之蛙不知大海
〔정중지와부지대해〕
우물안 개구리는 큰바
다를 알지 못한다.
〔莊子秋水篇〕

潛心以居對越上帝
〔잠심이거대월상제〕
앉음에 上帝를 對하는 것
마음을 가다듬어 써 앉
같도다.
〔禮記〕

隱之所藏待顯而露
〔은지소장대현이로〕
숨은데 감추어진 것은
나타남을 기다려 露出되고
〔東萊博議〕

【註釋】

傲慢∶태도가 거만함. 겸손하지 않고 거
름을 피우는 것
百千劫∶무궁하고 영원한 세월
彈指∶손가락을 튀김. 세월이 빠른 것을 가
리키는 말
苦惱∶고민. 속을 태우고 괴로워하는 것.
蠢蠢∶많은 모양. 어리석고 무지한 모양음. 소
란하게 꿈틀거리며 요동하는 모양
井中之蛙∶우물안 개구리. 세상의 넓은 형편
을 모르는 옹졸하고 편협한 식견
潛心∶마음을 가라앉힘

【字解】

猂∶사나울 한
劫∶겁탈할 겁
彈∶튀길 탄
惱∶시달릴 뇌
徙∶옮길 사
薪∶섶 신
蠢∶어리석을 준
阻∶막을 조
潛∶잠길 잠

晦之所蓄待明而彰
〔회지소축대명이창〕 어둠에 싸인것은 밝은 것을 기다려 나타나느니라.
〔東萊博議〕

欲之寇人甚於兵革
〔욕지구인심어병혁〕 욕심이 사람을 도둑질 하는 것이 兵革보다 甚하고
〔東萊博議〕

禮之衛人甚於城郭
〔예지위인심어성곽〕 禮가 사람을 護衛하는 것이 성곽보다 甚하다.
〔東萊博議〕

水之形避高而趨下
〔수지형피고이추하〕 물의 形體는 높은곳을 피하여 아래로 달아나고
〔孫子〕

兵之形避實而擊虛
〔병지형피실이격허〕 軍士의 形勢는 實한 곳을 피하고 虛한 곳을 쳐야 한다.
〔孫子〕

玉之已琢不復爲璞
〔옥지이탁불부위박〕 玉이 이미 쪼아진 것은 다시 덩어리가 될 수는 없고
〔東萊博議〕

金之已鍊不復爲鏞
〔금지이련불부위용〕 쇠가 이미 불려진것은 다시 큰 쇠북이 될수는 없다.
〔東萊博議〕

無車則造父不能御
〔무거즉조부불능어〕 수레가 없으면 造父라도 능히 몰 수 없고
〔東萊博議〕

無弓則后羿不能射
〔무궁즉후예불능사〕 활이 없으면 名弓인 后羿라도 능히 쏘지 못한다.
〔東萊博議〕

天下之勢不盛則衰
〔천하지세불성즉쇠〕 天下의 형세가 盛하지 않으면 衰하고
〔東萊博議〕

【註釋】
兵革：무기 또는 전쟁을 이렇게 말함
城郭：城의 둘레. 內城과 外郭의 전부
趨下：물이 빠른 속도로 흘러감. 달려 내려 감.
造父：옛적에 말을 잘 몰았다는 사람
后羿：有窮의 임금 名射手로 이름을 떨친 사람

【字解】
晦：그믐 회
蓄：쌓을 축
彰：나타날 창
寇：도적 구
琢：옥다듬을 탁
璞：옥덩이 박
鏞：큰쇠북 용
父：남자미칭 부〔男子美稱〕
羿：옛적활 스승의 이름 예〔古射師名〕

天下之治不進則退 〔천하지치부진즉퇴〕 天下의 다스림이 나아가지 못하면 물러서게 된다. 〔東萊博議〕

兩刃之下人不容足 〔양인지하인불용족〕 두 칼날 아래에서 사람이 발을 容納할 수 없다. 〔東萊博議〕

兩虎之鬪獸不容蹄 〔양호지투수불용제〕 두 범이 싸우는데 짐승이 발꿈치를 容納할 수 없다. 〔東萊博議〕

鹿形似馬而迅於馬 〔록형사마이신어마〕 사슴 모양은 말과 같으되 말보다 빠르고 〔東萊博議〕

豺形似犬而捷於犬 〔시형사견이첩어견〕 늑대의 모양은 개와 같지만 개보다 敏捷하다. 〔東萊博議〕

豺狼在牢其羊不繁 〔시랑재뢰기양불번〕 승냥이와 이리가 우리에 있으면 그 羊이 繁盛할 수 없다. 〔韓非子〕

凡夫愛命達士徇名 〔범부애명달사순명〕 보통 사람은 목숨을 아끼고 통달한 선비는 이름을 求한다.

膏車秣馬奔走道路 〔고거말마분주도로〕 수레에 기름치고 말먹여서 분주히 길로 달려간다. 〔東萊博議〕

綠苔生閣芳塵凝樹 〔록태생각방진응수〕 푸른 이끼는 樓閣에서 나고 꽃다운 티끌은 나무에 어렸도다. 〔文選〕

雲章奎畵昭回于天 〔운장규화소회우천〕 雲章과 奎畵가 밝게 하늘에 돌아오다. 〔玉海〕

【註釋】
凡夫: 보통 사람. 凡人
愛命: 목숨을 아까와함. 生에 愛着이 甚한 것.
達士: 사물의 이치에 밝은 선비. 이치를 아는 선비
徇名: 이름을 求함.
名利欲을 갖은 것
芳塵: 貴人이 타고 온 수레에서 나는 꽃다운 티끌

【字解】
蹄: 발꿈치 제
迅: 빠를 신
捷: 빠를 첩
牢: 우리 뢰
徇: 쫓을 순
奎: 별 규

【註釋】
奎畵: 황제(皇帝)의 문한(文翰).
雲章: 임금의 글씨. (天子御書)

目眩氣奪莫敢仰視 〔목현기탈막감앙시〕 눈이 아찔하고 기운을 빼앗겨서 감히 우러러 보지 못한다. 〔東萊博議〕

名不常存人生易滅 〔명불상존인생이멸〕 이름은 항상 있지 아니하고 사람 사는 것이 滅하기 쉬운지라. 〔仲長統〕

凡夫淺識深着五欲 〔범부천식심착오욕〕 凡常한 지아비의 얕은 識見이 깊은 五欲에 執着되었도다. 〔法華經〕

衆口鑠金積毀銷骨 〔중구삭금적훼소골〕 여러 사람 입에 오르내리면 쇠를 녹이며 惡談이 쌓이면 뼈도 녹는다. 〔鄒陽〕

生滅輪廻是爲無常 〔생멸윤회시위무상〕 낳다 없어져 輪廻하는 것을 이 無常이라고 한다. 〔釋氏要覽〕

疾首痛心爭先赴敵 〔질수통심쟁선부적〕 머리를 앓고 마음이 아파서 앞을 다투어 敵에게 대어든다 〔東萊博議〕

寧爲鷄口無爲牛後 〔영위계구무위우후〕 차라리 닭의 입이 될지언정 소의 궁둥이는 되지 말지니라. 〔蘇秦〕

夙興夜寐淬厲奮發 〔숙흥야매쉬려분발〕 일찍 일어나고 밤늦도록 자서 부지런히 일에 힘쓰고 정진하여 마음과 힘을 떨쳐 일으킬지니라. 〔韓愈〕

【註釋】
目眩氣奪‥눈이 어리등절하고 기운이 사그라짐.
五欲‥다섯가지 執着。聲色氣味觸의 欲望
輪廻‥靈魂이 수레바퀴가 끝없이 돌아가듯 왔다갔다 차례로 도는것
鑠金‥쇠를 녹임
積毁‥사람을 훼방하는 것이 쌓임
鎖骨‥뼈를 녹여버림
疾首‥골치를 앓음
淬厲‥칼날을 달구어서 물에 담갔다가 숫돌로 가는것
奮發‥마음과 힘을 떨쳐 일으킴

【字解】
膏‥기름 고
寐‥말먹일 매
凝‥어릴 응
眩‥어지러울 현
輪‥바퀴 윤
廻‥돌 회
鑠‥쇠녹일 삭
銷‥쇠녹일 소
赴‥달아날 부
淬‥칼담글 쉬
厲‥갈 려
奮‥털칠 분

氣無二氣理無二理 〔기무이기리무이리〕 기운이 또한 두 기운이 없고 理致도 또한 두 理致가 없다. 〔性理大全〕

和氣致祥乖氣致異 〔화기치상괴기치이〕 和한 기운은 祥瑞를 이루고 어긋난 기운은 異變을 이룬다. 〔東萊博議〕

昏縱悖亂腥聞于天 〔혼종패란성문우천〕 昏迷하고 放縱하고 이치에 어긋나고 亂暴한 것이 비린내가 하늘에까지 들린다. 〔東萊博議〕

樹藝非其土則不蕃 〔수예비기토즉불번〕 곡식을 심고 가꾸는 것이 그 땅에 맞지 않으면 성하게 자라지 아니한다. 〔皇明政要〕

授官非其材則不任 〔수관비기재즉불임〕 벼슬 자리를 주는 것이 그 人材가 아니면 맡길 수 없다. 〔皇明政要〕

喜如春陽怒如秋霜 〔희여춘양노여추상〕 기쁜것은 和한 봄볕과 같고 성냄은 秋霜과 같이 삼엄하다. 〔雜言上〕

奇妙之書不傳來世 〔기묘지서부전래세〕 기묘한 글이 來世에 傳하지 않았도다. 〔晋書〕

人間萬事塞翁之馬 〔인간만사새옹지마〕 인간의 吉凶禍福이 變遷이 無常하여 豫測할 수 없는 것이 塞翁의 말과 같다. 〔淮南子〕

【註釋】
氣無二氣: 寒과 暑 두 기운이 다 천지의 기운임
理無二理: 모든 이치가 많은 것 같지만 진 하나의 原理에 直結되어 있음
乖氣: 괴이한 기운. 바르지 못하고 잘 못된 기운
悖縱: 혼미하고 방종함. 사리에 어둡고 마음이 흐리멍텅하며 거리낌없이 함부로 행동함.
悖亂: 이치를 거스리고 난폭함. 마땅히 지켜야 할 도리에 어긋나고 거칠고 포악해서 인자하지 못함
春陽: 봄볕. 온화함을 뜻함
秋霜: 가을의 서리. 위엄있고 냉정하고 엄함
來世: 앞으로 오는 세상. 죽은 뒤에 가서 산다는 미래의 세상.
塞翁: 나라의 邊方에 살던 占術에 능통한 老人

【字解】
乖: 어거질 괴
腥: 비린내 성
蕃: 성할 번
塞: 변방 새

格言至訓篇

晝想夜夢神形所遇
(주상야몽신형소우) 정신과 형체가 만나는 것이니 낮에 꿈꾸는 것이다. 〔列子〕

晝有所思夜夢其事
(주유소사야몽기사) 낮에 생각하는 바가 있으매 밤에 그 일을 꿈꾸는 것이다. 〔潛夫論〕

山無盜賊道不拾遺
(산무도적도불습유) 山에는 盜賊이 없고 길에 빠진 물건을 줍지 않는다. 〔史記〕

風不鳴條雨不破塊
(풍불명조우불파괴) 바람은 가지를 울리지 않으며 비는 흙덩이를 깨지 않는다. 〔論衡〕

林花齊綻谷鳥爭鳴
(임화제탄곡조쟁명) 숲의 꽃은 가즈런히 피어 있고 골짝의 새는 다투어 운다. 〔九雲夢〕

綠肥紅瘦春已夏矣
(녹비홍수춘이하의) 녹음은 肥大하고 落花는 哀殘하니 봄은 이미 여름이랴.

金風簫簫玉露溥溥
(금풍소소옥로단단) 가을 바람은 맑고 깨끗하며 이슬은 溥溥하도다.

初秋凉夕風月甚美
(초추양석풍월심미) 첫가을 시원한 저녁 바람과 달이 甚히 아름답도다. 〔南史〕

朔風栗烈窮陰將盡
(삭풍율열궁음장진) 朔風이 甚히 찬 데 窮한 陰이 將次 다했도다.

其疾如風其徐如林
(기질여풍기서여림) 그 빠르기는 바람과 같고 그 느리기는 숲과 같다. 〔孫子〕

【字解】

塊∶흙덩이 괴
綻∶터질 탄
瘦∶파리할 수
溥∶이슬모양 단
栗∶두려워할 율

【註釋】

鳴條∶바람이 세차게 불면 나무가지가 울려 소리가 남
破塊∶꽃 봉우리가 가즈런히 열리는 것
齊綻∶꽃 봉우리가 가즈런하며 시새워 울다. 함께 피기 시작함
爭鳴∶이슬을 서로 자랑하며 시새워 우는 모양, 簫簫
簫簫∶부스럭거리는 찬바람소리. 쓸쓸한 모양
溥溥∶이슬이 맑게 방울방울 맺힌 모양
栗烈∶두려워 떨릴만큼 甚히 차다. 戰慄느낄만큼 맹렬한 寒波
其疾如風∶공격할 때에는 질풍처럼 민첩한 동작을 취함
其徐如林∶徐徐히 이동할 때에는 숲처럼 가라앉아 고요하게 하는 것

侵略如火不動如山
〔침략여화부동여산〕侵略할 때에는 불과 같이 猛烈하게 하고 움직이지 않을 때에는 山과 같이 할지니라. 〔孫子〕

日中則昃月盈則虧
〔일중즉월영즉휴〕날이 가운데가 되면 기울고 달도 차면 이즈러진다. 〔周易〕

乃乘扁舟浮於江湖
〔내승편주부어강호〕이에 쪼각배를 타고 江과 湖水에 띄워나 볼까. 〔史記〕

千巖萬壑莫非靈景
〔천암만학막비영경〕수 많은 바위나 골짝이 신령스런 경치가 아닌 것이 없다. 〔博異志〕

翼乎如江毛遇順風
〔익호여홍모우순풍〕나는 듯 기러기털이 順風을 만난듯 하고 〔王襃〕

沛乎若巨魚縱大壑
〔패호여거유종대학〕沛然히 큰 물고기를 큰 골짝에 놓아주는 것 같다. 〔王襃〕

猛獸呑狐泰山壓卵
〔맹수탄호태산압란〕猛獸가 여우를 삼키고 泰山으로 鷄卵을 누르다. 〔晋書孫惠傳〕

死不再生窮鼠齧猫
〔사불재생궁서설묘〕죽어서는 지라 窮한 쥐가 고양이를 깨물었도다. 〔鹽鐵論〕

沴氣朝浮妖精夜殞
〔여기조부요정야운〕沴氣가 아침에 떠오르고 妖精은 밤에 떨어지는 도다. 〔三國誌〕

【註釋】
扁舟: 조각배
江湖: 강과 호수, 벼슬을 아니한者가 숨어 사는 곳
千巖萬壑: 수없이 많은 바위로 된 山이나 溪谷
靈景: 영묘한 경치, 아주 외따로 떨어진 조용한 경치
翼乎: 나래를 펴는듯한 모양
沛乎: 성대한 모양, 비가 많이 쏟아지는 것을 形容함

【字解】
昃: 기울 측
虧: 이즈러질 휴
扁: 작을 편
翼: 날개 익
沛: 비가 세차게 쏟아지는 모양 패

妖精: 요사스러운 精氣
沴氣: 惡한 기운.

彼以其邪我以其正 [피이기사아이기정] 저 사람이 간사한 것으로 하거든 나는 바른 것으로 할지니라.

彼以其濁我以其淸 [피이기탁아이기청] 저 사람이 濁한 것으로 하거든 나는 맑은 것으로 할지니라.

無本之善朝銳夕墮 [무본지선조예석타] 근본이 없는 善한 것은 아침에는 銳利하나 저녁에는 떨어진다. 〔東萊博議〕

無本之水朝滿夕除 [무본지수조만석제] 근본이 없는 물은 아침에 찼다가 저녁에는 除하고 마 지속하지 못하고 곧 주저앉아 떨어져 버리는 것 〔東萊博議〕

耳濡目染心安體習 [이유목염심안체습] 귀에 젖고 눈에 물들어 마음에 편안하고 몸에 배었도다.

嗜欲將至有開必先 [기욕장지유개필선] 즐기려는 욕심이 장차 이르매 열린 것이 있어서 반드시 먼저 안다.

戎狄豺狼不可厭也 [융적시랑불가염야] 오랑캐는 승냥이와 이리 可히 싫어함이 없는 것이오.

宴安酖毒不可懷也 [연안짐독불가회야] 잔치하고 편한 것은 짐 독과 같은지라 可히 생각해서는 아니 되느 니라. 〔管仲〕

遊宴之中有陷阱焉 [유연지중유함정언] 놀고 잔치하는 가운데 함정이 있고

【註釋】

無本之水: 源泉(물이 솟아나는 원줄기)이 없는 물, 빗물처럼 날이 개면 물줄기가 이어질 수 없는 물

朝滿夕除: 아침에는 가득차게 고였다가 저녁에는 말라 없어짐

朝銳夕墮: 일시적으로 힘차게 나가다가 얼마 지속하지 못하고 곧 주저앉아 떨어져 버린다는 것

嗜欲: 즐기려는 욕심. 어떤 욕구를 충족시키려는 마음

豺狼: 승냥이와 이리가 탐욕이 많고 난폭하다는 것을 이름

不可厭也: 얼마든지 싫지 않다는 것은 아무리 많아도 부족하다는 말

宴安: 몸과 마음이 한가롭고 편안함

酖毒: 짐새의 독기, 먹기만 하면 즉시 죽는 독약

【字解】

染: 물들 염
嗜: 즐길 기
戎: 오랑캐 융
狄: 오랑캐 적
酖: 짐새 짐
陷: 빠질 함
阱: 함정 정

談笑之中有戈矛焉 〔담소지중유과모언〕 웃고 말하는 가운데 창이 있고

堂奧之中有虎豹焉 〔당오지중유호표언〕 집 아랫목 가운데 범과 표범이 있고

鄕隣之中有戎狄焉 〔향린지중유융적언〕 시골 이웃 가운데 오랑캐가 있느니라. 〔東萊博議〕

淸風徐來水波不興 〔청풍서래수파불흥〕 맑은 바람은 서서히 불어 오고 물결은 일어나지 않는지라.

白露橫江水光接天 〔백로횡강수광접천〕 흰 이슬은 江에 비켜 있고 물빛은 하늘에 닿았도다.

舳艫千里旌旗蔽空 〔축로천리정기폐공〕 배의 船尾와 船頭가 千里나 되고 깃발이 공중을 가리었도다.

釃酒臨江橫槊賦詩 〔시주림강횡삭부시〕 술을 걸러 江에 臨하여 창을 비끼고 詩를 賦하다.

江流有聲斷岸千尺 〔강류유성단안천척〕 江의 흐름은 소리가 나고 끊어진 언덕은 千尺이 되는지라.

山高月小水落石出 〔산고월소수락석출〕 산은 높고 달은 작으며 물은 떨어져서 돌이 드러났도다. 〔蘇東坡赤壁賦〕

月滿則虧器滿則溢 〔월만즉휴기만즉일〕 달도 차면 이즈러지고 그릇도 차면 넘친다.

【註釋】
堂奧 : 집안방 아랫목
舳艫 : 배의 이물과 고물, 배의 머리와 꼬리까지
旌旗 : 깃대끝을 깃으로 꾸민 기와 깃발. 온갖 깃대
斷岸 : 깎아 내듯한 언덕
水落石出 : 가을이 되어 장마가 끝나고 물이 말라서 밑바닥에 깔려있던 돌이 드러나 보임
月滿則虧 : 달도 차면 이즈러진다. 사물의 이치가 盛하고 衰하는 것에는 한계가 있어서 무한량 지속될 수는 없다.

【字解】
矛 : 창 모
豹 : 표범 표
舳 : 고물 축
艫 : 이물 로
蔽 : 가릴 폐
賦 : 글 부
槊 : 창삭
釃 : 거를 시
奧 : 깊을 오

笑傲風月抱膝危坐
〔소오풍월포실위좌〕 바람과 달을 웃고 오만하게 여기면서 무릎을 거두고 위태롭게 앉음.

詭譎小計何足爲奇
〔궤휼소계하족위기〕 속이는 조그마한 꾀가 어찌 족히 奇異할 것이 있겠는가.〔三國誌〕

事又不濟反爲所笑
〔사우부제반위소소〕 일이 또한 成事되지 못하면 도리어 사람에게 웃는 바가 된다.〔三國誌〕

驅船大進萬弩齊發
〔구선대진만로제발〕 배를 몰고 크게 나가서 많은 弓弩手가 一齊히 활을 쏜다.〔三國誌〕

雖居虎口安如泰山
〔수거호구안여태산〕 비록 위태로운 곳에 있지만 편안하기가 泰山과 같다.〔三國誌〕

身統大軍不可暫離
〔신통대군불가잠리〕 몸소 大軍을 거느리고 있어서 可히 잠시라도 떠날 수 없다.〔三國誌〕

大軍到處不得擾民
〔대군도처부득요민〕 大軍이 이르는 곳에는 시러금 민심을 擾亂하지 않게 한다.〔三國誌〕

人困馬乏追兵又到
〔인곤마핍추병우도〕 사람이나 말이 다 피곤해 있는데 추격해온 軍士가 또 이르다.〔三國誌〕

苦諫不聽大罵挑戰
〔고간불청대매도전〕괴롭게 諫하는 것도 듣지 않고 크게 罵倒해 가며 싸움을 부추기다.
〔三國誌〕

主人未辨客不虛口
〔주인미변객불허구〕主人이 변명하지 않으니 客이 쓸데없는 소리를 늘어 놓지 않는다.
〔禮記曲禮上〕

高明之家鬼瞰其室
〔고명지가귀감기실〕高明한 집에 鬼神이 그 방을 엿본다.
〔文選〕

箭不虛發應弦落水
〔전불허발응현낙수〕아 활 시위에 應하여 옳게 맞아 물에 떨어진다.

用兵如神豈不知時
〔용병여신기부지시〕軍士를 부리는 것이 神과 같은데 어찌 때를 모를 리가 있겠는가.
〔三國誌〕

勢如飛馬疾似流星
〔세여비마질사유성〕形勢가 나는 말과 같고 빠르기가 흐르는 별과 같도다.
〔三國誌〕

度我無備乘虛攻擊
〔탁아무비승허공격〕我軍의 방비가 없는 틈을 타서 공격을 敢行한다.
〔三國誌〕

且其勢大未可輕敵
〔차기세대미가경적〕또한 그 形勢가 너무 커서 可히 가볍게 對敵할 수 없다.
〔三國誌〕

事須三思免致後悔 〔사수삼사면치후회〕 일을 모름지기 깊이 생각해서 후회함을 이루는 일을 免하게 하라.

決一血戰萬死不辭 〔결일혈전만사불사〕 결단코 한번 걸고 싸워서 萬번 죽는 것을 辭讓하지 않겠노라. 〔三國誌〕

曹操弄權甚於董卓 〔조조농권심어동탁〕 曹操가 權勢를 弄絡하는 것이 董卓이 보다 더 甚하다. 〔三國誌〕

江東基業已歷三世 〔강동기업이력삼세〕 江東의 吳나라 基業을 닦은 지가 이미 三世가 지났도다. 〔三國誌〕

專權橫肆欺凌君父 〔전권횡사기능군부〕 權勢를 오로지하여 橫暴하고 放肆하여 君父를 속이고 凌蔑하여 긴다. 〔三國誌〕

碌碌庸才安有奇計 〔녹록용재안유기계〕 碌碌하고 庸劣한 才操에 어찌 奇特한 꾀가 있으리오. 〔三國誌〕

松柏之姿經霜猶茂 〔송백지자경상유무〕 松柏의 바탕은 서리를 겪었어도 오히려 茂盛하고 〔晋書顧悅之傳〕

蒲柳之質望秋先零 〔포류지질망추선령〕 가을을 바라보고 먼저 시들어 떨어진다. 〔晋書顧悅之傳〕

寇賊在外四支之疾 〔구적재외사지지질〕 도둑이 밖에 있는 것은 四支의 病이라면 〔後漢書陳藩傳〕

内政不理心腹之患 〔내정불리심복지환〕 内政이 다스려지지 않는 것은, 心腹의 憂患거리라.

善游者溺善騎者墮 〔선유자익선기자타〕 헤엄 잘 치는 者는 물에 빠지고 말 잘 타는 者는 떨어진다. 〔淮南子〕

兩脇生翅也飛不去 〔양협생시야비불거〕 두 겨드랑에 날개가 돋치더라도 날아가지는 못할 것이다. 〔三國誌〕

徧懷淺戇自負其能 〔편회천당자부기능〕 淺薄하고 어리석은 생각을 두루 품고 그 能한 것을 自負한다. 〔三國誌〕

兵甲不完成郭不固 〔병갑불완성곽불고〕 갑옷 입은 軍士가 완전하지 못하고 성곽은 堅固하지 못하며 〔三國誌〕

軍不輕練糧不繼日 〔국불경련양불계일〕 軍人이 가볍게 훈련되지 못했으며 糧食은 날을 이을수가 없다. 〔三國誌〕

畏强凌弱懼刀避劒 〔외강능약구도피검〕 强한 것을 두려워하고 弱한 것을 凌蔑히 하여 칼을 두려워하여 避한다. 〔三國誌〕

棄甲倒戈望風而竄 〔기갑도과망풍이찬〕 갑옷을 버리고 창을 꺼꾸로 들고 바람처럼 쏜살같이 도망치다. 〔三國誌〕

【字解】
翅‥‥날개 시
戇‥‥어리석을 당
竄‥‥달아날 찬

興利除害剿滅亂賊 〔흥리제해초멸란적〕 利한 것을 일으키고 害를 除하여 亂을 일으키는 도적을 죽이고 滅하다. 〔三國誌〕

說客至矣附耳低言 〔설객지의부이저언〕 遊說客이 왔다하여 귀에다 입을 대고 낮은 소리로 말을 하다. 〔三國誌〕

非圖仕祿迫於勢耳 〔비도사록박어세이〕 벼슬하여 祿을 도모한 것이 아니오라 形勢가 急迫한 때문이로다. 〔三國誌〕

不斬汝首難以伏衆 〔불참여수난이복중〕 네 머리를 베이지않으면써 무리를 屈伏시킬 수 없는지라. 〔三國誌〕

何敢多言亂吾法度 〔하감다언난오법도〕 어찌 감히 많은 말로 내 法度를 어지럽게 하는고. 〔三國誌〕

事不宜遲只在旦晚 〔사불의지지재조만〕 일은 마땅히 더딜 수가 없으니 다만 조막간에 있을 것이다. 〔三國誌〕

勢危力困不能支持 〔세위력곤불능지지〕 形勢가 위태롭고 힘이 困하여 능히 支撑하여 가질 수 없도다. 〔三國誌〕

國祚遷移付之天命 〔국조천이부지천명〕 나라의 大業이 옮겨지는 것은 天命에 달린 것이다. 〔三國誌〕

兵微將寡城小無糧〔병미장과성소무량〕軍士는 미약하고 將帥는 적으며 城은 작고 糧食은 없는지라. 〔三國誌〕

不識天時強欲與爭〔불식천시강욕여쟁〕天時를 알지 못하고 억지로 더불어 다투고자 한다. 〔三國誌〕

戰則必敗降則易安〔전즉필패항즉이안〕싸우면 반드시 패할 것이로되 降伏하면 편안하기 쉽다. 〔三國誌〕

無罪受刑有功不賞〔무죄수형유공불상〕罪가 없는데 刑罰을 받고 功이 있어도 賞주지 않는지라. 〔三國誌〕

不惟無君且亦蔑祖〔불유무군차역멸조〕오직 임금이 없을 뿐이 아니라 또한 祖上을 凌蔑히 여김이로다. 〔三國誌〕

刀斧加頭不易其志〔도부가두불역기지〕칼과 도끼가 머리에 加할지라도 그 뜻을 바꿀 수 없다. 〔三國誌〕

續發人車多載資糧〔속발인거다재자량〕계속해서 사람과 수레를 떠내어 많은 財物과 糧食을 실려 보내다. 〔三國誌〕

令我伐魏各懷譎計〔영아벌위각회휼계〕나로 하여금 魏나라를 치게하고 각각 譎計를 품었도다. 〔三國誌〕

皮開肉綻鮮血逆流〔피개육탄선혈병류〕가죽이 찢기고 살점이 터져서 鮮血이 내뿜어 흐르다. 〔三國誌〕

塚中枯骨何足介意
〔총중고골하족개의〕 무덤속의 枯骨같은 사람을 어찌 足히 마음에 두리오. 〔蜀志先主傳〕

末大必折尾大難掉
〔말대필절미대난도〕 끝이 크면 반드시 부러지고 꼬리가 크면 挑戰하기 어렵도다.

閑話休題只說正話
〔한화휴제지설정화〕 한가한 말은 그만두고 本論에 들어가서 要點만 말하리라. 〔水滸志〕

耕當問奴織當問婢
〔경당문노직당문비〕 밭가는 것은 마땅히 종에게 묻고 베짜는 것은 마땅히 계집종에게 물을 지니라. 〔宋書〕

教婦初來教兒嬰孩
〔교부초래교아영해〕 며느리는 처음 왔을때에 가르치고 아이는 어려서 가르칠 지니라. 〔古諺〕

知足不辱知止不殆
〔지족불욕지지불태〕 足한 것을 알면 辱되지 아니하고 그칠줄 알면 위태롭지 않느니라. 〔老子〕

人若無妻如屋無梁
〔인약무처여옥무양〕 사람이 만일 아내가 없으면 집에 들보가 없는 것과 같으니라. 〔三國誌〕

口似懸河舌如利刀
〔구사현하설여이도〕 입은 달리는 河水와 같고 혀는 利로운 칼과 같아서 말을 잘한다. 〔三國誌〕

擲杯爲號便出下手 (척배위호변출하수) 잔을 던지는 것을 信號로 하여 문득 나와서 손을 써라. 〔三國誌〕

此人識見勝吾十倍 (차인식견승오십배) 이 사람의 事理를 辦할 수 있는 능력이 나보다 열倍가 낫도다. 〔三國誌〕

達人大觀物無不可 (달인대관물무불가) 理致에 達한 사람은 크게 보고 판단하여 일마다 옳지 않음이 없도다. 〔三國誌〕

守道堅固執義不回 (수도견고집의불회) 道를 지키기를 견고히 하고 義理를 잡아서 奸邪하지 아니하다. 〔漢書〕

功不厭約事不厭省 (공불염약사불염성) 功은 簡約한 것이 싫지 않고, 일은 더는 것이 싫지 않다. 〔三國誌〕

乞給紙筆眞草維命 (걸급지필진초유명) 종이와 붓을 빌어 주어 眞草書를 오직 命하리라.

囹圄空虛天下太平 (영어공허천하태평) 감옥이 다 비었으니 天下가 태평한지라. 〔路溫序〕

鷄林黃葉鵠嶺靑松 (계림황엽곡령청송) 경주는 낙엽이 오고 개성은 솔이 푸르도다. 〔崔孤雲〕

〔註釋〕

囹圄 : 감옥, 죄수를 가두는 곳, 유치장의 통칭

鷄林黃葉 : 新羅는 낙엽처럼 시들었으니 운이 얼마 지탱하기 어려울 것이요.

鵠嶺靑松 : 고려수도인 개성에는 靑松의 運氣가 충만해 있으니 國祚는 필히 옮겨질 것이다.

〔字解〕

回 : 간사할 회
挑 : 돋울 도
渗 : 요기 여
碩 : 떨어질 운
囹 : 옥령
圄 : 옥어
鵠 : 따오기 곡

知而不行反不如不知【지이불행반불여부지】알고도 行하지 아니하면 도리어 알지 못하는것만 같지 못하다.

生於憂患而死於安樂【생어우환이사어안락】憂患에서 살고 安樂한데서 죽는다. (後漢書)

吾有卿之名而無其實【오유경지명이무기실】내가 卿의 이름만 있고 그 實相은 없다.

以桀詐堯者以卵投石【이걸사요자이란투석】걸이 요를 속이려 드는 것은 계란으로 돌을 치는 격이다. (荀子)

對比干者不敢論賄賂【대비간자불감론회뢰】비干을 對한 사람은 敢히 賄賂를 論하지 못하고

對伯夷者不敢論阿諛【대백이자불감론아유】伯夷를 對한 사람은 敢히 阿諛함을 論하지 못한다. (東萊博議)

鷹鸇巢木而鳥雀不棲【응전소목이조작불서】매가 나무에 집을 지어 사는데 鳥雀이 깃들이지 못한다.

松栢在岡而蒿艾不植【송백재강이호애불식】松栢이 山 등성이에 있으매 쑥이 나지 못한다. (龍門子)

天失文則有謫蝕之變【천실문즉유적식지변】하늘이 文彩를 잃으면 謫蝕의 變故가 있고

地失文則有崩渴之災【지실문즉유붕갈지재】山川이 崩壞되며 枯渴하는 災殃이 일어나고

【註釋】
知而不行‥알면서 실행하지 않는 것. 反不如‥도리어 같지 못하다. 오히려 반대로 그만 못하다.
憂患‥근심이나 걱정이 되는 일.
安樂‥마음과 기운이 편안하고 즐거움.
桀‥夏나라 마지막 임금. 사납고 못된 임금.
以卵投石‥알로 돌을 침(以卵擊石) "계란으로 바위를 겨눈다"는 말로 당할 수 없다는 것에 비유.
伯夷‥옛적에 청렴한 사람.
賄賂‥뇌물 주는 것. 私利를 얻기 爲하여 權力者에게 몰래 주는 재물.
比干‥옛적에 바른말로 直諫(기탄없이 바른 말로 간함)하던 忠臣.
阿諛‥아첨하는 것. 남의 환심을 사기 위하여 알랑거림.
鷹鸇‥매나 새매. 꿩이나 새를 잘 잡아먹는 猛禽.
鳥雀‥새나 참새.
松栢‥소나무와 잣나무.
蒿艾‥다북쑥과 쑥.
謫蝕之變‥꾸짖어 日月蝕의 變故가 나타나는 것.
崩渴之災‥山이 무너지고 물이 마르는 災殃.
賊身之禍‥몸을 害롭히는 災殃이나 禍難.

人失文則有賊身之禍〔인실문즉유적신지화〕 사람이 면 몸을 害치는 禍가 있느니라.

泰山崩於前而色不變〔태산붕어전이색불변〕 泰山이 앞에 무너져도 빛을 變하지 아니하고

麋鹿興於左而目不瞬〔미록흥어좌이목불순〕 사슴이 왼쪽에서 일어나더라도 눈하나 깜짝하지 않는다.

良農不以盛衰而輟耕〔양농불이성쇠이철경〕 어진 농사꾼은 盛衰로써 밭가는 것을 그치지 아니하고

老漁不以歲寒而罷釣〔노어불이세한이파조〕 고기잡이로 늙은 사람은 해가 차다고 해서 낚시질 하는 것을 그만두지 않는다.

連抱之木必以授良匠〔연포지목필이수양장〕 아름드리의 큰 나무는 반드시 써 좋은 木工에게 주어야 하고

萬金之璧不以付拙工〔만금지벽불이부졸공〕 萬金의 구슬은 써 拙劣한 玉工에게 부쳐줄 수 없느니라.

流水之不腐以其逝也〔유수지불부이기서야〕 흐르는 물이 썩지 않는 것은 가고있기 때문이요

戶樞之不朽以其運也〔호추지불후이기운야〕 문 지도리가 썩지 않는 것은 그 썩먹고 있기 때문이다.

狐裘之敝不可續以羔〔호구지폐불가속이고〕 여우털로된 갖옷이 떨어졌는데 可히 써 羊털로 잇지못하고.

【字釋】
晦:뇌물 회.
賂:뇌물 뢰.
鷹:매 응.
鸇:새매 전.
雀:참새 작.
棲:깃들일 서.
蒿:다북쑥 호.
艾:쑥 애.
蝕:일월식할 식.
謫:꾸짖을 적.
崩:무너질 붕.

【註釋】
目不瞬:눈을 깜짝거리지 않음. 크게 神經 쓰지않고 大端찮게 봄.
良農:農業를 잘 짓는 농사꾼.
輟耕:밭갈던 것을 걷어 치우지 않음.
老漁:고기잡이로 늙은 漁夫.
罷釣:낚시질을 그만둠.
連抱之木:아름드리의 큰 나무.
良匠:재주가 있는 匠色(木工).
萬金之璧:萬金이 나가는 貴한 구슬.
拙工:문의 지도리.
戶樞:문의 지도리. 문이 움직이는 제일 중요한 부분.
狐裘:여우의 겨드랑 밑의 흰 털가죽을 모아 만든 옷.

格言至訓篇

緇衣之敝不可補以縞
〔치의지폐불가보이호〕 검은 옷이 떨어졌는데 可히 써 흰 비단으로 깁지못한다.

納棄妻而論前夫之惡
〔납기처이논전부지악〕 남이 버린 아내를 들 여세워 사는 주제에 그 전 지아비의 잘못을 의논하고

買僕奴而毀故主之暴
〔매복노이훼고주지포〕 팔려온 노복이 옛主 人의 橫暴를 헐뜯는다.

不積跬步無以至千里
〔부적규보무이지천리〕 跬步를 쌓지 않으면 써 千里길에 이르지 못한다. 〔荀子〕

臨河而羨魚不如結網
〔임하이선어불여결망〕 강에 이르러 생선을 부러워 하기보다는 그 물을 얽는 것만 같지 못하니라. 〔淮南子〕

好善而惡惡天之心也
〔호선이오악천지심야〕 善을 좋아하고 惡을 미워하는 것은 하늘의 마음이요

福善而禍淫天之道也
〔복선이화음천지도야〕 善한 이를 福을 주고 淫蕩한 이를 禍를 주는 것은 하늘의 道이다.

言悖而出者亦悖而入
〔언패이출자역패이입〕 말이 거슬러 나가면 또한 거슬러 들어오고

貨悖而入者亦悖而出
〔화패이입자역패이출〕 재물이 거슬러 들어 온 것은 또한 거슬러 나가느니라.

【字解】
瞤…눈깜짝할 순。
輟…그칠 철。
罷…파할 파。
拙…옹졸할 졸。
璧…구슬 벽。
匠…장인 장。
腐…썩을 부。

【註釋】
緇衣…중의 검은 옷。
縞衣…희고 깨끗한 비단옷。
棄妻…남에게 버려진 아내。
前夫…전남편, 먼저번의 남편。
僕奴…奴僕。 남자종。 奴子。
跬步…반걸음。

【註釋】
樞…지도리 추。
裘…갖옷 구。
羔…양새끼 고。
縞…흰비단 호。
緇…검을 치。
僕…종 복。
毀…헐 훼。
暴…사나울 포。
跬…반걸음 규。

臨河…河水에 가까이 이름。
羨魚…생선을 얻었으면 하고 부러워 함。

治慾之法有窒而無開 (치욕지법유질이무개) 慾心을 다스리는 法이 막아 버리는데 있어서 열지 말아야 하고.

治忿之法有懲而無肆 (치분지법유징이무사) 忿을 다스리는 法이 懲戒하는데 있어서 베풀지 못하도록 해야한다. (東萊博議)

曠百世而相通者心也 (광백세이상통자심야) 멀리 百世에 이르도록 서로 通하는 것은 마음이요.

跨百里而相合者氣也 (과백리이상합자기야) 百里에 걸터 앉아 서로 合하는 것은 기운이라. (東萊博議)

譽親而罵讐同一舌也 (예친이매수동일설야) 어버이를 기리고 원수를 꾸짖는 것은 한 혀가 같고

揖客而攘賊同一口也 (읍객이양적동일구야) 손에게 揖하고 盜賊을 물리치는 것은 한 입이 같음이니라.(東萊博議)

天下之不可謝者時也 (천하지불가사자시야) 天下에 可히 辭讓할 수 없는 것이 때요.

萬物之不可逃者數也 (만물지불가도자수야) 萬物에 可히 逃避할 수 없는 것은 運數이다. 때는 막을 수 없고 運數는 避할 수 없다.

張而不弛文武不能也 (장이불이문무불능야) 緊張만 하고 늦추지 않는 것은 文武도 能치 못하고

【字解】
羨‥부러워할 선.
悻‥거스를 패.
窒‥막을 질.
懲‥징계할 징.
肆‥벌여놓을 사. 방자할 사.
曠‥빌 광. 헹할 광.
跨‥걸타앉을 과.
罵‥꾸짖을 매.
讐‥원수 수.
揖‥읍할 읍.
攘‥물리칠 양.

結綱‥그물을 맺음. 물고기를 잡으려고 그물을 뜬는것. 言悻而出者亦悻而入‥말이 悻惡의리에 어그러지고 흉악함하게 나오면 거슬러 들어감. 俗言 "가는 말이 고와야 오는말이 곱다"

弛而不張文武不爲也
一張一弛文武之道也
飭躬厲行非以揚名也
別嫌明微非以避謗也
簡賦省刑非以求民也
深計遠慮非以防患也
沼視溟渤而杯視江湖

〔이이부장문무불위야〕 늦추어 풀어 놓고 緊
張하지 않는 것은 文武가 하지않을 것이니 緊
〔일장일이문무지도야〕 한번 緊張하고 한번
늦추는 것이 文武의 道라. 〔國語〕
〔칙궁여행비이양명야〕 몸을 愼飭하고 行實
을 가다듬는 것이 써 이름을 날리려는 것이
아니요
〔별혐명미비이피방야〕 嫌疑를 分明히 하고 隱
微한 것을 밝혀두는 것이 써 誹謗을 避하는
것이 아니요.
〔간부생형비이구민야〕 賦稅를 簡略하게 하
고 刑罰을 省略하게 하는 것이 써 百姓에게
求하는 것이 아니라.
〔심계원려비이방환야〕 謀事를 깊이하고 遠
大하게 생각하는 것이 써 憂患을 防止하는
것이 아니니라. 〔東萊博議〕
※ 飭躬厲行 別嫌明微 簡刑賦省 深計遠慮는
선비나 爲政者가 處世에 있어서 마땅히
그렇게 하는 것이오 決코 무엇을 위해서
가 아니다.
〔소시명발이배시강호〕 溟海와 渤海를 못과
같이 보고 江과 湖水를 술잔과 같이 본다.
※ 氣高萬丈하고 傲慢해서 事物이 眼中에 없
는 것처럼 우습게 보이는 것.

【註釋】
弛而不弛:활을 잔뜩 당겨놓고 緩和시켜 늦
추지 않음.
弛而不張:다 풀어놓고 緊張시킬줄 모름.
文武:文王과 武王. 尺度가 될 만한 옛날
聖人.
飭躬:몸을 삼가 하는것. 몸을 操心성 있게
갖는 것.
厲行:嚴重하게 施行함. 행실을 가다듬는것.
揚名:名聲을 드날림. 이름을 떨치는 것.
別嫌:嫌疑될만한 것을 識別하여 하지 않음.
明微:隱微한 것을 밝혀 두는 것.
避謗:헐뜯어 욕하는 것을 避함.

【字解】
弛:늦출 이.
飭:삼갈 칙.
厲:갈 려.
揚:날릴 양.
嫌:혐의 혐.
謗:비방할 방.

【註釋】
簡賦:賦稅는 簡素化하여 重課하지 않는것.
省刑:刑罰을 덜어 줄이는 것.
深計:깊은 計略.
遠慮:앞일을 헤아려 치밀하게 생각함.
沼視:못같이 봄. 곧 計劃하여 물샐틈없
이 단단히 對備함.
溟渤:바다 이름. 溟海와 渤海.
江湖:江과 湖水. 揚子江과 洞庭湖.

衝風之衰不能起羽毛 〔충풍지쇠불능기우모〕 衝風이 衰했을 때에 깃이나 터럭을 날리지 못하고

強弩之末力不能入魯縞 〔강노지말력불능입노호〕 強力한 화살이 떨어질때의 힘은 能히 부드러운 비단도 뚫지 못한다. 〔韓書〕

毛羽不豊滿者不能高飛 〔모우불풍만자불능고비〕 털과 깃이 豊滿하지 못한 것은 能히 높이 날지 못한 다.〔戰國策〕

日之夕也暝月之晦也魄 〔일지석야명월지회야백〕 날은 저녁이 되면 어두워지고 달은 그믐이 되면 다시 생기고

露之朝也晞冰之春也泮 〔로지조야희빙지춘야반〕 이슬은 아침이 되면 마르고 〔해가 뜨는 故로〕 어름은 봄이 오면 녹나니.

其時至也其數窮也 〔기시지야기수궁야〕 그 때가 이르르면 그 數가 다 하는 것이다. 〔子魚子〕

不困在早圖不窮在早稼 〔불곤재조도불궁재조가〕 困함을 當하지 않는 것은 일찍이 圖謀하기 때문이요, 窮하지 않는 것은 일찍이 심기 때문이 다. 〔鄧子〕

得十良馬不如得一伯樂 〔득십양마불여득일백락〕 열匹의 좋은 말을 얻는 것이 한 伯樂을 얻는 것만 같지 못하고

【字解】
弩∶쇠뇌 노.
縞∶흰비단 호.
溟∶바다 명.
渤∶바다이름 발.
衝∶찌를 충.

【註釋】
強弩∶세고 큰 활. 억세고 크게만든 활.
魯縞∶魯나라에서 짠 희고 부드러운 비단
豊滿∶물건이 豊足함. 몸이 肥大함.
日之夕也暝∶날은 저녁엔 어둡고, 月之晦也魄∶그믐이 되면 빛이 생겨 초생달로 변한 고, 露之朝也晞∶이슬은 아침이 되면 해에 마르고 어름이 봄에 녹는것은 自然의 理다.
早圖∶일찍 圖謀함. 미리 손을 쓰는것.
早稼∶심을 가.
泮∶얼음풀릴 반.
晞∶마를 희.
冰∶어름 빙.
魄∶넋 백.
晦∶그믐 회.
暝∶어둘 명.

格言至訓篇

得十良劍不如得一區治
得地千里不如得一賢人
霜風振地鳴萬馬之刀鎗
雪花翻空散千斛之玉屑
金石之有聲擊之以後鳴
賢者之有才用之以後見
繩墨旣加而曲直無棄材
爐錘旣就而大小無頑器

(득십양검불여득일구치) 열자루 칼을 얻는 것이 한 區域을 얻어 다스리는 것만 못하고

(득지천리불여득일현인) 땅 千里를 얻는 것이 한 어진사람을 얻는 것만 같지 못하다. (楊子)

(상풍진지명만마지도창) 서리바람이 땅을 振動하니 萬匹의 말은 창과 쇠소리에 어울려 울음 울고

(설화번공산천곡지옥설) 눈꽃이 하늘에 펄럭이니 千斛의 玉가루를 흩었도다. (栗谷鏡浦台賦)

(금석지유성격지이후명) 쇠나 돌의 소리나는 것은 친 뒤에 울리고

(현자지유재용지이후현) 어진사람의 才操있는 것은 써 본 뒤에 나타나느니라.

(승묵기가이곡직무기재) 먹줄이 이미 더해지매 굽거나 곧거나 버릴재목이 없고

(로추기취이대소무완기) 鎔鑛爐 망치가 이미 나갔을 적에 크고 작은 것이 頑惡한 그릇이 없다.

【註釋】
伯樂：말을 잘 鑑定(事物의 종고 나쁨을 分別함)하는 사람. 秦나라때의 말 감정의 名人.
刀鎗：칼과 兵伏氣(병장기)가 부딪쳐 나는 소리.
雪花翻空：날리는 눈이 마치 꽃잎처럼 空中에서 펄럭이는 것.
千斛：열말들이 千品음. 五百섬을 이름.
玉屑：玉가루.
用之以後見：써본 뒤에 그 效用이 나타난다는 말.
繩墨：먹줄
爐錘：용광로 속에 집어넣었다가 망치로 두드리는 것.
頑器：완고하여 洗練되지 못한 그릇. 아무렇게나 함부로 생긴 그릇.

【字解】
區：구역 구.
鎗：창 창.
翻：펄럭일 번.
斛：가루 설.
繩：노 승.
棄：버릴 기.
爐：화로 로.
錘：망치 추.
頑：완고할 완.
紂：임금이름 주.

不經桀之暴民不知有湯
〔불경걸지포민부지유탕〕 桀의 暴惡함을 겪지 않으면 百姓이 湯임금 있는 것을 알지 못하고

不經紂之惡民不知有武
〔불경주지악민부지유무〕 紂의 惡한것을 經驗하지 않으면 百姓이 武王있는 것을 알지 못한다. (東萊博議)

任重道遠者不擇地而息
〔임중도원자불택지이식〕 짐이 무겁고 길이 먼 사람은 땅을 가리지 않고 쉬며

家貧親老者不擇官而仕
〔가빈친로자불택관이사〕 집이 가난하고 어버이가 늙은 사람은 벼슬을 가리지 않고 해야 한다. (韓詩外傳)

鳥鳴于谷而知音者和之
〔조명우곡이지음자화지〕 새가 골짝에서 울면 소리를 아는 것이 和答을 하고

獸啼于郊而類同者覺之
〔수제우교이류동자각지〕 짐승이 들에서 울면 같은 무리는 깨닫는다.

虎嘯而風洌龍興而致雲
〔호소이풍열용흥이치운〕 범이 휘파람불면 찬바람이 일어나고 용이 일어나면 구름이 이른다.

蟋蟀俟秋吟蜉蝣出以陰
〔실솔사추음부유출이음〕 귀뚜라미는 가을을 기다려 읊고 하루살이는 陰한데서 생긴다. (王襃)

【註釋】

任重道遠‥ 맡은바 責任은 重하고 길은 먼것.
不擇地而息‥場所를 가리지 않고 아무데나 쉬어가도 無妨하다는 말.
不擇官而仕‥어떤 벼슬을 莫論하고 그냥 해야 한다는 말.
知音‥새나 짐승의 소리를 알아들음.
類同者‥同類. 같은 무리. 類似한 種類.
雲龍風虎‥類는 類를 부른다는 말. 龍이 일어나는 곳에 구름이 일게 마련이고 범이 擧動하는 곳에 바람이 따르게 마련인故로 人材와 때는 不可分의 關聯이 있다.

【字解】

啼‥울 제.
嘯‥휘파람 소.
蜉蝣‥하루살이.
洌‥맵게찰 렬.

【註釋】

蟋蟀‥귀뚜라미.
蜉蝣‥하루살이. 하루밖에 못산다는 昆蟲.
談天雕龍之辯‥하늘의 玄妙한 이치를 말하고 假想的인 神物인 龍을 巧妙하게 새길 만큼 神通한 辯論.
蓬起泉湧‥ 겉으로만 禹나 舜같은 聖人의 흉내를 냄.
禹行舜趣‥한꺼번에 일어나고 세차게 꾸준히 솟아나다.
有抑必有揚‥누르려면 반드시 讚揚하는것이 있어야함.

談天雕龍之辯蠭起泉湧
〔담천조룡지변봉기천용〕 하늘을 말하고 龍을 아로새기는 辯論이 벌떼같이 일어나고 우물처럼 솟아난다.

禹行舜趨者肩相摩於道
〔우행순추자견상마어도〕 禹임금의 걸음과 舜임금의 빠른걸음을 흉내내는 者가 어깨를 길에서 서로 문지를 만큼 많이 있다.

所用非所養所養非所用
〔소용비소양소양비소용〕 쓰는 것이 길러 놓은 것이 아니며 길러 놓은것이 쓸 모있는 것이 아니다. (東萊博議)

有抑必有揚有操必有縱
〔유억필유양유조필유종〕 억지함이 있으면 반드시 날릴일이 있고 잡는것이 있으면 반드시 놓아주는 것이 있어야 한다. (管仲)

雨暴而沼溢酒暴而巵翻
〔우폭이소일주폭이치번〕 비가 暴雨로 쏟아지면 못이 넘치고 술을 暴酒로 하면 本性이 들어나 술잔을 뒤집어 엎는다.

過橋分野色移石動雲根
〔과교분야색이석동운근〕 다리를 지나니 들빛이 나누어지고 돌을 옮김에 雲根이 움직인다. (賈島)

川氣冒山嶺驚湍激嚴阿
〔천기모산령경단격암아〕 내기운은 山고개를 덮어 있고 놀낸 여울물은 山굽이를 激動시킨다. (文選)

【字解】
蟋:귀뚜라미 실.
蟀:귀뚜라미 솔.
蜉:하루살이 부.
蝣:하루살이 유.
雕:새길 조.
摩:문지를 마.

【註釋】
有操必有縱 : 잡아두려면 반드시 놓아주는 것도 있어야 한다. 抑揚과 操縱이 있어야 한다는 말.
酒暴 : 暴酒. 한차례에 지나치게 많이 마시는 술.
野色 : 들의 경치.
雲根 : 산의 높은 곳.
驚湍 : 놀랜듯이 달아나며 소리내어 흐르는 여울물.
嚴阿 : 山굽이.

【字解】
阿 : 언덕 아.
冒 : 무릅쓸 모.
湍 : 여울 단.
激 : 激動시킨다.

雨歇見青山落日照林園 〔우헐견청산낙일조림원〕 비가 그치니 청산이 보이고 떨어진 날은 숲 동산을 비친다. (韋應物)

蝶舞神香新歌分落素塵 〔접무염향신가분낙소진〕 나비가 춤을 추니 원삼의 香氣가 새롭고 노래를 나누니 素塵이 떨어진다.

天香夜染衣國色朝酣酒 〔천향야염의국색조감주〕 天香은 밤에 옷을 물들게 하고 國色은 아침 술을 醉하게 한다.

芳塵凝瑤席清醑滿金罇 〔방진응요석청서만금준〕 꽃다운 티끌이 瑤席에 어렸으니 맑은 술 거른것이 金罇전자에 찼도다.

雖在倉卒未嘗疾言遽色 〔수재창졸미상질언거색〕 비록 急作스럽지만 일찌기 말을 빨리 하거나 얼굴에 唐慌하는 빛을 나타내지 아니한다. (後漢書)

駑蹇之乘不騁千里之塗 〔노건지승불빙천리지도〕 四馬는 千里길을 달리지 못하고

燕雀之儔不奮六翮之用 〔연작지주불분육핵지용〕 위는 여섯개의 쭉지를 써서 떨칠 수 없고

【註釋】

林園: 숲이 우거진 동산.
神香: 원삼에서 香臭가 나는듯 하다고 美化시킨 말.
素塵: 재같이 없어지는 티끌.
天香國色: 모란꽃을 가리킴. 世上에서 제일가는 美人을 비유한 말.
芳塵: 貴人의 수레에서 나는 티끌
瑤席: 仙人이 마련한 宴席.
清醑: 맑은 술.
金罇: 금으로 만든 술단지.
倉卒: 예정없이 급작스럽고.
駑蹇: 걸음이 느리고 절름발이 말.

【字解】

袡: 원삼 염.
酣: 술취할 감.
醑: 거른술 서.
罇: 술단지 준.
遽: 급할 거.
駑: 둔한말 노.
騁: 달릴 빙.
翮: 쭉지 핵.
儔: 무리 주.
奮: 동자기둥 절.
稅: 동자기둥 절.
棟: 마룻대 동.
梁: 들보 량.
瑤: 아름다울 요.

梁棁之才不荷棟樑之任
斗筲之子不秉帝王之重
鶴鷯巢於深林不過一枝
鼴鼠飲於黃河不過滿腹
瞽者無以與乎文章之觀
聾者無以與乎鍾鼓之聲
氣至而滋息氣反而游散
直己而行道者好義者也

〔절절지재불하동량지임〕재목은 기둥이나 대들보의 소임을 멜 수 없고

〔두초지자불병제왕지중〕한말이나 말두되는 아들은 帝王의 무거운걸 잡을수 없느니라.

〔추료소어심림불과일지〕비둘기나 뱁새가 깊은 숲에 깃들이기를 한나무가지에 지나지 아니하고

〔언서음어황하불과만복〕두더지가 黃河水를 마셔봐도 배를 채우는데 지나지 않는다.

〔고자무이여호문장지관〕 장님에게는 써 문장의 볼만한 것을 줄 것이 없고

〔롱자무이여호종고지성〕귀먹은 사람에게는 써 쇠북소리를 들려 줄 것이 없느니라.

〔기지이자식기반이유산〕 기운이 이르면 불어나고 기운이 돌아가면 游散하느니라.

〔직기이행도자호의자야〕 몸을 곧게 하여 道를 行하는 者는 義를 좋아하는 사람 이요.

【註釋】
梁棁之才 : 동자기둥이 될만한 재목.
棟樑之任 : 마룻대나 들보의 소임.
斗筲之子 : 한말이나 말두되가 들어갈만한 작은 人物.
鶴鷯 : 비둘기나 뱁새. 작은 微物을 가리켜 비유한 말.
鼴鼠 : 두더지. 田鼠.
滿腹 : 배부름. 滿足히 먹음.
瞽者 : 귀먹은 사람. 못보는 사람.
聾者 : 귀먹은 사람.
滋息 : 기운이 늘어남. 기운이 모이는것.
氣至 : 기운이 이름. 기운이 모이는것.
游散 : 놀아 흩어짐. 흩어져 살아짐.
氣反 : 기운이 돌아감. 기운을 거두어 감.
直己 : 몸을 곧게 지킴. 所信을 굽히지 않음.
行道 : 道를 行함. 自己의 갈길을 걸어감.

【字解】
筲 : 말두되들이 대그릇 초.
秉 : 잡을 병.
鶴 : 흰비둘기 추.
鷯 : 뱁새 료.
鼴 : 두더지 언.
鼠 : 소경 고.
聾 : 귀먹어리 롱.
滋 : 부를 자.
游 : 놀 유. 헤엄칠 유.

聞命而奔走者好利者也

〔문명이분주자호리자야〕 命함을 듣고 奔走히 가는 者는 利를 좋아하는 사람이니라.

量力而任之度才而處之

〔양력이임지탁재이처지〕 힘을 헤아려서 맡기고 재주를 헤아려서 處事할지니라. 〈韓愈〉

不登高山不知天之高也

〔부등고산부지천지고야〕 높은 山에 오르지 아니하면 하늘 높은 것을 알지 못한다. 〈荀子〉

處疾則貴醫有禍則畏鬼

〔처질즉귀의유화즉외귀〕 病에 걸리면 醫院을 貴하게 생각하고 災殃이 있으면 鬼神을 두려워 한다. 〈韓非子〉

儒以文亂法俠以武犯禁

〔유이문난법협이무범금〕 선비는 글로써 法을 어지럽게 하고 俠客은 武器를 用으로 나라의 禁令을 犯한다.

林中不買薪湖上無鬻魚

〔임중불매신호상무육어〕 숲속에서 땔나무를 사지말고 湖水 위에서 생선을 팔지 말지니라. ※너무 흔해서 用途가 적기 때문이다.

大丈夫當雄飛安能雌伏

〔대장부당웅비안능자복〕 大丈夫 마땅히 雄壯하게 날것이니 어찌 能히 암컷처럼 엎드려만 있겠는가. 〈後漢書〉

【註釋】

聞命：命令을 들음.
奔走：命을 이음. 承命也.
量力：그 힘이 어느 程度 堪當할 수 있는 가를 헤아려봄.
度才：그 抱才를 저울질 하는것.
貴醫：의원을 所重하게 여김.
畏鬼：鬼神이 禍를 주는가하고 두려워함.
以文亂法：學文의 誤用으로 法度를 어지럽게 함.(亂法亂道).
以武犯禁：武器를 함부로 휘둘러서 法規와 禁令을 違反함.
買薪：땔감을 사는 것.
鬻魚：생선을 파는 것.
雄飛：수컷처럼 나름. 기운차고 勇氣있게 活動함.
雌伏：암컷처럼 엎드려만 있음. 새의 암컷이 수컷에 복종하는 뜻에서 남에게 服從함을 이름. 세상에서 숨음.

【字解】

度：헤아릴 탁.
畏：두려워할 외.

格言至訓篇

山有猛虎而狐狸不敢晝號
川有蛟龍而鰍鱔不敢夜舞
療病者貴治其源不在巫祝
安民者貴防其盡不在刑威
扁鵲不能治不受鍼藥之疾
聖賢不能正不聽諫諍之君
守身在我而疾不在於六氣
守國在我而患不在於四隣

〈산유맹호이호리불감주호〉 산에 범이 있으면 여우나 삵괭이가 감히 낮에 부르짖지 못하고

〈천유교룡이추선불감야무〉 내에 蛟龍이 있으면 미꾸라지가 밤에 춤추지 못할지니라.

〈요병자귀치기원부재무축〉 병을 요하는 者는 그 根源을 다스리는 것이 貴하고 巫祝에 있지 않으며

〈안민자귀방기두부재형위〉 百姓을 便케하는 者는 그 좀을 막는것이 貴하고 刑威에 있지 않느니라.

〈편작불능치불수침약지질〉 扁鵲이 도 能히 鍼藥을 받지않는 病을 다 스리지 못하고

〈성현불능정불청간쟁지군〉 聖賢도 能히 諫諍을 듣지않는 人君을 바로 잡을 수는 없다.

〈수신재아이질부재어육기〉 몸을 지 키는 것이 나에게 있고 病이 六氣 에 있지 아니하고

〈수국재아이환부재어사린〉 나라를 지키는 것이 나에게 있고 근심이 四隣에 있는 것이 아니다. (呂氏)

【字解】
薪 : 섶나무 신.
鸎 : 암컷 자.
蛟 : 교룡 교.
鰍 : 미꾸라지 추.
鱔 : 큰자라 선.
狐 : 여우 호.
狸 : 삵괭이 리.
巫 : 무당 무.
祝 : 빌 축.
鵲 : 까치 작.
鍼 : 침 침.
諍 : 간할 쟁.

【註釋】
猛虎 : 몹시 사나운 범.
狐狸 : 여우와 삵괭이.
蛟龍 : 이무기와 용.
鰍鱔 : 미꾸라지.
巫祝 : 무당.
刑威 : 刑罰과 威嚴. 刑罰을 加하여 威嚴을 떨쳐 民心을 屈伏시키려는 것.
扁鵲 : 中國 三國時代에 있었던 名醫.
鍼藥 : 침놓고 藥먹는것을 이름.
諫諍 : 임금의 잘못을 굳세게 諫함.
六氣 : 中國의 哲學에서 이르는 여섯가지 기운. 陰陽風雨晦明을 이름.
四隣 : 自己 나라를 둘러싸고 있는 四方의 이웃나라.

筌者所以在魚得魚而忘筌

蹄者所以在兔得兔而忘蹄

逢蒙善射不能用不調之弓

造父善御不能策不服之馬

公輸善斲不能運不利之斤

孫吳善將不能戰不習之卒

土處下不爭高故安而不危

〔전자소이재어득어이망전〕 통발은 물고기를 잡는 것인데 물고기를 잡고나면 통발을 잊고.

〔제자소이재토득토이망제〕 덫은 써 토끼를 잡는 것인데 토끼를 얻고나면 덫을 잊게 된다. （莊子）

〔방몽선사불능용부조지궁〕 방몽이 쏠 쓸 수 없고

〔조보선어불능책불복지마〕 조보가 말을 잘 몰지만 能히 말 안 듣는 말을 채찍질할 수 없고.

〔공수선착불능운불리지근〕 공수가 잘 깎는 木手지만 能히 연장을 쓸 수 없고

〔손오선장불능전불습지졸〕 손오선장은 能히 싸움에 훈련되지 않은 軍士로는 싸울 수 없다. （劉子）

〔토처하부쟁고고안이불위〕 흙은 낮은 곳에 處하여 높은 것을 다투지 않는 故로 便安하고 危殆롭지 않으며

【註釋】
得魚而忘筌：물고기를 얻기 前에는 그것을 잡아 주는 통발이 絕對必要했지만 그 目을 이룬뒤에는 関心이 없어 진다는 말

逢蒙：옛날에 활을 잘 쏘던 사람. 名弓.

造父：옛날 말을 잘 몰던 사람. （조보）

不服之馬：服從하지 않는 말.

公輸：옛날 이름난 匠人.

善斲：나무를 잘 다루는 것.

不利之斤：利롭지 못한 칼날. 무딘 연장을 말함.

孫吳：孫臏과 吳起. 中國의 戰國時代 名將.

戰必勝, 攻必取라는 말이 있음.

【字解】
筌：통발 전.
蹄：덫 제. 말굽 제.
兔：토끼 토.
逢：성 방.
御：말몰 어. 모실 어.
斲：깎을 착.

水流下不爭先故疾而不遲

〔수류하부쟁선고질이부지〕 물은 낮은데로 흘러서 먼저 감을 다투지 않는 고로 빠르고 더디지 않도다. 〔淮南子〕

處繡戶洞房則蓑不如裘也

〔처수호동방즉사불여구야〕 수놓은 집이나 洞房에 處하여서는 도롱이가 갖옷만 같을 수 없고

若披雪沐雨則裘不如蓑也

〔약피설목우즉구불여사야〕 萬一 눈을 헤치고 비를 沐浴할 때에는 갖옷이 도롱이 삿갓만 같지 못하니라

奮然勁悍與怯相返者小勇也

〔분연경한여겁상반자소용야〕 奮然히 굳세고 사나워 怯내는 사람으로 더불어 서로 反對되는 것은 작은 勇猛이요

退然溫克與怯相近者大勇也

〔퇴연온극여겁상근자대용야〕 물러가는듯 溫柔하게 克服해 나가서 怯내는 사람으로 더불어 서로 가까운 것은 큰 勇猛이니라. 〔東萊博議〕

以玉爲石者亦將以石爲玉矣

〔이옥위석자역장이석위옥의〕 玉을 가지고 돌이라고 하는 사람은 또한 將次 돌을 玉이라고 할것이요

【字解】
繡 : 수놓을 수.
蓑 : 도롱이 사.
披 : 헤칠 피.
勁 : 굳셀 경.
悍 : 사나울 한.
怯 : 겁낼 겁.

【註釋】
披雪沐雨 : 눈을 털어 헤치고 비로 沐浴을 하는것.
奮然勁悍 : 떨치고 일어나 굳세고 날세게 行動하는것.
小勇 : 작은 일에 내는 勇氣. 쓸데없는 勇氣.
退然 : 기력이 없는듯이 느른한 모양. 일부러 지는것 같이 하여 다투지 않는것.
溫克 : 조용히 마음으로 이기는 것.
大勇 : 큰 勇氣. 다른 사람이 이기지 못하는 것을 이기는 용맹. 自己마음에 있는 욕나 慾心이라는 盜賊을 이기는 것.

以賢爲愚者亦將以愚爲賢矣

養鷄者不畜狸牧獸者不畜豺
（抱朴子）

樹木者憂其蠧保民者除其賊
（王襃）

人之將疾也必不甘魚肉之味

國之將亡也必先惡忠直之言

故 疾之將死者難爲良醫

〔이현위우자역장이우위현의〕
어진 사람을 어리석다고 하는
사람은 또한 어리석은 사
람을 어질다고 할것이니라.

〔양계자불휵리목수자불휵시〕
닭을 기르는 사람은 삵괭이를
기르지 아니하며 짐승을 먹이
는 사람은 늑대를 기르지 아니
하고

〔수목자우기두보민자제기적〕
나무를 심는 사람은 그 좀 먹
을까 근심하고 百姓을 保護하
는 사람은 그 盜賊을 除할지니
라. (王褒)

〔인지장질야필불감어육지미〕
사람이 將次 病들제 반드시 魚
肉의 맛이 달지 아니하고

〔국지장망야필선오충직지언〕
나라가 將次 亡할때 반드시 먼
저 忠直한 말을 미워 하나니라.

〔고 질지장사자난위양의〕
그런故로 병들어 將次 죽는 사
람에게 良醫되기 어렵고

【註釋】

以賢爲愚：어진사람은 原來 어리석은 이 같
아서 속이지 않고 잔재주를 부리지 않는
어리석은 一面이 있는것 같음.

以愚爲賢：奸邪하고 狡猾하고 要領을 잘부
려 사람의 脾胃를 맞추는 小人이 언뜻보
면 能力이 있는 것 같아서 價値觀이 混同
되는것.

養鷄者不畜狸：닭기르는 사람이 삵괭이를
함께 길러서는 안된다는 것은 收奪하고
聚斂하는 貪官汚吏를 養成해서는 안된다
는 비유.

魚肉：생선의 고기와 짐승의 고기.

忠直之言：忠誠되고 곧은 말 忠言과 直諫.

完全히 징밟아 物故를 내버리는것（屠戮）。

誠實하고 正直한 말.

良醫：병을 잘 고치는 의원.

國之將亡者難爲忠諫

臣有事業君不信任之則不成

月有光華日不照望之則不明

地有草木天不雨露之則不生

草隷尺牘騎射弓馬莫不奇妙

夷狄之人被髮左衽人面獸心

〔국지장망자난위충간〕 나라가 將次 亡하는 者에게 忠諫이 되기는 어려우니라.

〔지유초목천불우로지즉불생〕 땅에 草木이 있어도 하늘이 비 나 이슬을 내려주지 않으면 살 수 없고

〔월유광화일부조망지즉불명〕 달이 빛이 있어도 해가 비쳐 바라보지 않는다면 밝을 수 없다.

〔신유사업군불신임지즉불성〕 臣下가 事業이 있어도 人君이 信任하지 않으면 이룰 수 없다.

〔초예척독기사궁마막불기묘〕 草隷와 尺牘과 말타고 활쏘는 것이 奇妙하지 않는 것이 없도 다. 〔梁書〕

〔이적지인피발좌임인면수심〕 夷狄의 사람들은 머리를 풀어 헤치고 옷깃을 왼쪽으로 여미 며 사람의 낯에 짐승의 마음이 라. 〔史記匈奴傳〕

【註釋】
忠諫:: 忠誠스러운 마음으로 웃사람의 잘못을 忠告하는 것.
光華:: 빛. 빛나는 기운.
照望:: 비쳐주고 바라봄. 달은 해의 기운을 받아야 빛을 낼 수 있으니 해가 비쳐주고 바라봐 주어야만 (보를) 밝아질 수 있음.
草隷:: 草書와 隷書体.
尺牘:: 짧은. 편지. 簡牘.
夷狄:: 오랑캐. 無禮한 野蠻人의 稱.
被髮左衽:: 오랑캐의 風俗을 形容한 말로 머리를 풀어 헤치고 옷섶을 왼편으로 여던 일.
人面獸心:: 얼굴은 사람이로되 마음은 짐승이나 다름없는 사람.

【字解】
隷:: 예서 례.
牘:: 편지 독.
狄:: 오랑캐 적.
衽:: 옷섶 임.

264

惟人正生禽獸橫生草木倒生
(유인정생금수횡생초목도생)
오직 사람은 바로 살고 새짐승은 비껴살고 草木은 거꾸로 산다.
〈性理大全〉

鳥窮則啄獸窮則攫人窮則詐
(조궁즉탁수궁즉확인궁즉사)
새는 窮하면 쪼으려 하고 짐승은 窮하면 움키려하고 사람은 窮하면 속이려 한다.

居安思危思則有備有備無患
(거안사위사즉유비유비무환)
便히 居하여 危殆함을 생각할지니 생각하면 防備하게 되고 防備함이 있으면 근심이 없느니라.
〈左傳〉

古之伐國不斬黃口不獲二毛
(고지벌국불참황구불획이모)
옛적에 나라를 征伐할제 黃口를 베지 아니하고 二毛를 잡지 아니하였느니라.
〈淮南子〉

諸侯不言利害大夫不言得喪
(제후불언이해대부불언득상)
諸侯는 利害를 말하지 아니하며 大夫는 얻고 잃는 것을 말하지 않을지니라.
〈韓詩外傳〉

吞天浴日之海排山倒海之風
(탄천욕일지해배산도해지풍)
하늘을 삼킬듯 해를 沐浴시키는 바다와 山을 밀어내고 바다를 거꾸러트릴만큼 거센 바람.

【註釋】
橫生倒生: 生態의 体가 바꾸어 옆으로 되고 거꾸로 됨도.
鳥窮則啄: 새가 窮하면 쪼아먹는다는 말로 窮地에 몰리면 本性이 나타난다는 말.
居安思危: 편안하게 살면서도 恒常 危險할 때를 생각함.
有備無患: 準備가 있으면 걱정이 없음. 일을 當하기 前에 미리 準備가 마련되어 있으면 여유있게 대처할 수 있다는 말.
伐國: 남의 나라를 치는 것.
黃口: 입이 노란새 새끼를 비유한 말로 어린아이를 일컬음.
二毛: 검은털과 흰털. 머리털이 희끗희끗한 老人. 班白.
諸侯不言利害: 제후임금은 자기의 체신을 지켜야 함으로 利害같은 것은 말하지 않음.
吞天浴日: 하늘을 삼키고 해를 沐浴시키는 말로 바다의 威力을 誇示한 말

【字解】
啄: 쪼을 탁.
攫: 움킬 확.
獲: 얻을 획.
侯: 임금 후.
吞: 삼킬 탄.
排: 밀어낼 배.

有鳳凰之官則必有螟蛉之使

有金玉之音則必有糞土之士

國有千金之馬而無千金之鹿

家有千金之犬而無千金之豽

以犬馬爲有用而豺鹿無用也

聖人不貴尺之璧而重寸之陰

(유봉황지관즉필유기슬지사)
鳳凰같은 官員이 있는가 하면
서캐처럼 남을 핥아먹는 使令
도 있고

(유금옥지음즉필유분토지사)
金石같은 고운소리가 있는가 하
면 糞土처럼 쓸모없는 선비도
있다. (湯顯祖感官籍賦)

(국유천금지마이무천금지록)
나라에 千金가는 말은 있어
도 千金가는 사슴은 없고

(가유천금지견이무천금지시)
집에 千金가는 개는 있어도
千金가는 늑대는 없다.

(이견마위유용이시록무용야)
그런것은 개와 말은 쓸데가 있
지만 늑대 노루는 用途가 없
기 때문이다.

(성인불귀척지벽이중촌지음)
聖人은 한자 되는 구슬을 貴히
여기지 아니하고 寸陰을 重히
여긴다.
(淮南子)

【註釋】
鳳凰‥상상의 새. 祥瑞로운 神物의 象徵. 뭍
人의 世上에 나왔다는 傳説이 있음.
螟蛉‥서캐 이. 남의 피나 빨아먹고 사는
족속.
金玉‥金과 옥. 금관자와 옥관자를 붙인 사
람.
糞土‥썩은 흙. 腐敗된 部類의 비유.
千金‥葉錢 千兩. 많은 돈.
寸之陰‥寸陰. 얼마 안되는 짧은 時間. 寸
刻.

【字解】
虱‥이 슬.
螟‥서캐 기.
凰‥봉황 황.
糞‥똥 분.
璧‥구슬 벽.

木有一實之蠹將
剪樹而棄之乎
〔모유일실지두장전수이기지호〕나무에 한 열
매가 좀먹었다 해서 將次 나무를 베어버릴
것인가?

錦有一絲之污將
全帛而焚之乎
〔금유일사지오장전백이분지호〕비단에 한 실
오라기가 汚點이 있다해서 將次 온전한 비단
을 태울것인가.
(狄梁公)

道者萬世無弊天
不變道亦不變
〔도자만세무폐천불변도역불변〕道라는 것은
萬世를 지나도 弊端이 없는것이니 하늘이 變
하지 않는 以上 道도 또한 變하지 않는다.
(董仲舒)

天無私覆地無私
載日月無私照
〔천무사부지무사재일월무사조〕하늘이 사사
로이 덮은 것이 없고 땅은 사사로이 실은 것
이 없으며 日月은 사사로이 비쳐주는 것이 없
다.
(禮記)

用其柔於邪正之
間則懦而召姦
〔용기유어사정지간즉나이소간〕그 邪正之間
에 柔를 쓰면 懦弱해서 姦邪한 것을 부르고

用其剛於父子之
間則激而生禍
〔용기강어: 부자지간즉격이생화〕그 父子之間
에 剛을 쓰면 激動하여 災禍가 生긴다.
(東萊博議)

臨汨羅而自隕兮
恐日薄於西山
〔임멱라이자운혜공일박어서산〕汨羅水에 빠
져서 스스로 죽음이여! 날이 西山에 다가와
졌나 두렵도다.
(揚雄의 反離騷)

【字解】

蠹∶좀 두.
剪∶싹뻴 전.
帛∶비단 백.
焚∶태울 분.
弊∶폐단 폐.

【註釋】

剪樹∶나무를 싹 베어버림.
全帛∶匹채로 건딜지 않은, 온전한 비단.
萬世無弊∶오랜세월이 지나가고 世上이 바뀌어도 아무런 弊端(잘못되어 괴롭고 번거로움)이 없는것.
天不變道亦不變∶하늘의 이치가 變하지 않는 限 道도 또한 變할 수 없다는것.
無私覆無私載無私照∶天地, 日月은 地球위의 모든것을 똑같이 덮어주고 실어주고 비쳐주고 있으니 私가 있을수 없다.
懦而召姦∶姦邪하고 正當하지 못한 사이에 中立지켜 둘을 다 保全케 하려는것은 不可能하다는 것.
激而生禍∶父子之間을 邪正之間처럼 顯正을 하려면 恩義가 斷切되어 災禍가 生기게 마련임.
汨羅水∶楚나라에 있는 물이름. 屈原이 溺死한 곳. 汨羅水 맑은물은 屈三閭의 忠魂이요 三江水 성긴비는 吳子胥의 精靈이라.

格言至訓篇

明鏡所以照形而
盲者以之蓋卮
〔명경소이조형이맹자이지개치〕 밝은 거울
은 형체를 비추라고 생겼지만 눈어둔
님은 술잔 뚜껑으로 쓰고

玉笄所以首飾而
禿嫗以之挂杙
〔옥계소이수식이독구이지괘익〕 玉비녀는 머
리를 꾸미라고 마련된 것이지만 머리빠진 할
망구는 못에 걸어 둔다. 〔劉子〕

須彌山高不見嶺
大海水深不見底
〔수미산고불견령대해수심불견저〕 須彌山은
높아서 산이마가 보이지 않으며 큰 바닷물은
깊어서 밑을 볼 수 없도다. 큰 人物은 그
깊이를 알 수 없다 는 비유.

與之角者無上齒
付之翼者兩其足
〔여지각자무상치부지익자양기족〕 뿔을 준자
는 웟이가 없고, 날개를 붙여 준 者는 그 발
이 둘이니라. 한 사람에게 많은 福을 兼할수 없
다는 비유. 〔大學或問〕

智者知機而固守
賢者順理而安行
〔지자지기이고수현자순리이안행〕 지혜로운
사람은 機微를 알아서 굳게 지키고 어진 사
람은 理致를 順히하여 편하게 行한다.
〔近思錄〕

楚越之俗好勇則
有赴湯蹈火之歌
〔초월지속호용즉유부탕도화지가〕 楚나라와
越나라 風俗이 勇猛을 좋아 하여 끓는 물에 달
아나고 불에 뛰어 드는 노래가 있다.
〔新論辯樂〕

【註釋】

明鏡: 밝은 거울. 사람의 밝은 本性.
盲者以之蓋卮: 소경은 볼 수 없으니 用途가
　없어 술잔이라도 덮어 두는것.
玉笄: 玉으로 만든 비녀. 價値를 지닌 裝飾
　品.
禿嫗以之挂杙: 대머리 할망구는 머리가 없
　어 쓸모가 없기에 말뚝(못)에 걸어 땡개
　쳐 둔다.
須彌山: 西域에 있다고 하는 산.
角者無齒翼者兩足: 뿔있는 놈은 銳利한 윗
　이가 없고, 날개있는 놈은 발을 둘만붙여
　고르게 按配하였음.
知機而固守: 事態가 展開되어 가는 기틀을
　눈여겨 알아서 굳게 지키고 機敏(잽싸게)
　하게 對處方案을 摸索함.
順理而安行: 順調롭게 이치대로 좇아서 無
　理없이 해나감.
赴湯蹈火: 어렵고 위험한 것을 무릅쓰고 물
　불을 가리지 않고 뛰어 드는것.

【字解】

盲:소경 맹.
笄:비녀 계.
卮:다가올 박.
薄:다가올 박.
隕:떨어질 운.
汨:물이름 멱.
激:격동할 격.
懦:약할 나.

起煙於寒灰之上
生華於已枯之木
（기연어한회지상생화어이고지목）다 식어버린 잿더미에서 煙氣가 일어나고 이미 마른나무에 꽃이 핀다.
（三國魏志）

弓開如秋月行天
箭去如流星落地
（궁개여추월행천전거여류성낙지）활을 당기는 것은 가을달이 하늘을 가는 것 같고 화살이 가는 것은 꼭 流星이 땅에 떨어지는 것 같도다.
（三國志演義第十六回）

山石犖确行逕微
黃昏到寺蝙蝠飛
（산석락학행경미황혼도사편복비）山돌이 울퉁불퉁한 자갈길을 걸어서 黃昏때 절에 當到하니 박쥐가 날고 있더라.
（韓愈）

天地寂寥山雨歇
幾生修得到梅花
（천지적요산우헐기생수득도매화）天地는 고요한데 山비는 그쳤고 幾生을 닦아서 梅花에 이름을 얻었는가.
（謝枋得）

眉黛奪將萱草色
紅裙妬殺石榴花
（미대탈장훤초색홍군투쇄석류화）눈썹 그린 것은 萱草빛을 빼앗아 가졌고, 붉은 치마는 石榴꽃을 시샘하여 減했도다.
（萬楚）

至理所在可以心
遇而不可以力求
（지리소재가이심우이불가이력구）至極한 이치가 있는 곳은 可히 써 마음으로 만나고 偶然一致）可히 써 힘으로 求하지 못할지니라.
（東萊博議）

【註釋】
秋月行天：가을달이 空中을 스르르 미끄러져 가는듯이 힘들어 보이지 않는 것.
流星落地：떨어진것 같더니 재빠르게 없어지는 것처럼 迅速함.
山石犖确：울퉁불퉁 돌로 깔려있는 地面.
蝙蝠：박쥐.
天地寂寥山雨歇：天地의 原來 바탕은 한적한 것이고, 山비가 그친 것은 正常을 回復한 것을 말함.
萱草色：원추리의 푸른색. 忘憂草.
紅裙妬殺石榴花：붉은치마는 石榴나무 꽃을 시샘하여 華奢하다.
可以心遇而不可以力求：窮極處는 누가 가르쳐 준다고 理解가 가는것이 아니라, 힘으로 求한다고 만나서 얻어지는 것도 아니라 마음으로 遇하여 얻어져야 한다는 말.

禿：대머리 독.
媼：할미 구.
挂：걸 괘.
杙：말뚝 익.
彌：더욱 미.
翼：날개 익.

【字解】
箭：화살 전.
犖：밝을 락.
确：자갈땅 학.
蝙：박쥐 편.
蝠：박쥐 복.

棄其步軍與其輕
銳倍日幷行逐之
〔기기보군여기경예배일병행축지〕그 步軍을 버리고 그 輕銳로 더불어 이틀 갈 길을 하루에 쫓아가다. 〈孫子〉

人之生也必有死
〔인지생야필유사〕사람이 났다가 반드시 죽는 것이니라.

猶夫春苗而秋稿
〔유부춘묘이추고〕사람이 봄싹이 가을에 시드는 것 같으니라.

茂林之下無豊草
〔무림지하무풍초〕茂盛한 숲 아래에 豊盛한 풀이 없고,

大塊之間無美苗
〔대괴지간무미묘〕하나로 된 큰 덩어리 사이에 아름다운 싹이 없다.

犇車之上無仲尼
〔분거지상무중니〕달아나는 수레 위에 仲尼가 없고,

覆舟之下無伯夷
〔복주지하무백이〕엎어진 배밑에 伯夷는 없다. 孔子는 決코 미치듯이 달리는 수레 위에 탄 일이 없고, 伯夷는 뒤집히는 배밑에 있은 적이 없다. 〈韓非子〉

無多言多言多敗事
〔무다언다언다패사〕말이 많으면 일을 잡치고 일이 많으면 근심이 많으니라.

無多事多事多患
〔무다사다사다환〕일이 많아야 할지니 일이 많으면 근심이 많으니라.

強梁者不得其死
〔강양자부득기사〕너무 억세어 않아야 할지니 일이 많으면 일을 잡치고 일이 많으면 근심이 많으니라. 강양자부득기사호승자필우기적〕너무 억센 사람은 제명대로 살지 못하고 이기기를 좋아하는 사람은 반드시 敵을 만난다. 〈金人戒言〉

好勝者必遇其敵

─────────────

【註釋】

輕銳：가볍고 날센 騎馬部隊。
茂林：나무가 우거진 숲。
大塊：하나로 된 큰 덩어리。
犇車無仲尼覆舟無伯夷：仲尼는 孔子요, 伯夷는 清廉潔白하여 事理를 아는 사람인데 危險하고 無謀한 處事는 하지 않았을 것이라는 말.
多言敗事：理論만 내세우는 사람은 自己의 虛點을 얼버무리려 하고 말만 앞세우고 決行이 뒤따르지 못하면, 敗하게 마련임.
多事多患：일이 많으면 바쁘기 마련이고 (多事多忙) 일이 많으면 어렵게 마련이고 (多事多難) 일이 많을수록 근심격정이 많아지게 마련이다.
強梁者不得其死：強하고 억센사람. 不得其死：제명대로 살다가 죽는것을 얻지 못한다는 말.

【字解】

稿：마를 고.
犇：달아날 분(奔의 古字).
覆：뒤집어질 복.
梁：굳셀 양.

與其圖之於滋蔓
不若絕之於萌芽
〔여기도지어자만불약절지어맹아〕 그 커진 뒤에 圖謀하는 것 보다는 싹트기 前에 끊는 것만 같지 못하다.
(陸宣公)

鐫金石者難爲功
摧枯朽者易爲力
〔전금석자난위공최고후자이위력〕 쇠와 돌에 새기는 사람은 功이 되기 어렵고 마르고 썩은 나무 꺾는 것은 힘이 되기 쉽다.
(班固)

亡國不可以復存
死者不可以復生
〔망국불가이부존사자불가이부생〕 이미 滅亡한 나라는 可히 써 다시 存續시킬 수 없고 죽은 者는 可히 써 다시 살릴 수 없다.
(孫子)

良賈深藏若虛君
子成德容貌若愚
〔양고심장약허군자성덕용모약우〕 좋은 장사꾼은 깊이 감추기를 빈 것 같이 하고 君子의 이룬 德은 容貌가 어리석은 것 같으니라.
(史記老子傳)

朝飮木蘭之墜露兮
夕餐秋菊之落英
〔조음목란지추로혜석찬추국지낙영〕 아침에는 木蘭에 떨어지는 이슬을 마시고 저녁에는 秋菊의 떨어지는 꽃을 먹는다.
(楚辭)

不度理之所在而阿
諛苟容諂莫甚焉
〔불탁리지소재이아유구용첨막심언〕 理致의 있는 바를 헤아리지 아니하고 阿諛하여 苟且하게 容納하려 하니 아첨함이 이보다 甚할 수 없다.
(孔叢子)

【註釋】

滋蔓：차차 늘어서 퍼짐. 덩울이 자꾸 불어 나듯. 번짐.

萌芽：초목의 새로 트는 싹. 사물의 始初.

鐫金石：단단한 쇠나 돌에 새기는 것.

良賈深藏：장사를 잘하는 商人은 좋은 물건을 밖에 벌리지 않고 깊이 간직해둠.

君子成德容貌若愚：知惠와 德이 높은 사람은 내세우지 않고 어리석은체 함.

不度理之所在：天地萬物 自然의 原理가 어떻게 돼 있는 것인지 헤아려 보지않음.

阿諛苟容：알랑거려 가며 비위나 마추어 마음에 들도록 아부함.

【字解】

蔓：덩쿨 만.
萌：싹 맹.
芽：싹 아.
鐫：새길 전.
摧：꺾을 최.

礎先雨而潤　鍾先霽而晴　灰先律而飛
蟄先寒而閉　蟻先潦而徙　鳶先風而翔
有山龍華蟲之文則不陳乎黼黻之前
有金石絲竹之音則不奏乎聾瞽之側
身之所據者有限而心之所欲者無窮
浮江漢而遇風濤則終身忘舟楫之利

〔초선우이윤종선제이청회선율이비〕礎돌은 비 오려면 먼저 潤澤하고 鍾은 날이 개려면 먼저 소리가 맑고 灰는 律보다 먼저 날으며

〔첩선한이폐의선로이사연선풍이상〕날이 추기보다 먼저 옮기고 개미는 장마 들려면 먼저 옮기고 소리개는 바람보다 먼저 날개를 편다. (東萊博議)

〔유산룡화충지문즉불진호보지전〕山龍華蟲의 文彩가 있더라도 장님 앞에서 베풀지 않을 것이니라.

〔유금석사죽지음즉불주호롱자지측〕金石絲竹의 音律이 있지만 귀먹은 사람곁에서 演奏할 까닭이 없으며

〔신지소거자유한이심지소욕자무궁〕몸이 차지하고 있는 것은 限界가 있지만 마음이 하고자 하는 것은 끝이 없다. (念菴子)

〔부강한이우풍도즉종신망주즙지리〕江과 漢水에 배띄워 風浪을 만난 사람은 平生 배타고 노저는 便利함을 잊을 것이오.

【註釋】
礎先雨而潤：將次 비가 오려면 柱礎돌에 濕氣가 生기는 것.
鍾先霽而晴：날이 개려면 종소리가 맑게 멀리까지 잘 들림.
灰先律而飛：
蟄先寒而閉：개미는 장마를 앞두고 安全한 곳을 찾아 移徙를 하는데, "穴居者知雨"라는 것.
蟻先潦而徙：
鳶先風而翔：소리개는 바람불기에 앞서 먼저 날기 始作하는 것은 "巢居者知風"이라는 氣의 作用임.
金石絲竹：樂器이름. 雅樂의 八音에서 一部를 들어 全体를 表示한것. 八音은 天子의 服飾.
山龍華蟲：山과 龍과 꿩을 수놓은 天子의 服飾.
舟楫之利：배타고 노저어 물건너는 便利함.

【字解】
潦：장마로.
徙：옮길 사.
翔：날 상.
聾：귀먹을 롱.
瞽：소경 고.
濤：물결 도.
楫：노 즙.

入山林而遇虎豹則
終身棄樵爨之功
目也者能察天際而
不能近見其背
心亦如之君子誠
知心之似目也

志在於一身之外者
舉世不能濁其潔

志在於萬物之表者
一物不能傷其生

大廈非一木之支太
平非一士之略也

(입산림이우호표즉종신기초찬지공) 山林에 들어가서 虎豹를 만나 사람은 終身토록 땔나무로 불때는 功을 버릴것이다. 너무나 혼이 났기 때문이다. (耕野子)

(목야능찰천제이불능근견기배) 눈이란 것은 能히 하늘가에 있는 먼 것은 살피지만 能히 가까운 自己 등뒤에 있는 것은 보지 못한다.

(심역여지군자성지사목야) 마음이 또한 이같은 것이다. 君子는 진실로 마음이 꼭 눈과 같다는 것을 알아야 한다.

(지재어일신지외자거세불능탁기결) 뜻이 한몸밖에 있는 사람은 온 世上이 그 깨끗한 것을 흐리게 하지 못하고

(지재어만물지표자일물불능상기생) 뜻이 萬物밖에 있는 사람은 한 물건이 能히 그 사는 것을 傷하게 하지 못하느니라.

(대하비일목지지태평비일사지략야) 큰집이 한나무로 받쳐지는 것이 아니며 太平世代가 한 선비의 計略으로 이루어지는 것이 아니니라. (楊子)

【註釋】
樵爨之功 : 땔감을 마련하여 밥을 짓는 功.
能察天際而不能見其背 : 人間의 肉身의 눈은 限界가 있어 物質에 가려진 部分이나 自身의 背後도 보지못하고 한치의 앞도 다볼 수 없는것이 사람이다. 그러나 마음의 눈이 열리면 拘碍없이 끝까지 透視할 수 있는 것이 萬物의 靈長된 所以연인 사람인것임.
志在於一身之外者 : 肉体의 口腹이나 名利에 執着이 되지않는 올바르 된 사람을 말함.
志在於萬物之表者 : 物累밖에서 노는 사람. 一身의 榮累이나 家累에 戀戀하지 않아서 超出方外하고 勇退高跳하여 自己所信만을 가지고 사는 陶淵明 같은 사람.

【字解】
爨 : 불땔 찬.
際 : 끝 제.
廈 : 큰집 하.

負薪汲水幷日而食
守操終老讀書不倦
　〔부신급수병일이식수조종로독서불권〕 섶을 지고 물을 길러서 날을 아울러 먹같이 한끼만 먹음. 志操를 지켜서 늙음이 다하도록 글읽는 것을 게을리 아니한다.
　　　　　　　　　　　　　　　　　　（南史）

人心惟危道心惟微
惟精惟一允執厥中
　〔인심유위도심유미유정유일윤집궐중〕 人心은 오직 危殆롭고 道心은 오직 微妙하니 오직 精密하고 오직 한결 같아야 만 그 中을 잡을지니라.
　　　　　　　　　　　　　　　　　　（書經）

繁禮君子不厭忠信
兵陣之間不厭詐僞
　〔번례군자불염충신병진간불염사위〕 번거로운 法을 배우는 君子는 忠信이 싫지않고 싸우고 陣치는 사이에는 속이고 거짓됨이 싫지 않느니라.
　　　　　　　　　　　　　　　　　　（韓非子）

德無常師主善爲師
善無常主協于克一
　〔덕무상사주선위사선무상주협우극일〕 德은 떳떳한 스승이 없어서 善한 것을 主張하는 것이 스승이 되며 善한 것은 떳떳한 主人이 없어서 能히 한결 같은데 合하느니라.
　　　　　　　　　　　　　　　　　　（書經）

武王伐殷殷民倒戈
高祖誅項四面楚歌
　〔무왕벌은은민도과고조주항사면초가〕 周武王이 殷나라를 치매 殷나라 百姓이 창을 꺼꾸로 돌리고 漢高祖가 項羽를 베이매 四面이 楚歌였느니라.
　　　　　　　　　　　　　　　　　　（吳志胡綜傳）

【字解】
倦：게으를 권.
繁：성할 번.

【註釋】
負薪汲水幷日而食：날을 아울러 먹음. 하루를 날과 같이 한끼만 먹음.
守操終老：志操를 지켜 몸가짐으로 늙어 죽을때까지 뜻과 올바른 變치 않음.
人心惟危：肉体本位의 利己心이 形氣의 私를 좇아 作用하여 執着이되어 主導權을 잡으면 團束을 할 수가 없어 번거로움.
道心惟微：靈長을 本位로한 天理本然의 道心은 純粹한 反面에 微弱해서 人心에 끌려가 쉽음으로 굳게잡아 主管할 수 있도록 지켜야 한다는 말.
繁禮君子：번거롭게 禮法을 배우는 學人.
兵陣之間：싸움을 擧論할 場所.
德無常師：사람의 올바른 길을 좇아서 마음에 언어진것이 德이라면 그것은 다한 것이라고 보아지지 않다고 할 수 있음.

朝華之草夕而零落
松柏之茂隆寒不衰
山鷄野鶩莫可能馴
路柳墻花人皆可折
呑舟之魚不遊支流
鴻鵠高飛不集汚池
大匠不斲大庖不豆
大勇不鬪大兵不寇
惡木之蔭不可暫息
盜泉之水無容誤飮
雕蟲小技我不如卿
國典朝章卿不如我

[조화지초석이영락송백지무융한불쇠]
아침에 핀 花草는 저녁에 시들어 떨어지지만 松栢의 盛한 것은 추위에도 衰하지 않느니라.
(魏志)

[산계야목막가능순류장화인개가절]
산닭이나 들의 따오기는 可히 能히 길들이지 못하고 길가에 버들이나 담밑의 꽃은 사람이 다 可히 꺾을 수 있느니라.

[탄주지어불유지류홍곡고비불집오지]
배를 삼킬만한 큰고기는 支流에서 놀지 아니하며 鴻鵠처럼 높이 나는 새는 더러운 못에 모이지 않느니라.

[대장불착대포불두대용불투대병불구]
큰 匠人은 깎지 아니하고 큰 푸주깐은 木器에 담지 아니하며 큰 勇猛은 싸우지 아니하고 큰 軍士는 盜賊질하지 않느니라.
(列子)

[악목지음불가잠식도천지수무용음]
惡한 나무그늘에는 可히 暫時라도 쉬지 못할 것이요, 盜賊의 우물물은 그릇 마심을 容納할 수 없느니라.
(寇儁)

[조충소기아불여경국전조장경불여아]
벌레의 아로새기는 조그만 技能은 내가 卿만 같지 못하고 國家의 儀式이나 朝廷의 典章은 卿이 나만 못하다.
(崔渾)

【註釋】
朝華之草：아침에 꽃이 피는 花草.
山鷄野鶩：山닭과 들에서 사는 따오기. 미가 거칠고 사나워 휘잡을 수 없는 사람의 비유.
路柳墻花：길가의 버들과 담밑의 꽃. 누구나 꺾을 수 있다는 말로 娼婦의 비유.
呑舟之魚：배를 삼킬만한 큰 물고기. 非凡한 人物.
支流：源流에서 갈려 흐르는 물줄기.
汚池：물이 더러운 못.
大匠不斲：큰 木工은 나무만 봐도 깎기 전에 알 수 있다는 말.
大勇不鬪：對決이 될만하고 相當한 敵手라야 겨루어도 보고 싸워더 볼 必要가 있지만 越等한 差異가 날때엔 疲困하게 싸우지 않아도 된다.
雕蟲小技：벌레가 아로새기는 것 같은 잔재주. 글벌레.
國章朝典：國家의 儀禮나 朝廷의 典章이나 制度.

【字解】
鶩：따오기 목.
馴：길드릴 순.
呑：삼킬 탄.
鴻：기러기 홍.
鵠：따오기 곡.
斲：깎을 착.
庖：푸주 포.
寇：도적 구.
暫：잠깐 잠.
卿：벼슬 경.

格言至訓篇

文章當如千兵萬馬
風恬雨霽寂無人聲

> 문장당여천병만마풍염우제적무인성
> 文章은 마땅히 千兵萬馬가 바람은 고요하고 비가 개여서 寂寂하여 사람소리가 없는 것 같을 지니라. (陳慶之)

鷄猪魚蒜逢箸則喫
生老病死時至則行

> 계저어산봉저즉끽생로병사시지즉행
> 닭고기, 돼지고기, 생선, 마늘따위는 가락을 만나면 먹게 되고 나고 늙고 병들고 죽는 것은 때가 이르면 行하여 지느니라. (世說新話)

蟲臂鼠肝隨天付與
爲輪爲彈與化往來

> 위륜위탄여화왕래충비서간수천부여
> 바퀴도 되고 彈子도 되는 것이 變化와 더불어 往來하는 것이요 벌레의 팔둑이나 쥐의 肝같은 것도 理致를 따라서 付與된 것이니라. (謝祊得)

國家微弱姦謀不禁
六極之効危如累卵

> 국가미약간모불금육극지효위여누란
> 國家가 微弱하여 姦邪한 權謀를 禁할 길이 없고 六極이 본받음이 累卵과 같으니라. (後漢書)

孟軻好辯孔道以明
轍環天下卒老于行

> 맹가호변공도이명철환천하졸노우행
> 孟子는 好辯하여 孔道를 써 밝아지고 수레를 타고 온 天下를 두루 돌아 다니다 가 마침내 늙으리라. (韓愈)

【註釋】

風恬雨霽: 바람이 잠잠하고 비가 개어 마음이 가라앉아 있는것이 湖水같이 차분한 狀態.
鼠肝蟲臂: 쥐의 肝이나 벌레의 팔처럼 아주 쓸모없는 하찮은 存在.
姦謀: 간사한 꾀. 좋지 않은 術策.
六極: 天地와 四方. 邊方 荒要服. 凶短折疾憂貧 惡 弱 (洪範六極)
累卵: 鷄卵을 포개놓은 것처럼 危殆로움.
孟軻: 孟子의 이름. 戰國時代에 出生. 亞聖.
好辯: 말솜씨가 좋음. 말을 잘함.
孔道: 孔子의 道. 儒道.
轍環天下: 수레를 타고 온 世上을 돌아 다님.

【字解】

恬: 고요할 염.
蒜: 마늘 산.
喫: 먹을 끽.
臂: 팔뚝 비.
軻: 수레 가.
辯: 말 변.
轍: 수레바퀴자국 철.
環: 고리 환. 두를 환.

好作山水運思高妙
登高賦詩當時推重
〔호작산수운사고묘등고부시당시추중
山水 가는 것을 좋아하여 高妙한 것을 運
轉하기를 생각하며 높은 곳에 올라서 詩
를 賦하니 當時에 推重하는 바 되었도다.
(宋迪)

千里餽糧民有飢色
樵蘇後爨士不宿飽
〔천리궤량민유기색초소후찬사불숙포〕
千里에 糧食을 輸送하여 먹이매 百姓이
주린빛이 있고 나무하고 풀베어 炊事하
면 軍士가 오래도록 배부를 수 없느니
라. (史記)

阿諛曲從附下罔上
無大臣輔政之義
〔아유곡종부하망상무대신보정지의〕阿
諛하고 굽혀 붓쫓아서 아래에 붙고 위
를 속이니 大臣의 政事를 輔弼하는 義
가 없는지라. (漢書)

一兎在野百人逐之
一金在野百人競之
〔일토재야백인축지일금재야백인경지〕
한마리의 토끼가 들에 있음에 百사람이
쫓고 金 한덩어리가 들에 있으매 百사
람이 다투는도다. (東萊博議)

居賤惡勞居貧惡困
居難惡辱禍之招也
〔거천오로거빈오곤거난오욕화지초야〕
賤한데 居하여 수고로움을 미워하고 貧
한데 居하여 困한것을 미워하고 患難에
거하여 辱됨을 미워함은 禍를 부름이니
라.

【註釋】
好作：짓기를 좋아한다.
阿諛曲從：아첨하느라고 자기 意思를 굽혀
가며 남을 따름.
競逐：物慾을 다투고 利를 쫓음.
居賤惡勞：賤한 자리란 原來 勞苦가 따르기
마련이며 가난하면 困하게 마련이고 患
難에는 辱보게 마련인데 이것을 미워하고
無理하게 避하려함은 禍를 自招하는 것이
다.

【字解】
餽：먹일 궤.
樵：나무할 초.
爨：불땔 찬.
輔：도울 보.
逐：쫓을 축.
競：다툴 경.

格言至訓篇

欲勝人者必先自勝
欲論人者必先自論
揚火而欲無炎撓水
而望其靜不可得也
青出於藍而青於藍
氷生於水而寒於水
楚國亡猿禍延林木
城門失火殃及池魚
姦聲亂色不留聰明
淫樂慝禮不接心術
不立我蒸民莫非爾極
不識不知順帝之則

(욕승인자필선자승욕논인자필선자논)
사람을 이기고자 하는 자는 반드시 먼저
자기를 이기고 사람을 논란하고자 하는
자는 반드시 먼저 自身을 논란할지니라
(呂氏春秋)

(양화이욕무염요수이망기정불가득야)
불을 헤집어 쑤셔놓고 불꽃이 없고자
하며 물을 흔들어 놓고 그 고요하기를
바라는 것은 될 수 없는 일이다. (劉子)

(청출어남이청어남빙생어수이한어수)
푸른빛은 쪽에서 났지만 쪽빛보다 푸르
고 얼음은 물에서 났지만 물보다 차다.
제자가 스승을 능가함의 비유. (淮南子)

(초국망원화연림목성문실화앙급지어)
초나라가 원숭이를 잃음에 재앙이 林木
에 뻗치고 城門에 火災가 나니 災殃이
못고기에 까지 미쳤느니라. (杜弼)

(간성난색불유총명음악특례부접심술)
姦邪한 소리와 어지러운 빛을 聰明에
머무르지 아니하고 滛亂한 風流와 邪慝
한 禮를 心術에 接하지 않음을 지니라.
(禮記)

(입아증민막비이극불식부지순제지칙)
우리 뭇百姓을 세운 것이 너의 極이 아
님이 없는지라, 알지 못하고 알 수 없
으니 임금의 法을 순히 할 따름이라.
(列子)

【註釋】
自勝自論：사람은 자기를 돌아보는 反求諸
己(돌이켜 自己에서 구하는것)가 필요하
다. 자기를 이길줄 아는사람이 사람을 이
길 수 있다.
自論은 以下同文.
揚火無炎撓水望靜：불을 헤집으면 불꽃이
생기 마련이고 물을 흔들면 고요할 수
없는것이 原理다. 이치가 없는 것을 바란
다는 것은 될 수 없는 어리석은 일이다.
禍延林木：逃亡간 원숭이를 찾으려고 修羅
場을 만들어 숲에 있는 나무를 잡쳐놓음.
城門失火·城門에 火災가 일어남.
殃及池魚：못물을 퍼서 불을 끄기때문에
고기가 떼죽음을 당함.
姦聲亂色：마음을 어지럽게 하는 간사한 소
리와 心亂한 빛.
邪慝：간사스럽고 못된 것.
蒸民：일반의 여러 百姓. 萬民.
爾極：너의 皇極(임금의 極함).

【字解】
猿：원숭이 원.
聰：귀밝을 총.
慝：사특할 특.
蒸：무리 증.
炎：불꽃 염.
撓：흔들 요.
藍：쪽 람.

外無朞功強近之親
內無應門五尺之童
〔밖으로는 朞年이나 大功의 가까운 親이 之親이 없고 안으로는 門앞에서 손님을 應할만한 五尺의 작은 아이도 없는지라.〕
(李密)

欲富國者務廣其地
欲強兵者務富其民
〔欲富國者務廣其地 나라를 富하고자 하는 者는 힘써 그 땅을 넓히고 軍士를 强하고자 하는 者는 힘써 그 百姓을 富하게 할지니라.〕
(戰國策秦策)

楊子見岐路而哭之
爲其可以南可以北
〔양자견기로이곡지위기가이남가이북 楊子가 갈림길을 보고 운 것은 그 可히 써 南으로 하던지 可히 써 北으로 되던지 判斷이 어렵기 때문이요.〕

墨子見染絲而泣之
爲其可以黃可以黑
〔묵자견염사이읍지위기가이황가이흑 墨子가 실의 물든 것을 보고 운 것은 그 可히 노랗게도 되고 검게도 됨을 爲함이니라.〕
(墨悲絲染)

棟宇生於巢居之窮
舟楫生於車馬之窮
〔동우생어소거지궁주집생어거마지궁 집을 지은 것은 둥우리에 살다가 窮해서 생겼고 배와 돛대는 수레와 말이 窮한데서 생겼느니라.〕
(俱文瞻)

以近待遠以佚待勞
以飽待飢此治力者也
〔이근대원이일대로이포대기차치력자야 가까운 것으로 써 먼것을을 기다리고 편한것으로 써 수고로운 것을 기다리며 배부른 것으로 써 주린 것을 기다리는 것이 이 힘을 다스리는 사람이니라.〕
(孫子)

【註釋】

朞功: 朞年服(一年)과 大功(九個月)

強近之親: 아주 가까운 親戚.

應門五尺之童: 문 앞에서 손님을 應對할만 한 작은 아이

強兵: 强한 兵士. 軍隊를 强하게 만듦.

岐路: 갈림길. 길이 여러군데로 갈라진 곳.

染絲: 물들인 실. 染色한 실을 말함.

棟宇: 기둥을 세워 집을 짓는 것.

巢居: 날짐승처럼 나무 위에서 둥우리 속에 서 사는 것.

舟楫: 船舶의 總稱. 노젓는 배.

楊子: 名은 朱. 戰國때 衛人. 或이르되 일찍 老子에 배웠다고 함. 自己를 爲하는 爲己思想.

墨子: 名은 翟. 戰國때 魯人. 兼愛思想. 諸學流의 하나인. 墨家의 始祖. 當時 儒家와 並稱하여 儒墨이라 稱함.

以近待遠: 가까이 지키고 있는 姿勢에서 멀리 攻擊해 오노라고 疲困한 兵力과 겨루기가 容易하고 有利하다는 말.

【字解】

朞: 돌 기.

岐: 가닥나닐 기.

哭: 울 곡.

泣: 울 읍.

巢: 새집 소.

楫: 노즙.

佚: 편안할 일.

飢: 주릴 기.

格言至訓篇

假春秋之筆以誅亂賊
孔子洙泗之堯舜也
談仁義之兵以誅桀紂
孟子戰國之湯武也
爵高者人妬之官大者
主惡之祿厚者怨歸之
風雨如晦而鷄鳴不已
大浸稽天而支柱不移
東方朔西門豹南宮适
北宮黝東西南北之人

(가춘추지필이주난적공자수사지요순야) 春秋의 붓을 빌어서 亂臣 賊子를 베인 것은 孔子洙泗의 堯舜 이오.

(담인의지병이주걸주맹자전국지탕 무야) 仁義의 軍士를 말하여 써 桀 紂를 벤 것은 孟子戰國의 湯武니라.

(작고자인투지관대자주오지록후자 원귀지) 벼슬이 높은 것은 사람이 妬忌하고 官職이 크면 人君이 미워 하고 祿이 厚하면 怨望이 돌아온 다.

(대침계천이지주불이풍우여회이계 명불이) 크게 번지는 물이 하늘에 당하여도 支柱는 옮기지 아니하고 바 람과 비가 그믐같이 퍼부어도 닭 의 울음은 그치지 않는도다.

(동방삭서문표남궁괄북궁유동서남 북지인) 東方朔과 西門豹와 南宮 适과 北宮黝는 姓에 東西南北이란 글자가 붙은 사람이요.

(東萊博議)

【註釋】
春秋之筆‥天子의 南面의 權을 빌어 大義名 分을 밝혀 세워서 褒貶을 加하는 史筆의 峻嚴한 論法。春秋筆法。
洙泗‥中國의 山東, 江蘇兩省을 흐르는 泗 水와 洙水。孔子의 故鄕。孔子의 學問의 代 名詞。
洙泗之堯舜‥洙泗에서 난 堯舜이란 말로 孔 子를 높인 것。
戰國之湯武‥戰國時代의 湯武란 말로 孟子 를 추켜세움。
東方朔‥漢나라 武帝때 사람。
西門豹‥戰國時代 衛나라 사람。
南宮适‥孔子弟子。字子容。(淸世不廢。濁世 不汚三複白圭。事見家語)
北宮黝‥戰國때 勇猛있는 사람。刺客之流。

【字解】
泗‥물이름 사。
洙‥물이름 수。
爵‥벼슬 작。
妬‥투기할 투。
浸‥번질 침。
稽‥머무를 계。
朔‥초하루 삭。
豹‥표범 표。
适‥빠를 괄。
黝‥검을 유。

左青龍右白虎前朱雀
後玄武前後左右之神

伯夷死名於首陽之下
盜跖死利於東陵之上

見兎而顧犬未爲晩也
亡羊而補牢未爲遲也

亡國之大夫不可以圖存
敗軍之將不可以語勇

迂曲不行則通之使行
流蕩不返則屈之使止也

〔좌청룡우백호전주작후현무전후좌우지신〕 왼쪽 青龍과 오른쪽 白虎와 앞에 朱雀과 뒤에 玄武는 前後左右에 있는 神들이다.

〔백이사명어수양지하도척사리어동능지상〕 伯夷는 首陽山 아래에서 이름내고 죽었으며 盜跖은 東陵위에서 利를 찾다가 죽었느니라. 《莊子駢拇》

〔견토이고견미위만이보뢰미위지야〕 토끼를 보고 개를 돌아봐도 늦은 것이 되지 아니하고 羊을 잃고 우리를 고쳐도 더딘 것이 지않는다.

〔망국지대부불가이도존패군지장불가이어용〕 亡한 나라의 大夫는 可히 써 存함을 圖謀하지 못하고 軍士를 敗한 將帥는 可히 써 勇猛을 말할 수 없느니라. 《李左車》

〔우곡불행즉통지사행유탕불반즉굴지사지야〕 迂餘曲折이 있어서 行하지 지게 아니 하여 면 뚫어 하여 行하게 하고 流蕩하여 돌아오지 아니 하면 굽히어서 도 하여금 그치게 할지니라. 《管子》

【註釋】
左青龍: 東쪽 기운을 받은 太歲神을 象徵한 龍의 形象. 主山에서 갈라져 나간 왼쪽의 山脈(龍長虎短).
右白虎: 西方金 기운을 받은 太白神을 象徵한 범의 形象.
前朱雀: 南쪽을 象徵한 붉은 鳳凰.
後玄武: 北方水氣인 太陰神을 象徵한 거북과 뱀이 하나로 된 形象.
盜跖: 慾心많고 凶惡한 春秋時代 사람(言足以飾非. 眼如晨星).
見兎而顧犬: 토끼가 나타난 것을 보고 사냥개를 돌아보며 토끼의 있는 곳을 指摘하는 것.
亡羊而補牢: 羊을 잃은 뒤에 우리의 허술한 곳을 補修하는 것.
迂之使行: 迂餘曲折. 뒤얽힌 복잡한 事情. 通하게 하여금 가게 만들고 뒤얽힌 事緣을 풀어 놓음.
流蕩不返: 大衆의 心理가 物欲에 흐르고 좋아하는 바를 좇아서 뿔뿔이 흩어져 돌아 올줄 모름.
屈之使止: 굽혀와서 하여금 그치게 함. 제자리에 돌아옴.

【字解】
跖: 사람의 이름 척.
顧: 돌아볼 고.
牢: 우리 뢰.
迂: 멀 우. 돌 우.
蕩: 흩어질 탕.

無事以當貴早寢以當富
緩步以當車晚食以當肉
策駑蹄於越海百鞭難振
任蚊肩於負山重任莫勝
珍翫技巧乃喪國之斧斤
珠玉錦繡實迷心之鴆毒
鑑明則物之姸媸無所遁
衡平則物之輕重得其情
心生則種種法生心滅則
種種法滅三界唯識萬法
唯心

(무사이당귀조침이당부완보이당거만식
이당육) 無事한 것이 써 貴를 當하고 일
찍이 자는 것이 써 富를 當하고 느린 걸
음이 써 수레를 當하고 늦게 먹는 것이
써 肉食을 當한다. (顏屬)

(책노제어월해백편난진임문건어부산중
임막승) 駑鈍한 말의 발굽을 채찍질하
여 바다를 건너자니 일백채찍이 떨치기
가 어렵고, 모기 어깨에 맡겨서 산을 지
려하니 무거운 짐을 이기지 못하리로다.

(진완기교내상국지부근주옥금수실미심
지짐독) 寶貨와 求景할만한 것과 재주
한 것은 이에 나라를 잃는 도끼
라함은 "亡國之本"이라는 말.
"迷心之鴆"이란 마음을 昏迷하게 하는 짐새의
날이요, 珠玉과 비단같은 것은 實相 마
음을 稀微하게 하는 鴆毒이니라.

(감명즉물지연치무소둔형평즉물지경중
득기정) 거울이 밝으면 물건의 곱고 추
한 것이 逃亡할 수 없고 저울대가 平平
하면 물건의 가볍고 무거운 것이 그 情을
얻느니라. (皇明政要)

(심생즉종종법생심멸즉종종법멸삼계유
식만법유심) 마음이 생기면 種種의 法
이 생기고, 마음이 滅하면 種種의 法이
없어지나니, 三界는 오직 認識이오, 萬
法은 오직 마음이니라. (佛陀)

【註釋】
緩步:쉬지않고 꾸준히 걷는 느린걸음.
無事:일 없이.
策駑蹄於越海:노둔한 말발굽에 채찍질해서
바다를 건너다.
任蚊肩於負山:모기의 어깨에다 산을 짊어
져보라고 맡기는것. 다 되지 않은 일이라
는 말.
喪國之斧斤:나라를 잃게하는 도끼의 날이
라함은 "亡國之本"이라는 말.
迷心之鴆:마음을 昏迷하게 하는 짐새의
毒이란 "죽는 물건"이라는 뜻.
物之姸媸無所遁:물건의 곱고 추한것이 모
양 그대로 거울에 비쳐 숨길 수 없음.
種種:물건의 가지가지. 여러가지.
三界:欲界 色界 無色界 人界 地界 天界
萬法:모든 法度. 物質 및 精神인 一切의
存在.

【字解】
緩:늦을 완.
遁:달아날 둔.
鞭:채찍 편.
蚊:모기 문.
翫:가지고놀 완.
斧:도끼 부.
鴆:짐새 짐.
姸:고울 연.
媸:추할 치.
衡:저울대 형.

泰山不辭土壤故能成其
大河海不擇細流故能就
其深

〔태산불사토양고능성기대하해불택세류
고능취기심〕泰山이 土壤을 辭讓하지
않는 故로 能히 그 큰 것을 이루었고, 河
海가 細流를 가리지 않는 故로 能히 그
깊은 것을 成就시켰도다. (李斯)

戴青天而不懼信也雷霆
不驚履平地而恐涉允矣
風波無疑

〔대청천이불구신야뢰정불경이평지이공
섭윤의풍파무의〕青天을 이고 두렵지 않
으니 雷霆에 놀라지 않을 것을 믿겠고 平
地를 밟아서 건너기를 두려워 하니 진실
로 風波에 疑心이 없도다.

鵬之徙於南溟也水擊
三千里搏扶搖而上九
萬里去而六月息者也

〔붕지사어남명야수격삼천리박부요이상구만
리거이유월식자야〕鵬새가 南溟으로 옮겨갈
제 물을 쳐 三千里를 가고 旋風을
타고 九萬里를 올라가며 六個月이나 걸려서
南쪽바다로 가서 쉰다. (列子)

臨戰有五能戰當戰不
能戰當守不能守當走
不能走當降不能降當
死

〔임전유오능전당전불능수당주불
능주당항불능항당사〕싸움에 다섯가
지가 있으니 能히 싸우려거든 마땅히 싸우
고 能히 싸우지 못하겠거든 마땅히 지키
고 能히 지키지 못하겠거든 마땅히 달아나
고 能히 달아나지 못하겠거든 마땅히 降伏하
고 能히 降伏하지 못하겠거든 마땅히 죽을지니
라. (三國志演義)

【註釋】
河海：黃河와 黃河가 들어가는 海面.
戴青天而不懼：푸른 것을 이고 두렵지 않
음. 하늘을 우러러 부끄럽지 않은것 (仰不
愧於天).
履平地而恐涉：평평한 땅을 밟아 건너기를
두려워함. 땅을 구부려 가책될 것이 없음.
(俯不作於人)
南溟：南쪽에 있다는 큰 바다.
水擊三千里：물을 친 (기러기가 아닌) 鵬새
가 三千里를 날아간다는 말
搏扶搖而上九萬里：거기서 일어나는 旋風을
타고 九萬里를 올라간다는 말로 雄飛와 壯
途를 뜻함.
能戰當戰：能히 對決하여 이길만 하거든 싸
워보라는 말로, 無謀한 挑戰은 하지말라
는 뜻.
不能戰當守：能히 싸울 힘이 없을진대 지키
기라도 하여 命脈을 保存해야 한다는 말.
不能守當走：能히 지키지 못하면 救命
圖生을 하려면 三十六計가 上策이라는
말.

【字解】
戴：일 대.
懼：두려울 구.
霆：천둥소리 정.
履：밟을 리.
允：진실로 윤.
鵬：붕새 붕.
溟：바다 명.
搏：칠 박.

女色不能悦堯目忠言
不能入桀耳色非不美
堯厭之言非不至桀厭
之

〔여색불능열요목충언불능입걸이색비불미요걸염지언비부지걸염지〕 女色이 能히 堯임금의 눈을 기쁘게 못하고, 忠誠된 말이 能히 桀의 귀에 들어오지 못하나니, 色이 아름답지 않은 것은 아니로되 堯임금은 싫어하고, 말이 至極하지 않은 것은 아니로되 桀이 싫어함이라.
(雜說)

果若人言狡兔死走狗
烹高鳥盡良弓藏敵國破謀
臣亡天下已定我固當烹

〔과약인언교토사주구팽고조진양궁장적국파모신망천하이정아고당팽〕 果然 사람들의 말과 같도다. "狡猾한 토끼가 죽으매 사냥개를 삶고 높이 나는 새를 다 잡으면 名弓도 감추어지고 敵國을 破하면, 지혜있는 臣下는 亡하게 된다"고 하더니, 天下가 이미 平定되었으니 내 진실로 마땅히 삶아질 것이로다.
(史記淮陰侯列傳)

螳螂欲捕蟬而不知黃雀
之在後而黃雀又不知彈
丸者方將窺而斃之也

〔당랑욕포선이부지황작지재후이황작우부지탄환자방장규이폐지야〕 버마재비가 매미를 잡으려 하되 黃雀이 뒤에 있는것을 알지 못하고, 黃雀은 또 彈丸을 發射하려는 者가 將次 엿보고 죽이려 하는 것을 알지 못한다.

【註釋】
狡兔: 狡猾한 토끼. 간사한 꾀가 많은 토끼.
走狗: 달음질 잘하는 개. 권력가의 앞잡이 노릇하는 사람을 비유〔用途가 없어지면 除去된다는 것〕.
螳螂: 버마재비, 사마귀.
黃雀: 참새.

【字解】
桀: 사나울 걸.
狡: 교활할 교.
烹: 삶을 팽.
螳: 버마재비 당.
螂: 버마재비 랑.
蟬: 매미 선.
捕: 잡을 포.
窺: 엿볼 규.

讒人之能害國猶粮莠之
能害苗故善於苗者必去
粮莠善於國者必去讒邪

【註釋】
讒人‥奸惡한 말로 남을 헐뜯어 없는 죄도 있는 것처럼 윗사람에게 고해 바치는 사람.
粮莠‥가랏. 강아지 풀.
刻民‥百姓에게 刻薄하게 하는 것. 苟斂이나 收奪을 이름.
割肉以充腹‥自己의 살점을 베어 배를 채움.
親戚의 財物을 빼앗아 먹는 것.
衣食者民之本也民者國之本也‥國民이 믿고 사는 것이 衣食, 곧 財物이오. 나라의 뿌리는 民心에 直結되어 있다. 뿌리가 傷하면 枝葉이 말라 시들게 된다.

君依於國國依於民刻民
以奉君猶割肉以充腹腹
飽以身斃君富而國亡矣

(군의어국국의어민각민이봉군유할육이
충복복포이신폐군부이국망의)
人君은 나라에 依支하고 나라는 百姓에 依支하나니 百姓을 刻薄하게 하여 人君을 받드는 것은 고기를 베어서 써 배를 채우는 것 같아서 배는 부르지만 써 몸이 죽고 人君은 富하지만 나라는 亡하느니라.
〈唐太宗〉

衣食者民之本也民者國
之本也民恃衣食猶魚之
須水國之恃民如人之依
足

(의식자민지본야민자국지본야민시의식
유어지수국지시민여인지의존)
衣食은 國民의 根本이오. 國民은 나라의 根本이라. 國民이 衣食을 믿는 것이 물고기가 물을 依支하는 것과 같고 나라가 國民을 믿는 것은 사람이 발에 依支하는 것 같으니라.
〈劉子〉

【字解】
粮‥가랏 량.
莠‥가랏 유.
讒‥참소할 참.
斃‥죽을 폐.
恃‥믿을 시.

格言至訓篇

物必先腐也而後蟲生焉
人必先疑也而後讒入焉
小人雖巧安能間無疑之
君子哉

(물필선부야이후충생언인필선의야이후참입언소인수교안능간무의지군자재) 물건은 반드시 먼저 썩은 뒤에 벌레가 생기고 사람은 반드시 먼저 의심한 뒤에 讒訴가 들어오는 것이니, 小人이 비록 狡猾하다고 하지만 어떻게 能히 疑心없는 君子를 離間하겠는가. (蘇子)

知風莫過於老駝識路莫
踰於老馬是以家有老僕
則故物不委諸塗國有老
臣則舊章不求之野

(지풍막과어노타식로막유어노마시이가유노복즉고물불위저도국유노신즉구장불구지야) 바람을 아는 것은 老駝보다 한결 지날 것이 없고 길을 아는 것은 老馬보다 한결 나을 것이 없으니 이리하여 집에 老僕이 있으면 옛 물건을 길에 버리지 아니하고 나라에 늙은 臣下가 있으면 옛 法을 在野에 서 구하지 않는다. (郁離子)

鴻鵠之遠擧者爲其有羽
翼也蛟龍之能騰躍者爲
其有鱗鬣也人君之能善
政者爲其有賢人而爲之
輔也

(홍곡지원거자위기유우익야교룡지능등약자위기유인엽야인군지능선정자위기유현인이위지보야) 鴻鵠이 멀리 날 수 있는 것은 그 깃과 날개가 있음을 爲함이요, 蛟龍이 能히 날고 뛰는 것은 그 비늘과 갈기가 있기 때문이요. 人君이 能히 善政을 할 수 있는 것은 그 어진 사람이 있어 도움이 되기 때문이니라.

【註釋】
老駝: 걸음이 느린말. 才能이 둔하고 남에게 빠지는 사람.
老僕: 늙은 종.
舊章: 옛 制度와 文物.
不求之野: 在野人士에게 가서 求하지 않는 것.
鴻鵠: 기러기와 따오기. 높이 나는 새란 말로 큰 人物을 뜻함.
羽翼: 새의 날개. 보필하는 것.
蛟龍: 용과 비슷하게 생겼다는 상상의 동물.
鱗鬣: 비늘과 갈기.

【字解】
駝: 약대 타.
踰: 넘을 유.
委: 버릴 위.
塗: 길 도.
騰: 오를 등.
鱗: 비늘 린.
鬣: 말갈기 엽.

宮室奢侈林木之蠹也
器械彫琢財用之蠹也
衣服美麗布帛之蠹也
口腹縱恣穀粱之蠹也
用費不節府庫之蠹也

(釋譚子)

世有伯樂然後有千里馬
千里馬常有而伯樂不常
有故雖有名馬祇辱於奴
隸人之手駢死於槽櫪之
間不以千里稱也

(韓子의 雜說下)

〔궁실사치임목지두야기계조탁재용지두야의
복미려포백지두야구복종자곡량지두야용비부
절부고지두야〕 宮室을 奢侈하게 지으
려면, 좋은 林木를 伐採해야 하는故로 林
木을 좀먹는 結果가 됨.
器械를 좋은것은 財用을 아루새
겨쪼는것은 財用을 좀먹게
하는것이오, 器械를
服을 美麗하게 하는것은 布帛을 좀먹게 하
는 것이오, 口腹을 放恣하게 하는것은 穀粱
을 좀먹게 하는 것이오, 쓰는 費用을 節度
있게 않는 것은 府庫를 좀먹게 하는 것이다.

〔세유백락연후유천리마천리마상유이백
락불상유고수유명마욕어노예인지수병
사어조력지간불이천리칭야〕 世上에 伯
樂이 있은 然後에 千里馬가 있나니, 千
里馬는 恒常 있지만 伯樂은 恒常있지
않은은 故로 비록 名馬가 있더라도 다만
奴隸같은 사람의 손에서 困辱을 치루어
마구간 사이에서 그대로 나란히 죽는
것을 免치 못하니 千里로 써 일컬어 질
수는 없다.

【註釋】
宮室奢侈林木之蠹也::宮室을 좋은 林
木을 좀먹는 故로 林
木을 좀먹는 結果가 됨.
伯樂::말을 잘 識別하는 사람.
千里馬::하루에 千里를 달린다는 말 잘 달
리는 좋은 말.
駢死於槽櫪之間::제 技能을 發揮하지 못하
고 마굿간 사이에서 나란히 그냥 죽어가
는 것.
不以千里稱也::千里馬라고 일컬어 지지않는
다. 아무리 能力이 있는 사람이라도 時代
의 흐름을 타지 못하면 伯樂을 못만난 千
里馬처럼 마굿간에서 썩을 수 밖에 별수
없다는 것으로 困辱을 치루다 말게 되
는 것.

【字解】
蠹::좀 두.
侈::사치할 치.
奢::사치 사.
琢::쫄 탁. 옥다듬을 탁.
帛::비단 백.
恣::방자할 자.
隸::종 예.
駢::나란히 할 병.
槽::구유 조.
櫪::마판 력.

287 格言至訓篇

理在天下遇親則爲孝遇
君則爲忠遇兄弟則爲友
遇朋友則爲義遇宗廟則
爲敬遇軍旅則爲肅隨一
事而得一名雖千萬而
理未嘗不一也

〔이치가 천하에 있어서 어버이를 만나면 효가 되고 人君을 만나면 忠이 되어 兄弟를 만나면 友愛가 되고 벗을 만나면 信義가 되고 宗廟를 만나면 恭敬이 되고 軍旅를 따라서 한 일을 얻게되어 이름은 비록 千萬가지이지만 理致는 일찌기 하나가 아닌 것이 아니라.〕

(東萊博議)

使吾志衰氣惰者誰歟
使吾功隳業廢者誰歟
使吾歲月虛棄者誰歟
使吾草木同腐者誰歟
使吾縱欲忘返而流於
惡者誰歟使吾弛備忘
患而陷於禍者誰歟

〔사오지쇠기타자수여사오공퇴업폐자수여사오세월허기자수여사오초목동부자수여사오종욕망반이유어악자수여사오이비망환이함어화자수여〕
나로 하여금 뜻이 衰하고 기운을 게으르게 하는 것이 누구이며 나로 하여금 功이 무너지고 業을 廢하게 하는 것이 누구이며 나로 하여금 歲月을 虛送시켜 버리게 하는 것이 누구이며 나로 하여금 草木과 함께 썩게 하는 것이 누구이며 나로 하여금 慾心을 放縱하게 하여 돌아올 것을 잊게하여 惡한데로 흐르게 하는 것이 누구이며 나로 하여금 防備함을 늦추고 근심을 잊게하여 災禍에 빠지게 하는 것이 누구인가.

(東萊博議)

【註釋】
宗廟:: 歷代의 帝王의 位牌를 모시는 祠堂집. 여기에서는 宗廟大祭를 말함.
軍旅:: 軍隊의 數나 軍勢. 旅團.
志衰氣惰:: 무엇을 해보겠다는 意欲이 衰退하여 氣魄이 懶怠해 지는 것.
歲月虛棄:: 虛送歲月 하는 것.
功隳業廢:: 功이 허물어지고 事業을 全廢하게 되는 것.
草木同腐:: 世上에 난 보람없는 草木처럼 無意味하게 살다 죽는 것.
縱欲忘返:: 欲心이 나는대로 마음을 놓아 보내서 제 位置에 돌아올 줄 모르는 것.

【字解】
廟:: 사당 묘.
惰:: 게으를 타.
隳:: 무너질 휴.
弛:: 늦출 이.
歟:: 어조사 여.

焚林而狩可以得獸而自
此無獸矣竭澤而漁可以
得魚而自此無魚矣鷹善
擊也然日擊之則疲而無
全翼矣驥善馳也然日馳
之則蹶而無全蹄矣何者
過取易窮也

善醫者不視人之瘠肥察
其脈之病否而已矣善計
天下者不視天下之安危
察其紀綱之理亂而已矣
天下者人也安危者肥瘠
也紀綱者脈也脈不病雖
瘠不害脈病而肥者死矣

[註釋]
日馳之則蹶而無全蹄矣：아무리 잘 달리는 千里馬라 할지라도 힘에는 限界가 있는 法이라 날마다 달리면 발굽이 온전할 수 없어서 마침내 넘어진다는 것은 無理가 겹치면 運命을 재촉하여 살 수 없다는 것으로 지나친 欲心을 警戒하는데 一理가 있다.
紀綱者脈也：紀綱은 脈이다. 人脈이 끊어지면 世上에 사람같은 사람이 없어진다는 뜻이니, 그렇게 되면 「는」하는데로 가는 捷徑이라고 해도 無妨할 것이다. 내가 冊을 編輯하게된 抱括하는 인 目的의 焦點은 名句를 誇示하자는 것이 아니라 句句節節의 珠玉文字에는 人脈이 흐르고 있기에 이것이 契機가 되어 頹廢되어가는 紀綱을 바로세워 主體意識을 찾고 韓國의 韓國을 再演하자는데 含蓄된 뜻이 있다고 하겠다.

[字解]
鷹：매 응.
疲：피곤할 피.
驥：천리마 기.
蹶：넘어질 궐.
蹄：발굽 제.
理：다스릴 리.
瘠：파리할 척.

[선의 자불시 인지척비 찰기맥지병부이이 의선계천하자불시천하지안위찰기강지리난이이의 천하자인야안위자비척야 기강자맥야불병수척불해맥병이비사 의]

의사가 맥을 보는 것은 질병을 살핀 것을 보지 아니하고 그 살찐 것을 보지 아니하고 그 맥이 여위고 아리는 것을 볼 따름이나, 天下의 安定되고 危殆로운 것을 보는 사람은 天下의 安定되고 危殆로운 것을 보지 아니하고 그 紀綱의 다스리고 어지러운 것을 볼 따름이니, 天下라는 것은 사람이요, 安危는 肥瘠같은 것이요, 紀綱은 脈이니 脈이 病들지 아니하면 비록 여위었더라도 害롭지 않거니와 脈이 病들고 살찐 사람은 죽느니라.
(昌黎子)

已矣乎寓形宇內復幾時
曷不委心任去留胡爲乎
遑遑欲何之富貴非吾願
帝鄕不可期懷良辰而孤
往或植杖而耘耔登東皐
而叙嘯臨淸流而賦詩聊
乘化而歸盡樂夫天命復
奚疑

이의 호우 형우내부기시갈불위심임거류 호위호황황욕하지부귀비오원제향불가기 회양신이오왕혹치장이운자등동고이서소 임청류이부시요승화이귀진낙부천명부해 팡질팡 헤매는 것. 말지어다 形体를 宇宙 안에 부친 것 이다시 몃해런가 어찌 마음을 맡겨 가 서 머무르기를 任意로 하지 않는는가 어 찌 허둥지둥 어디로 가려 하는가, 富 貴도 내 願하는 것이 아니요, 帝鄕도 可 히 期約할 수 없도다. 좋은 때를 생각 하여 외로이 가서 或 지팡이를 세워놓 고 김을 매는도다. 東쪽 언덕에 올라 파람 불고 맑은 물에 다달아서 詩를 賦 하는도다. 애오라지 變化를 타고 돌아 가다 하리니 天命을 즐겨하고 다시 무 엇을 疑心하리오.
(陶淵明)

(선비의 훌륭한 志操가 脈으로 이어져 있으니 그리하여 "晉無文章이로되 唯有 陶淵明의 歸去來辭"이라 하였다.)

【註釋】
遑遑: 허둥지둥 하는것. 다급하여 정신을 차릴 수 없도록 방향을 定하지 못하고 갈 팡질팡 헤매는 것.
寓: 붙일 우.
遑遑: 허둥지둥할.
帝鄕: 皇城. 帝王이 出生한 곳.
良辰: 좋은날. 吉日.
聊: 애오라지. 마음이 不足하나마 그대로、 넉넉하지는 못하나마.
乘化而歸盡: 變化를 타고 靈界로 돌아가는 것. 生을 맞추고 다함.
植: 세울 치.
耘: 김맬 운.
耔: 김맬 자.
皐: 언덕 고.
嘯: 휘파람 소.
聊: 애오라지요.
奚: 어찌 해.

七言佳作篇

大唐青龍寺

293 七言佳作篇

荒凉二十八王陵
風雨年年暗漆燈
進鳳山中紅躑躅
春來猶自發層層

搏鴨雄圖五百年
衣冠盡變舊山川
王孫渾入荒臺草
霸業空餘古木烟

(황량이십팔왕능) 荒凉한 二十八王의 陵이.
(풍우년년암칠등) 風雨는 해마다 漆한 燈을 어둡게 했도다.
(진봉산중홍척촉) 進鳳山 속에 붉은 躑躅花는.
(춘래유자발층층) 봄이 오니 오히려 스스로 층층히 피었네. (柳得恭詩)

荒廢하여 凄凉할만큼 沒落된 高句麗 二十八王의 陵이 해마다 비바람에 씻기고 破壞되어 漆한 燈처럼 까맣게 變하였네. 進鳳山 속에 붉은 躑躅꽃은 해마다 봄이 오면 오히려 그 本性을 나타내어 層層히 곱게도 피어 있네.

(박압응도오백년) 오리를 치는 雄圖가 五百年을 지나서.
(의관진변구산천) 衣冠 文物은 다 변하여 옛 山川이 되어버렸네.
(왕손혼입황대초) 王孫은 渾然히 荒臺의 雜草속에 들어가 버리고.
(패업공여고목연) 霸業은 부질없이 古木의 烟氣만 남아 있네.

【註釋】
荒凉:: 荒廢하여 凄凉함.
躑躅:: 철쭉꽃.

【字解】
躑:: 철쭉 척
躅:: 철쭉꽃 촉

※ 柳得恭:: 號는 冷齋, 英正祖때 學者, 官은 僉知中樞府事, 豊川府使等 歷任. 李德懋 朴齊家 李書九와 더불어 漢學四家라 稱함.

遼柱鶴歸明月下
蜀岑鵑叫落花前
愁來叩劒興亡地
爲爾商歌一悵然

(車天輅姜孝子詩)

〔요주학귀명월하〕 遼柱鶴은 明月 아래로 돌아가고.
〔촉잠견규낙화전〕 蜀岑의 杜鵑새는 落花를 못잊어 絶叫한다네.
〔수래고검흥망지〕 叩釖하던 興亡의 땅을 근심하니.
〔위이상가일창연〕 너를 爲하여 商歌를 한번 悵然히 부르겠노라.

松岳山高挿碧天
晚雲飛雜萬家烟
玄菟都督初開府

〔송악산고삽벽천〕 松岳山이 높이 푸른 하늘에 꽃혀 있으니.
〔만운비잡만가연〕 늦구름 날아서 萬家의 烟氣에 섞여 있네.
〔현토도독초개부〕 玄菟都督이 처음으로 府를 열어.

오리를 잡는 雄大한 構想이 五百年을 지나서 禮樂制度 같은 衣冠文物은 變하여 다해서 옛 山川처럼 되어버렸네. 王의 子孫들은 擧皆 荒臺의 雜草속에 묻혀지고 壯하던 諸侯의 業은 부질없이 古木의 烟氣만 남은 凄凉한 꼴이 되었네. 遼東城門에 날라온 鶴이나 되어 明月아래로 돌아가볼까. 不然이면 蜀나라 뫼뿌리에 杜鵑새가 되어 落花앞에서 부르짖을까. 칼을 두드리던 興亡이 얼킨 옛 땅을 근심해 오니 너를 爲하여 寧戚이 소먹이던 슬픈 노래를 한번 불러나 볼까.

【註釋】
遼柱鶴：七十二面 洪迪의 詩. 『相逢遼柱鶴』註 參照.
蜀岑鵑：蜀道의 杜鵑새, 歸蜀道、不如歸、望帝의 魂. 商歌

【註釋】
玄菟：漢武帝가 設置한 郡名.

【字解】
挿：꽃을 삽
菟：새삼 토

七言佳作篇

已歷人間五百年

松岳山은 높이 푸른 하늘까지 雄壯하게 치솟았으니 피어나는 늦 구름이 바람에 날려서 數많은 집에서 나오는 烟氣에 섞여 버렸다。玄菟都督이 처음으로 設置했다는 開城府가 이미 人間 五百年이라는 高麗時代를 지내게 되었다네。

〔이력인간오백년〕 이미 人間 五百年을 지냈다네。
（祈順詩）

五百年來王氣終

〔오백년래왕기종〕 五百年 以來에 王氣가 다했으니。

操鷄搏鴨竟何功

〔조계박압경하공〕 操鷄搏鴨하는 것이 마침내 무슨 功이 되겠는가。

英雄一去山河在

〔영웅일거산하재〕 英雄은 한번 가고 山河만 남았으니。

人物南遷市井空

〔인물남천시정공〕 人物은 南으로 옮겨지고 市井은 비어 있네。

上苑鶯花微雨後

〔상원앵화미우후〕 上苑의 鶯花는 적은 비를 뒤로 하고。

諸陵草樹夕陽中

〔제능초수석양중〕 諸陵의 풀나무는 夕陽 속에 우거졌네。

秋風客恨知多少

〔추풍객한지다소〕 秋風에 客恨의 많음을 알겠는데。

往事悠悠水自東

〔왕사유유수자동〕 지난 일은 悠悠한 물이 東으로부터 흐르는 것 같으니라。
（李孟畇 詩）

【註釋】

操鷄搏鴨：닭을 잡고 오리를 치는 것。하찮은 일의 비유。

知多少：많음을 아는것。(少는 虛字)

※李孟畇：號는 漢齋, 世宗때 學者로 牧隱의 長孫, 吏曹判書, 右贊成 集賢殿大提學을 歷任。

五百年은 흘러가서 高麗의 王氣가 끝장났으니 닭이나 잡고 오리나 치는 따위
적은일 가지고는 마침내 功이 될 수 없도다. 崔瑩將軍이나 鄭圃隱 같은 英雄은
한번 가고 山河만 남아 있어 人物은 南쪽으로 遷都하여 市井은 비어 있네. 上
苑에서 우는 꾀꼬리와 핀 꽃은 적은 비가 지난 뒤요, 諸王陵에 자란 풀과 나무
들은 夕陽속에 묻혀 있네. 가을바람이 쓸쓸하여 客의 恨이 많고 적은 것을 알
만한데 지난 일은 悠悠히 흘러간 물과 같아서 東쪽으로부터 흘러가고 말았도다.

麥秀詩成曲未終
浮雲往事轉頭空
漢宮鵾泣魂應黯
蜀國鵑啼淚尚紅
天地已歸三尺定
山河誰借一丸封
憑君莫問前朝事
江漢如今盡向東

〔맥수시성곡미종〕 麥秀의 詩는 이뤘으되
곡은 마치지 못했으니.
〔부운왕사전두공〕 浮雲같은 지난 일이
굴러 머리가 비었도다.
〔한궁타읍혼응암〕 漢宮에 낙타가 우니
魂이 應當 어둡고.
〔촉국견제루상홍〕 蜀나라 杜鵑새 우니
눈물이 오히려 붉도다.
〔천지이귀삼척정〕 天地間에 이미 三尺
定한 곳에 돌아갔으니.
〔산하수차일환봉〕 山河는 누구를 빌어
한 彈丸之地를 封할 것이냐.
〔빙군막문전조사〕 그대에 부탁하노니 前
朝일은 묻지 말라.
〔강한여금진향동〕 江과 漢水는 이제 다
東으로 向하는 것 같도다.
(徐居正)

【註釋】
麥秀: 宮闕이 무너진 廢墟에 보리가 자라서
이삭이 패어났다는 麥秀歌.

297 七言佳作篇

世事悠悠俯仰中
黑金青木摠成空
新都已卜遷殷鼎
舊國相傳有沛宮
鵠嶺浮嵐寒漠漠
齊陵佳氣鬱葱葱

(세사유유부앙중) 世上일이 悠悠하여 俯仰中에 사는 것이.
(흑금청목총성공) 검은 쇠나 푸른나무가 다 空白을 이루는 것 아니더냐.
(신도이복천은정) 新都를 이미 定하여 殷鼎을 옮겨 놓았으니.
(구국상전유패궁) 舊國이 서로 傳하여 沛宮이 남아 있도다.
(곡령부람한막막) 鵠嶺에 떠 있는 山 기운은 차고.
(제능가기울총총) 齊陵의 佳氣는 鬱然히 茂盛하도다.

王宮은 廢墟가 되어 그곳에 자란 보리가 빼어 났다는 麥秀詩의 歌詞만 이루고 曲操는 作曲이 되지 않았으니 뜬구름 같은 지난 일이 空虛한데로 轉轉할 뿐이로다. 漢宮이 있던 곳에 駱駝가 우니 옛사람의 魂들이 應當 暗澹할 것이고, 蜀나라 杜鵑새 우는 눈물이 아직 붉었도다.
幽明이 달라져서 天地間에 三尺의 定해진 무덤으로 돌아갔으니 山河는 누구에게 彈丸만한 작은 땅인들 封해 주겠는가. 그대에게 부탁하노니 흘러간 前朝의 過去事는 묻지를 말라. 江과 漢水가 이제까지 다 東으로 向하여 흐르는 것처럼 理致는 變할 수 없는 것이다.

※ 徐居正 : 世祖때 儒學者 號四街亭、官은 左贊成 六曹判書 歷任。諡는 文忠(權陽村의 外孫)。

※ 歸蜀道 : 漢나라 望帝가 죽은 魂이 蜀나라로 돌아가겠다는 것이 怨魂이 되어 杜鵑새가 되어 「歸蜀道 歸蜀道」를 부르며 울었다고 하는데 一名은 『不如歸』(돌아가는 것만 같이 못하다는 뜻)라고도 한다.

【註釋】
俯仰 : 하늘을 우러러 보고 땅을 굽어봄.
殷鼎 : 社稷의 重器.
沛宮 : 離宮, 王이 臨時로 擧動하고 머무르던 곳.
鵠嶺 : 開城.
齊陵 : 李太祖妃 神懿韓氏陵.

【字解】
鼎 : 솟 정
摠 : 다 총
葱 : 파 총, 좋은기운어릴 총

百年興廢山河在
付與滄浪一釣翁
溪水潺潺石逕斜
寂寥誰似道人家
庭前臥樹春無葉
盡日山蜂咽草花
夢罷虛窓月半斜

〔백년흥폐산하재〕 百年의 興廢는 山河에 있으니.
〔부여창랑일조옹〕 滄浪에 한 낚시질 하는 노인에게 부쳐 주었도다. (李承召)

世上事란 더디고 한가하여 구부리고 우러러보는 사이에 검은 쇠니 푸른나무 할 것 없이 一切의 森羅萬象은 空白으로 돌아가는 것이 마치 新都漢陽을 이룩 점쳐서 器物이나 施設을 옮기고 舊國은 서로 傳하여 離宮을 만든 것과 같으니라. 멀리 開城에 떠있는 山기운은 차고 아득하며 齊陵의 아름다운 기운은 鬱鬱하고 茂盛하도다. 百年의 興하고 廢하는 것이 山川精氣에 있을지니 滄浪에 한 낚시질하는 姜子牙같은 老人에게 부쳐 줄 것이로다.

〔계수잔잔석경사〕 시냇물은 졸졸 흘러 돌길이 비꼈으니.
〔적요수사도인가〕 寂寥해서 누가 道人의 집 같다고 하겠는가.
〔정전와수춘무엽〕 뜰앞에 누운 나무는 봄이 와도 잎이 아니 나고.
〔진일산봉열초화〕 진終日 山벌은 풀꽃에 서 우는구나.
〔몽파허창월반사〕 꿈을 빈 窓에 깨고 보니 달이 半은 기울었고.

【註釋】
潺潺 : 물이 흐르는 소리가 가늘다 (졸졸).
寂寥 : 쓸쓸하고 고요하다.

【字解】
潺 : 물흐를 잔
咽 : 목멜 열.

※ 李承召 : 號는 三灘 成宗때 名臣. 官은 禮曹判書, 佐理功臣에 책록, 陽城君을 封함.

隔林鍾鼓認僧家
無端午夜東風惡
南澗朝來幾片花

〔격림종고인승가〕 숲에 막힌 쇠북은 중
집을 알겠도다.
〔무단오야동풍악〕 무단히 밤낮으로 東風
이 사나우니.
〔남간조래기편화〕 南澗에 아침이 오니
몇 조각 꽃이 남았는고.
(李齊賢 九曜堂詩)

시냇물은 졸졸 흘러 돌로 만들어진 오솔길이 나 있으니 고요하고 쓸쓸해서 누
가 道人의 집이 이런 곳에 있다고 하겠는가. 뜰앞에 누워 있는 나무는 봄에도
잎이 피지 아니하고 온 終日 풀풀을 찾아 앵앵거리는 벌은 요란 할 뿐이로다. 잠
을 자다가 꿈을 깨고보니 빈 窓가에 달은 半이나 기울어졌고 숲과 間隔이 있는
곳에서 쇠북소리가 들려오는 것을 보니 寺刹이 있는 것을 알겠도다.
밤낮없이 불어오는 모진 바람에 南쪽 澗水가에 핀 꽃은 남아날 理 없으니 어
이 된 일인가.

誰勸君臣入醉鄕
不知禍自在蕭墻
酣歌未闋瓊樓上

〔수권군신입취향〕 누가 君臣에게 勸하여
鄕里에서 醉하게 하였던가.
〔부지화자재소장〕 禍가 蕭墻으로부터 있
다는 것을 알지 못한다.
〔감가미결경루상〕 술취한 노래가 瓊樓에
서 마치기도 前에.

【註釋】
蕭墻‥담장안、 內部의 뜻.
酣歌‥술취한 노래.
瓊樓‥임금의 宮殿.

【字解】
墻‥담 장
酣‥술취할 감
闋‥마칠 결
瓊‥구슬 경

醒血交流輦道傍
煬帝汴河秋冷落
明皇蜀道雨凄凉
當日此恨無人識
落日溪山淚數行

〔성혈교류연도방〕 醒血이 輦道곁에서 交流하는도다.
〔양제변하추냉락〕 煬帝의 汴河는 가을이 冷落했고.
〔명황촉도우처량〕 明皇의 蜀道에는 비만 凄凉하도다.
〔당일차한무인식〕 當日에 이 恨을 아는 이가 없으니.
〔낙일계산누수행〕 날이 진 溪山에는 두어 줄기 눈물이러라. (任奎延福亭詩)

繁華事散野雲飛

누가 君臣으로 하여금 鄕里에 들어가서 醉하라고 勸했더란 말인가. 언제나 機會를 엿보는 것이 奸鼠輩라 災禍가 집안에서부터 생긴다는 것을 알지 못하니 寒心스럽다. 술취한 노래가 宮殿에서 그치기도 前에 無嚴하게 御駕가 行次하는 길곁에서 피흘리는 亂鬪가 交流하다니 저런 고이한 놈들이 있나. 隋煬帝의 汴에 大運河는 秋風이 冷하니 落葉처럼 떨어지고 膽하던 蜀道에는 비만 凄凉하네. 當日에 이 恨을 사람이 아는 이 없으니 떨어지는 날 溪山에 눈물이 두어줄기 옷을 적시는구나.

〔번화사산야운비〕 繁華한 일은 흩어지고 野雲은 나는데.

【註釋】
醒血：비린내나는 피、流血劇.
輦道：임금타는수레 연.
煬帝：隋帝楊廣.
汴河：大運河가 있는 汴河(地名).
明皇：唐帝憲宗.
蜀道：蜀으로 가는 길.

【字解】
醒：비린내 성
輦：임금타는수레 연
煬：불맹열할 양
汴：물이름 변、北宋의 都、河南의 開封縣

七言佳作篇

流水無情去不歸
詩句尚留迎送地
市朝人物已全非
頹垣破礎暗螢飛
嬴得都人指點歸
却似千年遼鶴唳
山川如舊昔人非

(유수무정거불귀) 流水는 無情하여 가서 돌아오지 않는도다.
(시귀상류영송지) 詩句는 오히려 迎送하는 땅에 머무렀으되
(시조인물이전비) 市朝의 人物은 이미 온전히 아니로다. (成任天壽院詩)
(퇴원파초암형비) 담은 무너지고 柱礎는 깨어져 어두운데 개똥벌레만 나니
(영득도인지점귀) 넉넉히 都人이 指點하여 돌아갈만 하도다.
(각사천년요학려) 문득 千年이 먼 곳에서 鶴우는 소리 같은데.
(산천여구석인비) 山川은 如舊한데 옛사람은 아니 있네. (金守溫天壽院詩)

繁盛하고 華麗한 일들은 흩어지고 들구름은 날고 있는데 흐르는 물은 한번 가면 다시 돌아오지를 않는구나. 詩句는 오히려 迎接하고 歡送하던 땅에 머물러 있지만 市井이나 朝廷의 人物들은 이미 옛사람이 아니고 새사람으로 바꾸어 졌다네.

담장은 무너지고 주춧돌은 깨져서 어두운데는 개똥벌레만 날고 있으니, 넉넉히 都市사람이 저곳이 옛 宮闕터라고 손으로 가리켜 보이며 돌아갈만 하도다.

【註釋】

頹垣破礎: 담은 무너지고 柱礎돌은 깨어짐.
指點: 손으로 가르쳐 보임.
※ 金守溫: 文宗朝 學者. 副司直 兵曹正郎 執義를 거쳐 成均司藝. 湖堂에 被選 號乖崖, 世祖成宗때 明나라에 갔었고 判中樞府事로 中樞院府事 佐理功臣의 號와 永山府院君을 封함.

【字解】

垣: 담 원
礎: 주춧돌 초
螢: 개똥벌레 형
嬴: 남을 영
却: 문득 각
唳: 울 려

※ 成任: 世祖成宗때 學者, 號는 逸齋. 全羅監司, 工曹判書, 知中樞府事를 歷任. 諡는 文安.

문득 千年이라는 歲月이 恰似히 먼곳에서 鶴이 우는 소리같이 아득한데 山川은 예전과 같건만 옛사람은 다 죽고 아니 있네.

露洗銀河月色團
酒盈金盞却天寒
紫泉一曲人如玉
紅燭花殘夜未闌

(로세은하월색단) 이슬은 銀河를 씻고 달빛은 둥근데.
(주영금잔각천한) 술은 金盞에 차고 문 하늘은 차가움도다.
(자천일곡인여옥) 紫泉 한 구비에 사람이 玉과 같으니.
(홍촉화잔야미란) 붉은 촛불은 稀微한데 밤은 늦지 않았도다. (權溥中和堂詩)

奇巖怪石列成峯
千古蜿蜒秀氣濃
松下招提相隱映

(기암괴석열성봉) 奇巖怪石이 벌려 峯을 이루었으니.
(천고완연수기롱) 千古에 꿈틀거리는 秀氣가 무르녹았도다.
(송하초제상은영) 소나무 아래 招提가 서로 隱隱히 비치니.

맑은 이슬은 銀河水를 씻어내린 듯 깨끗하고 달빛은 밝고 玲瓏한데 술은 金盞에 가득히 부어 있고 하늘은 차도다. 紫泉 한 구비에 사람이 있어 玉과 아름다우니 붉은 촛불은 稀微하여 衰殘해 있지만 밤은 늦지 않았도다.

【註釋】
銀河: 은하수、밤에 흰구름 모양으로 길게 보이는 별의 무리.
紫泉: 紫色之泉、猶紫淵也、紫朱빛이 나는 우물.

【字解】
盞: 잔 잔
闌: 늦을 란
※ 權溥:: 麗末、忠烈、忠宣王때 學者。號는 菊齋로 領都僉議司事로 永嘉府院君을 封함.

【註釋】
奇巖怪石:: 奇異한 바위와 怪狀한 돌.
蜿蜒:: 벌레같은 것이 꿈틀거리는 모양.
招提:: 官府에서 賜額한 절.

【字解】
蜿:: 꿈틀거릴 완
蜒:: 꿈틀거릴 연

七言佳作篇

塵踪難向此間容

窓扉歷歷倒江流
江上招提境轉幽
砌下潮生風滿座
軒前雲盡水明樓
聳空高塔臨蛟室
搖月疏鍾落釣舟
幸是官閒偏適意

〈진종난향차간용〉 티끌의 자취가 이 사이
向함을 容納하기 어렵도다.
(成士達知足菴詩)

奇巖과 怪石이 羅列하여 成立된 峯巒이 千古의 長久한 時日에 걸쳐 蜿蜒한 모
습을 간직한채 秀麗한 氣運이 濃縮되어 있도다. 松林 아래 招提가 서로 隱隱히
비치니 俗人의 縱跡이 幽深한 仙境을 向하여 容納하기 어려운 것 같은 생각을
갖게 한다.

〈창비역력도강류〉 窓과 사립문이 歷歷히
江에 거꾸로 흐르니.
〈강상초제경전유〉 강위에 招提가 지경이
굴러 그윽하도다.
〈체하조생풍만좌〉 섬돌 아래에 潮水가
나니 바람이 자리에 차고.
〈헌전운진수명루〉 추녀 앞에 구름이 다
하니 물이 樓에 밝도다.
〈용공고탑임교실〉 하늘에 솟은 高塔은
蛟室에 臨하였고.
〈요월소종낙조주〉 달에 흔들리는 성긴
종소리는 낚시하는 배에 떨어지도다.
〈행시관한편적의〉 多幸히
하여 두루 뜻에 맞으니. 官家가 閒暇

【註釋】
窓扉: 窓과 사립문.
歷歷: 확실한 모양, 뚜렷한 모양.
蛟室: 龍宮, 人魚가 산다는 곳.

【字解】
扉: 사립 비
砌: 섬돌 체
潮: 조수 조
聳: 솟을 용
塔: 탑 탑
蛟: 교룡 교

出城三日飽清遊

〔출성삼일포청유〕城에 나간 三日에 배 불리 淸遊했네. (鄭以吾甘露寺詩)

집앞에 江이 悠悠히 흘러서 窓이나 사람문이 또렷하게 江 물속에 거꾸로 비치 니 江위에 세워진 招提의 地境에 굴러 그윽한 것은 말할 나위가 없도다. 섬돌 밑으로 潮水가 생기니 바람이 자리에 가득히 불고, 추녀 앞에 구름이 다 거쳤으니 물은 樓에 밝도다. 空中에 솟아 있는 높은 塔은 人魚가 산다는 龍宮 을 굽어보고 있으며, 隱隱히 울려서 마치 달빛에 흔들거리는 듯한 종소리는 낚시 질 하는 고깃배에 가서 그치는 것 같도다. 多幸하게도 官家에 일이 없어 여러가 지가 다 뜻이 맞아 城밖으로 三日이나 淸遊를 滿喫해 본다.

風蟬噪罷祇園靜 〔풍선조파기원정〕 매미 울음이 그치니 祇園이 고요하고.

谷鳥啼殘小室幽 〔곡조제잔소실유〕 谷鳥의 울음이 衰殘하 니 작은 집이 그윽하도다.

庭栢依然溫室樹 〔정백의연온실수〕 庭栢은 依然히 溫室의 나무요.

軒溪即是醴泉流 〔헌계즉시예천류〕 軒溪는 곧 이 醴泉이 흐르는도다.

禪僧詩句碧雲暮 〔선승시구벽운모〕 禪僧의 詩句는 碧雲이 어둡고.

法部笙歌紅葉秋 〔법부생가홍엽추〕 法部의 笙簧의 노래는 丹楓의 가을이라.

【註釋】
風蟬: 쓰름매미.
祇園: 祇陀太子의 동산과 숲.
小室: 작은 집, 副室.
依然: 前과 다름없이.
醴泉: 물맛이 좋은 샘.
禪僧: 參禪을 修行하는 중.
法部: 法을 맡은 官名.

【字解】
蟬: 매미 선
噪: 울 조
祇: 지신 기
醴: 단술 례
禪: 좌선할 선

※ 鄭以吾: 號는 郊隱, 麗末李初의 文臣, 官 은 大提學, 贊成事를 歷任, 諡는 文定.

七言佳作篇

北塞近聞妖霧捲
南州已報稼雲收

(李憲國八角殿詩)

巖泉一派曲通林
老樹當軒積翠陰
秋至洞門偏灑落
雲還松嶺轉幽深

〔북새근문요무권〕 北쪽 새 방에 妖怪로운 안개가 걷히다고 들리고.
〔남주이보가운수〕 南州에는 이미 稼雲이 거두었다는 消息이로다.

쓰름매미가 울다 그치니 동산과 숲이 조용하고 골짝새의 울음소리가 시원찮아지니 작은집이 그윽하도다. 뜰의 잣나무는 如前히 집을 溫和하게 하는 나무요, 추녀의 시내는 곧 이것이 물맛이 좋은 샘이로다. 參禪하는 중이 외우는 글귀는 푸른 구름속에 저물었고, 法部에서 들리는 笙簧의 노래는 丹楓의 가을을 울렸도다. 北쪽 邊方에 近來 妖妄한 무리를 掃蕩했다는 消息이 들려오며 南쪽 고을에 이미 秋收가 끝났다고 傳해 오도다.

〔암천일파곡통림〕 암천의 한가닥이 굽어 숲으로 通하니.
〔노수당헌적취음〕 老樹가 추녀에 當하니 푸른 그늘이 쌓였도다.
〔추지동문편쇄락〕 가을이 洞門에 이르니 치우쳐 灑落하도다.
〔운환송령전유심〕 구름이 松嶺에 돌아가니 굴러 幽深하도다.

【註釋】
妖霧 : 妖怪로운 안개, 怪氣.
掃蕩 : 휩쓸어 모두 없애버림.

【字解】
妖 : 요망할 요
捲 : 걷을 권
稼 : 심을 가
黃 : 생황 황

【註釋】
巖泉 : 바위 틈에서 솟아나는 샘.
翠陰 : 푸른 그늘.
灑落 : 기분이 爽快하고 시원함.
幽深 : 그윽하고 깊숙함.

【字解】
派 : 물갈래 파
翠 : 푸를 취
偏 : 치우칠 편
灑 : 물뿌릴 쇄

苔扉勝跡傳從昔
素壁新詩記自今
坐久精神更淸爽
磬聲搖月夜沈沈

五冠山下古叢林
風滿樓頭綠樹陰
境絶塵喧常闃寂

〔태비승적전종석〕 이끼사립의 뛰어난 踪
跡은 예로 좇아 傳해 있고.
〔소벽신시기자금〕 흰 壁에 새로운 詩句
는 이제로부터 記錄함이라.
〔좌구정신갱청상〕 앉기를 오래하니 精神
이 다시 맑고 서늘하니.
〔경성요월야침침〕 경쇠소리가 달을 흔들
어 밤이 沈沈하더라. (釋月窓)

바위 틈에서 솟아나는 샘의 한가닥이 구부러져 늘은 나무가
추녀 밑까지 뻗어 들어와서 그늘 온통 집에 쌓였도다. 가을이 洞門에 찾
아오니 爽快하고 시원하며 구름이 걷혀서 소나무 우거진 고개로 돌아가니 구을
러 그윽하고 깊숙하도다. 이끼가 낀 사립문의 자취는 예전으로부터 傳해
있으며 흰 壁에 새로 써진 詩句는 只今으로부터 記錄해 졌느니라. 오래 앉아 있
으니 精神이 다시 더 이상 爽快할 수 없으니 경쇠의 맑은 소리가 달을 흔들
어 밤을 더욱 어둡고 흐리게 만들어 놓았도다.

〔오관산하고총림〕 五冠山 아래 옛 떨기
숲에.
〔풍만루두녹수음〕 바람이 樓閣머리 푸른
나무 그늘에 차 있도다.
〔경절진훤상격적〕 地境이 塵世의 시끄러
운 것을 斷切하니 恒常 고요하고.

【註釋】
磬聲∷경쇠소리(樂器名)
沈沈∷어둡거나 흐림. 눈이 어두어서 잘 보
이지 않음.

【字解】
苔∷이끼 태
磬∷경쇠 경
沈∷잠길 침

【註釋】
闃寂∷사람하나 없이 고요하고 쓸쓸함.

【字解】
叢∷떨기 총
喧∷시끄러울 훤

溪因雨過更澄深
西峯爽氣連朝暮
北嶺閒雲閱古今
怊悵無由問前事
土橋依舊未消沈

(계인우과갱증심) 시내는 비가 지난 것을 因하여 다시 맑고 깊었도다.
(서봉상기연조모) 西峯의 爽快한 기운은 朝暮에 連해 있고.
(북령한운열고금) 北嶺의 한가한 구름은 古今을 지내왔네.
(초창무유문전사) 怊悵함이 그지없어 前事를 물으니.
(토교의구미소침) 土橋는 옛과 같아서 消沈하지 않았도다. (權近靈通寺詩)

【註釋】
澄深‥맑고 깊음.
怊悵‥마음이 섭섭함.
消沈‥기력이 푹 사그라지고 가라앉음.

【字解】
閒‥고요할 격
怊‥슬플 초
悵‥슬플 창

閒向招提訪道林

(한향초제방도림) 開暇하여 招提를 向하여 道林을 찾아가니.

五冠山 아래에 예전부터 한 뿌리에서 여러 줄기가 나와 더부룩하게 된 숲에서 바람이 樓의 머리 綠樹 우거진 그늘에 가득히 차 있도다. 이 周邊環境이 原來 山間의 깊은 곳이라 塵世의 시끄러운 곳과는 斷切되어 있어서 사람 하나 없이 恒常 고요하고 쓸쓸하며 시내에는 비가 내린 뒤라 물이 맑고 깊은것 같도다. 西峯으로부터 오는 서늘하고 快適한 氣運은 아침 저녁을 連하여 늘 있고 北쪽 고개의 한가한 구름은 예나 지금이나 依例히 떠 있던 것일세. 마음이 섭섭하기 그지없어 지낸 일을 물으려 하니, 흙으로 만든 다리는 예와 같아서 아직 사그라지고 가라앉지는 아니했도다.

緣溪小逕出松陰
五冠山擁風烟古
大覺碑橫歲月深
寶字念心經律化
老僧談法去來今
若爲結社中高臥
一任命途昇與沈

〔연계소경출송음〕 시내를 因緣하여 작은 길이 소나무 그늘에 났도다.
〔오관산옹풍연고〕 五冠山의 風烟은 옛 모양을 擁衛해 있고.
〔대각비횡세월심〕 大覺碑는 歲月이 오래 되어 누워 있네.
〔보자념심경율화〕 寶字를 생각하는 마음을 經律로 化하고.
〔노승담법거래금〕 老僧의 談法은 가고온 이제러라.
〔약위결사중고와〕 萬一 結社가운데 높이 눕는 것을 한다면.
〔일임명도승여침〕 한번 命途가 오르고 다못 잠기는데 맡기리로다.

(李原靈通寺詩)

몸이 閒暇하여 나라에서 賜額해 주었다고 하는 寺刹을 向하여 道林을 찾아가 니 시내를 따라 작은 길이 소나무 숲속으로 나 있도다. 壯嚴한 五冠山의 風烟은 옛모습을 擁衛한채 솟아 있고 二大覺碑는 歲久月深하여 길옆에 비켜 나자빠져 있네. 信仰의 浸透力은 大端한 것으로 寶字를 생각하는 觀念은 經律같이 돼버리고 老僧의 談法 또한 古今을 오고간 것이리라. 萬一 結社를 爲하여 가운데 높이 누 웠다면 運數의 오르고 다못 浸滯한데 一任할 것이리로다.

【註釋】
小逕: 작은 길, 좁은 길.
風烟: 바람과 연기, 멀리 보이는 공중에 서 린, 흐릿한 기운.
經律: 經書나 律法처럼 所重히 여김.
結社: 두사람 以上의 同志가 같은 目的을 달성하기 위하여 組織된 團體.
命途: 運命, 運數.
道林: 晋나라 支通의 字.

※ 李原: 李朝世宗때 相臣, 號는 容軒 吏兵 曺判書를 歷任하여 世宗時에 右·左議政 에 올랐음. 諡는 襄憲.

清涼趣味在雲林
爲避炎塵就樹陰
微雨歇時山更好
飛泉落處水偏深
每乘幽興頻來此
頓覺奇觀盡在今
弔古徘徊詩未就
峯巒收影日初沈

〔청량취미재운림〕 淸涼한 趣味가 雲林에 있어서.
〔위피염진취수음〕 炎塵을 避하기 爲하여 樹陰을 찾아왔네.
〔미우헐시산갱호〕 微雨가 그쳤을 때에 山이 다시 좋고.
〔비천낙처수편심〕 나는 샘이 떨어지는 곳에 물이 치우쳐 깊더라.
〔매승유흥빈래차〕 매양 그윽한 興을 타서 자주 이곳에 왔으며.
〔돈각기관진재금〕 頓然히 奇觀을 깨달았으니 다 여기 있노라.
〔조고배회시미취〕 예를 弔喪하여 徘徊하며 詩를 짓지 못하니.
〔봉만수영일초침〕 峯巒의 그림자가 거두어져 날이 처음 잠겼도다.

(成任靈通寺詩)

청량한 것을 즐기는 趣味가 山水之樂 곧 조용하고 한가한 雲林을 찾는데 있어서 더웁고 먼지나는 곳을 避하여 나무그늘로 찾아 왔네. 가랑비가 내리다가 그쳤을 때에 山의 경치는 더 좋고 폭포가 떨어지는 곳에 물이 패어서 깊은 것은 自然의 攝理라 怪狀할 것 없도다.

【註釋】
淸涼: 맑고 서늘함.
趣味: ① 情趣를 理解하고 鑑賞할 수 있는 힘. ② 本業外에 즐기는 일. ③ 좋아해서 하는 일.
雲林: 구름과 숲, 山中에서 삶.
微雨: 가랑비, 이슬비.
飛泉: 瀑布水, 噴泉.
幽興: 그윽한 興趣.
奇觀: 奇異한 光景, 볼만한 景致.

【字解】
炎: 불꽃 염
歇: 쉴 헐
頻: 자주 빈

※成任: 李朝初期의 學者, 號는 逸齋 官은 全羅觀察使, 工曹判書, 知中樞府事 歷任. 諡는 文安 世宗三年 出生, 成宗十五年에 卒.

故國平居不盡悲
況逢佳節轉增忠
天心已厭民勞日
王業空餘麥秀基
岳色連雲迷古堞
笛聲和雨弄村兒
離筵莫問前朝事
舊恨新愁入酒巵

〔고국평거부진비〕 故國을 平居에 悲懷가 다하지 않는데.
〔황봉가절전증충〕 하물며 가절을 만나니 굴러 忠心을 더하게 하는도다.
〔천심이염민로일〕 天心은 이미 百姓이 수고로운 날을 싫어하고.
〔왕업공여맥수기〕 王業은 부질없이 麥秀의 터만 남아 있네.
〔악색연운미고첩〕 松岳의 빗은 구름을 連하여 古堞에 稀微하고.
〔적성화우롱촌아〕 피리소리는 비에 섞여 村兒를 戲弄하는도다.
〔리연막문전조사〕 떠나는 자리에 前朝에 일을 묻지 말라.
〔구한신수입주치〕 옛적의 恨 새로운 근심이 술잔에 들어 오누나. (李憲國)

【註釋】
故國 : 祖上이 살던 故鄕인 나라.
平居 : 平常時, 普通때, 平時.
佳節 : 좋은때, 좋은 시절. (仲秋)
天心 : 하늘의 뜻.
王業 : 임금이 나라를 다스리는 大業.
麥秀 : 보리이삭이 패서 빼어남.
古堞 : 옛城가퀴.
和雨 : 비에 和하여, 비와 같이 섞여서.
舊恨 : 오래전부터 품고 있는 怨恨.
新愁 : 只今까지 없었던 새로운 근심.
※ 李憲國 : 李朝宣祖때 大臣, 號는 柳谷, 官은 左議政까지 올라 完城府院君에 被封됨.

【字解】
筵 : 자리 연
巵 : 술잔 치

寶殿臨風鳳欲騫
最難忘處是西軒
未晨已得東方白
不雨先占北嶺昏
路險更愁攀石磴
泉甘猶喜汲松根
地靈似有留人意

〔보전임풍봉욕건〕寶殿에 바람이 臨하니
鳳이 절고자 하는데.
〔최난망처시서헌〕가장 잊기 어려운 곳
은 西軒인가 하노라.
〔미신이득동방백〕새벽이 안되어 이미
東方에 흰 것을 얻었고.
〔불우선점북령혼〕비오지 아니해서 먼저
北嶺의 어두운 것을 占했도다.
〔로험갱수반석등〕길이 險하니 다시 돌
비탈길 더위잡을 것이 근심되고.
〔천감유희급송근〕히려 솔뿌리에서 물긷는 것이 기쁘도다.
〔지령사유유인의〕땅이 神靈하여 사람을
머무르게 하는 뜻이 있어서.

祖上이 살던 故國은 平時에 悲懷가 다하지 않기 마련인데 況且 仲秋의 佳節을
만나니 굴러 忠評心이 더할 수 밖에. 하늘의 뜻은 이미 民間을 괴롭히던 날부터
싫어했고 國家를 統治하던 大業은 부질없이 荒城 옛터에 보리이삭이 빼어난 廢
墟만 남았도다. 松岳山의 빛은 구름이 連接져 옛城牒에 희미했고 들리는 피리소
리는 빗소리에 섞여서 촌아이들을 놀리는구나.
떠나는 마당에 지나간 王朝의 일을 물어서 무엇하리오. 예전부터 품고 있던
怨恨과 只今까지 없었던 새로운 근심이 다함께 술잔으로 들어오누나.

【註釋】
寶殿：金玉을 새겨 넣은 殿閣.
石磴：돌로 덮인 비탈길.
地靈：영검한 땅 王勃（人傑地靈）.

【字解】
騫：이즈러질 건
攀：더위잡을 반
磴：작은비탈 등
鎖：자물쇠 쇄

故起烟霞鎖洞門

〔고기연하쇄동문〕 짐짓 烟霞를 일으키고 洞門을 잠갔도다. (權漢功元通寺詩)

金玉을 새긴 殿閣에 바람이 부니 鳳이 이즈러지려 하는데 가장 잎을 수 없는 事緣이 얽혀 있는 곳이 西軒인가 하노라. 새벽이 안되어서 벌써 東方은 희어지 는 것을 알만 하고, 비가 오기 전에 먼저 北쪽 산이 어둡다는 것은 占쳐 알만 한 것이 常識 아니더냐? 길이 險하니 다시 돌로 된 비탈길을 휘어잡을 것이 걱정이 되고, 우물 맛이 좋으니 오히려 소나무 밑까지 내려가 물긷는 것도 해롭지 않도다. "령검한 땅에서 사람이 난다고" 그런 땅이 사람을 잡는 뜻이 있어서 故意로 연기와 안개를 끼게 하여 가려놓고 洞門을 잠갔나 보다.

古木悲寒瞑鳥啼
〔고목비한명조제〕 古木이 찬 것을 슬퍼 하니 눈어둔 새가 와 울고 가는데.

高麗宮闕使人迷
〔고려궁궐사인미〕 高麗宮闕이 사람으로 하여금 昏迷하게 하였도다.

江潮不至馳橋淺
〔강조부지타교천〕 江의 潮水는 馳橋의 얕은 곳까지 이르지 아니하고.

漢出遼來鵠嶺低
〔한수요래곡령저〕 漢山 뫼뿌리가 멀리 와서 鵠嶺에서 낮아졌네.

佛壞金銀年老大
〔불괴금은연로대〕 佛像의 金銀이 무너졌 으니 해가 老大하였고.

墟分圃牧巷東西
〔허분포목항동서〕 옛터는 圃牧으로 나누 였고 마을은 東으로 西로 갈라졌네.

【註釋】
瞑鳥: 밤에 우는 새.
馳橋: 契丹이 修交를 請하였을 때 渤海를 滅한 無道한 나라라고 禮物로 보내온 駱驛를 橋脚에 매어 죽게한 故事.
佛壞: 佛像이 부서짐.
圃牧: 圃隱鄭夢周와 牧隱李穡.

※ 權漢功:: 號는 一齋 高麗忠宣王때 文臣, 都僉議政丞이 되고 醴泉府院君에 封함. 論文坦.

312

七言佳作篇

秋原日落猶聞哭
蕭瑟王孫半夏畦

〔소슬왕손반하규〕
夏畦러라.

秋原에 날이 지니 오히려 哭聲을 듣는 듯 한데.
蕭瑟한 王孫이 半은

【註釋】
蕭瑟: 가을 바람이 쓸쓸히 부는 모양.
夏畦: 여름 밭두둑, 農事하는 것.
※ 睦萬中: 號는 餘窩, 李朝末期 文臣으로 大司諫 判書 歷任.

東橋水爲我公淸
血碧千年死若生
聖祖當時開刱業
且將成就一人名

古木이 氣盡하여 찬 것을 슬퍼하는 듯 하며, 非正常的인 새가 와서 울기도 하는데 高麗宮闕은 불타버려서 사람으로 헷갈리게 하였도다. 有名한 橋脚에 駝臺를 매어 두었던 그곳까지는 이르지 않고 鵑嶺에 까지 뻗어 와서 낫아졌네. 金銀으로 鑄造된 佛像도 年老하니 부서지고, 옛터는 圍隱村과 牧隱村으로 나누어지고 마을은 東西로 갈라져서 痕跡도 없어 졌네. 가을 언덕에 해가 떨어지면 哭聲이 들리는듯 한데 秋風처럼 쓸쓸한 王의 後孫은 田間에 묻혀서 목숨을 保全하는 것이 太半일 것이다.

〔동교수위아공청〕 東橋의 물이 我公을 爲하여 맑았으니.
〔혈벽천년사약생〕 피가 千年을 푸르르매 죽었어도 산 것과 같도다.
〔성조당시개창업〕 聖祖가 當時에 刱業을 열었으니.
〔차장성취일인명〕 또한 將次 한 사람의 이름을 成就했도다. (尹塾善竹橋詩)

【註釋】
血碧千年: 흘린 피가 千年이나 靑史에 남아 있다.
聖祖: 李太祖를 뜻함.
刱業: 나라를 처음으로 세움. 事業의 基礎를 세움.

【字解】
瞑: 눈감을 명
駝: 낙타 타
崩: 뫼뿌리 수
墟: 옛터 허
畦: 밭두둑 규
刱: 처음 창

※ 尹塾: 李朝英正祖때 文臣, 李朝英 黃海兵馬節度使. 判中樞府事 歷任. 贈領議政, 諡는 忠肅.

東橋의 있는 물이 우리 公을 爲하여 맑아졌으니 흘린 피는 헛되지 않아 千年이 지난 後에도 靑史에 남으리니 그렇다면 그것은 남겼어도 산 것과 같은 것이다. 李太祖가 그 當時 覇業을 하였을 때 將次 한사람의 이름을 成就시켜 놓았던 것이다.

五百年前跡已塵

崧山蒼翠幾回新

苔封輦路樵成逕

雨灑毬庭草自春

後殿笙歌今寂寞

東池舟楫久沈淪

悠悠往事憑誰問

臺上惟餘月一輪

〔오백년전적이진〕 오백년전의 자취는 이미 티끌이 되었으니.

〔숭산창취기회신〕 崧山의 푸른 것이 몇번이나 새로웠던가.

〔태봉연로초성경〕 이끼 덮인 나랏님 거동하는 길은 나뭇꾼이 길을 이루었고.

〔우쇄구정초자춘〕 비가 毬庭에 뿌리니 풀은 스스로 봄이었도다.

〔후전생가금적막〕 後殿의 笙歌는 이제 적막하고.

〔동지주즙구침륜〕 東池의 舟楫은 오래 浸淪했도다.

〔유유왕사빙수문〕 悠悠한 지난 일을 누구에 의지하여 물을꼬.

〔대상유여월일륜〕 臺上에 오직 남은 것은 달이 한바퀴더라. (安琛姜孝子碑)

【註釋】

輦路：御路, 거동길.

毬庭：공을 차던 뜰.

沈淪：財産權勢 등이 줄어들어 떨치지 못함.

【字解】

崧：산 웅장할 숭

輦：임금타는수레 련

樵：나무할 초

逕：길 경, 좁은길 경

毬：공 구

楫：노즙

淪：빠질 륜

憑：의지할 빙

※安琛：號는 竹窓 李朝中宗때 文臣、全羅觀察使 知中樞府事 工曺判書 歷任、謚泰平.

七言佳作篇

松風匹馬崧山路
訪古行人意未閒
流水至今鳴澗谷
浮雲依舊鎖峯巒
千年文物夕陽裏
一代衣冠春夢間
五百繁華何處問

〔송풍필마숭산로〕 松風에 匹馬로 崧山길 을 달리니,
〔방고행인의미한〕 古跡을 尋訪하는 行人 의 意思가 한가롭지 못하도다.
〔유수지금명간곡〕 流水는 至今까지 澗谷 에서 울고,
〔부운의구쇄봉만〕 浮雲은 예를 依支하여 峯巒에 닫혀 있네.
〔천년문물석양리〕 千年文物은 夕陽속에 저물었고,
〔일대의관춘몽간〕 一代의 衣冠은 春夢間 에 흘러갔네.
〔오백번화하처문〕 五百年의 繁華한 것을 어느 곳에 묻겠는가.

五百年의 놀러간 자취는 이미 티끌처럼 사라져 버렸으니 崧山의 푸른 뫼뿌리 는 몇번이나 새로운 것이 바뀌었던가. 임금이 거동하던 輦路에는 이끼가 덮혀서 나무길로 變하고, 공차던 뜰엔 비가 와서 풀만 스스로 자랐도다. 뒤 宮殿에서 나던 笙簧의 노래소리는 적막하게 없어지고 東쪽 못 배와 돗대는 勢力이 어느 해 버렸네. 까마득한 지난 일을 누구에게 묻겠는가. 樓臺위에 오직 있는 것이라고는 한바퀴 비치는 달 뿐이라.

【註釋】
松風: 소나무 숲을 스치어 부는 바람.
匹馬: 한필의 말.
崧山路: 崧陽山길, 崧陽書院으로 가는 길.
訪古: 古跡을 探訪함.
澗谷: 澗水의 溪谷, 골짜기에서 흐르는 물.
依舊: 옛모양과 같음, 옛적 그대로.
千年文物: 千年이라는 긴 歲月에 걸쳐 내려 오던 禮樂制度와 文化의 産物.
※成俔: 李朝初期의 名臣, 學者, 號는 慵齋 平安慶尙監司, 工曹判書와 大提學兼任.

【字解】
崧: 산웅장할 숭
繁: 성할 번
斑: 아롱 반

殿臺無主野花斑 〈전대무주야화반〉 殿臺는 主人이 없고 들꽃만 아롱졌네.

(成俔姜孝子碑)

소나무에서 부는 바람을 안고 말 한匹로 雄壯한 崧陽의 山길을 달리니 古跡을 探訪하는 길가는 나그네의 뜻이 開暇롭지 못하구나. 흐르는 물은 이제에 이르도록 澗水 溪谷에서 울고 있으며, 뜬구름은 예나 每樣 한가지로 峯巒을 담고 있네. 長久한 千年의 文物은 떨어지는 夕陽속에 저물어 가고 一代의 華麗한 衣冠도 一場의 春夢처럼 흘러가 버렸네. 五百年의 繁華했던 已往之事를 어느 곳에 가서 묻겠는가. 宮殿의 樓臺는 主人公을 잃고 들에 꽃만 아롱져 피어 있네.

立馬荒城欲暮天
綠蕪喬木鎖寒烟
雲根只是前朝物
碧砌依山幾百年

〔입마황성욕모천〕 말을 荒城에 세우니 하늘은 저물어 가는데.
〔녹무교목쇄한연〕 綠葉이 거친 喬木에는 찬 烟氣만 담혀 있네.
〔운근지시전조물〕 雲根은 다만 이 前朝 때 물건인데.
〔벽체의산기백년〕 푸른 섬돌이 山을 依支하여 몇 百年이 지났던가.

(李珥姜孝子碑)

말을 廢墟가 된 荒城 옛터에 세우니 하늘은 저물어 가고자 하는데 綠色이 칠어진 높이 자란 나무에는 찬 烟氣만 갇혀 있네. 山이 높아 구름이 일어나는 곳은 前朝때부터 있던 물건인데 푸른 섬돌이 山에 매달려 몇 百年이 지나갔는가.

【註釋】
荒城…荒廢한 城、廢墟가 된 城.
喬木…줄기가 곧고 굵어서 높이 자라나는 소나무나 전나무 같은 나무.
雲根…돌의 異稱(觸石生雲)、山의 別名. 구름이 일어나는 根源.

【字解】
蕪…거칠 무
砌…섬돌 체

七言佳作篇

繁華無跡有山河
觸目其如感慨何
太液枯荷秋色老
禁林寒葉雨聲多
宮烏愛啄金盤露
野鳥能吟玉樹歌
瘦馬獨來還獨去
不堪斜日照銅駝

〔번화무적유산하〕 繁華하던 자취는 없어지고 山河만 남았는데
〔촉목기여감개하〕 눈에 接觸하는 것마다 그 感慨가 어떠하리오.
〔태액고하추색노〕 太液에 마른 연꽃은 가을빛이 늙었고
〔금림한엽우성다〕 禁林에 찬 잎에는 빗소리가 많았도다
〔궁오애탁금반로〕 宮闕의 까마귀는 金盤의 이슬을 아껴 쪼고
〔야조능음옥수가〕 들새는 能히 玉樹의 노래를 읊었도다.
〔수마독래환독거〕 병든 말이 홀로 왔다가 도리어 홀로 돌아가니
〔불감사일조동타〕 비낀날에 銅駝비치는 것 견디기 어렵도다.
(權韠姜孝子碑詩)

그렇게 制度나 文物이 繁盛했던 그것은 자취가 없어지고 오직 山과 江물만 남아 있으니 눈에 띄는 것을 볼때 마음속 깊이 사무치게 느끼는 情이 어떠하리오, 太液(地名)에 연꽃이 말라 시들었으니 가을빛이 衰殘했고 宮林에는 잎이 찬서리를 맞고 빗소리가 많았도다. 宮闕까마귀는 金盤의 이슬을 쪼는 것을 아깝게 여기고 들의

〔註釋〕
繁華 : 번성하고 화려함.
觸目 : 눈에 닿음. 눈에 와 닿아서 부딪치게 하는 것.
太液 : 地名.
枯荷 : 연꽃이 말라 시들어짐.
秋色老 : 가을철의 빛이 늙어서 다 지나감.
禁林 : 대궐의 숲.
宮烏 : 궁궐의 까마귀.
野鳥 : 들 새.
玉樹 : 아름다운 나무. 사람의 몸가짐이 아름다운 모양. 才能이 뛰어난 사람.
瘦馬 : 여윈 말. 病든 말.
銅駝 : 낙타동상. 구리쇠로 만든 낙타의 像. 宮殿이 破壞되어 銅駝가 가시덤불에 묻히게 됨을 한탄한 것. 銅駝荊棘.

〔字解〕
瘦 : 여윌 수.

새들은 能히 玉樹의 슬픈 노래를 읊는것 같도다.
시 혼자 돌아가노라니 저물어가는 햇볕에 銅駝 비치는 것을 견디기 어렵도다. 病든 말을 타고 혼자 왔다가 다

崧陽兒女哭如歌
千古興亡奈爾何
曾上皋蘭弔百濟
義慈遺業亦空波

〔숭양아녀곡여가〕 崧陽의 兒女가 우는 것이 노래와 같으니
〔천고흥망내이하〕 千古의 興亡을 네가 어쩔 것이냐?
〔증상고란조백제〕 일찌기 皋蘭寺에 올라서 百濟를 弔喪하니
〔의자유업역공파〕 義慈王이 남긴 遺業 부질 없는 물결일세. (崔成大姜孝子碑)

菽陽書院 周邊에 사는 兒女子들은 操心性이 있어서 울더라도 크게 소리를 내는 法이 없어 우는지 웃는지 分揀하기 어려운데 그러나 그 여인들이 千古에 나라가 興하고 亡하는 것을 어찌할 道理는 없지 않느냐? 내 일찌기 마음이 鬱寂해서 고란사에 올라가 百濟의 亡國을 弔喪하니 義慈王이 남기고 간 遺業이 부질없이 흘러간 물결처럼 덧없기가 이를 데 없다.

五百年終飛鳥過
當時文物極繁華

〔오백년종비조과〕 五百年 새가 지나가듯 하였으니 마치기를 나는
〔당시문물극번화〕 當時에 文物이 繁華를 極했다네.

【註釋】
兒女‥兒女子. 속이 좁은 아이나 女子.
千古興亡‥오랜 옛적부터 내려오는 興하고 亡하는 것을 말함.
奈爾何‥네가 어쩔것이냐? 너로서는 어찌할 수가 없다.
皋蘭‥扶蘇山에 있는 皋蘭寺.
弔百濟‥사람의 죽음에 對하여 슬픈 뜻을 表하듯이 百濟의 亡한 것을 슬퍼함.
義慈‥百濟의 三十二代王. 羅唐聯合軍에게 나라를 잃음.
空波‥헛되이 흘러가는 물결만 남아있음.

【註釋】
飛鳥過‥나는새가 번쩍 지나가듯 빨리 흘러 감.
極繁華‥번창하고 화려한 것이 極한데까지 이름.

319　七言佳作篇

御溝流咽前朝水
喬木棲回落日鴉
山鬼成螢迎法駕
宮娥化蝶舞殘花
遺民耕盡粧臺土
拾得釵鈿賣酒家
〈尹塾姜孝子碑〉

〔어구유열전조수〕 御前의 溝渠는 흘러 鳴咽하니 前朝때의 물이요.
〔교목서회낙일아〕 喬木에 깃들여서 돌아오는 落日의 까마귀요.
〔산귀성형영법가〕 山鬼神은 개똥 불이 되여 法駕를 맞이하고
〔궁아화접무잔화〕 宮娥는 나비가 되어 殘花에서 춤을 추네.
〔유민경진장대토〕 遺民의 粧臺의 土地를 다 耕作하여
〔슈득차전매주가〕 비녀를 주어다가 술집에 파는구나.

五百年 高麗王業이 나는 새가 지나가듯이 倏然히 사라져 버렸으니 當時의 制度 文物이 繁華를 極한것은 이루 말할 수 없도다. 宮殿周邊의 똘물은 호르면서 鳴咽 하는듯 하니 前朝때 바로 그 물이요, 키큰나무에 오래 깃드려 살던 까마귀는 해가질 무렵에 돌아 오는도다. 山鬼神도 개똥벌레가 되어 王의 法駕를 맞는듯 하고 宮人의 魂은 나비가 되어 殘花를 못잊어 춤을 추네. 그러나 無知한 酒客들은 遺民이 化粧臺 같은 것이 있었던 宮闕터를 다 耕作하는 바람에 묻혔던 비녀를 주어다가 팔아서 술을 마시기도 한다.

〔註釋〕
御溝‥대궐에서 흘러나오는 개천
流咽‥흐느껴 울면서 흐름.
前朝水‥前代 王朝때부터 있던 물.
棲回‥깃들여 休息하려고 돌아옴.
山鬼成螢‥山鬼神도 高麗의 亡한것을 恨하여 차라리 개똥벌레가 되어 前朝를 돕고 싶다는 뜻.
法駕‥옛적 王이 거동할때 쓰든 수레.
宮娥化蝶‥宮人이나 內官. 또는 侍婢의 魂은 나비가 되는것.
粧臺‥化粧臺. 美人의 閨房에 比喩.
釵鈿‥비녀.
酒家‥술집. 酒幕.

病吟分司懶出遊
強隨佳客夜登樓
遙臨鵠嶺山容靜
斜把槖橋水勢悠
故國繁華烟自斂
太平歌管月同留
城門銀燭透迤下
狼藉杯盤醉不收

〔병음분사라출유〕病으로 呻吟하다 맑은 것을 分担하여 게을리 나가노니.
〔강수가객야등루〕 억지로 佳客따라 밤에 樓에 오르도다.
〔요림곡령산용정〕 멀리 鵠嶺에는 山의 形容 고요하고
〔사읍탁교수세유〕 비껴서 잡은 槖橋 물의 形勢 悠悠하네.
〔고국번화연자렴〕 故國의 繁華한건 연기처럼 걷히고
〔태평가관월동류〕 太平의 노래 管絃 달과 함께 머물렀네.
〔성문은촉위이하〕 城門의 하얀 촛불 비틀비틀 내려가니
〔랑자배반취불수〕 흩어진 술자리를 醉해 걷지 못했도다.
(洪名漢南門樓詩)

病을 앓다가 呻吟하던 몸을 일으켜 맡은 소임을 分担하기 爲하여 게을리 나가 휩쓸리게 되어 어거지로 佳客들과 함께 樓閣에 올라갔도다. 그리하여 멀리 鵠嶺을 쳐다보니 山의 모양이 고요할 뿐이요, 비껴 槖橋를 누르며 물의 형세는 緩慢하게 흐르고 있다. 故國의 繁華한 文化는 煙氣처럼 스스로 걷히고 太平의 聲樂과

【註釋】
吟病: 병으로 앓는것.
佳客: 반가운 손.
鵠嶺: 開城에 있는 山이름.
山容: 산의 생김새.
水勢: 물 기운. 흐르는 물의 氣勢.
歌管: 노래와 음악. 성악과 악기.
銀燭: 곱게 비치는 촛불.
透迤: 에워 두름. 의젓하고 천연스러운 모양.
狼藉: 어지럽게 여기 저기 흩어져 있는것. 나쁜 소문이 퍼지는것.
杯盤: 술상에 차려놓은 그릇이나 거기에 담긴 음식.

倚山臺殿插天峨 〔의산대전삽천아〕 山에 붙은 臺殿이 하늘 높이 꽂혔으니

埋草沈煙瓦礫多 〔매초침연와력다〕 풀에 묻힌 잠긴 煙氣 瓦礫 만 많았도다.

五百年來經武地 〔오백년래경무지〕 五百年을 내려오며 武를 겪어 오던 땅.

洗兵今日挽天河 〔세병금일만천하〕 전쟁이 끝난 오늘 銀河水를 당겼다네. (唐皇太平舘詩)

管絃樂은 달과 함께 머물러 있도다. 城門에서 하얀 촛불을 들고 비틀거리며 내려 오는데 어지럽게 흩어진 술좌석이 엉망이지만 술에 醉하여 거둘 수 없도다.

【註釋】
瓦礫∶기와의 깨진 조각. 기와와 자갈. 하찮은 것의 비유. 쓸모없는 사람.
經武地∶武를 겪은 땅. 武人이 用事하던 나라.
洗兵∶전쟁을 끝냄. 兵器를 씻어서 거둔 다는 뜻.
天河∶銀河水

【字解】
礫∶조약돌 력.

松嶽山前土一區 〔송악산전토일구〕 송악산 앞에 있는 땅 한 區 域에

春來烟雨長靡蕪 〔춘래연우장미무〕 봄이 오니 烟雨가 길이 거 칠었도다.

山에 依支하여 지어진 臺殿이 하늘 높은 山에 꽂혀 있으니 잠긴 煙氣는 풀 속에 묻혔지만 기와 조약돌은 어쩔 수 없이 많이 表面에 露出되었도다. 五百年 以來 에 武를 經驗하던 땅에 戰爭이 끝나 병기를 씻어두는 이날에 旣往이면 銀河水를 끌어와 씻었으면 좋겠다.

【註釋】
靡蕪∶煙氣는 길게 뻗쳐있고 비가 와서 雜草 가 거칠게 자랐음.

天寒日晏南頭路
上馬行人又過都
壁文奎畫玉函新
使節朝來踏素塵
藩國侯賓迎詔使
清修盡讀賜書人

〔천한일안남두로〕 하늘은 차고 날이 늦어 南쪽머리 길에는
〔상마행인우과도〕 말탄 行人이 또한 都邑을 지나가네
〔벽문규화옥함신〕 壁文이나 奎畫나 玉函이 새로우니
〔사절조래답소진〕 使節이 朝會옴에 素塵을 밟았도다
〔번국후빈영조사〕 藩國의 侯賓들이 詔使를 맞으니
〔청수진독사서인〕 맑게 닦아 다 읽으니 글을 준 사람이랴

(唐皐太平舘詩)

夜雪飛飛已破昏
〔야설비비이파혼〕 밤눈이 날고 날아 이미 둠은 깨어졌고

松嶽山 앞에 땅 一區域이 있어 봄이 되니 烟氣나 비가 스치고 지나가서 마냥 거칠었도다. 날은 춥고 해는 저물어 남쪽으로 나있는 길에는 말탄 上流層의 過客이 또한 都邑을 지나가는도다. 壁文이나 奎章이나 玉으로 된 函이 다 새로운데 使節이 朝會하러와 素塵을 밟았도다. 藩國의 幕賓들이 使臣을 맞아서 가다듬고 닦아 글 준 사람의 뜻을 다 읽어본다.

【註釋】
壁文: 玉으로 장식해 놓은 門。班固 設璧文之鳳闕。
奎畫: 皇帝가 지은 文翰。奎章長翰。
玉函: 玉으로 만든 함。
素塵: 재와 먼지. 하잘 것 없는 물건。 여지없이 소멸 또는 멸망함의 비유。
藩國: 제후(諸侯)의 나라。 中國의 울타리를 지키는 나라。
侯賓: 使臣을 接待하던 官員。
詔使: 中國의 使臣。

【註釋】
夜雪: 밤에 내리는 눈。
飛飛: 날고 날라옴. 자꾸 오는 것。
破昏: 어둔 것이 무너짐。

七言佳作篇

曉簷凍雀噪無喧
山松枝上玄雲濕
應帶高皇御墨痕
疊嶂重巒正鬱嶢
玉欄何處枉星軺
叮嚀莫伐亭前竹
留與仙人截洞簫

〔효첨동작금무훤〕 새벽처마 언 참새가 입다 물고 울지 않네.
〔산송지상현운습〕 山소나무 가지위에 검은 구름 濕하니
〔응대고황어묵흔〕 應當高皇의 御墨 痕跡을 띠었도다.
〔첩장중만정울요〕 첩첩한 뫼 거듭한 山이 정히 鬱嶢한데
〔옥란하처왕성초〕 玉欄干 어느 곳에 星軺를 굽혔던가
〔정녕막벌정전죽〕 叮嚀코 치지 말라, 亭子 앞에 대나무를
〔유여선인절통소〕 仙人으로 더불어 통소를 만들리라.
(唐皇太平舘詩)

밤에 눈의 휘날려서 훤하여 어둠이 깨어지는듯 한데 새벽무렵 추위에 언 참새가 입을 다물고 울지 못하고 있네. 산의 소나무 가지 위에 검은 구름이 濕한 것은 이 高皇의 親筆痕跡을 띠었는가 보다. 山봉우리가 正히 疊疊하고 높으니 玉처럼 華麗한 欄干 어느 곳에 임금님 수레를 굽히게 하였던가. 叮嚀하고 高皇의 親筆痕跡을 띠었는가 보다. 山봉우리가 正히 疊疊하고 높으니 玉처럼 華麗한 欄干 어느 곳에 임금님 수레를 굽히게 하였던가. 叮嚀코 亭子앞에 있는 대나무를 베지말지어다. 仙人을 머무르게 하여 그와 더불어 통소를 만들 것이니라.

【註釋】
凍雀∶언 참새.
噪無喧∶입다물고 시끄럽게 울지 않음.
玄雲∶黑雲.
高皇御墨∶높은 先王께서 몸소 親히 쓰시던 붓글씨. 親筆.
疊嶂∶열지어 겹쳐 있는 산. 중첩되어 있는 山봉우리.
重巒∶첩첩이 쌓인 山.
鬱嶢∶울창하고 높음. 나무가 빽빽하고 높이 솟아 있음.
玉欄∶宮殿의 欄干.
星軺∶天子의 使者를 星使라 하고 그가 타는 수레를 星軺라 함. 王의 수레.
叮嚀∶틀림없이. 꼭.
疊疊∶겹겹이 쌓인 모양. 重重疊疊의 略稱.
欝欝∶마음이 爽快하지 아니함. 山이 울창함.
噪∶입다물 금.
嶢∶높을 요.
軺∶작은 수레 초.
叮∶단단히 부탁할 정.
嚀∶정녕 녕.
截∶끊을 절.

海上三山點點青
開門遼見碧烟橫
圖經自撰前朝事
祇與錢塘寫水程
松風不動露華清
曉起披衣坐到明
欲問溪山今古事
溪山那有古今情

〔해상삼산점점청〕 바다 위에 세 山이 점점이 푸르러서
〔개문요견벽연횡〕 문을 여니 멀리에 푸른 烟氣 비껴있네.
〔도경자찬전조사〕 圖經을 參考하여 前朝事를 自撰하니
〔지여전당사수정〕 錢塘으로 더불어 水程이 쓰여있네.
〔송풍부동로화청〕 松風이 불지 않아 이슬이 맑은데
〔효기피의좌도명〕 새벽에 옷을 헤쳐 앉아 밝기를 기다리네.
〔욕문계산금고사〕 溪山의 古今事를 묻고자 하였더니
〔계산나유고금정〕 溪山이 어찌하여 古今의 情이 있나.
(唐皇太平舘詩)

바다 위에 떠있는 세개의 山모양이 點點이 푸르러서 門을 열면 멀리 푸른 연기처럼 비껴 있는 것이 보일뿐이라, 山水의 地勢를 그린 冊을 참고하여 前朝의 일을 손수 編纂하려하니 다만 錢塘이라는 中國의 名勝地로 가는 水程까지 쓰여져 있네. 松風이 불지 않아 맑은 이슬이 풀잎에 그대로 맺혀있는데, 새벽에 일찍 일어

【註釋】
點點: 여기 저기 하나씩.
碧烟橫: 푸르게 낀 연기가 길게 옆으로 비껴있음.
圖經: 山水의 地勢를 그린 冊.
自撰: 손수 편찬함.
前朝事: 전대의 왕조의 일
錢塘: 浙江省에 있는 中國의 名勝地.
水程: 물길, 뱃길의 遠近을 나타낸 표시.
露華: 소나무 숲을 스치어 부는 바람. 松籟
이슬
曉起: 새벽에 일찍 일어남.
披衣: 옷을 걸침. 옷을 몸에 더하되 팔뚝이 소매속에 들어가지 않게함.
坐到明: 앉아서 날이 밝을 때를 기다림.
地勢: 땅의 생긴 形勢. 地形.
名勝地: 이름난 경치가 있는곳.
古今興亡事: 옛적과 지금의 흥하고 망하는 일.

七言佳作篇

나 옷을 걸치고 앉아서 밝기를 기다리네.
江山이 무슨 情이 있어서 古今의 일을 말하여 줄 까닭이 있겠는가, 참으로 안타까운 일이로세.

操鷄搏鴨已雄飛
一炬秦宮舊業微
天下董公元自健
輦前嵇紹竟何歸
假威不恤窺神器
蹈尾方知觸駭機
未待百年悲麥秀
君王當日亦霑衣

〔조계박압이웅비〕 닭을 잡고 오리를 치다. 雄飛하였으니,

〔일거진궁구업미〕 한 햇불에 秦宮이 쑥대밭이 되었구료.

〔천하동공원자건〕 天下의 董公들은 元來에 健在한데

〔연전혜소경하귀〕 수레앞에 嵇紹는 어디로 돌아갔나.

〔가위불휼규신기〕 威勢빌어 神器 엿보는 것을 헤아리지 못했고

〔도미방지촉해기〕 꼬리밟아 놀랜 기틀 부딪침을 알았건만

〔미대백년비맥수〕 百年이 못되어서 麥秀를 슬퍼하니

〔군왕당일역첨의〕 君王當한 그날에 또한 옷을 적셨으리. (許琛滿月臺詩)

〔註釋〕

操鷄搏鴨: 닭을 잡고 오리를 치다. 날새고 교활한 놈을 다 두들겨 잡는것.

雄飛: 雄壯하게 나름. 覇權을 거머쥐는것.

一炬秦宮: 한번 햇불을 들고 阿房宮을 불태워 버림.

舊業微: 옛 王朝의 覇業이 衰하여 없어져 버림.

董公: 三老董公. 名望있고 智慧가 뛰어난 隱士.

嵇紹: 晋나라 惠帝때 임금의 수레앞에서 逆臣을 맞아 싸우다가 피를 뿌리고 拔扈함.

假威: 나라나 권세의 위력을 빌어 죽음.

神器: 王坐. 임금의 자리.

蹈尾: 범의 꼬리를 밟는다는 뜻으로 위험을 무릅씀.

觸駭機: 놀라는 기틀을 범함. 놀랄만큼 위험한 기틀에 부딪침.

霑衣: 눈물이 옷을 적심.

遠客重尋滿月臺
松聲蕭瑟轉生哀
冥冥獨鳥衝雲去
習習和風拂面來

〔원객중심만월대〕 遠客이 여러차례 滿月臺를 찾아오니
〔송성소슬전생애〕 솔소리 쓸쓸하니 굴러 슬퍼지노라.
〔명명독조충운거〕 어두운데 홀로 새는 구름을 뚫고 가며
〔습습화풍불면래〕 習習히 和한 바람 낯을 떨쳐 오더라.
(蘇世讓滿月臺詩)

멀리 온 손님이 거듭 여러번 滿月臺에 찾아오니 소나무에서 불어오는 쓸쓸하고 으스스 추운 가을 바람에 슬픔을 느끼게 하는 도다. 어둡고 어둡건만 홀로 나는 구름을 뚫고 空中으로 날아가고 산들한 和한 바람은 낯을 떨쳐 가면서 나에게로 오는 도다.

【註釋】

重尋∷거듭 찾아오다. 거듭 尋訪함.
蕭瑟∷가을바람이 으스스 춥고 쓸쓸함.
轉生哀∷한번 굴러서 슬픈 것을 낳게하다.
冥冥∷어두운 모양. 高遠하여 이해하기 어려움.
衝雲∷구름을 찌를 듯이 높이 나는 것.
習習∷바람이 산들 산들 부는 모양.
拂面∷낯을 스치며 불어 옴.
蘇世讓∷中宗(黃眞伊때) 時 風流客. 判書歷任.

七言佳作篇

秋營鼓角晚休衙
步出池樓一逕斜
雲薄月穿微晦色
葉深荷隱未開花
高欄風動槐陰轉
瞑渚魚跳柳浪譁
移枕良宵成倦臥
厨人眞率進氷苽

〔秋營鼓角晚休衙〕 鼓角을 經營하다 休息하니 官衙에서
〔步出池樓一逕斜〕 池樓에 걸어가니 한길이 비꼈도다.
〔雲薄月穿微晦色〕 구름 얇아 달 뚫리니 어두운 빛이 희미하고
〔葉深荷隱未開花〕 잎은 깊고 연이 숨어 꽃을 열지 못하였네.
〔高欄風動槐陰轉〕 高欄에 바람부니 槐木 그늘 구르고
〔瞑渚魚跳柳浪譁〕 어둔 물가에 고기뛰니 들 물결 시끄럽다.
〔移枕良宵成倦臥〕 베개 옮겨 좋은 밤에 게을리 누웠으니
〔厨人眞率進氷苽〕 부엌사람 꾸밈없이 氷苽를 가져오네.
(吳遂采淸香閣詩)

가을에 북이나 나팔같은 것을 構想하느라고 늦게 官廳에서 休息하니 연못 있는 樓閣으로 걸어나갈제 한길이 비껴 있도다. 구름이 얇아서 달이 뚫렸으니 좀 어두운 빛이요, 잎은 깊고 연은 숨어서 꽃이 피지 않았도다. 높은 欄干에 바람이 일어나니 槐木의 그늘이 굴러 있고 어두운 물가에는 물고기가 뛰니 버들 물결이 요란하도

【註釋】
鼓角 : 북과 나팔.
官衙 : 관청. 마을.
一逕斜 : 길이 한곳에 나 있는 것.
微晦色 : 조금 어두운 빛
柳浪譁 : 버드나무 서있는 물결이 시끄럽다.
良宵 : 良夜. 좋은밤. 하늘이 맑고 달이 밝은 밤.
倦臥 : 게을러 늦잠자는것. 늦게까지 누워 있음.
厨人 : 부엌사람. 家人.
氷苽 : 얼음에 담근 참외.

【字解】
譁 : 지꺼릴 화.
厨 : 부엌 주.
苽 : 참외과.

328

다. 좋은 밤에 잠자리를 옮겨 늦잠을 자고 게을리 누웠더니 廚房 아낙네는 꾸밈없이 氷苽를 가져다 주는 것이 아닌가.

轅門閴寂小開衙 〔원문한적소개아〕 轅門이 閒寂하여 작은 衙門 열렸고
朝出肩輿到日斜 〔조출견여도일사〕 아침에 나갔다가 날이 겨 돌아오네.
高閣易風無酷暑 〔고각이풍무혹서〕 高閣에 바람 불어 더위 안느끼
小池經雨有新花 〔소지경우유신화〕 작은 못에 비 지나니 새 꽃이 피었도다.
清詩細酌公餘趣 〔청시세조공여취〕 맑은 詩와 가는 낚시 公事 餘의 趣味인데
啼鳥鳴蟬靜裏譁 〔제조명선정리화〕 우는 새 우는 매미 고요한 데 떠드는구나.
此地優遊恩所賜 〔차지우유은소사〕 이 땅에 優遊함은 聖恩의 德分인데
歸期儻熟二年苽 〔귀기당숙이년과〕 돌아가는 기약이 二年苽가 익었다네.
　　　　　　　　〔徐有防清香閣詩〕

【註釋】
轅門：軍門. 軍營의 문.
衙門：관청의 문. 관청의 청.
肩輿：行喪때에 쓰는 보교의 하나. 亭子지붕처럼 생긴 가마. 뚜껑이
到日斜：날이 저물어 돌아 오는 것.
易風：바람이 생기기가 쉬움.
靜裏譁：고요한 속에서 시끄럽게 떠드는것.
優遊：한가이 잘 노는 것.
歸期：돌아갈 기약. 官의 任期滿了

七言佳作篇

軍門이 閒暇하고 고요하여 작은 衙門이 열려 있어 아침에 수레를 타고 나갔다가
날이 저물어서야 돌아오는 도다. 높은 樓閣에 바람불기 쉬우니 심한 더위가 없고
작은 연못에 비가 지냈으니 새로운 꽃이 피어 있네. 맑은 詩句를 짓고 가늘게 낚시
질하는 것은 公事餘暇의 즐기는 일이요, 새가 울고 매미가 우는 것은 고요한 속에
시끄러운 것이랴. 이 땅에서 넉넉히 놀 수 있는 것은 다 聖恩이 준 膳物인데 돌아
갈 期約이 或 二年 참외만 익으면 된다.   (徐有防淸香閣詩)

不係師承獨有覺   〔불계사승독유각〕 스승에게 안 배우고 혼자 깨달았으니
紛紛餘子敢爭名   〔분분여자감쟁명〕 紛紛한 자네들이 이름을 다툴손가.
堯夫天月閒來往   〔요부천월한래왕〕 堯夫의 하늘 달은 閒暇로이 오가고
子厚淸虛有發明   〔자후청허유발명〕 子厚의 淸虛는 發明함이 있도다.
從古英雄皆浪跡   〔종고영웅개랑적〕 예로 쫓아 英雄이 다 虛浪한 자취요.
至今儒哲仰芳聲   〔지금유철앙방성〕 이제야 儒生哲人 名聲을 우러렀네.
剜碑讀罷韶光晏   〔완비독파소광안〕 깎은 碑를 읽고 나니 봄빛이 늦었는데

【註釋】
不係師承‥스승으로부터 繼承을 이어받는데 매이지 않고
紛紛‥말썽이 많아 뒤숭숭하고 시끄럽다. 여러 가지로 의견이 다르다.
堯夫‥宋나라 때의 名賢. 名은 雍. 諡는 康節. 姓은 邵.
天月閒來往‥邵康節先生의 詩에 天根月窟開來往. 三十六宮都是春이라는 句節이 있음.
子厚‥張橫渠. 名은 載. 宋나라 儒賢.
淸虛‥마음에 雜된 생각이 아주 맑고 깨끗함.
發明‥前에 없었던 것을 처음으로 생각해 내거나 만들어 내는 일.
浪跡‥浪跡한 자취. 말이나 行動에 거짓이 많고 착실하지 못함.

【字解】
儻‥혹시 당.

330

逐氣飛禽驗道精 〔축기비금험도정〕 기운쫓아 나는 새가 道의
精氣 徵驗했네.
（成德朝清香閣詩）

簾開清薰日影遲
春林帶雪境添奇
偉容尚凜崧陽院
恨水長流善竹橋
道義千秋洙泗接
綱常萬古日星昭

스승의 이름에 매이지 아니하고 홀로 깨달음이 있으니 紛紛한 자네들이 어찌 敢히 이름을 다투려 하는가, 邵康節의 하늘달은 閒暇롭게 오고 가며 張橫渠의 清虛는 發明함이 있을진저, 예로 쫓아 席卷天下 하려는 英雄들은 事理를 깨우치지 못한 虛浪한 자취라는것을 아는가, 이제에 이르도록 儒生이나 哲人들은 꽃다운 名聲을 우러를지도록 새겨진 碑石을 다 읽고나니 봄볕이 늦었는데 기운을 쫓아서 날아가는 새의 超能力! 그것이야 말로 道의 精氣를 얻은 徵驗이 아니고 무엇이란 말이냐？

〔염개청훈일영지〕 발을 여니 맑고 더워 날 그림자 더딘데
〔춘림대설경첨기〕 봄숲이 눈을 띠어 地境이 더 奇異하네.
〔위용상늠숭양원〕 偉容은 오히려 崧陽院을 凜凜케 하고
〔한수장류선죽교〕 恨이 맺힌 물은 길이 善竹橋에 흐르더라.
〔도의천추수사접〕 道義는 千秋에 洙泗를 接하였고
〔강상만고일성소〕 綱常은 萬古에 日星처럼 밝도다.

【註釋】
刓碑：깎아세운 빗돌.
韶光：봄빛, 春光.
驗道精：道의 精氣를 徵驗하는 것.
清薰：맑고 훈훈함.
境添奇：地境이 奇異한 것을 더함.
偉容：堂堂한 모양. 뛰어날만큼 훌륭한 모양.
尚凜崧陽院：오히려 崧陽院을 凜凜하게 함.
長流善竹橋：오래도록 길이 善竹橋에 흐름.
道義：道德上의 義理.
千秋：먼 세월. 오래고 긴 세월.
洙泗：儒學의 淵源.
綱常：三綱과 五常. 人間의 倫理.
萬古：오랜 옛날. 한없는 세월.
日星昭：해와 별처럼 밝음. 日星처럼 昭昭하리라.

七言佳作篇

遺墟爲訪子男下
芳草花園正氣饒

善竹橋邊已愴情
崧陽廟下更霑纓

春風萬里空花發
夜雨青山有蕨生

百死精忠歌曲壯

(유허위방자남하) 遺墟를 찾기 위해 子男에 내려가니
(방초화원정기요) 芳草와 花園이 正氣가 豊饒하네.

(徐宗泰籌筆軒詩)

遺墟를 찾기 위해 子男에 내려가니 綠陰芳草와 꽃동산에 元氣가 豊饒하구나. 堂堂한 모양은 오히려 崧陽院을 威嚴있게 하고 恨 많은 물은 善竹橋邊에 오래도록 흐르는도다. 道義는 千秋에 이르도록 儒學의 淵源을 接하였고 綱常은 萬古에 日星처럼 昭昭하리라. 遺墟를 찾기 爲하여 子男을 따라 내려가니 어서 地境이 奇異함을 더해준다. 훈훈한데 날 그림자만 더디고 봄의 숲은 殘雪의 쳤던 발을 거두니 맑고

(선죽교변이창정) 善竹橋 다리가에 이미 情 이슬프고
(숭양묘하갱첨영) 崧陽廟 아래에서 다시 갓 끈을 적시네.
(춘풍만리공화발) 봄바람 萬里에는 부질없이 꽃만 피고
(야우청산유궐생) 밤비 내린 靑山에는 고사리 가나 있도다.
(백사정충가곡장) 百番죽은 精忠은 歌曲이 壯한지고.

【註釋】
芳草花園: 꽃다운 풀과 꽃동산. 이른여름과 늦은봄의 風景.
淵源: 사물의 根源.
昭昭: 事理가 뚜렷하고 分明하다.
遺墟: 옛 궁전같은 집이 있었던 터.
徐宗泰: 孝宗肅宗때 文臣. 號는 晚亭. 後에 承旨 大司憲 大提學을 거쳐 左右領議政을 지냈고 諡는 文孝임.
愴情: 情狀이 悽愴함. 마음이 몹시 구슬픔.
霑纓: 눈물을 흘려 갓끈을 적시게 함.
空花發: 부질없이 꽃만 피고. 無意味한 꽃 이 피는 것.
百死精忠: 百번 죽드라도 屈하지않는 精密 하고 純一할 忠誠. (이몸이 죽고죽어 일 백번 고쳐 죽어)
歌曲壯: 노래 曲이 壯함.
七分儀像: 七割程度는 確實한 儀容과 形象.
畵圖明: 그림이 分明하다.
嶷然: 높고 크고 견고한 모양.

七分儀像畫圖明
歸然棟樑堪千古
故國城池半已平
先生聲望在神州
間氣東蟠欝未收
學啓群蒙箕子活
時來一死褚淵羞

〔칠분의상화도명〕 七分의 威儀形象 畫圖가 分明하다.

〔귀연동량감천고〕 歸然한 棟樑이 千古를 堪當하니

〔고국성지반이평〕 故國의 城과 못이 半이나 平하였네.
〔金昌協善竹橋詩〕

善竹橋 다리가에서 殉節한 것을 생각하니 마음이 몹시 구슬픈데 松陽 아래에 다다르니 다시 눈물이 흘러 갓끈을 적시게 하네. 萬里를 타고 온 봄바람은 無意味한 꽃만 피게 하고 밤사이에 내린 비가 靑山에 고사리를 나게 만들었네. 百番 죽어도 變할 수 없다는 精密한 忠誠은 壯한 歌曲이 남아 있고, 어렴풋한 儀容과 形象은 그림으로 뚜렷이 나타나 있네. 한 棟樑의 品位는 千古를 견딜만 한데 祖國의 山川과 城池는 벌써 半이나 平定돼 버려 世上이 바뀌었네 그려.

〔선생성망재신주〕 先生의 높은 聲望 神州에 나 있는데,
〔간기동반울미수〕 壯한 기운 東에 서려 欝然히 않건히네.
〔학계군몽기자활〕 蒙昧함을 깨우치니 箕子는 살아나고,
〔시래일사저연수〕 때가 옴에 한번 죽어 褚淵 이 부끄럽네

【字解】
歸: 산홀로 오똑할 귀, 가파를 규

【註釋】
神州: 神仙이 사는 곳. 서울. 서울附近의 地域. 中國 사람이 自己 나라를 일컫는 말. 史記中國名曰赤県神州.
間氣: 世上에 드문 뛰어난 기질. 不世之才.
東蟠: 東쪽인 우리 韓國에 서려 있는것.
箕子活: 箕子의 遺風은 살아나고,
褚淵羞: 褚遂良과 陶淵明을 부끄럽게 하였음.

七言佳作篇

國隨性命看遲速 〔국수성명간지속〕 나라는 性命따라 遲速함을 볼 것이요

名與乾坤較促脩 〔명여건곤교촉수〕 이름은 乾坤으로 짧고 긴 걸 比較하네

異代同祠還我祖 〔이대동사환아조〕 祠堂을 같이 하여 我朝에 돌아오니

鼎山松嶽碧悠悠 〔정산송악벽유유〕 鼎山과 松嶽山이 푸르고 悠悠하네.

〔金昌翕善竹橋詩〕

先生의 名聲과 德望은 神州에 드러나 있으니 世上에 드문 靈氣가 盛하여 건히지 않았도다. 배움은 뭇 蒙昧함을 열어 놓았으니 箕子가 살아난 것 같을 때가 올적에 한번 죽어서 褚遂良같은 唐나라 어진 臣下였다 陶淵明같은 晉나라 壯한 處士를 無色하게 했도다. 나라는 그 時期의 運命에 따라 더디기도 하고 速하기도 함을 볼 것이요, 이름은 乾坤으로 더불어 促迫하고 긴 것을 比較하리로다. 다른 時代에 祠堂을 같이하여 我祖에 돌아오니 鼎山과 松嶽이 푸르러 悠悠하도다.

百死悲歌千古輝 〔백사비가천고휘〕 百번 죽는 슬픈 노래 千古에 빛이 나니

高麗國事已全非 〔고려국사이전비〕 高麗의 나라 일이 이미 다 글렀도다.

何山僧勸看花去 〔하산승권간화거〕 어느 山 중이 勸해 꽃을 보러 갔었는가

【註釋】

百死悲歌 : 鄭圃隱의 丹心歌.

已全非 : 이미 온전히 그릇됨. 아주 完全히 잘못되어 收拾할 수 없게 됨.

看花 : 꽃 구경.

【註釋】

性命 : 사람에게 준 性品과 하늘이 맡은 運命. 人性과 天命.

促脩 : 재촉하는 것과 길게 누리는 것. 命之長短.

異代 : 다른 世代에 이르러. 얼마 시기가 지난 다음.

同祠 : 祠堂을 같이함.

我祖 : 우리 王祖란 말.

名聲 : 덕이 높고 人望이 있음. 많은 사람이 그의 德을 仰慕하고 따름.

無色 : 빛갈이 없음. 볼 낯이 없음. 초라하기 이를데 없음.

遺廟人逢薦蕨歸　〔유묘인봉천궐귀〕遺廟에 사람만나 고사리를 드렸도다.
流水短橋芳草碧　〔유수단교방초벽〕流水에 짧은 다리 芳草가 푸르렀고
冷烟殘郭夕陽微　〔냉연잔곽석양미〕찬 烟氣 衰한 城엔 저녁빛 이 稀微하네.
竭來車馬知多少　〔갈래거마지다소〕오는 車馬 많고 적은 것 을 알지니
誰解跙蹰淚滿衣　〔수해저주루만의〕누가 머뭇거려 눈물이 옷 젖게하냐.
〔吳光運善竹橋詩〕

百番 죽어도 變치 않는다는 悲憤한 노래가 千古에 빛이 나니 高麗의 나라일은 이미 完全히 그릇되어 버렸도다. 어떤 山에 돌중이 꽃구경 가는 것을 勸하였던가. 遺廟에 사람을 만나서 고사리를 드리고 돌아왔더라. 흐르는 물 짧게 놓여진 다리에 는 芳草가 푸르렀고 찬烟氣 뻗친 衰殘한 城에는 저녁 빛이 稀微하네. 오는 수레와 말이 많고 많은 것을 알지니 누가 머뭇거려 눈물이 옷을 적시는 마음을 理解하겠 는가.

擊鼓齊班正五更　〔격고제반정오경〕북을 치고 班列을 整齊하 니 五更인데
百官袍笏祭春丁　〔백관포홀제춘정〕百官이 道袍笏로 봄 丁日 을 祭祀하네.

【註釋】
薦蕨‥고사리 나물을 祭羞로 바침.
殘郭‥衰殘한 城郭. 허무러진 城.
跙蹰‥머뭇거림.
悲憤‥슬프고 분함.
遺廟‥남겨놓은 사당.
知多少‥많은것을 알지니。(少는 虛字)

擊鼓‥북을 울림. 북소리에 맞춰 사람을 통 솔하는 것.
齊班‥班列을 整頓시킴.
五更‥寅時. 三時부터 五時까지 사이。 밤을 五等分한 最終의 時刻.
百官‥모든 벼슬아치.
袍笏‥道袍입고 홀을 꽂음.
祭春丁‥봄 丁日을 祭祀지냄.

一道淸流四面山
(일도청류사면산) 한길 맑은 흐름과 四面이 山인데

落花啼鳥掩柴扉
(낙화제조엄시비) 落花와 우는 새를 柴扉로 가렸도다.

幽人晚食無餘事
(유인만식무여사) 幽人이 늦게 먹고 남은 일이 없으니

手把書篇和睡看
(수파서편화수간) 손으로 書篇잡고 졸음을 타 보더라.
〔金斗文湧巖山詩〕

한길이 나 있는 곳에 맑은 시내가 흐르고 四面은 山으로 에워싸여 있는데 피었다가 떨어지는 꽃과 우는 새를 가시로 만든 사립이 가렸더라. 숨어사는 사람은 食事를 늦게 하고 남은일이 별로 없으니 손으로 書篇이나 챙겨 졸음을 타 보고 하더라.

河海東流想禹功
(하해동류상우공) 河海가 東流함에 禹의 功을 생각하고

南檣北楫遠相通
(남장북집원상통) 南과 北을 배로써 멀리 서로 통하누나

何人睡足連江雨
(하인수족연강우) 어느 누가 자고 싶어 江비를 連하였나

有客愁深盡日風
(유객수심진일풍) 손이 있어 근심하니 盡終日 바람일세

【註釋】
柴扉∴사립문.
幽人∴世上이 어지러운 것을 피하여 그윽한 곳에 숨어 사는 사람.
書篇∴서책의 부류.
和睡看∴졸면서 봄.

【註釋】
河海東流∴黃河와 바다가 東으로 흐름. 地不滿東南으로 太平洋이 東쪽에 位置하여 結局은 東으로 흐르는 것이 됨.
睡足∴자는 것을 足하게 하려고. 滿足하게 잘 려고.
盡日∴盡終日. 온종일.

一葉簸掀冥晦裏
群山出沒有無中
敢希魯國乘桴叟
擬向磻溪問釣翁

清嘯長歌即勝遊
機心消盡狎沙鷗
瓦盆濁酒家家有

[일엽파흔명회리] 어둠속에 까불리고 흔들리는 一葉의
[군산출몰유무중] 뭇山이 出沒하니 있고 없는 가운데라
[감희로국승부수] 어찌 敢히 魯나라 乘桴叟를 바라리오
[의향반계문조옹] 비기어 磻溪向해 釣翁에게 물으랴.
【李穀禮成汇詩】

河海가 모두 東쪽으로 흐르는 것은 夏禹氏治水의 功이라 생각하고 南과 北 數萬里를 배를 타고 往來하는 것은 누구의 힘이련가, 어떤 미천자가 잠을 자려고 江에 連日 비오게 하였던가, 客이 있어 깊이 시름하는 것은 온終日 바람만 불기 때문인가, 一葉舟는 까불리고 흔들리는 가운데 甚히 風浪인가, 어찌 敢히 魯나라의 뗏목을 타고 다가 없어지는 老人을 바라리오. 비기어 磻溪에 낚시질하는 老人에게 물으련다. 바다에 뜬다는

[청소장가즉승유] 휘파람 긴 노래로 즐겁게 잘 놀리니
[기심소진압사구] 機心이 消盡하니 갈매기를 親했도다
[와분탁주가가유] 술단지에 濁酒가 집집마다 있으니

【註釋】
一葉：나뭇잎 만한 조각배.
簸掀：까불리고 흔들림.
魯國：옛날 山東省에 있던 나라. 孔子出生國.
乘桴叟：뗏목을 타고 바다에 떠 보겠다는 老人.『論語』"道不行 乘桴 浮于海"
磻溪：殷나라때 宰相인 伊尹이 살던 곳.
李穀：高麗忠烈忠定王때 學者. 號는 稼亭. 官이 都僉議贊成事에 이르러 韓山君에 封해졌음.

【字解】
擬：비길 의
磻：시내 반

【註釋】
清嘯：맑은 휘파람.
長歌：長篇으로 된 노래.
勝遊：즐겁게 잘 노는 것.
機心：機微가 보이는데 對處하려고 神經쓰는 것.
消盡：다 사라져 없어짐.
瓦盆：질그릇 동이. 술을 담는 그릇.

【字解】
狎：친압할 압.

337 七言佳作篇

星旒的的明深殿
鍾磬洋洋振大庭
聖道九天懸日月
皇猷萬古耀丹青
汗流曾記參師席
皓首何忘究一經

〔성류적적명심전〕 星旒는 的的하여 深殿에 밝아 있고
〔종경양양진대정〕 鍾磬은 洋洋하여 大庭을 떨쳤도다.
〔성도구천현일월〕 聖道는 九天에 日月이 달려있고
〔황유만고요단청〕 皇猷는 萬古에 丹青이 빛났도다.
〔한류증기참사석〕 땀 흐르니 일찍이 師席에 參與함을 記憶하니
〔호수하망구일경〕 皓首에 어찌 한 經 窮究함을 잊으리오.
〔李穡成均舘詩〕

聖朝民物舊山川

〔성조민물구산천〕 聖朝의 民物들이 모두 옛 山川인데

북을 울려 官員들의 班列을 整齊하고 나니 正히 밤이 五更이 지났으니 百官들이 모두 道袍입고 笏꽂아 봄丁日을 祭祀했도다. 별처럼 빛나는 구슬이 的的하니 깊은 宮殿에 밝았고 鍾이나 磬쇠소리가 洋洋하여 큰 뜰을 振動하게 하였도다. 聖人의 道는 九天에 日月이 달린 것처럼 明確하고 帝王의 計策은 萬古에 丹青이 빛나는 것처럼 華麗하도다. 땀 흘려 일찍이 스승의 자리에 參與함을 記憶할러니 머리가 흰 白髮이 되어 어찌 한가지의 글 研究하는 것을 잊겠는가.

【字解】
笏: 홀 홀.
旒: 깃술 류.
懸: 달 현.
耀: 빛날 요.
皓: 흴 호.

【註釋】
星旒: 별처럼 반짝이는 구슬.
的的: 明白한 모양.
鍾磬: 쇠북이나 경쇠.
洋洋: 한없이 널리 퍼짐.
九天: 中央 및 四方의 하늘(九重天). 하늘의 가장 높은 곳.
皇猷: 帝王의 길. 임금의 꾀. 皇帝의 計劃.
丹青: 건물에 색을 칠함.
皓首: 흰 머리. 白髮.
班列: 身分. 等級 및 品階의 차례. 班次.
道袍: 옛날 보통때에 禮服으로 입던 웃옷.
整齊: 바로잡아 가지런히 함.
李穡: 號는 牧隱. 三隱의 한사람. 高麗文臣 穀의 아들. 李齊賢의 門人. 藝文舘大提學 歷任. 門下에 權近, 卞季良, 金宗直 等等을 輩出하여 性理學의 主流를 이룸.

【註釋】
民物: 國民의 財物. 民財.

一畝崧陽有別天
興廢百年城郭改
網常萬古日星懸
灤河廟額周家筆
湘水蘋香楚客筵
想見玄陵陵下路
至今魂魄逐啼鵑

〔일묘숭양유별천〕 一畝의 崧陽이 別다른 天地로세.
〔흥폐백년성곽개〕 興廢함은 百年에 城郭이 고쳐졌고
〔강상만고일성현〕 綱常은 萬古에 해와 별이 달렸도다
〔난하묘액주가필〕 灤河의 廟額字는 周나라집 붓이요
〔상수빈향초객연〕 瀟湘의 물 마름 향은 楚나라손 자리라네.
〔상견현능능하로〕 생각해 보니 玄陵 陵아래 길에
〔지금혼백축제견〕 至今에 魂魄이 杜鵑새를 쫓더라.
(金尙憲崧陽書院詩)

聖朝라고 稱하는 今世의 百姓이나 文物이 모두 옛 前朝의 山川인데 一畝에 不過한 崧陽이 有別난 天地일세. 興하고 廢한 것은 百年 사이에 城郭이 고쳐졌고 이나 五常같은 倫理는 萬古에 依例히 있는 日星처럼 달려 있도다. 灤河의 祠堂에 쓰여있는 額字는 周家의 글솜씨요. 瀟湘江물의 堯女舜妻를 달래는 마름향은 楚나라 賓客을 爲해 마련해 놓은 자리라네. 생각해 보니 玄陵 陵에서 내려가는 길이 이제에 이르러 魂魄을 杜鵑새가 쫓아다니며 우는 것 같도다.

【字解】
畝: 밭이랑 묘.
灤: 새서흐를 난.

灤河: 內蒙古 馬尼圖嶺에서 發源하여 滿洲 熱河省의 境界를 지나 渤海로 들어감.
廟額: 廟堂에 쓴 額字. 현판에 쓴 글자.
周家筆: 周나라 王家에서 쓴 솜씨.
湘水: 瀟湘江
蘋香: 마른풀의 香氣.

七言佳作篇

從此江頭日典裘 〔종차강두일전구〕 이를 조차 江頭에 날로 갓옷 잡혔도다.
맑은 휘파람과 긴 노래 부르며 즐겁게 잘 놀아 보려고 하니 마음 쓸 與件이 다 갖 라져서 갈매기를 친하였도다. 질그릇 동이에 맛있는 濁酒가 집집마다 다 있으니 이 를 좇아 江머리에 날마다 갓옷을 典當잡혔도다. 〔李崇仁禮成江詩〕

千頃澄波一鑑光 〔천경증파일감광〕 千이랑 맑은 물결 한 거울 이 빛나니

曲欄斜倚賦滄浪 〔곡란사의부창랑〕 굽은 난간 비껴앉아 滄浪 을 賦했도다.

兼葭兩岸西風急 〔겸가양안서풍급〕 갈대 숲 두 언덕에 바람이 急했으니

無數飛帆亂夕陽 〔무수비범란석양〕 無數히 나는 돛대 夕陽에 어지럽네. 〔韓濩後西江詩〕

噴薄千崖勢欲崩 〔분박천애세욕붕〕 千언덕에 품어 닥쳐 무너 려와 하는데

濯來蒼玉壁層層 〔탁래창옥벽층층〕 푸른 玉을 씻어 온듯 壁이 層層 일러라.

【註釋】

從此: 이 다음에. 이 뒤. 앞으로.

典裘: 갖옷을 典當잡힘. 술을 마실 돈이 없어 갓옷을 벗어놓고 술을 마신후 집에 가서 돈을 가져다 주는것.

李崇仁: 號陶隱. 高麗文臣. 知密直司事 中樞舘事 歷任.

【註釋】

澄波: 맑은 물결.

斜倚: 비껴앉아 몸을 기대는 것.

兼葭兩岸: 갈대가 난 江 두언덕.

飛帆亂夕陽: 나는듯이 빨리가는 돛대단 배 가 夕陽물위에 어지럽게 떠있는것. 모두 갈매단 것.

韓濩: 字 石峯. 中宗宣祖때. 書藝家. 行書 草書에 모두 뛰어남. 加平郡守 崇尊 都監書寫官을 지냈음. 楷書

【註釋】

噴薄: 물을 품어다가 냅다치는것. 파도가 밀 려와 덮치는 현상.

千崖: 무수한 언덕. 많은 언덕.

濯來蒼玉: 푸른구슬을 씻어옴.

340

橫飆捲沫時高起
倒落驚鼯百尺藤
常怪大興洞水石
奇奇去去竟如何
到頭水掛天分壁
造化爲功不有餘

故國城西別一村

〔횡표권말시고기〕 바람이 물거품을 말아 높이 일어나고
〔도락경오백척등〕 떨어지는 다람쥐는 百尺의 댕댕이라
〔상괴대흥동수석〕 일찌기 怪히 여긴 大興골 물과 돌이
〔기기거거경여하〕 어떠한고 奇異함이 갈수록 마침내
〔도두수괘천분벽〕 到頭에 물을 걸어 하늘 壁을 나누니
〔조화위공불유여〕 造化가 功을 삼아 남아 있지 않았도다.
(金昌協龍化池詩)

〔고국성서별일촌〕 故國의 城西쪽에 別다른 한 마을이

一千언덕에 품어 부딪혀서 形勢가 무너질 것만 같으니 푸른 玉을 씻어온 듯한 壁層層이 펼쳐있네. 회오리바람이 물거품을 두루 말아 때에 높이 일어나서 거꾸러어지는 놀란 다람쥐가 百자나 되는 댕댕이에서 딩구는도다. 일찍이 怪異여겼나니 大興골짝에 물과 돌이 奇特한 것이 갈수록 어떠한가. 이르는 머리에 물을 걸려 하늘의 壁을 나누었으니 造化가 功을 삼아서 다 露出되어 남아 있지 않도다.

【字解】
飆: 회오리바람 표.
鼯: 다람쥐 오.

【註釋】
橫飆捲沫: 옆으로 비껴부는 회오리바람이 물거품을 휘말아 올림.
倒落驚鼯: 거꾸로 떨어지는 놀란 다람쥐.
常怪: 늘 괴이 여김.
奇特: 행동이 특별하여 귀염성스럽다.
去去: 갈수록.
到頭: 來頭. 오는 곳.
天分壁: 하늘에 있는 壁을 나눔.
不有餘: 남은 것이 있지 아니함. 竭盡無餘.
金昌協: 老論四大臣의 하나 金壽恒의 子. 號는 農巖. 大司諫 同府承旨. 戶吏刑曹判書歷任. 辛壬士禍때 巨濟島에 圍離安置(귀양 간 곳에 가시로 울타리를 만들어 外部에 못나가게 制限함)되었다가 賜死됨.

昔人遺址至今存 〔석인유지지금존〕 옛사람의 끼친터가 至今까
지 있고나.

出關老子何須數 〔출관노자하수수〕 関에 나간 老子를 어찌 헤
아리겠는가

入海田橫且莫論 〔입해전횡차막론〕 바다로 간 田橫을 의논하
지 말지니라.

雷首山中殷日月 〔뇌수산중은일월〕 雷首山 그 속은 殷나라 日
月이요

潯陽江曲晉乾坤 〔심양강곡진건곤〕 潯陽江 구비는 晉나라 乾
坤일세

幾敎君子興長喟 〔기교군자흥장위〕 몇번이나 君子에게 기리 한
숨 쉬게 하여

揖罷淸芬吊九原 〔읍파청분조구원〕 맑은 香을 꽂아놓고 九泉에
吊喪할고
　　　　　　　　　　　　　　　　　(玉晉輝杜門洞詩)

祖上이 살던 故鄕인 나라 城西쪽에 別달리 한 마을이 있으니 옛사람이 살다가
끼쳐준 터가 至今까지 남아 있는지라. 関門에 나간 老子를 어찌 모름지기 헤아리리
오, 自意에 맡겨두는 수 밖에, 바다로 들어간 田橫 또한 議論하지 말지니, 壯한
氣慨를 가진 그 사람들을 죽게 한 漢高祖의 惡辣함이여! 雷首山 속은 누가 뭐라 해
도 殷나라 日月인 것은 伯夷叔齊가 周나라에 不服함으로써 이며 潯陽江구비 또한
淵明이 살았으니 晉나라 天地라네. 몇번이나 君子로 하여금 길이 嘆息함을 일으켜
서 揖拜하는 것을 罷하고 맑은 香을 꽂고 머나먼 九泉의 저승에 吊喪하게 하는 것
은 무슨 까닭인고, 人脈이 重하기 때문이니라.

【註釋】
遺址：옛 집따위가 서있던 터.
老子：道教의 鼻祖. 虛無思想 老莊之學。無
　　　爲.
何須數：어찌 모름지기 헤아리리오. 따질
　　　　필요가 없지 않으냐.
田橫：漢沛公에게 不服하여 바다로 들어간
　　　義人. 齊王.
且莫論：또한 말하지 말라.
雷首山：首陽山 伯夷叔齊가 入山採薇하던
　　　　산.
長喟：길게 한숨 쉼.
淸芬：맑고 향기로운 냄새.
九原：九泉. 저승.
潯陽江：江西省 九江縣北쪽에 있는 江。淸一
　　　　統志 謂亦 名九江則大江也自湖北省興國州.
惡辣：매섭고 표독함. 못되고 악독함.

【字解】
潯：물가 심.
喟：한숨쉴 위.
芬：향기 분.

烟霞地闢三千界
前後人來二十秋
錦繡佳山紅葉晚
風光猶似昔年遊
天磨山接聖居山
萬丈丹梯自可攀
日月長閒兜率境
乾坤定界世人間

(연하지벽삼천계) 烟霞는 땅을 三千世界 열었으며
(전후인래이십추) 前後에 사람이 二十年의 가을이라
(금수가산홍엽만) 錦繡 佳山에 紅葉이 늦었으니
(풍광유사석년유) 風光은 오히려 옛 놀던 때 같더라.
(천마산접성거산) 天磨山이 聖居山을 接하였으니
(만장단제자가반) 만길의 사다리 스스로 잡을러라
(일월장한도솔경) 日月은 길이 兜率境에 한가하고
(건곤정계세인간) 乾坤은 世上 人間들을 定界했네

烟霞와 안개로 둘러싸인 廣漠한 地層은 三千世界를 열었고 앞뒤 사람이 二十年이 되도록 해마다 한번씩 다녀가게 되는구나. 비단결 같이 아름답다는 이 山에 丹楓이 늦게 물들었으니 경치는 옛 해에 놀던 그것과 猶似하고나.

【註釋】
三千界：三千世界라고 하는 宇宙. 三千大天世界.
二十秋：二十年.
錦繡佳山：비단결 같이 아름다운 山.
紅葉：단풍. 붉은 나뭇잎.
風光：경치. 風致.
類似：서로 비슷함. 아주 恰似함.
廣漠：넓고 아득함.

【註釋】
萬丈丹梯：만길이나 되는 듯한 붉은 사닥다리.
兜率境：三十三兜率天이 있다는 地境.
定界：限界를 定함. 一定한 限界.

七言佳作篇

故巢鶴遠蒼苔老
大澤龍亡碧血斑
聞說高僧飛錫興
夢魂超越不知還
　　　　　　　（金普大興洞詩）

飛流千尺掛青空
開鑿當年技力窮
若使謫仙吟到此

〔故巢〕옛 둥지에 이끼가 늙었고
〔대택용망벽혈반〕큰 못에 龍이 없어 碧血만 아롱졌네
〔문설고승비석흥〕말 들으니 高僧이 錫杖 날려 일어서서
〔몽혼초월부지환〕夢魂이 뛰어넘어 돌아올 줄 모른다네.

하늘을 간다는 天磨山이 聖人이 산다는 聖居山에 接해 있으니 만큼이나 되는 붉은 사닥다리를 디위잡고 올라갈만 하도다. 日月은 길이 兜率地境이라고 하는 人間世界를 超越한데까지 비쳐줄만큼 開暇하고 乾坤이라고 하는 天地는 世上人間에 限界를 定해 놓았도다. 옛 둥지에서 鶴이 멀리 떠나가니 푸른 이끼만 끼어있고 큰 못에 龍이 없어졌으니 푸른 피만 아롱졌도다. 들리는 말에 따르면 高僧이 錫杖을 날리고 일어서서 꿈에 魂이 놀라서 이승을 뛰어넘어 돌아올줄 몰랐다는 孟浪한 傳說이 있는 것이다.

〔비류천척괘청공〕날아서 千길이나 靑空에 걸렸으니
〔개착당년기력궁〕뚫어낼 當年에 技力이 다했도다
〔약사적선음도차〕謫仙으로 하여금 읊어 이에 이르면

[註釋]

故巢: 옛적에 살던 새집.
聞說: 들리는 말에 따르면.
高僧: 地位나 學德이 높은 중.
飛錫興: 錫杖(중의 짚는 지팡이)을 날려서 불끈 일어섬.
夢魂超越: 혼이 놀라서 꿈을 꾸듯이 이 세상을 뛰어넘음.
孟浪: 허망하다. 어이 없다. 아주 당돌하다.

[字解]

梯: 사닥다리 제.
攀: 더위잡을 반.
兜: 투구 도.
巢: 새집 소.

[註釋]

飛流千尺: 날아서 千자나 흘러 내림. 李白의 시 "飛流直下三千尺"을 斷章取義한 것.
開鑿: 뚫어냄. 산이나 땅을 뚫어서 길이나 水路를 냄.
技力: 재조나 힘.
謫仙: 神仙이 이 세상에 귀양왔다는 뜻으로 李太白을 李謫仙이라 함.

爐峯未必擅寰中 〔로봉미필천환중〕 香爐峯이 어떻게 온 天下를
擅權하리
〔申儒朴淵詩〕

千尺을 날라 흘러서 푸른 空中에 걸려 있으니 이 巨創한 工事를 着手해서 뚫어
낼 그 해에 벌써 재주나 힘이 다 했을 것이다. 萬一 李謫仙으로 하여금 여기에 와서
읊는 데 이른다면 香爐峯에 있다는 驪山瀑布가 誇張으로 해서 世上에 알려진 것이지
반드시 이 天下에 오로지 뽑낼 수는 없었을 것이다.

一派銀潢落半空 〔일파은황낙반공〕 한 가닥 銀河水가 半空에서
떨어지니

深湫匯作老龍宮 〔심추회작노용궁〕 깊은 못에 물이 돌아 老龍
宮을 지었다네

青山地坼開金鏡 〔청산지탁개금경〕 青山은 땅을 벌려 金거울
을 열었었고

翠壁天分掛玉虹 〔취벽천분괘옥홍〕 푸른 壁은 하늘을 나눠 玉
虹을 걸었도다

萬壑驚雷喧白日 〔만학경뢰헌백일〕 일만 구렁 놀란 우뢰 白日
에 시끄럽고

千崖飛雪噴長風 〔천애비설분장풍〕 일천 언덕 나는 눈은 긴
바람 품었다네.

香爐台嶽難為語 〔향로태악난위어〕 香爐와 台嶽을 말하기 어
려우니

【註釋】
爐峯‥驪山瀑布가 있다는 香爐峯.
寰中‥天下. 天子가 다스리는 땅의 全體.
寰內.

【註釋】
銀潢‥銀河水.
落半空‥半쯤 空中에서 떨어짐. 中天에서
떨어지는것.
深湫‥깊은 폭포수 웅덩이.
匯作‥물이 돌아서…만듬.
地坼‥땅이 벌어짐.
翠壁‥푸른 벽.
玉虹‥玉으로 된 무지개.
驚雷‥놀란 우뢰.
喧白日‥맑게 갠날을 시끄럽게함.
千崖‥많은 언덕.
飛雪‥흩날리는 눈.
噴長風‥긴 바람을 품어 냄.
香爐台嶽‥驪山瀑布가 있는 名山.

【字解】
擅‥천단할 천.
寰‥천하 환.
潢‥은하수 황.

七言佳作篇

到此方知造化工 〔도차방지조화공〕이에 이르러 바야흐로 造化
의 工을 알리라 (車天輅朴淵詩)

한가닥 銀河水가 半쯤 空中에서 떨어져 깊은 폭포수에 물이 휘돌아 老龍宮을 만들었도다. 靑山은 땅이 벌어져 금거울을 열어 놓았고 푸른壁이 하늘을 나누어 玉무지개를 걸어 놓았도다. 일만구렁에 놀란 우뢰는 맑게 갠 날을 시끄럽게 하고 많은 언덕에 날리는 눈은 긴바람을 품었도다. 香爐는 台嶽은 直接보지 못하여 말하기가 어렵지만 이에 이르러 바야흐로 造化의 工을 알것이니 어찌 壯觀이 아니리오.

仙風吹袂入山來 〔선풍취메입산래〕 仙風이 소매 불어 山으로 들어오니

一洗西州萬丈埃 〔일세서주만장애〕 한번 西州에 萬丈 티끌 씻었도다.

勢接天紳懸瀑落 〔세접천신현폭락〕 形勢는 天紳을 接해 달린 瀑布 떨어지고

功煩鬼斧劈崖開 〔공번귀부벽애개〕 功은 鬼斧 번거롭게 쪼갠 언덕 열었도다.

層潭水黑龍應臥 〔층담수흑용응와〕 層潭에 물이 검어 龍이 應當 누워있고

古壁巢空鶴未廻 〔고벽소공학미회〕 古壁에 둥지 비니 鶴이 오지 않았도다.

【字解】
湫: 꿈틀거려 흐르는 폭포수 추.
匯: 물돌 회.
虹: 무지개 홍.
噴: 품을 분.

【註釋】
到此: 이에 이르러.
造化: 모든 물건을 만들어 기른다는 자연의 힘과 재주. 신통하게 된 사물. 天地, 宇宙.

【註釋】
仙風: 仙境에서 부는 바람. 仙人과 같은 氣質. 또는 그 風采.
萬丈埃: 만길이나 되는 티끌.
懸瀑落: 떨어지는 폭포가 매달려 있음.
功煩鬼斧: 功은 鬼神의 도끼가 번거롭게 하였음.
劈崖開: 쪼갠언덕을 열었다는 말.
龍應臥: 龍이 꼭 누워 있을 것임. 틀림없이 龍이 누워있을 것이다.
巢空: 새집이 비어 있는 것.

【字解】
劈: 쪼갤 벽.

初從石逕行犖确
旋向松扉敲剝啄
山僧出門笑迎客
貌古松頭千歲鶴
困臥松軒山月白
煎茶不問巖泉涸

〔초종석경행락학〕 처음으로 돌길 따라 犖确을 가 보고
〔선향송비고박탁〕 도리어 松扉향해서 剝啄을 두드리네
〔산승출문소영객〕 山中이 門에 나가 웃으며 손 맞으니
〔모고송두천세학〕 모양이 옛 솔머리 千年鶴과 같더라.
〔곤와송헌산월백〕 困해서 松軒에 누워 山 달이 희었으니
〔전다불문암천학〕 茶를 다리는 데 바위 샘이 마른 것을 물을 것 없도다. 〔金壽恒 朴淵 詩〕

仙境에서 불어 온다는 쾌적한 바람이 소매에 불어 山으로 들어오니 한번 서녁 고을에 萬길이나 되는 티끌을 씻어 버렸도다. 形勢는 天紳을 接한 매달린 폭포가 떨어지고 功은 鬼神의 도끼를 번거롭게 하여서 언덕을 쪼개서 열어 놓았도다. 層으로 된 못의 물이 검으니 龍이 應當 누워있을 것이고 옛 壁에 새집이 비어 있으니 鶴은 돌아오지 않았을 것이다. 처음에 돌길을 따라 돌이 많고 큰 곳을 지나 가고 도리어 소나무 사립문을 향하여 지팡이 치는 소리가 들려 오는도다. 山中이 문밖에 나가서 웃으며 손을 맞으니 모양이 꼭 오래묵은 老松머리에 서있는 千年鶴처럼 稀罕하도다. 피곤해서 소나무 추녀에 누웠을 적에 山에 뜬 달이 새하얗게 비치니 茶를 끓이는데 바위 틈에 솟아나는 맑은 샘물이 마를 것이라는 말은 하지도 말라.

【註釋】
石逕：돌이 많이 깔린 좁은 길
犖确：자갈땅. 산에 큰 돌이 많은 모양. 돌. 산이 솟아 있는 모양.
剝啄：지팡이 치는 소리
笑迎客：웃으면서 오는 客을 맞음
古松頭：古松 머리. 오래묵은 소나무 꼭대기
千歲鶴：千年 묵은 鶴
松軒：소나무 재료를 써서 지은 樓閣의 추녀
巖泉：바위틈에서 솟는 샘물
煎茶：차를 끓임
韓愈：是時大帶란 말로 瀑布를 이름
天紳：天懸大帶인 大司憲 吏判을 歷任 庚申大黜陟에 진도에서 賜死됨
金壽恒：領議政 金尚憲의 孫 號는 文谷 仁祖 肅宗때 文臣 大提學 禮判

【字解】
犖：뛰어날 락
确：자갈땅 학
剝：두드릴 고
啄：쪼을 탁
敲：두드릴 고
臥：누을 와
涸：마를 학
煎：달일 전

347 七言佳作篇

十載聞名畫餠同
今朝身在此山中
眞知自有神融處
說與傍人意不通

〔성혼박연시〕

〔십재문명화병동〕 십년이나 듣던 이름 그림의 떡 같더니
〔금조신재차산중〕 오늘 아침 이 몸이 이 산속에 와 있네.
〔진지자유신융처〕 참 스스로 神이 和한 곳이 있음을 알지니
〔설여방인의불통〕 곁 사람과 말함에 뜻이 아니 通할러라.

십년이라는 긴 세월에 걸쳐 귀에 쟁쟁하게 이름은 들었어도 가보지 못하니 그림의 떡과 다를것 없더니 이제 아침에 몸이 어느 사이에 이 山 가운데 와 있는 것을 알겠도다. 참 스스로 神이 和한 곳이 있는 것을 알만큼 기묘한 곳이 있으니 곁에 있는 사람으로 더불어 뜻이 통하지 않는 것은 凡夫俗人으로서는 이해할 수 없는 깊은 眞味가 內包되어 있는 것을 알겠도다.

五百王都第一州
儒林修禊最佳遊
踏靑三月消長晝

〔오백왕도제일주〕 五百年의 王都인 제일가는 고을에
〔유림수계최가유〕 儒林이 修禊하니 最佳遊가 아니던가
〔답청삼월소장주〕 踏靑하여 三月에 긴 낮을 보내었고

【註釋】
修禊:: 계 모임을 하며 모여서 노는 것
踏靑三月:三月에 푸른 것을 밟으며 봄을 즐긴다는 말로 「三三五五踏靑來」라는 句節에서 유래됨

【註釋】
十載:: 十年
聞名:: 듣던 이름, 이름이 아름답다고 들어옴
畵餠:: 그림의 떡, 보기만 하고 먹지 못하는 실속없는 것
眞知:: 꼭 아는 것, 확실히 아는 것
神融:: 神이 和하는 것
說與傍人:: 곁에 있는 사람으로 더불어 말을 함
成渾:: 中宗 宣祖때 學者, 號 牛溪 持平 左右
參贊歷任 仁祖때 左議政追贈 文廟에 從祀됨

泛菊重陽詠晚秋
曲水流觴何足數
龍山落帽亦難儔
養生送死皆無欠
做得人間樂與憂

〔범국중양영만추〕 菊花酒를 띄우며 重陽에 늦 가을을 읊을러라.

〔곡수유상하족수〕 曲水에 잔 흘림을 어찌 족히 헤아리랴.

〔용산낙모역난주〕 龍山에 落帽를 짝하기 어렵도다.

〔양생송사개무흠〕 養生하고 送死함을 다 흠이 없을지니

〔주득인간락여우〕 인간의 樂과 憂를 지어 얻었노라.

【車天輅龍山修禊詩】

五百年來에 왕의 도읍지였던 제일가는 고을인 松都 開京에서 명색이 儒林이라는 사람들이 修禊를 하는 것이 가장 잘 노는 것이 아니며 어찌 뜻이 없겠는가? 푸른 것을 밟고 놀던 春三月에 긴 낮을 사라져 보내고 菊花酒를 띄우며 韻致있게 보내던 九月九日인 重陽節에 晚秋를 읊는 것도 무의미하지는 않을 것이다. 굽은 물위에다 술잔을 띄우며 즐기던 王義之를 어찌 이르리요. 龍山에서 술마시다가 帽子가 떨어진 것을 보았다는 陶淵明은 또한 짝하기 어렵도다. 산 사람을 기르고 죽는 이를 보내는데 흠이 없을진대 人間의 歡樂과 그리고 憂患을 지어 얻었다고 할 것이니라.

松京山水勝皇州 〔송경산수승황주〕 松都 開京 山과 물이 皇州보다 나으니

【註釋】

泛菊重陽:菊花酒를 띄우던 重陽節 (陰九月九日)
晚秋:늦 가을 暮秋、殘秋.
曲水流觴:원래에는 流觴曲水임. 굽은 물이 한바퀴 돌게 만들어 잔을 띄우가며 리앞에 이르면 마시던 일
龍山落帽:「九日龍山飮醉看風落帽」에서 유래된 말로 龍山에서 마시다가 帽子가 떨어지는 것을 본다는 말
亦難儔:또한 짝하기 어려움. 같은 무리가 되기 어렵다는 말로 따라갈 수 없음.
王義之:書藝의 一人者라고 칭하는 晉나라 사람、字는 逸少
名筆 天下의

勝皇州:王이 사는 도읍、서울보다 나음.

七言佳作篇

仁智諸賢作共遊
疇昔曾餘修禊日
于今百十已廻秋
卷中盡是金蘭友
座上誰非竹馬儔
這裏光陰容易過
幾同歡樂幾同憂

〔인지제현작공유〕 仁智한 諸賢들이 노는 것을 함께 했네.
〔주석증수계일〕 옛적에 일찍이 修禊日이 남았으니.
〔우금백십이회추〕 이제는 백십여年 가을이 돌아왔네.
〔권중진시금란우〕 책 가운데 다 이것이 金蘭의 벗이요.
〔좌상수비죽마주〕 자리 위에 누가 이 竹馬의 벗 아니리오.
〔저리광음용이과〕 저 속에 光陰이 용이하게 지나가니
〔기동환락기동우〕 몇번이나 歡樂과 憂患을 같이 했나.

〔趙必亨龍山修禊詩〕

松都인 開京의 山高水麗한 것이 皇州라고 하는 漢陽보다 나으니 어질고 智慧로운 모든 어진이가 다 같이 노는 장소에 모였도다. 옛적에 일찌기 禊모임하는 날 앉았으니, 이제까지 百数十번이라는 가을이 돌아온 셈이로구나. 책 가운데 있는 이 것이 다 쇠처럼 날카롭게 蘭草처럼 향긋한 벗들이요. 자리 위에 있는 것이 누가 대나무로 만든 말을 타고 같이 놀던 어렸을 때부터 자란 친구가 아니겠는가? 이 속에 덧없는 세월은 쉽게 흘러가 몇번이나 歡樂을 같이하고 몇번이나 憂患을 같이 하였는가.

【註釋】
仁智諸賢: 어질고 지혜로운 모든 어진이
疇昔: 과히 오래되지 않음은 옛적
修禊日: 계를 하는 날
已廻秋: 이미 가을이 돌아옴.
金蘭友: 쇠처럼 날카롭고 난초처럼 향기롭다는 친구간의 두터운 우정
竹馬儔: 어려서 부터 친한 친구의 무리
竹馬: 어려서 부터 친한 친구의 무리

【字解】
這‥이 저

遠上層峯一徑斜 〔원상층봉일경사〕 멀리 層峯에 올라보니 한 길이 비껴 있어

白雲垂地掩僧家 〔백운수지엄승가〕 白雲이 땅에 드리워 중의 집을 가렸더라.

山中古寺多相似 〔산중고사다상사〕 山中에 옛 절들이 다 서로 비슷한데

處處春風躑躅花 〔처처춘풍척촉화〕 곳곳마다 봄바람에 철쭉꽃 만피어 있네
〔卞季良進鳳山詩〕

멀리 層層 봉우리에 올라가 보니 한길이 비껴 있어서 흰구름이 땅에 들여져 중의 집인 寺刹이 가려져 있도다. 山속에 오래된 절이라 하는 것이 생김새가 대개 거의 비슷한데 곳곳마다 봄바람이 불어서 철쭉 꽃을 피게 했네.

山含古意客含悲 〔산함고의객함비〕 山은 옛뜻을 손은 슬픔을 먹음었으니

獨立頹階最有思 〔독립퇴계최유사〕 무너진 뜰에 서서 깊은 생각하더라.

漠漠寒烟籠舊堞 〔막막한연롱구첩〕 아득한 찬 烟氣는 옛 城堞을 쌓았고

凄凄綠草覆餘基 〔처처록초부여기〕 凄凄한 푸른 풀은 남은 터를 덮었도다.

【註釋】
遠上層峯: 멀리 層層으로 된 높은 峯에 오름
一徑斜: 한 길이 비껴있음. 길이 하나 뚫려 있음.
白雲垂地: 흰 구름이 땅에 깔려있음. 흰구름이 땅에 처져 있음
多相似: 많이 서로 비슷함. 대부분 거의 비슷함
處處: 곳곳
躑躅花: 철쭉 꽃

【字解】
古意: 옛 뜻. 옛적 생각
獨立頹階: 무너진 뜰에서 혼자서 있는 것
漠漠: 넓고 아득한 모양
寒烟: 쓸쓸하게 올라오는 연기, 집이 가난함을 의미함
籠舊堞: 옛 城堞에 쌓여 있음
凄凄: 아주 찬 기운이 있고 쓸쓸하다.
堦: 뜰 계
籠: 쌀 롱
堞: 성가귀 첩

七言佳作篇

斜陽嶺上歌樵子
細雨城西笛牧兒
行邁不堪亡國恨
解吟荒句住傾巵
【韓舜繼花園詩】

(사양령상가초자) 斜陽 고개 위에는 나뭇꾼
이 노래하고
(세우성서적목아) 가는 비 城 서쪽엔 목동이
피리부네
(행매불감망국한) 걸어감에 亡國恨을 견디지
못하여서
(해음황귀주경치) 거친 글귀 풀어 읊고 머물
러 잔 기울이네

欲謁靈祠主岳君
時躋絶頂望軒軒
城中萬屋如蜂綴

(욕알령사주악군) 靈祠의 主岳君을 뵈이고져
하여
(시제절정망헌헌) 絶頂에 올라서 軒軒히 바
라보네
(성중만옥여봉철) 城中에 萬屋들은 벌집처럼
이어졌고

산은 옛적의 뜻을 머금은 채 푸르렀고
무너진 뜰에 서서 깊은 생각에 잠겨 본다. 客은 슬픔을 머금고 한숨을 지으면서 홀로
떠에 쌓여 있고 찬기운이 돌고 쓸쓸한 풀은 남은 터에 덮혀있네. 넓고 아득히 뻗쳐있는 찬 연기는 옛 城
위에는 나무하는 아이들의 노래가 들리고 가는 비 내리는 城郭의 서쪽에는 夕陽 고개
목동의 피리소리 들려온다.
거닐며 가기를 더디게 하여 쓰라린 亡國의 恨을 견디지 못하여 荒蕪한 詩句를 풀
어 읊으면서 머물러 술잔을 기울여 마시노라.

【註釋】
斜陽嶺上 : 저녁 햇볕 고개 위
歌樵子 : 나무꾼이 노래함
細雨城西 : 가는 비 내리는 城
笛牧兒 : 짐승 먹이는 아이 (牧童)의 피리 소
리
不堪 : 견디어 내지 못함, 감당할 수 없음.
不堪當의 略
解吟荒句 : 거친 글귀를 해석하여 읊음
傾巵 : 술잔을 기울임. 술을 마심

【註釋】
靈祠主岳君 : 神靈한 사당, 山神靈
軒軒 : 自得한 모양
蜂綴 : 벌집처럼 連해 있음

路上行人似蟻奔 (로상행인사의분) 길 위에 行人들은 개미 같이 달아나네
謁謁卿雲圍帝闕 (애애경운위제궐) 짙게 덮힌 卿雲은 帝闕을 에워있고
葱葱王氣擁天門 (총총왕기옹천문) 무성한 王氣는 天門을 안았도다.
鵠山形勝龍盤屈 (곡산형승용반굴) 鵠山形勢 絶勝이라 龍이 서려 屈했으니
自此皇都固帶根 (자차황도고체근) 이로부터 皇都가 뿌리가 굳어졌네.

〔李奎報松嶽山詩〕

神靈한 祠堂인 山의 主神을 拜謁하고자 하여 山꼭대기 頂上峯에 올라 自得한 모양으로 軒軒히 바라보노라. 城 가운데 萬이나 되는 큰 집들은 벌집처럼 하나로 이어져 있고 길위에 다니는 사람은 개미가 달아나는 것처럼 작게 보인다. 많이 끼어있는 卿雲은 임금님 사는 大闕을 에워 쌓이 있고 무성한 王氣는 大闕門을 안고 있도다. 鵠山의 形勢가 원래에 絶勝이라 龍이 서려 屈한것 같으니 그렇기 때문에 이로부터 皇都인 漢陽의 뿌리가 굳어졌노라.

百二山河擁鵠峯 (백이산하옹곡봉) 百二의 山과 河川 鵠峯을 안았으니
肩輿直上八仙宮 (견여직상팔선궁) 肩輿타고 곧 바로 八仙宮에 올랐도다.

【註釋】
似蟻奔: 개미 처럼 달아나는 것 같음
靄靄: 아주 많은 모양, 草木이 우거져 무성한 모양, 향기로운 모양
卿雲: 상서로운 구름, 太平한 瑞氣
帝闕: 임금이 사는 宮闕
葱葱: 나무숲이 무성한 모양
王氣: 왕이 될 징조, 왕의 기운
天門: 하늘로 들어간다는 문, 대궐문
形勝: 형세가 勝地라는 것. 산 생긴 이 경치가 뛰어나게 좋음
龍盤: 山勢의 웅장함을 뜻함
固帶根: 뿌리가 굳어진 짐
拜謁: 어른이나 높은 사람을 뵙는 것
李奎報: 高麗 明宗 高宗때 文臣文人 號 白雲居士 金紫光祿大夫 守大保門下 侍郞平章事歷任

【字解】
帶: 꼭지 체

【註釋】
百二山河: 산과 하천이 무수히 에워싸고 둘러있는 것
直上: 직접 올라감, 곧바로 오름

【字解】
擁: 안을 옹

七言佳作篇

南江明甚西江暗 〔남강명심서강암〕 南江은 甚히 밝고 西江은 어두우니
咫尺陰晴自不同 〔지척음청자부동〕 咫尺에 陰晴함이 스스로 같 지않네
〔李檣松嶽山詩〕

百둥이나 되는 산과 하천이 鵠嶺을 중심으로 안고 돌았으니 明堂은 틀림없네、於 是乎 肩輿라고 하는 行喪때에 쓰는 보교를 타고 곧바로 八仙宮에 올라보니 南江은 그렇게 밝은데 西江은 왜 그리 어두운고、咫尺을 두고도 陰沈하고 快晴한 그것이 이렇게 같지 않을 수가 있으니 좋은 明堂일수록 큰 흠집이 많도다.

松陽一骨近高天 〔숭양일골근고천〕 崧陽의 한 뼈가 하늘 높이 솟았으니
作鎭雄都五百年 〔작진웅도오백년〕 雄都를 지어 눌러 五百年이 흘러갔네
碧海萬重來遠色 〔벽해만중래원색〕 푸른 바다 일만겹은 먼 빛 이 오는데
白雲千里壓層嶺 〔백운천리압층전〕 흰구름은 千里에 산이마를 눌렀도다
日沈若木明鰲背 〔일침약목명오배〕 若木에 잠긴 해는 새우등 에 밝았고

【註釋】
陰晴: 흐린 날과 개인 날. 陰沈하고 快晴한 것
肩輿: 行喪때에 쓰는 보교의 하나
八仙宮: 八仙이 살았다는 전설의 집

一骨: 한 뼈、한 산의 봉우리
萬重: 여러 겹.
壓層嶺: 層으로 된 山이마를 누름.
若木: 해가 지는곳. 木名 古謂 日所沒處.
明鰲背: 새우등에 밝음.
瑤臺: 玉으로 만든 臺. 아름다운 樓臺. 달이 明稱.
鰲背: 神仙이 사는집. 異稱.
到鶴邊: 鶴의 갓에 이름.
覇氣已消: 覇者가 가지는 意氣는 이미 사라 졌지만
眼中風物: 눈안에 들어온 경치. 눈에 보이는 山水의 壯觀.

月淨瑤臺到鶴邊
霸氣已消山不老
眼中風物摠依然
欝欝神嵩壯鎭山
麗朝王氣此雄蟠
半千基業歸周服

〔월정요대도학변〕 瑤臺에 개인 달은 鶴의 갓에 이르렀네
〔패기이소산불로〕 霸氣는 사라져도 山은 늙지 않았으니
〔안중풍물총의연〕 眼中의 風物들이 다 依然하네 그려.
〔車天輅松嶽山詩〕

松陽山의 한 뼈대가 치솟아서 하늘 높이 가까웠으니 雄壯한 都邑을 지어 氣運을 누른지 五百年이 흘러갔네. 푸른 바다는 일만번이나 거듭하여 먼빛을 끌어들여 오는데 회구름은 千里에 뻗쳐 層으로 된 山이마를 눌렀도다. 해지는 곳인 若木에 지는 해가 새우등을 밝게 하였었고 瑤臺에 깨끗한 달은 鶴이 있는 갓에 까지 비쳐주네. 霸者의 氣像인 運은 이미 사라졌으나 山의 雄壯함은 늙지 아니 하였으니 눈앞에 보이는 경치는 다 옛날의 그것과 다름이 없도다.

〔울울신숭장진산〕 欝欝한 神嵩이 壯하게 山을 눌렀으니
〔여조왕기차웅반〕 麗朝의 王氣운이 여기에 雄壯하게 서려있네
〔반천기업귀주복〕 半千年의 基業이 周服으로 돌아오고

【註釋】
欝欝神嵩：울창한 神그러운 萬岳.
壯鎭山：壯하게 山을 누름.
周服：周나라의 服色. 身分 職業 等에 맞추어 차려 입은 옷의 꾸밈새.
漢關：漢나라의 關門. 國境이나 要路로 들어가는 곳.
虎風：좁은 곳으로 불어오는 센 바람. 황소바람.

依然：다 전과 같이 다름이 없음.

七言佳作篇

百二城池作漢関
深壑虎風生樹抄
層崖蛇徑出雲端
茫茫往事何須問
萬古興亡只等閑

〔백이성지작한관〕 百 두개의 城池는 漢関을 지었다네
〔심학호풍생수초〕 깊은 골짝 強한바람 나무끝에 생기고
〔충애사경출운단〕 層언덕 가는길이 구름끝에 났도다
〔망망왕사하수문〕 아득한 지난일을 물어서 무엇하랴
〔만고흥망지등한〕 萬古에 興亡함이 等閑할 뿐이로다

〔李廷龜松嶽山詩〕

註釋

蒼蒼히 싱그러운 萬岳이 雄壯하게 山을 눌렀으니 高麗王朝 五百年王氣가 여기에 서려 있었다네. 半千年의 基礎가 되는 事業은 周나라 服色으로 돌아가고 百 두개의 城과 그 周圍에 파 놓은 漢나라 関門으로 바꾸어지듯 李氏朝鮮의 그것으로 變했다네. 깊은 구렁에서 불어오는 센바람은 나무끝에 일어나고 層層 언덕과 꼬불꼬불한 작은 길은 구름 끝으로 나 있도다. 아득하게 지나간 일을 어찌 모름지기 물어서 무슨 所用 있으리오. 오랜 옛적부터 興하고 亡하는 것을 그다지 大數롭지 않게 여겨 왔지 않은가.

註釋

山朝萬岳 雄蟠北
〔산조만악웅반북〕 山은 萬岳을 朝貢받아 北에서 雄蟠했고

字解

崇: 높을 숭.
抄: 가로챌 초.

註釋

樹抄: 나무 끝.
層崖: 層으로 된 언덕. 層層 언덕.
蛇徑: 가느다란 길. 가늘고 굽어 꾸불꾸불하게 생긴 길.
茫茫: 넓고 아득함.
何須問: 어찌 모름지기 물으리오. 물을 까 닭이 무엇이냐.
萬古: 오랜 옛적. 한없는 세월.
等閑: 大數롭지 않게 생각함. 아무렇지 않게 여김.

註釋

山朝萬岳: 山은 萬岳을 朝貢받는 것처럼.

海控千城獨抱南
今古爭戰王霸國
詩中吟詠醉中談

谷變陵移佳氣收
天閒雲淡古今愁
寒鍾聲落南樓夕
暮鳥飛低鵠嶺秋

〔해공천성독포남〕 바다는 千城 당겨 홀로 南쪽을 안았다네.
〔금고쟁전왕패국〕 이제와 옛 다투고 싸우는 王霸國이
〔시중음영취중담〕 詩 가운데 읊으며 醉中에 말하더라.

山은 헤아릴 수 없는 많은 뫼뿌리를 마치 큰나라가 작은 나라에게 朝貢을 받듯이 雄壯하게 北쪽에 서려있고, 바다는 일천城을 끌어 당겨 홀로 南쪽을 擁衛하고 있는듯 하도다. 近來로부터 먼 옛날에 이르기까지 다투고 싸우고 물어뜯고 집어삼키던 王霸의 나라들이 事緣을 文人들이 詩가운데 읊어 왔고 醉客들이 醉하고 客談으로 말하는데 그쳤으니 無常하고도 虛無한 것이 人生의 삶이라는 꿈이 아니겠는가.

〔車雲輅松嶽山詩〕

〔곡변능이가기수〕 골짝 變에 陵옮겨져 佳氣는 거두었고
〔천한운담고금수〕 하늘 비고 구름 맑아 예와 이제 근심했네
〔한종성락남루석〕 찬 쇠북의 소리는 南쪽 樓에 떨어지고
〔모조비저곡령추〕 저문새는 날아서 鵠嶺가을 낮게 떴네

【註釋】
寒鍾：차게 들리는 종소리. 冷氣가 담겨있
는 金屬聲.
暮鳥：늦게 나는 새
飛低：새가 제집을 찾아 나직히 내려옴.

雄蟠北：雄壯하게 北쪽에 서려 있는 것.
朝貢：작은 나라가 큰 나라에 물건을 바치는 일.
海控千城：바다는 일천城을 당겨.
爭戰：爭地戰. 땅을 다투어 싸움을 하는것.
詩中吟詠：詩가운데 읊음. 歷史的 事實을 詩를 지어 노래함.
醉中談：醉中에 말함.

月滿荒臺常獨擧 〔월만황대상독거〕 달은 荒臺에 차서 항상 홀로 擧動하고

烟籠晚岳復含羞 〔연롱만악부함수〕 烟氣는 晚岳을 쌓아 부끄러움 머금었네

行人莫問當年事 〔행인막문당년사〕 行人은 當年의 일 묻지를 마오

凡楚興亡水自流 〔범초흥망수자류〕 凡楚가 興亡하던 물은 절로 흐른다네 〔金晉松嶽山詩〕

골짝은 變해지고 陵은 옮겨져서 易姓의 變이 일어났으니 아름다운 기운이 걷힐 수밖에 道理가 있나 하늘은 말이 없어 구름은 아랑곳 없다는 듯 담박하게 떠있지만 感情을 지닌 사람이야 古今을 근심하지 않을 수 있으리오. 차가운 鍾소리가 南樓저녁에 떨어지면 서글픈 往年을 생각하고 저물때에 날아오는 새가 嶺가을로 낮게 내려오면 깊은 感懷를 느끼는도다. 달은 거칠어진 滿月臺를 비치면서 항상 홀로 徘徊하고, 烟氣는 晚岳을 쌓아 다시 부끄러움을 머금었도다. 行人은 주책없이 當年의 일이 어떠가를 묻지를 마오. 凡常한 楚나라가 興하든지 亡하든지 물은 스스로 제 가고 싶은대로 흘러가고 있는 것이다

草堂睡起落花閑 〔초당수기락화한〕 草堂에 잠을 깨니 떨어진 꽃 한가로워

捲簾南北多靑山 〔권렴남북다청산〕 발 걷으니 南과 北에 푸른 山이 많도다.

【註釋】
睡起‥ 자다가 일어남.
捲簾‥ 발을 걷음.

擧動‥ 일에 나서서 움직이는 태도.
含羞‥ 부끄러워함. 부끄러운 氣色을 띠고 있음.
當年事‥ 그해의 일. 當年之事.
凡楚‥ 凡常한 초나라. 대수롭지 않게 보는 초나라.

青山笑我不出門
兀兀窮年文字間
長安萬家無所適
肯向高門低我願
山中之遊是何夕
屐齒硜硜響溪石
諸豪更值玉堂賢
八斗文章超古昔
須攀翠壁記玆遊
明朝依舊紅塵客

〔청산소아불출문〕靑山은 내가 門에 나가지 않고
〔올올궁년문자간〕꼼짝 않고 해가 다가도록 글에 힘을 쓰는 것을 웃는다네.
〔장안만가무소적〕서울 일만집에 갈 곳이 바이없어
〔긍향고문저아원〕즐기어 高門 向해 내 願을 낮추겠나
〔산중지유시하석〕山中에 노는 것이 이 어떤 저녁이냐
〔극치갱갱향계석〕나막신 굽 硜硜히 시내 돌을 울리누나
〔제호갱치옥당현〕諸豪傑이 다시 玉堂賢을 만났으니
〔팔두문장초고석〕八斗의 文章들이 古昔을 超越했네.
〔수반취벽기자유〕푸른 벽을 더위잡아 노는 것을 기록하니
〔명조의구홍진객〕밝은 아침 옛과 같은 紅塵의 손이런가.

〔李穀紫霞洞詩〕

不出門：門밖에 나가지 않고 집안에 박혀있는 것. 杜門不出.
兀兀：꼼짝 아니하는 모양.
窮年：해가 다 가도록.
文字間：글 가운데에서.
長安：서울을 말함. 京兆.
無所適：갈 곳이 없음.
高門：부귀한 집.
屐齒：나막신에 이빨처럼 생긴 굽.
硜硜：나막신이 울리는 소리.
諸豪：모든 호걸. 여러 글 잘하고 마음이 豪蕩한 선비.
玉堂：弘文舘 副提學以下의 官員의 總稱.
八斗文章：뛰어난 文章이란 말로 曹植이 天下의 八割을 차지한 文章이란 말.
超古：옛사람을 뛰어넘음. 옛사람보다 낫다.
須攀翠壁：모름지기 푸른 壁을 더위잡음. 높은데를 올라가려고 푸른 壁같이 생긴 나무나 덩쿨을 붙잡고 오르다.
依舊：옛 모양과 같음.
紅塵客：번화한 곳에 일어나는 티끌을 밟고 온 손님.

七言佳作篇

草家집 마루에서 잠을깨어 일어나니 落花는 閑暇로워 발을 걸어 올려보니 南과 北에는 푸른山이 많이 놓여 있네. 푸른山은 내가 門밖에 나가지 않아, 꼼짝않고 뚝히 해가 다하도록 글에만 熱中하는 것을 웃는구나. 서울 長安이 萬戶나 된다는 많은 人總中에 갈곳이 全然없으니 즐기어 權門世家를 向하여 내 願을 낮추어가며 머리숙일 수야 없느냐、山中에 논다는 것이 이 어떠한 저녁이더냐? 나막신 굽이 碌碌히 소리가 시냇돌을 울리는도다. 詩 잘하는 豪傑이 다시 玉堂의 弘文館副提學 以下의 官員이 어진이를 만났으니 八斗文章이라고 하는 옛적의 曹植을 넘어섰도다. 모름지기 푸른壁을 더위잡아 이 노는 것을 記錄하니 밝은 날 아침에 와 다름없이 繁華한 世上에서 일어나는 티끌을 밟고 올 손님이 찾아 올 것이다.

六洞茫茫阻海山
但聞人語未追攀
今來一謝前聞錯
才隔紅塵數步間

(육동망망조해산) 여섯골짝 아득하여 바다 山이 막혔으니
(단문인어미추반) 다만사람 말만듣고 다위잡 지 못할러라.
(금래일사전문착) 이제 와서 한번 前에 들은 그릇됨을 사례하니
(재격홍진수보간) 겨우 紅塵 막힌 것이 두어 걸음 사이이라네.
(崔執勻紫霞洞詩)

여섯골짝이 아득하여 바다와 山이 막혀 있으니 다만 사람의 말만은 들을 수 있어도 따라서 더위잡을 수 없도다. 이제 와서 한번 前에 들은 그릇됨을 謝禮하노니 겨우 어지러운 世上의 먼지와 막힌 것이 두어걸음 사이밖에 되지않는다.

【註釋】
萬戶 : 많은 집.
人總 : 人口의 總數.
權門世家 : 권세있는 門中과 세도있는 집안.
弘文館 : 李朝때에 經籍 文翰 顧問등의 일을 맡아 보던 관청.
副提學 : 弘文館의 正三品벼슬. 奎章閣의 한 벼슬.

【註釋】
六洞 : 여섯 골짝.
但聞人語 : 다만 사람의 말만 들을 수 있음. 오직 말만 들려오고.
未追攀 : 따라서 더위잡을 수 없음. 눈으로 보아서 직접 손에 잡히는 것이 없음.
才隔 : 겨우 …… 막힘.

今幸昔年駐蹕地
追惟往事倍于心
徘徊故都興感處
宜體聖德浹民深
八仙宮住翠微峯
縹緲烟霞幾萬重
一夜長風吹雨過
海龍擎出玉芙蓉

〔금행석년주필지〕 이제 옛적에 머무르던 땅에 거동하니
〔추유왕사배우심〕 지난 일 생각하니 마음이 언짢도다
〔배회고도흥감처〕 故都를 徘徊하며 마음이 일어나는 곳에
〔의체성덕협민심〕 마땅히 聖德이 百姓 깊이 體했도다

이제 옛적에 王이 거동하는 도중에 수레를 멈추던 곳에 다시 거동하니 지난날이 회상되어 마음이 더욱 언짢아 지는구나. 옛 都邑을 川없이 거닐며 다님에 感懷가 일어나는 곳에 마땅히 임금의 德이 百姓에 젖어 깊이 들어간 것을 體할것이로다.

〔팔선궁주취미봉〕 八仙宮이 翠微峯에 머물렀으니
〔표묘연하기만중〕 縹緲한 烟霞가 몇 萬번 거듭했나.
〔일야장풍취우과〕 하룻밤 긴 바람이 비를 불어 지냈으니
〔해룡경출옥부용〕 바다 龍이 玉芙蓉을 떠받아 내더라
(鵠嶺春晴)

〔註釋〕
今幸..이제 行幸함.
行幸..임금이 궁중 밖으로 거동함.
駐蹕地..임금이 거동하는 도중에 수레를 잠시 머무르던 곳.
追惟往事..따라서 지난 일을 생각함.
倍于心..마음이 倍나 서글프다.
徘徊故都..옛 都邑에 목적없이 거닐며 다님.
興感處..感懷가 일어나는 곳.

〔註釋〕
縹緲..아득하여 뚜렷하지 않은 모양.
烟霞..연기와 안개
幾萬重..몇 萬번이나 거듭하였는는고, 몇 萬겹이나 쌓였는고.
一夜長風..하룻밤 긴 바람. 밤새도록 길게 부는 바람. 오래 계속해서 부는 바람.
吹雨過..비를 불어버려 오지 않고 지나가게 만듬.
擎出玉芙蓉..아름다운 연꽃을 두손으로 떠 받들듯이 피게 만듬.

去年龍岫菊花時
與客携壺上翠微
一逕松風吹帽落
滿衣紅葉醉扶歸
石泉激激風生腋
松霧霏霏翠滴巾
未用山僧勤挽袖
野花啼鳥解留人
小溪深處柳飛綿
細雨晴時草似烟

〔거년용수국화시〕 지나간 해 龍岫 菊花 필 때에
〔여객휴호상취미〕 손과 함께 술병 차고 峯에 올랐도다.
〔일경송풍취모락〕 한 길 솔바람에 모자 불어 떨어지니
〔만의홍엽취부귀〕 옷에 찬 붉은잎에 醉하여 돌아오네.
〔석천격격풍생액〕 石泉이 激激하여 겨드랑에 바람불고
〔송무비비취적건〕 松霧가 霏霏하여 푸른 것 이 떨어지네
〔미용산승근만수〕 山僧이 부지런히 소매 잡지 않아도
〔야화제조해류인〕 들꽃과 우는 새가 사람 머무르게 하네. (紫洞尋僧)
〔소계심처유비면〕 작은 시내 깊은 곳에 버들 이 솜 날리고
〔세우청시초사연〕 가랑비가 갤 때에 풀이 연 기 같도다.

【註釋】
去年‥지난 해.
龍岫‥용의 뫼뿌리. 산이름.
携壺‥술병을 들고.
松風‥소나무 솔을 스치어 불어오는 바람
滿衣紅葉‥옷에 가득한 붉게 물든 단풍잎.
醉扶歸‥취하여 불들고 돌아옴.
石泉‥돌이 많이 깔린 산골짜기에 나는 우물.
激激‥맑은 물 흐르는 소리.
風生液‥바람이 겨드랑으로 불어옴. 부는 바람이 겨드랑으로 스쳐옴.
翠滴巾‥푸른것이 수건에 떨어짐.
勤挽袖‥부지런히 소매를 끌어당김. 가 말라고 붙드는 것.
霏霏‥비나 눈이 세차게 오는 모양. 霏微. 대어 그치지 않는 모양.
野花啼鳥‥들에 핀 꽃과 山에 우는 새.
解留人‥사람이 머무르게 理解시킴
柳飛綿‥버들개지가 솜처럼 바람에 날림.
細雨晴時‥가랑비 개일적에
草似烟‥풀이 연기처럼 길게 뻗쳐 있음.

客去客留俱不礙
一尊相對好山川

〔객거객류구불애〕 손이 가고 머무는 것、 함께 拘礙가 아니 되니
〔일준상대호산천〕 술단지 마주보고 좋은山川 對하노라.

여덟 仙女가 놀았다는 八仙宮이 푸른 紫微라는 翠微峯에 머물러 있으니 아득하고 뚜렷하지 않은 연기나 안개가 몇만겹이나 거듭하였던가、 하룻밤에 새도록 불어 대는 긴 바람이 비를 불어 지내게 쫓으니 바다의 龍이 아름다운 연꽃을 두 손으로 떠받아 내듯이 피게 하였도다.

지난해 龍이 뫼뿌리에 菊花필 무렵 손으로 더불어 술병을 들고 翠微峯에 올랐도다. 한 가닥 길 소나무 숲을 스치어 불어오는 바람이 모자를 떨어 뜨리니、 옷에 가득찬 붉게 물든 단풍잎에 마신 술로 취하여 사람의 부축을 받고 돌아오네.
〔龍山의 늦은 가을〕

돌이 많이 깔린 산골짜기에 나는 우물이 콸콸 흘러나오며 부는 바람은 겨드랑으로 스쳐오고 소나무 숲에 낀 짙은 안개가 잇대어 그치지 않고 푸른것이 수건에 떨어지는구나. 山에 부지런히 소매를 잡아 당기며 못가게 붙들고 들에 핀 꽃이나 山속에 우는 새가 사람을 붙잡아 둘 만큼 理解시키는 것 같도다.
〔紫洞에서 중을 찾음〕

조그마한 시내 깊은 곳에 버들개지가 바람에 솜처럼 휘날리고 가랑비가 개일 때 풀이 길게 뻗힌 烟氣처럼 펼쳐 잇대어 있도다. 손이 가거나 머무는 것이 함께 拘礙받을 것이 없으니 한 술단지를 마주 보면서 좋은 名勝을 맞껏하는 것이 얼마나 興致있는 일인가 말이다.
〔青郊에서 客을 보냄〕

沙頭酒盡欲斜暉
〔사두주진욕사휘〕 沙頭에 술 떨어져 햇빛지려 하는데

【註釋】
俱不礙: 함께 拘礙받을 것이 없음.
一尊: 한 술단지. 尊은 樽으로 通함.
紫微: 天上의 紫微宮. 天子의 별자리.
拘礙: 거리낌. 걸리고 막힘.
朦朧: 술에 취하여 意識이 分明치 않음.
興致: 興味와 韻致.
欲斜暉: 날빛이 비끼고자 함. 햇빛이 기울어져 그림자가 옆으로 누우려 함.

沙頭: 모래 물가의 높은곳.
沙洲之頂端也. 庚信賦 樹下流杯客 沙頭渡水人. 江蘇省太咨縣東北地名. 漢代縣名 在酒泉郡.

濯足淸流看鳥飛
此意自佳誰領取
孔門吾與舞雩歸
偶到溪邊藉碧蕪
春禽好事勸提壺
起來欲覓花開處
度水幽香近却無
一彎蒲葦雨蕭蕭
隔岸人家更寂寥
漁罷呼兒收綠網

【熊川稧飮】

【龍野尋春】

【註釋】
濯足淸流：맑게 흐르는 물에 발을 씻음
自佳：스스로 아름답게 여김
誰領取：누가 받아 가지리요
孔門：공자의 제자
舞雩歸：하늘에 祭祀하여 비를 빌고 돌아옴
偶到溪邊：우연히 시냇가에 이름
藉碧蕪：푸른 거친풀에 자리함
勸提壺：술병 끄는 것을 勸했음
欲覓花開處：꽃 핀 곳을 찾고자 함
度水幽香：물을 지나 나는 그윽한 향기
近却無：가까이 오니 문득 없어짐
一彎蒲葦：한 구비에 갈대밭
蕭蕭：바람이나 빗소리가 쓸쓸하다.
隔岸人家：언덕에 막힌 사람집
漁罷呼兒：고기잡는 것을 그만두고 아이를 부름

【字解】
零：지우제 우
彎：굽을 만

到船歸趁晚來潮　〔도선귀진만래조〕 오는 배로 늦은 潮水를 돌아 가며 쫓도다.　〔南浦烟簑〕

寒江夜靜得魚遲　〔한강야정득어지〕 찬 江에 밤 조용하니 고기 얻기 더딘데

獨倚蓬窓捲釣絲　〔독의봉창권조사〕 홀로 蓬窓 의지하며 낚시 줄을 거뒀도다.

滿目靑山一船月　〔만목청산일선월〕 눈에 찬건 靑山이요, 한 배 에는 달인데

風流未必載西施　〔풍류미필재서시〕 風流에 반드시 西施를 실 으리요.　〔西江月艇〕

모래 머리에 술은 떨어지고 날빛은 비끼고자 하는데 맑게 흐르는 물에 발을 씻 고나니 새가 나는 것을 불러라, 이 뜻을 스스로 아름답게 여기지만 누가 받아 가 리오 孔子門人에 내 하늘에 제사하여 비를 빌고 돌아오겠다는 사람을 더불리라.
〔熊川楔에 마심〕

우연히 시냇가에 이르러 푸른 거친 풀을 깔고 앉으니 때를 즐겨 놀기를 좋아하는 봄 새들은 술병을 들고 오라는 것처럼 속삭이는 것 같도다. 일어나 와서 꽃핀 곳을 찾고자 하니 물을 건너 그윽한 향기가 있는 것 같기에 가까이 가보니 문득 없어지 더라.
〔龍野에 봄을 찾아〕

한 구비 부들과 갈대밭에 빗소리가 쓸쓸하기 그지 없는데 언덕에 막힌 人家는 고 요하고 삭막할 뿐이다.
물고기 잡는 것을 그만두고 아이를 불러 푸른 그물을 거두어 가지고 이르는 배

364

【註釋】
歸趁晚來潮：늦게 오는 潮水를 돌아가며 쫓음
寒江夜靜：찬 강에 밤이 고요함
蓬窓：배의 창문
捲釣絲：낚시줄을 거둠
滿目：눈에 가득차 보임, 눈에 보이는 까지의 한계
未必載西施：반드시 西施를 실을 필요가 없음

七言佳作篇

象闕西南百里隅
法宮高起藉江湖
鰲擎金翠雲中閣
人在滄浪月下艫
物觀盡傾千載德
河淸長應萬年娛
誰能用意烟波事

〔상궐서남백리우〕 象闕의 西南쪽 百里의 모퉁이에
〔법궁고기자강호〕 法宮이 높이 솟아 江湖를 깔았도다.
〔오경금취운중각〕 새우는 金翠雲中閣을 떠받고
〔인재창랑월하노〕 사람은 滄浪月下艫에 있도다.
〔물관진경천재덕〕 物을 보니 다 千載의 德이 기울었고
〔하청장응만년오〕 河水는 맑아 길이 萬年의 즐거움을 應했도다.
〔수능용의연파사〕 누가 能히 뜻을 烟波의 일

로 늦게 몰아 붙이는 潮水를 타고 쫓기듯이 돌아온다. 〔南浦의 烟氣와 도롱이〕
찬 江에 밤은 고요하니 고기 언기가 더딘데 홀로 배의 窓門에 의지하여 낚시 줄을 거두었노라. 눈에 보이는 까지는 모두 푸른 山뿐이요, 한 배에는 달이 밝을 뿐이데 風致있고 멋있게 노는데 반드시 西施같은 美人을 배에 실어야 할 까닭은 없지 않는가. 〔西江 달에 작은 배〕

【註釋】
象闕：天子의 闕、 皇帝의 宮闕
法宮：路寢의 正殿、 五帝神聖을 其臣莫能及 故 自新事處 法宮之中 明堂之上
藉江湖：강과 호수를 깔고 있음
金翠雲中閣：금빛나고 푸른 구름속에 솟아있는 樓閣
滄浪月下艫：다 千年이나 닦아 온 德을 기울어지게 하였음
長應萬年娛：길이 만년이나 즐거움을 應하였음
烟波事：아지랑이 낀 물결위의 일、 烟波에 떠서 風流를 즐기는 일

好把丹靑入畵圖

〔호파단청입화도〕 좋게 丹靑 잡아서 畵圖에 들이려나.
〔忠肅王御製廣明寺詩〕

獨訪禪房境轉深
賞春臺感故人心
淸風北榻靑山影
香霧東池綠樹陰
螺點遠空千里出
鶯穿絲柳一枝金

皇帝의 궁궐에서 西南間 百里쯤 되는 지점에 法宮이 높이 솟아 있어 마치 江과 湖水를 깔고 앉아있는 듯한 氣勢이다. 새우는 마치 금빛나고 푸른 구름속에 솟아 있는 樓閣을 떠받고 있는듯 하며 사람은 바다의 물결치는 달빛아래 떠있는 배안에 있도다. 非物을 보니 다 千年동안 쌓아온 德이 잘못된 방향으로 기울어졌고, 河水가 맑아서 다행이 그늘에 오래 즐거움을 누리는도다. 누가 능히 뜻을 江湖의 風流의 樂을 즐기는 일로 하여금 멋지게 조화시켜 자연의 丹靑을 끌어다가 그림이나 그려 보았으면 좋겠다.

〔독방선방경전심〕 홀로 禪房을 찾으니 地境이 굴러 깊은데
〔상춘대감고인심〕 賞春臺가 故人의 마음을 느끼게라.
〔청풍북탑청산영〕 淸風에 北녁 榻은 靑山의 그림자요.
〔향무동지록수음〕 香霧 낀 동녁 못은 푸르나무 그늘이라.
〔루점원공천리수〕 조개는 먼 空中 千里出를 點찍고
〔앵천사류일지금〕 꾀꼬리는 실버들 一枝金을 뚫었도다.

【註釋】
好把丹靑‥‥좋게 붉고 푸르른 색채를 取해 가져다가
入畵圖‥‥그림에 들였으면 좋겠다는 말
님

禪房‥‥참선하는 방, 禪室
賞春臺‥‥봄을 맞아 기리는 집
北榻‥‥북쪽에 있는 榻
香霧‥‥꽃핀 강산에 낀 안개
螺點‥‥소라의 점, 조개 구름
鶯穿絲柳‥‥꾀꼬리는 실버들을 뚫고 날아다

【字解】
榻‥긴 걸상 탑

鸞鳳來巢錦繡林 〔鸞鳳來巢錦繡林〕鸞과 鳳이 와서 錦繡林에 깃들이더라.
箇中異瑞何須問 〔개중이서하수문〕 箇中에 다른 祥瑞를 물어서 무엇하랴.

〔소御製玄化寺碑〕

비단결 같다는 錦繡의 숲에 깃들여 있으니 걱정할 것 없네.
故人의 마음을 느끼게 하도다. 맑은 바람이 부는 북녘 결상에는 青山 그림자가 누워 있고 꽃 향기 안개 낀 동녘 못에는 푸른 나무 그늘이 깔려있네, 소라 모양으로 생긴 구름이 먼 空中 千里 뫼뿌리에 점점이 떠 있고 꾀꼬리는 실버들 한가지 片金을 뚫게했네. 箇中에 다른 祥瑞를 어찌 모름지기 묻겠는가.
혼자 參禪하는 房을 찾으니 地境이 굴러 깊은데 봄을 맞아 賞春臺가

萬機叢萃日紛然 〔만기총췌일분연〕 萬機가 떨기로 모여 날로 시끄러우니
却羨高僧擁褐眠 〔각선고승옹갈면〕 문득 중이 褐衣끼고 조는 것이 부럽도다.
金碎松梢當檻月 〔금쇄송초당함월〕 金은 소나무 끝 欄干달을 부수고
玉舂花外落階泉 〔옥용화외락계천〕 玉은 꽃바깥 뜰에 떨어지는 샘을 방아 찧네
祥雲掩再知何處 〔상운엄재지하처〕 祥雲이 가렸으니 어느 곳을 알겠는가.

【註釋】
鸞鳳：鸞鳥와 鳳鳥 英俊한 선비의 비유, 君子의 비유
【字解】
螺：소라 라
鸞：난새 난
【註釋】
萬機：여러가지 政事, 온갖 비밀, 여러가지 政治上 기묘한 기틀
叢萃：떼지어 모임, 수도없이 많이 나타남
高僧：地位와 學德이 높은 중
擁褐：굵은 베옷을 끼는 것
祥雲：상서로운 구름

流水盤回別有天 〔유수반회별유천〕 흐르는 물 돌아오니 별난
一點紅塵飛不到 〔일점홍진비부도〕 한 점의 붉은 티끌 날아오
但將霞衲掛雙肩 〔단장하납괘쌍견〕 다만 霞衲 가져서 두 어깨
　　　　　　　에 걸쳐 볼까.
去年重遇龍飛歲 〔거년중우용비세〕 지난 해에 거듭 龍이 나는
今日欣瞻聖祖宮 〔금일흔첨성조궁〕 오늘 기쁘게 聖祖宮을 볼
奚但羹墻追慕倍 〔해단갱장추모배〕 어찌 다만 羹墻에 追慕함
緬惟洪烈意無窮 〔면유홍열의무궁〕 아득히 洪烈을 생각하는
하늘일세
지 않으니
에 걸쳐 볼까.
　　〔忠肅王御製玄化寺碑〕
　해를 만났더니.
　러라.
이 倍뿐인가.
　뜻이 무궁하더라.
　　　〔肅廟御製敬德宮詩〕

일만 기틀이 떨기로 모여 날로 對處하기가 시끄러우니 문득 學德이 높으신 스님이
허름한 베옷을 끼고 平安無事하게 졸고 있는 것이 부럽구나. 金은 소나무 끝 난간
에 當한 달을 부수는것 같고 玉은 꽃이 피어있는 바깥쪽 뜰에 떨어져 샘을 방아찧
는다. 祥瑞 구름은 거듭 가려져 있으니 어느 곳인줄을 알며 흐르는 물은 서리어
돌아오니 別有天地가 있는것 같도다. 한 점의 세상의 시끄러운 먼지가 날라 이르
지 않으니 다만, 남몰래 중의 長衫을 가져다 두 어깨위에 걸쳐 볼거나.

【註釋】
龍飛歲:용이 나는 해, 王이 登極을 하던해
羹墻:우러러 생각함, 堯가 崩한 후에 舜이
　仰慕하기를 三年, 앉아서는 堯의 얼굴이
　담에 나타나고, 먹을 때에는 얼굴이 국속
　에 어른거렸음 (後漢書 李固傳) 坐則見堯
　於墻 食則見羹於羹
緬惟:아득하게 생각함
洪烈:큰 공, 크게 壯烈함

盤回:물이나 길이 서리어 돌아옴
一點紅塵:한 점 붉은 티끌, 한 점의 俗世의
　티끌
飛不到:날라 이르지 않음, 날아오지 않음
霞衫:중의 장삼

繁華氣像漠然衰
千載空餘麥秀基
欲識古今興喪處
須將伊訓玩心思

〔번화기상막연쇠〕 번화한 氣像이 막연히 衰했으니
〔천재공여맥수기〕 千載에 부질없이 麥秀터만 남아있네
〔욕식고금흥상처〕 古今에 흥하고 읽은 곳을 알고자 할진대
〔수장이훈완심사〕 모름지기 伊訓을 가져서 마음 求景함을 생각하네

번성하고 화려한 氣像이 막연히 衰하였으니 千年이 지난 오늘에는 부질없이 보리가 자라는 빈터만 남아 있네, 예와 이제에 興하고 읽은 곳을 알고자 할진대 모름지기 書經같은 훌륭한 가르침을 가져서 마음을 求景하여 생각해 볼 필요가 있지 않은가.

〔滿月臺詩〕

緩步登臨百尺樓
〔완보등림백척루〕 느린 걸음 百尺樓에 올라 다다르니

【註釋】
緩步∷ 느린 걸음, 천천히 걸음

지난해에 거듭 龍이 나는 登極하는 해를 맞이하였더니 오늘날 欣然히 聖祖를 모신 宮廟를 대하니 어찌 다만 옛적에 앉아서는 담에 나타나고 먹을때는 국속에 어른거렸다는 追慕하는 것이 倍뿐이리오, 아득하게 洪烈을 생각하는 뜻이 無窮하도다.

我心非是喜觀遊 〔아심비시희관유〕 내 마음이 노는 것을 기뻐함이 아니로다.

今辰聞閻咨詢地 〔금신화궤자순지〕 이제 때에 閭閻咨詢 하는 땅에

更願覃恩普八州 〔갱원담은보팔주〕 다시 큰 은혜가 八州에 넓기 願하노라.
〔南門樓詩〕

느린 걸음으로 百자나 되는 樓에 올라 다다르니 내 마음이 이 보고 노는 것을 기뻐해서가 아니로다. 이제 이때에 市場門에 가서 民情을 살피려고 물어보노라니 시큰 은혜가 八州에 넓이 베풀어지기를 願한다고 하더라.

何幸今辰瞻寶閣 〔하행금신첨보각〕 어찌 다행히 이제 때에 寶閣을 보았으리오.

昔年此地龍飛宮 〔석년차지용비궁〕 옛 해에 이 땅이 龍이 날던 궁이니라.

奚但小子愴心切 〔해단소자창심절〕 어찌 다만 小子만 슬픈 마음이 간절할까.

至德深仁永不窮 〔지덕심인영불궁〕 지극한 德 깊은 仁이 영원히 무궁하리
〔英廟御製敬德宮詩〕

어떻게 다행히 이제 이때에 寶閣을 볼 줄 알았으리오. 往年에 이 땅에서 先王께서 登極하시어 王位에 오르던 宮이시니라. 어찌 이 不肖無狀한 小子만 슬픈 아픔이 懇切할 뿐이리오. 매우 높은 그 지극한 德과 善心을 베풀던 깊은 어진 마음으로

【註釋】

登臨: 높은 處所에 올라 낮은 곳을 내려다봄
登山臨水
喜觀遊: 보고 노는 것을 기뻐함
閭閻: 저자문
八州: 全中國을 이름, 우리나라가 自古로 九州라고 稱함이 있으니 이것은 大概 京都를 말하는 故로 八州라 말함은 八方의 州를 말함.
何幸: 어찌 다행히도 何幸如之.
小子: 왕의 自稱.
愴心切: 슬픈 마음이 간절함. 恒
至德深仁: 매우 높은 德과 깊은 仁(착한 마

七言佳作篇

永遠無窮토록 지워지지 않으리오라.

舊都物色漠然衰
只有月臺廣一基
追惟往年刱業歲
山川景色感予思
　　〔全御製滿月臺詩〕

〔구도물색막연쇠〕 舊都의 物色이 막연히 衰하여
〔지유월대광일기〕 다만 月臺만 있어 한 터가 넓었도다.
〔추유왕년창업세〕 따라서 往年에 刱業한 해를 생각하니
〔산천경색감여사〕 山川의 景色이 나를 느껴 생각케 하네.

옛 도읍의 衣冠文物이나 색채가 막연히 衰微하여 다만 滿月臺만 남아 한 터가 넓게 비어있네. 따라서 往年에 나라를 처음으로 세우던 그 때에 意氣가 衝天했던 모습과 盛했던 山川의 경치가 나의 마음을 느끼고 생각하게 하는구나.

倬彼天章映法宮
昭回影接華山崇
身扶授受相傳日

〔탁피천장영법궁〕 우뚝한 임금글씨 法宮에서 빛나니
〔소회영접화산숭〕 그 광채가 아롱져 華山도 밝구나.
〔신부수수상전일〕 몸소 주고 받아 情이 들던

【註釋】
物色：물건의 빛깔, 일할만한 사람을 고름, 얼굴 복색 등으로 사람을 찾는 일
物情과 色相
廣一基：한 터가 넓음
刱業：나라를 처음으로 세움
景色：경치
天章：임금의 글씨
法宮：蘭溪의 松雪臺의 稱, 路寢正殿을 이름
華山：永同에 있는 山名

【註釋】
身扶授受：몸소 붙들고 주고 받음

道大經綸贊化工 〔도대경륜찬화공〕 큰 經綸 드디어 協贊하였
　　　　　　　　　와 줌
堀井千尋曾有志 〔굴정천심증유지〕 千길 샘을 파니 일찍이 뜻
　　　　　　　　　이 있고
爲山一簣不虧功 〔위산일궤불휴공〕 한 산태미 흙으로 산을 이
　　　　　　　　　루었네
雲衢若許乘槎客 〔운구약허승차객〕 空中에 소리없이 오르는 님
　　　　　　　　　이여
直欲尋源上碧穹 〔직욕심원상벽궁〕 하늘나라 무사히 찾아가셨
　　　　　　　　　나.
　　　　　　　　　　　　　〔朴堧題松雪堂詩〕

　君王의 은총을 받아 御筆의 額字가 法宮에 걸려있어 빛을 發하니 그 광채가 아롱져 華山까지 밝은 것 같고나, 임금님이 몸소 주시고 傍祖께서 받아 情이 들하여 功을 세웠도다. 千길의 샘을 파려고 일찍이 뜻했던 일 한 산태미 흙으로 山을 이루듯 自身의 소망을 달성하였네, 그런 가운데 大王께서 倏然히 下世하시니, 바라옵건대 九天에 말없이 오른 님이여 머나먼 아득한 하늘나라를 무사히 찾아가셨나 하고 追慕하며 冥福을 비는 것이다.

欲訪淵明不自由 〔욕방연명부자유〕 陶淵明을 찾으려다 마음대
　　　　　　　　　로 아니되고
花開花落水長流 〔화개화락수장류〕 피었던 꽃 떨어지니 歲月
　　　　　　　　　만 흘러가네

【註釋】

協贊：協同하여 贊助함、힘으로 합하여 도
　　　와 줌
掘井千尋：千길이나 되도록 깊이 우물을 파
　　　는 것
爲山一簣：산을 만드는데 한 산태미 흙이
　　　모자란다는 말, 書經旅獒篇 不矜細行終果大德
　　　爲山九仞 功虧一簣
雲衢：空中、구름 거리
若許乘槎客：만일 떼를 탄 손님을 許諾한다면
直欲尋源：곧 根源을 찾아서……하고자 함
上碧穹：푸른 하늘에 오름
傍祖：直系가 아닌 祖上

【註釋】

花開花落水長流：꽃만 피었다 떨어지고 세
　　　월만 간다.

七言佳作篇

沈吟忽起歸來興
輕颺搖搖一葉舟

（침음홀기귀래흥）이 생각 저 생각하다가 홀연 히 일어나서 興에 못이겨
（경양요요일엽주）가벼운 바람속에 一葉片舟 띄우네
〔朴堧呈興生(菊堂)詩〕

晉處士 陶淵明을 찾으려다가 마음대로 되지 않는 큰 抱負의 所有者이신 從兄인 菊堂、官運이란 마음대로되지 않고 꽃은 피었다 떨어져 歲月만 흘러가고 大科及 第의 雄志를 이루지 못하고 하염없는 생각에 잠겨 있다가 홀연히 일어나는 興에 못이겨 가벼운 바람속에 一葉片舟를 띄우고 逍遙自適하는도다.

半月山奔地盡頭
七星池畔暮雲收

（반월산분지진두）半月山은 달아나 땅머리는 다했고
（칠성지반모운수）七星池 언덕에 저문 구름이 걷혔네.

汪洋萬里波恬靜
聖化東漸見此州

（왕양만리파염정）洋洋한 바다는 萬里에 뻗혀 파도는 고요한데
（성화동점견차주）聖君의 教化가 이 고을까 지 미쳤나 보다.
〔朴堧過蔚山詩〕

半月山은 嶺南의 東海로 치우쳐 달아나 地勢는 땅머리에 다하여 그쳤으며, 七星 池 연못 언덕에 덮혀있던 저문 구름도 어느듯 거쳐버렸네, 洋洋한 바다는 아득히 끝이 없어 몇 萬里 파도는 고요할 뿐인데 聖君의 德化가 먼 이 고을까지 점차 東 으로 미쳤나 보다.

【註釋】
沈吟忽起：이 생각 저 생각하면서 근심에 잠 겨 신음하다가 불쑥 일어남
輕颺：가볍게 날림
搖搖：잇달아 흔들림
地盡頭：땅은 머리가 다함, 땅을 뻗어올 만 큼 한계에 까지 이름
汪洋：넓은 바다, 미루어 헤아리기 어려움
聖化東漸：聖君의 教化가 동쪽 해변에 까지 미침

用夏變夷當戮力
歎今思古恐災身
自從秦漢經唐宋
勁節精忠問幾人

〔경절정충문기인〕 忠臣烈士가 몇사람 이라던

〔朴興生 有感 號 菊堂〕

〔자종진한경당송〕 秦漢으로부터 唐宋에 이르
기까지

〔탄금사고공재신〕 古今을 탄식하노니 재앙이
몸에 미칠까 두렵도다.

〔용하변이당육력〕 禮義之國이 夷狄은 될 수
없으니 當然히 힘쓸지어다.

아무리 시대가 변천했다 하더라도 半萬年 傳統을 가진 禮儀之國이 夷狄으로 轉落될 수는 없는 것이니 主體意識을 가진 韓國人의 脈이 끊치지 않도록 당연히 힘쓸지어다. 往古來今을 생각해보면 과격한 處身으로 몸에 재앙이 미칠까 두려운지라 物衆地大한 중국을 보더라도 六國을 통일한 秦나라로부터 漢代를 거쳐 唐宋에 이르기까지 青天白日처럼 뚜렷한 精忠大節을 지킨 忠臣烈士가 몇사람이나 된다던가, 손꼽을 만한 인물밖에 더 있는가 한심하지 않을 수 없다.

兄弟相思意有由
夢驚頻得淚雙流
閒中氣味君知否

〔형제상사의유유〕 兄弟가 서로 생각하는 마음이 緣由가 있으니.

〔몽경빈득루쌍류〕 꿈속에서도 자주 눈물을 흘리네

〔한중기미군지부〕 閒中에 情誼를 그대는 아는가.

【註釋】

用夏變夷∶중국이 오랑캐가 되는 것, 禮儀之國이 無道한 나라를 닮아 가는 것

戮力∶힘을 씀

歎今思古∶이제에 잘못됨을 탄식하고 옛적에 장한 것을 사모함

恐災身∶몸에 해가 돌아올까 두려워함

秦漢唐宋∶우리나라의 名賢達士가 얼마나 많은가 라고 말하기가 난처해서 중국을 비유함

勁節精忠∶굳센 節介와 精一하고 순수한 충성

【註釋】

意有由∶뜻이 緣由가 있다. 그럴만한 까닭이 있음.

夢驚∶꿈에 놀람

淚雙流∶두 눈에 눈물을 흘림

374

明月荒蘆一釣舟 〔명월황로일조주〕 明月과 蘆花에 한 고기배
 로다. 〔朴堧生次從弟中樞垵韻〕

형제가 서로 생각하는 것은 血緣이라는 不可分의 관계가 있으므로써 이니 生時뿐만 아니고 꿈속에서도 놀라며 자주 눈물을 흘린다네, 開中에 형제의 情誼가 어떠한가 를 그대는 생각해 보았는가, 밝은 달이 비치는 거치른 갈대숲에 一葉의 片舟를 띄운 나의 마음이 空虛한 것을 想像해 본 일이 있는가. 蘭溪는 出世를 하여 抱負를 世上에 밝혔지만 菊堂은 不遇時하여 그 存在를 認定받지 못한 것이 對照的으로 詩 出性情으로 表出되어 있다.

如何出世儘遲遲 〔여하출세진지지〕 어찌하여 출세가 이다지도 더디던고

禮念修眞此一時 〔예념수진차일시〕 禮儀를 생각하고 修身할 때 로다.

寂寞空齋終日坐 〔적막공재종일좌〕 寂寞한 빈 齋室에 종일 앉아서

陶然絶念且忘思 〔도연절념차망사〕 陶然히 雜念을 잊어 버리네

큰 경륜은 흉중에 쌓여있건만 때라는 運이 잘 맞지 않아 어쩌면 그렇게 패가 안 풀려 출세의 길이 그리 더디단 말일가? 禮書나 훑어보고 修練이나 쌓아서 그릇을 키워나 볼까, 그릇을 비우고 知性을 연마하노라고 쓸쓸하고 盡終日 앉아서 술에 취한 것처럼 自家陶醉가 되어 모든 잡념을 끊어버리고 瞑目跪坐하여 眞我를 찾아 보는구나.

【註釋】

荒蘆‥거친 갈대
釣舟‥낚싯 배
儘遲遲‥한없이 더딤
禮念‥禮儀를 생각함、禮書를 훑어 봄
修眞‥修練과 眞理探究
寂寞空齋‥고요하고 쓸쓸한 빈 齋室
陶然‥술이 얼큰히 취하여 거나한 것처럼
絶念‥雜念을 끊어 버림
陶醉됨
齋室‥儒生들이 공부하는 집

巢許蘷龍豈有間
林泉廊廟本無關
聖明虛席求賢士
孰不纓冠佐克難

〔소허기룡기유간〕 찌 간격이 있으며 巢父許由와 皐夔逢龍이어
〔임천랑묘본무관〕 林泉과 廊廟가 本是 無關하게 아니라더냐
〔성명허석구현사〕 聖明한 君主께서 자리를 비워가며 賢士를 求하시니
〔숙불영관좌극란〕 누가 갓끈을 씻고 克難을 도우려 아니하겠는가?

堯 임금의 位를 傳하려 했다는 巢父나 巢父가 귀 씻은 물을 소에 먹이지 않겠다는 許由나 堯 임금에 나가 벼슬한 皐夔逢龍은 뛰어난 人物이니 어찌 간격이 있으며 隱士가 居하는 숲속에 우물이나 官員의 居處인 行廊이나 祠堂이 어찌 아무데나 산들 무관하지 않겠는가? 聖明한 君主께서 자리를 비워놓고 가면서까지 선비를 求하려고 애를 썼는데 누가 맑은 물로 갓끈을 씻고 능히 어려움을 도우려 아니 하려요만, 咫尺이 千里라고 當時 人物이 菊堂 할아버지를 몰라 뵙고 大材小用으로 昌平縣令에서 官職은 그쳤지만 後日에 그 人材가 아깝다는 논의가 대두되어 吏曹判書의 贈職을 하였으나 世宗代같은 治世에도 모순은 없지 않았다는 것을 알아야 한다.

〔日月雖明 不照覆盆之下〕

今年又聽子規啼
正値春山月欲低

〔금년우청자규제〕 今年에도 또 子規 우는 소리를 들으니
〔정치춘산월욕저〕 때는 正히 봄 山에 달이 지려 하는도다.

【註釋】
林泉: 수풀 속에 있는 샘, 隱士의 정원
廊廟: 행랑과 사당, 官職있는 사람의 居處의 주변
虛席: 자리를 비워놓는 것, 人物을 않게하려고 자리를 마련해 놓고 기다림
纓冠: 갓을 씻음, 정신을 가다듬는 것
克難: 어려운 것을 극복함

【註釋】
子規: 소쩍새, 두견새
月欲低: 달이 낮아지려 함, 달이 지려고 함

因想松都廣明夜 (인상송도광명야) 因하여 松都 廣明樓의 달밤을 생각하니

聲聲哀送上林西 (성성애송상림서) 소리마다 슬픔을 上林서쪽으로 보내네

〔朴興生聽子規詩〕

올해에도 또 杜鵑새 우는 소리를 들으니 哀痛하고 피나는 울음소리가 마음의 아픈 곳을 찌르는 것 같은데 때마침 봄에 으스름달이 지려고 하는지라, 因하여 松都인 개성 廣明樓의 달밤을 생각하게 되는 바 소리소리 그 哀切한 슬픔을 高麗의 後苑이 있던 上林의 서쪽으로 보내지겠지.

白華山下是黃溪 (백화산하시황계) 白華山 아래가 黃澗인데

賢守佳聲孰與齊 (현수가성숙여제) 太守의 頌聲을 누가 겨루리

緬想政餘多景致 (면상정여다경치) 멀리 생각건대 政事餘暇를 경치에 즐기리니

晴烟漆樹鶴樓西 (청연칠수학루서) 맑은 烟氣 옻나무 黃鶴樓 서쪽이로세

〔朴興生寄黃澗縣監林公〕

白華山 아래가 바로 黃澗인데 어진 太守의 聲華는 귀에 익히 들은 바 있으니 누가 겨루겠는가? 아득하게 생각해 본다면 黃澗小縣에 政事가 그다지 바쁘지도 없어 여가에 경치를 즐길일이 많으리니 아마도 맑은 烟氣 옻나무 우거진 黃鶴樓 서쪽에 자주 갈것이 뻔할것 아니겠나.

【註釋】
上林 : 나라의 後苑
白華山 : 영동군에 있는 산
黃溪 : 黃澗의 다른 명칭
緬想 : 아득하게 생각함.

何事西湖一主翁〔하사서호일주옹〕 무슨 일로 西湖의 한 老翁이

不求聞達坐如聾〔불구문달좌여롱〕 名聲을 안求하고 귀를 막고 앉았는고

鶯花茶酒春相醉〔앵화다주춘상취〕 茶酒로 꾀꼬리소리 꽃향기에 봄을 서로 취하니

楊柳橋邊落日紅〔양류교변낙일홍〕 버들 다리 가에 떨어진 해 붉었네.

〔朴興生次烹茶觀鷗韻〕

어찌된 緣故로 西湖에 자리잡은 한 老翁이 名聲이나 顯達는 求하지 않고 귀먹은 사람처럼 멍청하게 앉아만 있는고, 恒 茶飯 마시는 茶나 손님을 대접하려고 마련한 술로 봄이 되어서 꾀꼬리 울고 꽃피는 날에 서로 취하여 즐기리니 버들다리가에는 떨어지는 붉은 해를 매어둘 능력이 없기 때문이 아니겠는가.

塵海茫茫一粟身〔진해망망일속신〕 아득한 티끌바다에 뜬 좁쌀톨은 이내 몸이

考槃何處是芳隣〔고반하처시방린〕 어느 곳에 사는것이 뜻에 맞을까

晚隨烟雲鷗同去〔만수연운구동거〕 늦게 烟氣와 구름 따라 갈매기와 함께 가니

湖上濯纓別有人〔호상탁영별유인〕 湖水 위 갓끈 씻는 別人인가 하노라.

〔朴興生次鷗盟浦韻〕

【註釋】

鶯花‥꾀꼬리와 꽃、꾀꼬리 울고 꽃이 핌

塵海‥먼지나는 세상의 욕심의 바다

一粟身‥서속 한알만큼 하찮은 신분、육신

考槃‥두루 다니며 즐길만한 隱居하는 사람

芳隣‥이 거처할만한 집

晚隨烟雲‥늦게 연기와 구름을 따라감

濯纓‥갓끈을 씻음

別有人‥별난 사람

七言佳作篇

사람이 조금 안다고 하는 것이 한심한 이야기라는 것은 따져 보면 있다는 것이 아득한 滄海에 뜬 한알의 西粟같은 하찮은 몸인데 어느곳에 맞는 人心좋은 곳인지 알 수가 있나, 夕陽노을에 烟氣와 구름을 따라 白鷗와 더불어 돌아 가니 맑은 湖水위에 갓을 씻은 別人이라고나 할까 그렇지만 소용이 없는 것이 아무리 고운꽃도 봐주는 사람이 있어야만 고운 값이 나가는 것처럼 사람이 없는 때를 못만나면 聖賢君子도 별 수 없는 것이다. 그것은 그 효용이나 능력을 발휘하지 못하기 때문이다.

旣將眠食任棲遲 〔기장면식임서지〕 이미 眠食갖기를 任意로 거처하여

暮究朝參不失時 〔모구조참불실시〕 밤늦게 연구하고 아침에 참여함을 때를 잃지 않았도다.

只恨道長無寸進 〔지창도장무촌진〕 다만 道는 길고 寸進이 없음을 슬퍼하노니

慇懃警策慰相思 〔은근경책위상사〕 은근한 警策으로 위로하며 생각하여 마지 않는다.

菊堂公寄楓川金訓

朴興居奉和〔伯氏〕

이미 먹고 싶으면 먹고 쉬고 싶으면 쉬어 임의로 거처 하기를 더디게 하여 밤늦게까지 연구하고 아침에 講磨하여 때를 잃지 않고 공부에 힘썼도다. 다만 갈 길은 멀고 마디만큼이라도 進步됨이 없음을 슬퍼하노니 은근한 情이 있어 警戒하는 計策을 드려 위로하며 생각하여 마지 않는도다.

【註釋】

任棲遲：任意로 棲息하기를 더디게 함

道長：갈길이 멀음, 할일이 많음

無寸進：寸步의 進展도 없음, 제자리 걸음을 뜻함

慇懃：서로 통하는 마음이 남모르게 다정하다, 드러나지는 않아도 생각하는 정도가 깊다.

警策：경계하는 계책

講磨：학문이나 詩賦를 닦고 연마함.

臨攻固守解重圍　〔임공고수해중위〕 공격에 임하여 굳게 지킴, 어려울 때에 굳게 참아 견디고 빼앗을 수 없는 氣慨
知子干城有所依　〔지자간성유소의〕 자네의 干城之材에 의지하고 있는 것을 알겠노라.
壘上奇謀須盡變　〔루상기모수진변〕 陣中에 기이한 꾀는 지기 다 變하는데 있고
手中孤劍莫輕揮　〔수중고검막경휘〕 手中에 외로운 칼은 가볍게 휘두르지 말지니라.
清風掃地妖氣絶　〔청풍소지요기절〕 맑은 바람이 땅을 쓸어 망한 기운이 끊어지고
白日中天暗影稀　〔백일중천암영희〕 白日이 中天에 떠 오르니 어두운 그림자가 드물도다.
壯節豈堪時俗類　〔장절기감시속류〕 壯한 節介를 어찌 時俗類 따위가 감당하겠는가?
好將周召更同歸　〔호장주소갱동귀〕 장차 周公과 召公의 뜻을 따라 돌아 가리라.
　　　　公次姨弟　梁柳亭汝泰韻
　　　　〔朴興居奉和〕（伯氏）菊堂

사람이 智略이 있어야 할 것이 마치 공격을 하는데 임하여 군게 지켜서 여러 겹 포위된 것을 풀만해야 하나니 이것을 미루어 과연 자네의 干城之材에 의지하고 있는 든든함을 알겠도다. 陣中에 기이한 꾀라는 것은 모름지기 다 변할 줄 아는 능

〔註釋〕
臨攻固守 : 공격에 임하여 굳게 지킴, 어려울 때에 굳게 참아 견디고 빼앗을 수 없는 氣
解重解 : 거듭 包圍된 것을 풀어냄
干城 : 나라를 방위하는 군인, 城을 지킴
奇謀 : 기묘한 꾀
輕揮 : 가볍게 휘두름, 輕擧妄動을 뜻함
妖氣 : 妖邪스러운 기운
暗影稀 : 어두운 그림자가 드문 것
時俗類 : 時俗의 무리, 時代의 風俗에 따라 志操없이 휩쓸려 가는 무리
周召 : 周나라 文武成王때 표본이 될만한 어진 臣下
智略 : 슬기로운 계략

381　七言佳作篇

蘭溪菊堂二樂堂
惟我密朴中始祖
遺跡長存神道碑
稽山靈氣至今清

〔란계국당이요당〕 蘭溪와 菊堂과 二樂堂은
〔유아밀박중시조〕 우리 密陽朴氏의 中始祖로서
〔유적장존신도비〕 遺跡은 길이 神道碑가 保存되어 있으니
〔계산령기지금청〕 稽山의 靈氣가 이제 이르도록 清雅하도다. 〔編者〕

蘭溪 菊堂 二樂堂 세 분은 學行 文章을 겸비한 密陽朴氏의 中始祖로서 유적은 世德祠 雙清樓 御書閣 湖西樓 등이 있고 行蹟은 세 분이 모두 神道碑에 상세히 刻字되어 永同의 舊號인 稽山의 靈氣가 이제에 이르도록 衰하지 않고 푸르러 있는 것이다. 〔忠北 永同郡 深川面 高塘里〕

【註釋】

蘭溪: 朴坪의 號, 世宗때 僉知同知樞院事 中樞院副使藝文館大提學歷任, 雅樂을 整理하고 경륜에 協贊함. 諡文獻

菊堂: 朴興生의 號 桑村 金自粹門人 驪州 春川教授 昌平縣令歷任 成宗朝 贈資憲大夫 吏曹判書 以孝命旌閭有學行文章 朕享于花嚴書院 〔世德祠〕

二樂堂: 朴興居의 號 金自粹門人官殿中御史 學文純正有孝行文章 神道碑

中始祖: 이름이 별로 없던 집안을 다시 일으킨 시조

神道碑: 從二品以上의 官吏의 무덤, 근처의 큰 길가에 세우던 碑

稽山: 永同의 舊號

嗟汝蠢蠢漢家兒〔차여준준한가아〕 가엾구나 어리석은 漢族의 어린애야.

莫向遼東浪死歌〔막향요동낭사가〕 遼東 땅 넘보지 마라, 개죽음 되리라.

文武我先號桓雄〔문무아선호한웅〕 文武하신 우리 선조 桓雄이라 불렀으니

朱蒙太祖廣開土〔주몽태조광개토〕 朱蒙 태조 廣開土는 대를 이은 자손들은 英雄

綿亙血胤英傑多〔면긍혈윤영걸다〕 豪傑 많고 많아

威振四海功莫加〔위진사해공막가〕 四海에 떨친 威勢 더할 나위 없는 功績

紐由一仁楊萬春〔유유일인양만춘〕 紐由 一仁 楊萬春은 나라 위해 몸 바꾸어

爲他變色自靡踒〔위타변색자미와〕 로 쓰러졌네.

世界文明吾最古〔세계문명오최고〕 세계의 문명이야 우리나라 가가장 오래

攘斥外寇保平和〔양척외구보평화〕 外寇를 물리치고서 평화를 지켜왔네

【字解】
踒∴실족할 와. 발겹질칠 위.

七言佳作篇

劉徹楊廣李世民
望風潰走作駒過
永樂紀功碑千尺
萬旗一色太白峩

(유철양광이세민) 劉徹、楊廣、李世民은
(망풍궤주작구과) 바람처럼 무너지고 망아지처럼 도망갔네
(영락기공비천척) 永樂의 功을 새긴 碑石이 千尺이라.
(만기일색태백아) 萬旗도 一色으로 太白이 높았구나.

가엾구나 꿈틀거리는 어리석은 되놈(漢族)의 어린애 같은것들아. 우리 遼東땅을 집어 삼키려고 넘보지 말라. 개죽음을 면치못할 것이로다. 能히 文武를 兼全하신 우리 선조를 桓雄이라고 불렀으니 綿綿히 이어져 뻗어나온 子子孫孫가운데에는 英雄豪傑이라고 稱할 만큼 뛰어난 人材가 한없이 많았도다. 朱蒙이라 칭하여 百發百中의 名弓과 太祖王 그리고 廣開土王이라는 天下英雄은 四海에 떨친 威勢는 이에 더할 나위가 없으니 百濟、新羅、加洛이 朝貢을 다반쳐 稱臣하였으며 魏將毋丘儉을 쓰러트린 紐由、楊萬春은 非常時에 처하여 나라위해 몸을 받쳐 충성을 다하여서 李世民의 눈을 뺀 楊萬春은 世界에서 가장 文明이 먼저 발상된 곳은 우리나라이니, 끊임없이 侵入해온 外寇를 물리쳐 平和를 지켜 왔도다. 교활하고 영특하기가 이를데 없는 漢武帝 劉徹이 우리 땅에 侵入하여 四郡을 세웠으나 利를 얻지 못하여 쫓겨갔고 隋煬帝 楊廣은 百萬大軍을 잃고 이어서 나라까지 잃는 原因이 되었으며 당태종 이세민은 安市城의 싸움으로 몸이 죽는 傷處를

입게되어 바람처럼 무너져 달아나고 망아지처럼 도망가지 않았는가. 永樂이라는 廣開土大王의 業績을 찬양한 공로를 새긴 碑石이 千尺을 자랑하며 당당히 輯安縣에 서 있으니 수 많은 깃발이 고구려 一色으로 壯嚴한 太白山과 민족 魂이 함께 살아있을 뿐이다. ……(太白歌)

(出典 太白逸事 高句麗國本紀)

薩水湯湯漾碧虛
隋兵百萬化爲魚
至今留得漁樵語
不滿征夫一哂餘

〔살수탕탕양벽허〕薩水는 탕탕하게 흘러 푸른 하늘에 출렁거리는데
〔수병백만화위어〕隋나라 百萬군사가 변하여 물고기가 되어 버렸네.
〔지금유득어초어〕지금도 어부와 나뭇꾼 입에 오르내리니
〔불만정부일신여〕征夫의 한 웃음거리도 되지 못하네.

〔前同〕

薩水大捷의 옛날을 회고하며 明나라 사신과 함께 벽상루에 올라 祝杯를 들면서 이 詩를 읊은 사람은 後日에 李朝開國을 成事시킨 趙浚 그 사람이었다. 隋陽帝의 百三十萬 大軍을 薩水의 단 한번 싸움으로 魚肉을 만들어 隋나라 命脈을 끊게 한 乙支文德 將軍은 文武가 兼全하고 智略을 갖춘 名將이었다.

高句麗末에 乙支文德 將軍이나 蓋蘇文 將軍 中 한 사람만 있었더라도 大高句麗帝國은 멸망하지 않아 약소국의 유산을 물려받지 않아도 되는 것을 하는 아쉬움과 애석함을 禁치 못한다.

滔滔히 물결치며 흘러가는 薩水인 淸川江은 푸른 하늘에 넘실거리고 있는 데 아 뿔사! 隋나라 백만대군이 물고기가 아닌 물귀신이 되어버렸네. 지금까지 漁夫와 나뭇꾼의 입에 오르내릴만큼 話題가 되었으니 賦役나간 지아비의 한 웃음거리도 되

지 못하는 寒心事라면 정녕코 고구려는 망하지 않았어야 옳을 것을 감당못할 國運所致에는 人材도 名將도 끊어지고 말았다는 망국의 餘恨을 술로 달래며 詩로 토해내는 그 심정을 明나라 사신도 놀란 表情으로 지켜 보았으리라.

(天符思想과 桓檀歷史 참조)

富貴掀天從古死
貧賤到骨至今生
億千年去山猶碧
十五夜來月復圓

〔부귀흔천종고사〕 富貴가 하늘을 흔들었지만 예로부터 죽어왔고
〔빈천도골지금생〕 貧賤이 뼛속까지 이르렀어도 지금까지 살아왔네.
〔억천년거산유벽〕 億千年이 가도 산은 오히려 푸르고
〔십오야래월부원〕 보름밤이 오면 달이 다시 둥글다네.
〔大院君〕

富貴가 하늘을 흔들고 世上을 삼킬듯이 氣勝을 부렸지만 勢道란 無常하여 꺼꾸러져 草介같이 쓸어졌고, 貧賤이 뼛속깊이 스며들어 굶어 죽을 것 같아도 오늘까지 이 大院이 大監이 살아있네 그려. 億千年이 갔지만 山은 오히려 푸른빛을 자랑하고 있는가 하면 보름밤이 돌아오기만 하면 달이 다시 둥글지 않은가. 그렇다면 내가 그냥 썩으라는 법이 없지 않는가 말이다 네이 고이한 놈들!

狗尾續貂篇

狗尾續貂篇

食藏山下一樵夫
百體從心吾自扶
似猖似狂還似德
非剛非弱亦非愚
素香在僻名花發
大道不行宿草蕪
莫道此中無意味
蘋風蓼月伴閒鳧

〔식장산하일초부〕 食藏山 밑에 사는 한 나무꾼
〔백체종심오자부〕 온 몸이 마음 따라 扶持해 왔네
〔사견사광환사덕〕 狂猖과도 같으면서 德있는 것 같고
〔비강비약역비우〕 剛도 弱도 아니면서 어리석지 않으련다.
〔소향재벽명화발〕 본래 香氣구석진 곳에 이름난 꽃 피어 있고
〔대도불행숙초무〕 큰 길은 가지 묵은 풀이 거칠었네.
〔막도차중무의미〕 이 가운데 意味가 없다고 하지말라.
〔빈풍요월반한부〕 마름바람 여뀌달을 오리하고 같이 했네.

【註釋】
樵夫：나뭇군.
狂猖：뜻만 커서 떠벌이는 사람과 識見이 좁아 고집이 센 사람.
素香：平素부터 가지고 있는 香氣.
蘋風：마름풀 있는 데서 불어오는 시원한 바람.
蓼月：여뀌에 걸린 밝은 달.

【字解】
猖：고집스러울 견.
鳧：오리 부.

【註釋】
食藏山：忠南大田直轄市 一部와 忠北沃川郡 郡西面 一部에 위치하고 있는 山 이름.
食藏山下 忠北沃川郡 郡西面 下東里。때에 따라 뗄 나무도 해야 했고 農事의 助役도 해야 했으니 晝耕夜讀하는 나뭇군이라는 名稱이가 格에 맞을 것이다. 四肢百體가 마음이 支配하는 대로 順從하여 아무 탈 없이 내 몸을 扶持한 것을 多幸이라 생각한다.

編者가 生長한 곳은

耳目聰明是丈夫

〔이목총명시장부〕 耳目이 聰明한 것이 丈
夫라네

原來 固執있는 사람은 그 所信을 지킬 줄 알지만 自己의 所信만을 固執하기 때문에 固執不通한 弊端이 있어 孤立되어 苦杯를 마시는 수가 있다. 固守할 줄 알면서도 他人의 長点을 收斂할 줄 아는 雍固執이 아닌 擇善固執이라야 한다. 狂을 世上은 荒唐無稽하다고 비웃지만 마음이 커서 小節에 拘碍받지 않고, 自身의 欲求不滿을 充足시키려는 過程에서 規矩準繩을 侮視하고 大膽한 發散作用을 하기때문에 미쳤다고 하지만 抑制하면 進取的인 軌道에 오를 수 있는 것이다. 그 所信을 固執하면서 道量이 작지 않은 狂狷에다가 德을 兼한 사람을 닮고 싶은 것이다. 나의 欲求요, 所望인 것이다. 大抵 剛해야 決斷하는 長点이 있는 反面에 自己主張만을 내세우며, 過剛不中으로 中和를 해치고 甚하면 太剛則折로 부러지는 수가 있다. 柔해야만 사람을 懷柔시킬 수 있고 歡心을 살 수 있는 底邊에는 優柔不斷하여 自己의 主義主張을 내세우지 못하고 肯從하는 結果를 招來하여 일을 그르치는 수가 있다.

能柔能剛하면서도 어리석지 않은 것이 君子의 德이라면 나는 그것을 擇하겠노라. 다 具備할 수 없는 것이 사람의 氣質인지라 一長一短이 있게 마련이요, 折長補短해 쓰기 按配되어 있다. 原來 香氣를 품고 있는 꽃은 구석진 곳에 나서 애먹이게 마련이며, 大路가 있는데 왜 외面하고 다니지 않아서 雜草만 茂盛하게 우거지게 하는가. 그렇다고 無味乾燥하고 索寞하여 全然 살맛이 안난다고 이르지 말라. 마름을 타고 불어오는 快適한 바람과 여꾀에 걸린 灑落한 밝은 담을 쳐다보며 閒暇한 오리떼와 더불어 숨을 같이 쉬고 自然을 즐기며 웃고 살 수 있는 마음의 餘裕쯤은 가지고 있으니, 多少 삶에 쫓기더라도 刻薄해 질 것까지는 없는 것도 글을 읽어 얻어진 마음의 修練德分이라고나 할까!

狗尾續貂篇

神明護我自持扶
學究幽深能致遠
言思簡默亦如愚
池塘有養魚頻泳
庭砌不除草漸蕪
隱居獨善非吾意
強欲偸閒伴野鳧

〔신명호아자지부〕 神明이 保護하여 스스로 扶持했네.
〔학구유심능치원〕 學究는 幽深해야 致遠을 할 수 있고.
〔언사간묵역여우〕 言思는 簡默하여 어리석은 사람같네.
〔지당유양어빈영〕 못속에 기르는 고기가 헤엄치고.
〔정체부제초점무〕 뜰을 매지 않았으니 雜草만 거칠었네.
〔은거독선비오의〕 隱居獨善 하는 것이 내 뜻이 아니라네.
〔강욕투한반야부〕 한가한 틈을 타서 들오리와 짝하련다.

내가 聰明한 것이 大丈夫라고 邵子는 말했는데 聰明의 德을 갖추지 못한 것이 부끄럽긴 하지만 나름대로 神明이 지켜주어 扶持하게 하였도다. 學究란 원래 고요하고 깊이가 있어야만 崔孤雲先生처럼 먼 곳까지 到達하게 되는 것인데 바탕을 愚鈍하게 타고 난 自身이 말솜씨나 생각에 才致가 없으니 쓸모가 없도다. 假想의 못을 만들어 물고기가 뛰는 것을 觀望하고 晋處士 陶淵明처럼 뜰에 난 雜草를 除하지 않고 自然 그대로 살고 싶다. 그렇다고 해서 구태여 숨어서 나홀로 착한 길을 걸어가는 것은 내가 願치 않으니 억지로라도 時間을 世上에

【註釋】
偸閒 : 바쁜 가운데 한가한 시간을 마련함.
野鳧 : 물오리.

【字解】
塘 : 못 당.
頻 : 자주 빈.
砌 : 섬돌 체.

【註釋】
處士 : 草野에 묻혀서 벼슬을 하지않는 사람 居士.

華溪十里沃州西
茅屋三間借燕栖
雲影臨軒常夢鶴
樹陰滿砌又聽鸝
大田秋熟貧家少
廣野天晴古木低
眞率風流恒乏酒
須將此事責山妻

〔화계십리옥주서〕 西華川 十里길 沃川의 西쪽.
〔모옥삼간차연서〕 草家三間 제비에 빌어서 살았네.
〔운영임헌상몽학〕 구름속에 살다보니 鶴을 꿈꾸고
〔수음만체우청리〕 나무 그늘 집은 곳에 꾀꼬리 소리.
〔대전추숙빈가소〕 한 밭에 곡식 익어 가난은 가고
〔광야천청고목저〕 廣野에 날이 개니 古木이 낮네.
〔진솔풍류항핍주〕 꾸밈없는 風流엔 술이 떨어져
〔수장차사책산처〕 이 일을 가지고서 山妻를 責한다네.

내서 鶴도 갈매기도 아닌 들오리와 더불어 逍遙自適하리라.

西華川 十里길 沃川西쪽 錦山으로 가는 道路를 따라서 좀 들어간 곳. 不問可知

【註釋】
華溪∷西華川.
雲影臨軒∷구름의 그림자가 집추녀에 까지 다가옴.

祖上께서 落鄕 隱遁으로 命脈이나 扶持하려고 발부친 곳이라 봄이면 依例
히 제비가 名色이 主人이라고 찾아오니 待接해 말해서 草家三間을 그놈에게 빌
어서 산다 해도 害롭지 않으리라. 山多地峽한 殘山短麓이지만 樹木은 우거져 구
름의 그림자가 마루에 臨할 때는 항상 鶴을 꿈꾸고 나무그늘이 섬돌로 옮겨질 때
에는 간혹 꾀꼬리가 날아와서 울고 간다. 여기서 약간 東쪽으로 가면 들이 펼쳐져
있어 麥秋가 되었으니 貧家는 당연히 적을 것이고 넓은 들에 맑게 갠 하늘에는
큰 古木이 나즈막하게 보인다. 大略 風流男兒라는 것이 豪氣가 있어 많이도 하
면서 愛酒하는 병이 있어 醉하는 순간에 世上의 시름을 잊어버리는 滋味로 이것
을 핑계삼아 山에 있는 아내를 責望하는 口實을 마련하는 것이다.

碧水東流日已西 (벽수동류일이서) 푸른 물은 東流요, 날은 西山에.
空簾寂寂燕來栖 (공렴적적연래서) 빈 발은 고요한데 제비는 왔네.
雲際飛機疑白鶴 (운제비기의백학) 구름갓 飛行機를 鶴인가 하고.
林端巧舌聽黃鸝 (임단교설청황리) 숲속에서 우는 것은 꾀꼬리 소리.
泉聲入枕心同淸 (천성입침심동정) 샘 소리 들려와서 서늘해지고.
簾影倒階日已低 (첨영도계일이저) 첨아 그늘 뜰에 옮겨 날이다 갔네.

【註釋】
山多地峽: 山만 많고 耕地가 峽少(좁고 작
은 것) 함.
殘山短麓: 얕고 작은 山. 나지막한 山 길지
않은 山기슭.

【字解】
簾: 처마첨

【註釋】
碧水: 푸른 빛이 나도록 깊은 물.
雲際: 구름 사이. 구름이 떠 있는 즈음.
倒階: 뜰 아래로 꺼꾸로 옮겨감.

【註釋】
田家産業: 농가에 경제적 생활에 관한 모든
일.
逐日采桑: 날마다 뽕을 따는 것.

田家産業蠶農大　〔전가산업잠농대〕 田家의 産業에는 蠶農이 크니.

逐日采桑共老妻　〔축일채상공노처〕 날마다 뽕따기를 아내와 같이 했네.

푸른 물줄기는 東쪽으로 흐르고、날은 이미 西山에 저물었는데 펼쳐 놓은 빈 밭에는 제비가 날아와서 앉아 있다가 가기도 한다. 구름가에 나는 飛行機는 模樣이 鶴에 彷彿하니 鶴이 아닌가 疑心을 하고、숲 끝에서 우는 공교한 목소리 그것은 노란 꾀꼬리란 놈이었구나. 흘러 가는 샘 소리가 벼개 벼고 누워있는 平牀 그것은 지 들려오니 마음이 서늘해지고 처마 그늘이 뜰에 꺼꾸러져 날이 이미 낮이 졌도다. 아무래도 農村에 生産性이 있는 것은 蠶業을 無視할 수가 없으니 날이 면 날마다 뽕잎을 따는 것은 제일 만만한 늙은 아내와 같이 하는 수 밖에 별 수가 있나.

南畔淸溪溪上堤　〔남반청계계상제〕 밭둑위엔 맑은 시내、시내위엔 堤防인데.

攀藤蹴石攝雲梯　〔반등축석섭운제〕 藤을 잡고 돌을 차며 높은 山에 올랐도다.

頰裏新聲佳句發　〔협리신성가귀발〕 볼속에서 나는 소리、아름다운 글귀인데.

手中傲物短節携　〔수중오물단공휴〕 手中에 오만한건 휘두르는 短枚일세.

【字解】
畔：밭두둑 반
攀：더위잡을 반
蹴：찰 축
蹋：밟을 섭

【註釋】
淸溪：맑게 흐르는 산골의 시내。
攀藤：등나무 덩굴을 더위잡음.
蹴石：돌뿌리를 발로 걸어 차는 것.
雲梯：산의 높은 곳. 높은 사닥다리.

狗尾續貂篇

烏有稱名今此漢
雞鳴驚夜昔何齊
一方渺渺懷常在
云我誰思彼美兮

（오유칭명금차한） 네 이놈들아 무엇으로 이르느냐 이제
（계명경야석하제） 닭을 울려 치새우던 옛
（일방묘묘회상재） 한 모퉁이 아득한 곳.
（운아수사피미혜） 누구를 생각하나 아름다운 사람일세.

南쪽에는 밭이랑이 있고 맑은 시내가 있으며, 시냇가에는 堤防이 있는데 藤덩쿨을 붙잡고 돌뿌리를 차면서 산 높은 곳에 올라갔노라. 볼 안에서 새어 나오는 새로운 소리는 아름다운 글귀이며 손에 쥔 오만한 물건, 그것은 휘두르는 지팡이가 아니더냐. 대관절 물어보자. 무엇이 있다고 이름을 뽐내느냐? 이제 네 이놈들아! 닭을 울려가며 밤을 일깨우던 것은 옛날에 어떠한 齊나라드냐, 한 모퉁이 아득히 먼곳에 懷抱가 항상 있으니 내가 누구를 생각하는고, 絕世而獨立한 美人이라 稱하는 그 사람은 어디에 있는가.

雨歇南郊芳草堤
短墻飽蔓立杪梯

（우헐남교방초제） 오던 비는 南쪽 들판 芳草뚝에 개었으니
（단장포만입초제） 짧은 담장 박덩쿨이 회초리로 올라가네.

【註釋】
梯：사닥다리 제
頰：볼 협
笻：지팡이 공

【註釋】
頰裏新聲：입안에서 웅얼거리는 소리. 남이 알아 듣지 못하게 중얼거리는 소리.
手中傲物：손안에 있는 거만한 물건. 손안에 서 제멋대로 行動하는 물건.
烏有：사물이 아무것도 없이 됨. 무엇이 있는가.
此漢：이놈. 사내를 욕되게 호칭하는 말

【註釋】
短墻飽蔓：나지막한 돌담에 박덩쿨
立抄梯：박덩쿨을 지붕에 올리려고 가는 회초리로 섬을 준 것.
參天：공중에 높이 솟음.

助爲蠶事老妻喜
行出原田稚子携
參天古木蒼藤欝
滿地黃雲大麥齊
多情惟有靑山月
缺界留縁出皎兮

〔조위잠사노처희〕 누에 일을 도와주니 늙은 아내 기뻐하고
〔행출원전치자휴〕 언덕밭에 나갈 적에 어린 아들 손을 끄네.
〔참천고목창등울〕 하늘높이 뻗은 古木 藤덩쿨이 우거졌고
〔만지황운대맥제〕 땅에 찬 누런 구름 보리 물결 넘실대네.
〔다정유연청산월〕 多情한건 오직있는 靑山의 明月인가
〔결계유연출교혜〕 이즈러진 이 世上을 皎皎히 비쳐주네.

오던 비는 南쪽에 펼쳐있는 들판 綠陰芳草 堤防위에 끝쳤으니 짧은 담장 박덩쿨이 회초리 사다리를 타고 올라가는구나. 일손이 바쁜데 누에치는 일을 도와주니 늙은 아내는 기뻐하고, 언덕 밭길에 나갈 때에는 어린아들 손을 잡고 끌어주니 아들이 좋아한다. 하늘 높이 뻗어있는 數百年 古木에는 푸른 등나무 덩쿨이 매달렸고 땅에 가득히 누런 구름이 이는 듯한 보리밭이 가즈런히 물결친다. 그런데 多情한 것은 오직 하나밖에 없는 靑山의 明月인가 이지러진 이 世上에 머물러 皎皎히 비쳐주고 있으니 李謫仙이 달을 보고 醉해 놀던 感懷가 새로워지는 것이다.

蒼藤∶푸른 등나무 댕댕이 덩쿨
滿地∶땅에 가득참.
缺界∶缺点이 많고 墮落된 세상. 圓滿無缺한 데서 한 쪽이 떨어져 달아났거나 차지않은 모양.
留緣∶因緣을 끊지 않고 처저 남아있는 것.

狗尾續貂篇

泉甘土沃管城隅
所有雲深只自娛
濟時誰作巨川楫
盡日相思空谷翁
今世清狂唯我獨
古書講讀與人俱
爲人素性謙爲主
欲學顏淵有若無

〔천감토옥관성우〕 우물 좋고 땅 모퉁이에
〔소유운심지자오〕 가진 것은 깊은 구름 자기 혼자 즐격하네.
〔제시수작거천즙〕 때를 건널 뱃사공은 그 누가 될 것인가
〔진일상사공곡추〕 진일 빈골짝에 말먹이를 생각하네.
〔금세청광유아독〕 이 세상에 미친 것은 나뿐인가 하는데
〔고서강독여인구〕 옛 글을 읽는 것은 사람으로 더불리라.
〔위인소성겸위주〕 사람됨과 性格이 謙遜함을 主張하니
〔욕학안연유약무〕 顏淵의 有若無를 배우고자 하노라.

우물은 甘味롭고, 땅은 肥沃한 管城(沃川의 舊地名)의 한 구석에 所有하고 있는 것은 구름 깊은 곳에서 다만 스스로 즐거워하는 것 뿐이라네. 이 時代를 건너갈 때 누가 큰 내를 저어가는 沙工이 될것인가. 날이 다가 도록 빈골짝에 말먹이 풀을 생각하며 貴賓을 기다리는 것이 寒心스럽다.

【註釋】
自娛 : 즐거운 마음을 갖는것.
濟時 : 時代를 救濟함. 時代의 흐름을 바로 잡음.
巨川楫 : 큰 내를 건너기 위하여 노를 젓는 것.
盡日 : 盡終日.
淸狂 : 마음이 淸雅하고 俗되지 않으면서도 그 하는 것이 常例에 벗어남.
古書 : 옛날 책. 古書籍.
講讀 : 講義하고 讀書하는 것. 글을 읽고 그 뜻을 밝힘.
素性 : 본래 타고난 성품. 先天的으로 타난 성품.
顏淵 : 孔子弟子 顏子. 일찍이 事理를 깨우침.

【註釋】
泉甘 : 우물 맛이 달콤함.
土沃 : 땅이 살찌고 기름진 것.
管城 : 沃川의 舊號로 管城 沃州 沃川으로 變遷해 왔음.

이 세상에 自家陶醉가 되어 淸狂으로 自處하는 것이냐 혼자란 말이냐 古書를 講하고 읽는데 사람과 같이하면 妙味가 있지 않으랴? 내 사람된 本來의 性格 이 謙虛한 것에 主張을 삼으려 하노니 孔子弟子 顔淵이 『있어도 없는것』 같이 하는것을 배우고자 한다.

滿天殺氣北城隅
自愧偸閒詩酒誤
嚶嚶黃鳥千絲柳
皎皎白駒一束芻
對案常從稚子讀
治田每與老妻俱
靑山或識隱居意
每入雲中半有無

〔만천살기북성우〕 滿天에 殺氣는 北쪽 城에 감도는데
〔자괴투한시주오〕 閒暇함을 詩酒로써 달래는게 부끄럽다.
〔앵앵황조천사류〕 울고 우는 꾀꼬리는 千絲의 버들인데
〔교교백구일속추〕 깨끗한 망아지는 한묶음 풀이로세.
〔대안상종치자독〕 冊床을 대할 적엔 어린아이 같이 읽고
〔치전매여노처구〕 밭을 매고 가꿀 때엔 늙은 아내 함께 했네
〔청산혹식은거의〕 靑山이 或이나 숨어 사는 뜻을 알아
〔매입운중반유무〕 구름속에 들어가서 半이 있다 없어지네.

〔註釋〕
偸閒‥바쁜가운데 겨를을 찾음. 바쁜데 틈을 내는 것.
嚶嚶‥새가 서로 응하여 우는 소리.
皎皎‥매우 희고 밝은 모양. 희고 깨끗한 모양.
白駒‥흰 망아지
相從‥서로 의좋게 지냄. 서로 왕래해 가며 사귀는 것.
治田‥밭에 김을 매어 곡식을 가꾸는 것.
隱居‥世上을 피하여 숨어 사는 것

〔字解〕
嚶‥새소리 앵
皎‥흴 교

399 狗尾續貂篇

戰鬪의 먹구름이 北쪽의 城邊에서 殺氣를 띠고 있는 六·二五戰爭이 아직 休戰이 成立되지 않음을 무렵, 開暇한 틈을 타서 詩를 쓰고 술을 마셔가며 心亂한 마음의 苦衷를 달래보려는 自身이 부끄러운 생각이 들기도 한다. 고운 목소리로 우는 꾀꼬리는 일천실버들 가지에서 깃들여 있고 흰 망이지는 책상을 맞댈적엔 항상 어린아들과 더불어 같이 읽고 밭을 매어 가꿀 때에는 每樣 만만한 늙은 아내와 함께하는 수 밖에 없도다. 靑山이 혹시 숨어사는 사람의 뜻을 알고 있음인지 매양 구름속에 들어가서 半쯤 나타났다 없어졌다 하는도다.

虛靜自持萬慮灰
一身清淨正無埃
入山獨處雲藏跡
隔水相逢月滿臺
煙深古寺疏鍾晚
風起戍樓暮角催

〔허정자지만려회〕 비우고 고요하면 모든 생각이 사라지고
〔일신청정정무애〕 몸이 맑고 깨끗하니 티끌인들 있을소냐.
〔입산독처운장적〕 산에 와서 있노라니 구름자취 사라지고
〔격수상봉월만대〕 물을 두고 만나보니 달이 집에 가득찼네.
〔연심고사소종만〕 煙氣 깊은 옛 절에는 쇠북소리 울려오고
〔풍기수루모각최〕 바람이는 戍樓에는 나팔소리 재촉하네.

【註釋】
虛靜‥비우고 고요함. 욕심이 사라지고 마음이 맑고 차분해진 상태
萬慮‥여러가지 생각. 모든 雜念
清淨‥깨끗하여 더럽고 속된 것이 없음.
無埃‥티끌이 없음. 티없이 맑음.
獨處‥혼자 거처함.
古寺‥오래된 절. 古刹. 옛적부터 있는 절.
疏鍾‥드문 드문 울리는 종소리. 이따금 들리는 종소리.
戍樓‥수자리 터에 지은 望樓
暮角‥늦게 수자리 터에 부는 나팔

【字解】
灰‥재 회
戍‥수자리 수
籟‥세구멍 통소 뢰

三庚避暑青松下
爽籟自生眼忽開

[삼경피서청송하] 三伏의 무더위를 솔 아래에 避했더니
[상뢰자생안홀개] 山 바람이 시원하여 눈이 忽然 열리었네.

비워야만 물건을 容納할 수 있고, 고요해야 마음이 安定이 되어 精進할 수 있는 姿勢가 되니 이렇게 됨으로써 모든 雜念이 사라지고 한몸이 맑고 깨끗하여 티끌 이 일어나지 않는 것이다. 祈禱한다는 것은 어떠한 所願成就를 呼訴하기에 앞서 自己의 마음을 淸淨無埃狀態로 비우게 하여 姿勢를 바꾸는 것을 意味하는 것이다. 어느듯 李博士도 물러나고 許政內閣首班이 登場하여 過渡期의 虛政을 메우게 되었다. 山에 들어가 홀로 노라니 구름도 자취를 감추고 물을 隔하여 서로 만나 니 月色이 樓臺에 가득 찼도다. 煙氣가 오래된 절에 깊었으니 성긴 鍾소리 울려 퍼지고 수자리를 지키는 樓閣에 바람이 일어나니 저물어 가는 나팔소리 재 촉하는구나. 三伏이 찌는듯한 무더위를 푸른 솔밭 아래에서 避하려 하니 서늘한 山바람이 스스로 생겨서 눈이 忽然히 열리는 것처럼 爽快하구나.

綠陰如海興無涯
太半人情與我乖
隣家寂寂還兒哭

[녹음여해흥무애] 綠陰이 바다같아서 興이 끝이 없는데
[대반인정여아괴] 人情의 거의 半은 나와는 다르네.
[인가적적환아곡] 이웃집이 고요한데 아이 울음 들려오고

【註釋】
三庚: 三伏(初伏、中伏、末伏)의 가장 더운 때
避暑: 더위를 避하여 서늘한 곳으로 가는 것
爽籟: 서늘한 自然界에서 생기는 바람 (藤王閣序
爽籟發而淸風生)。

【註釋】
綠陰: 우거진 푸른 나무의 그늘。
寂寂: 외롭고 쓸쓸하다. 고요함.
悠悠: 썩 멀고 아득하다。(하늘)느릿느릿 하다。(강물)
書中蠹: 책을 갉아먹는 좀벌레
淺見: 얕은 見聞、淺薄한 意見

天地悠悠放我懷
少知恰似書中蠹
淺見又如井底蛙
無端無始循環裡
一視同仁物亦儕

(천지유유방아회) 天地는 悠悠한데 나의 懷
  抱 놓았도다.
(소지흡사서중두) 조그만 知慧라는 것은 책
  속에 좀벌레요.
(천견우여정저와) 얕게 보는 허튼 知識 우물
  안에 개구리라.
(무단무시순환리) 始作도 끝도 없이 循環하
  는 自然속에
(일시동인물역제) 다같이 보는 눈엔 물건
  역시 同類라네.

綠陰이 바다처럼 부풀어 오르는 綠肥紅瘦의 季節! 興이 限없다고나 할까? 半
數以上 擧皆의 人情이 索寞하고 無味乾燥하여 내가 보는 角度에서 期待에 어그러
지는 것이 많도다. 이웃집이 고요하다가 도리어 아이우는 소리가 시끄럽게 들리
고 天地는 아득히 먼데 내 회포를 풀어 놓았도다. 조금 안다고 하는 그 自身이
恰似히 책을 갉아먹는 좀벌레 같은 것이라면 淺薄한 識見 역시 별수 없는 우물안
에 개구리가 아니더냐. 始作도 끝도없이 이어지는 循環不息하는 자연의 세월속
에 모든 것을 差別없이 사랑하는 見地에서 볼 때에 萬物도 역시 生을 같이한 生
命体의 部分이라면 엄밀히 말하자면 同類라고 할 수 있다. 피가 흐르고 生命이
붙어 있으니 無知하다 해서 살아 움직이는 生物体에는 다를것이 없으니 人間에게
一体요 自他一体라는 論理가 成立되어 그들을 保護育成해야할 責任이 人間에게
있는 것이다.

【字解】
乖：어거질괴

井底蛙：우물안의 개구리. 견문이
  좁은 사람의 비유.
無端無始：끝도 없고 始作도 없이.
循環：쉬지 않고 잇달아 돌아감. 쉴
  새없이 어떤둘레를 맴도는 것.
一視同仁：사람이나 짐승이나 물건
  을 다 고루 한결같이 보고 사랑함.

只願急攻勿失期
沈沈風雨盆凄其
起處橫濤松萬壑
重門新綠柳千絲
誰知古月今來否
可惜朝花夕落之
疾足莫言先得鹿
殺人不嗜別無疑

(지원급공물실기) 願하노니 急히 쳐서 때를 잃지 말아야지

(침침풍우익처기) 沈沈한 비바람이 어찌그리 凄涼한가

(기처횡도송만학) 일어나는 비낀 波濤 일만구렁 소나무요

(중문신록유천사) 重門의 새 綠陰은 버들이 千絲이라

(수지고월금래부) 그 누가 놈들이 이제 올 줄 알았던가

(가석조화석락지) 아깝게도 아침꽃이 저녁에 질줄이야

(질족막언선득록) 발빠른놈 사슴이 제 것이라 하지마오

(살인불기별무의) 殺人을 않는 이가 別로 疑心 없으리니

다만 願하는 것은 急所를 攻擊하여 時期를 잃지 말라고. 그런데 왜 그리 沈沈하고 憂鬱한 비바람은 그렇게 凄涼하게 몰아치는가 韓國戰線에 中共軍이 介入하여 人海戰術을 試圖함에 있어 맥아더 司令官이 滿洲爆擊을 提議한 것은 大勢를 洞察한 一石二鳥의 名案이었다. 이 案이 實現되었더라면 戰爭이 一段落되었던가 休

【註釋】
沈沈: 어둠이나 흐림. 눈이 어두어 뚜렷하게 보이지 않음.
古月: 胡字를 破字한 것. 오랑캐라는 뜻.
可惜: 아깝다. 가엾다.
疾足: 발이 빠른것. 사람보다 뛰어남.

【字解】
嗜: 즐길 기

戰은 단축되었을 것이다. 그러나 아깝게도 名案은 挫折되고 將軍의 解職은 知識人을 激憤케 하였던 것이다. 일어나는 波濤소리 그것은 松林에 부딪치는 많은 골짝의 바람이요 重門앞에 늘어진 버들가지의 新綠을 千絲를 휘날리게 하였도다. 누가 敢히 오랑캐인 中共의 되놈들이 우리 彊土를 侵犯해 올 줄이야 像想했겠는가. 哀惜하게 아침에 핀 꽃이 저녁에 떨어지듯 崩壞되고 말것을… 누가 말했던가 발이 빠른 녀석이 無嚴하게도 잃은 사슴을 제것이라고 덤비지 말라.
「不嗜殺人者能一之」라고 殺人을 즐기지 않는 어진 사람이 天命을 받는 것은 東西古今의 歷史가 말해주는 鐵則이라는 것을 알아야 한다.

到處人生鴻踏泥
暴雨烈風我不迷
窓外叢翠松千嶂
枕下殘流柳一溪
帷中誰決運籌策
塞北盡傷胡馬蹄

〔도처인생홍답니〕 사람이 사는 것이 到處에 風塵인데.
〔폭우열풍아불미〕 暴雨와 烈風에도 昏迷하지 않으리라.
〔창외총취송천장〕 窓밖에 푸른솔은 뫼뿌리가 一千인데.
〔침하잔류유일계〕 벼개 밑에 殘流는 버드나무 한 시내라.
〔유중수결운주책〕 帳幕에서 누가 能히 運籌를 할 것인가.
〔새북진상호마제〕 邊方은 짓밟히니 되놈 말의 발굽이라.

【註釋】
到處:가는 곳마다 이르는 곳마다
鴻踏泥:기러기가 눈과 진흙을 밟는 것처럼 어렵고 고됨.
暴雨烈風:사나운 비와 모진 바람.
叢翠:떨기로 나서 푸른 것
籌策:利害를 헤아려 생각한 計策
塞北:邊方의 北녘
翰音:닭의 날개를 치는 소리. 닭이 울려고 홰를 치는 소리

【字解】
翠:푸를 취
嶂:뫼뿌리 장
籌:산가지 주
艾:쑥 애
翰:높이날 한

夜已何其猶未艾
翰音姑待報天鷄

〔야이하기유미애〕 밤이 거의 지났는가
아직 밝지 않았으니
〔한음고대보천계〕 닭이 우는 날개소리
아직 좀 기다려야.

到處에 사람 사는 것이 기러기가 눈과 진흙을 밟는
世上 이로소니 갑자기 쏟아지는 비바람에도 나만은 昏迷해서 어렵고 疲困한 風塵
山밖에 떨기로 나서 푸른것은 소나무 千그루가 마치 山峯처럼 둘러 있는 것이요
벼개 아래에서 졸졸 흐르는 것은 버들이 서 있는 한 시내로다. 帳幕속에서 누가
숫가지를 운전하여 張子房 처럼 決勝千里之外를 할 人物은 없는가? 邊方 北쪽
은 되놈의 말발굽에 다 짓밟히는구나. 도대체 밤중은 지난것 같은데 밤이 얼마
나 되었는지 알 수가 없어 오히려 날이 희번하지 않았으니 아직은 닭이 홰를 치
며 우는 時刻까지 기다리는 수 밖에 별 道理가 없지 않느냐?

華岳重重繞錦江
渡頭春漲没長矼
藹藹林間生野馬
寥寥雲裡吠山尨

〔화악중중요금강〕 華岳은 거듭거듭 錦
江을 둘렀는데.
〔도두춘장몰장강〕 건너는 곳 물이 불어
돌다리가 잠겼도다.
〔애애임간생야마〕 아롱아롱 숲 사이에
아지랑이 끼어 있고
〔요요운리폐산방〕 괴괴한 구름속에 산
개는 짖는구나.

〔註釋〕
華岳: 華麗한 山岳。西華에 있는 山
重重: 거듭거듭 포개져 있는 모양。
長矼: 돌로 놓여진 징검다리
藹藹: 구름이나 아지랑이가 많이 낀 모양
野馬: 아지랑이

〔字解〕
繞: 두를 요
漲: 물 불을 장
矼: 돌다리 강

狗尾續貂篇

浮世異論家是百　　(부세이론가시백) 뜬 世上의 異論은 百家처럼 複雜하고
超凡雅量士無雙　　(초범아량사무쌍) 뛰어난 雅量이란 견줄 선비가 없도다.
流民困苦莫如此　　(유민곤고막여차) 流民의 괴로움이 이같을 수 없는데
懷寶奈何迷厥邦　　(회보내하미궐방) 寶貨를 품은 사람 어찌 아니 나오는가.

華岳이라고 하는 그곳의 山들이 錦江上流를 거듭 둘러싸고 있는데 건너가는 길목에는 봄비가 내려 돌로 놓은 다리가 파묻혀 버렸도다. 히 흐르는 물, 山林間에 끼어있는 아지랑이 숲속에서 짓는 개, 諸子百家를 無色하게 할 만큼 雨後竹筍처럼 散漫한 골치아픈 世上에 떠다니는 異論은 많아도 凡夫를 超越한 雅量을 가진 둘도 없는 선비란 貴한 것일세. 流民의 困하고 괴로움이 莫甚하기가 이를데 없는데 寶貨를 지닌 人材나 英雄이란 사람들은 왜 나타나지 않아 나라의 昏亂함을 觀望하고 있는가?

玉女峯前路幾重　　(옥녀봉전로기중) 玉女峯 앞 길이 몇번이나 거듭했나
雲深地僻可藏踪　　(운심지벽가장종) 구름깊고 구석진 곳 자취를 감추겠네

【註釋】
藐藐：무성할 애
寥：쓸쓸할 요
尨：삽살개 방
寥寥：쓸쓸하고 고요한 모양. 공허한 모양
山尨：산家에 사는 삽살개
浮世：뜬 세상. 덧없는 세상
異論：다른 주장. 보통과 다른 意思나 議論
超凡：平凡한 것보다 썩 뛰어남
雅量：너그럽고 깊은 마음씨
無雙：견줄 데 없음
流民：고향을 떠나 이곳 저곳으로 떠돌아 다니는 백성
困苦：困難하고 괴로움
玉女峯：下東里에 있는 山名. 玉女峯 이라는 마을이 있음.
地僻：땅이 구석진 것이나 다른 마을에서 한참 떨어져 있는 것.
春生：봄이 생긴다. 보리잎에 풋색이 나듯 봄기운이 도는 것.

野外春生浮草笛
樓頭日晚落山鍾
向暖花風微雨過
乍寒石氣尚朝衝
多情猶有天邊月
自去自來照我胷

(야외춘생부적) 들 밖에 봄이 오니 풀 피리 들려오고

(루두일만낙산종) 다락머리 해가 지니 산종소리 울리누나

(향난화풍미우과) 陽地쪽 꽃샘 바람이 슬비 지나가고

(사한석기상조충) 조금 찬 돌기운이 아침을 찌르누나

(다정유천변월) 多情한건 오히려 하늘가에 달이 있어

(자거자래조아흉) 왔다갔다 하면서 나의 가슴 비쳐주네

玉女峯 앞으로 난 길이 몇번이나 거듭 돌고 돌았는가? 구름은 깊이 숨어있고 땅이 구석져서 可히 발자취를 감출만 하도다. 들 밖에 봄이 왔다는 것은 아이들이 부는 풀피리 속에 담겨져 있고 다락의 머리에는 해가 저물어 절에서 울려오는 山쇠북소리 은은히 들려온다. 따뜻한 陽地를 向한 꽃샘바람에 적게 내리는 이슬비 지나가고 아직도 이른 아침이면 잠깐씩 찬기운이 스며든다. 多情한건 아무래도 天邊의 明月인가 스스로 말없이 空間을 오고가며 하염없이 徘徊하는 錯雜한 이 가슴을 비쳐주며 慰勞해 주는 성 싶다.

【字解】
草笛‥‥풀피리. 풀이나 나무로 만든 버들피리 같은 것
花風‥‥꽃샘바람. 꽃필 무렵에 부는 찬 바람
微雨‥‥가랑비. 이슬비
乍‥‥잠간 사
衝‥‥찌를 충
胷‥‥가슴 흉

南渡萍踪又北回
濃陰處處路邊槐
巨天旱魃蒸人酷
落日鳴蟬入耳來
花下題詩紅滿軸
田間決水綠生苔
今我所懷誰有識
消愁不厭濁醪盃

〔남도평종우북회〕 마름같은 발자취가
南北을 오고 가니
〔농음처처로변괴〕 짙은 그늘
길가에 槐木이라
〔궁천한발증인혹〕 酷甚한 旱魃은 하늘
까지 뻗쳐있고
〔낙일명선입이래〕 해가지니 매미 울음
귀에 들려 오는구나.
〔화하제시홍만축〕 꽃아래에 글을 쓰니
붉은 것이 軸에 차고
〔전간결수록생태〕 밭에 가서 물을 대니
푸른 이끼 묻어오네
〔금아소회수유식〕 마음 속에 간직한 회
포를 누가 알리
〔소수불염탁요배〕 근심을 푸는 데 濁酒
인들 어떠하리

浮萍草처럼 떠다니는 발자취가 南쪽으로 건너갔다 또다시 北쪽으로 돌아오니 무르녹은 그늘 곳곳마다 槐木이 우거졌네. 하늘을 찌를듯한 가뭄과 무더위가 사람을 호되게 찌는데 해가지니 매미소리가 시원스럽게 들려온다. 꽃밑에서 詩를 쓰니 굴대에 붉은 것이 차는것 같고 논에 나가 물을 대니 푸른이끼가 묻는

【註釋】
萍踪：개구리밥이 정처없이 떠다니는 것처럼 떠돌이 신세.
濃陰：짙은 그늘
旱魃：가뭄. 가물을 맡고 있다는 귀신
落日：지는 해
窮天：酷甚한 旱魃은 하늘
題詩：詩를 지음
決水：논에 물을 대는 것.
所懷：마음에 품고 있는 회포
消愁：쓸쓸한 회포를 없애 버림.
濁醪盃：탁주잔. 막걸리 잔.

【字解】
萍：개구리밥 평
踪：자취 종
魃：가물귀신 발
軸：굴대 축
醪：막걸리 요

407　狗尾續貂篇

것 같은 錯覺을 하게 된다. 錯雜한 내 心思(所懷)를 아는 이가 없을진대 근심을 사라지게 하는 데는 濁酒인들 어떠하리.

水複山重路又回
連溪兩岸綠陰槐
大暑家家酷吏退
新涼處處故人來
參天古木蒼藤葛
深峽涓流被石苔
盡日鳴蟬聲最好
碧梧桐下更含杯

〔수복산중로우회〕 물과 山과 길들이 첩첩히 돌았는데
〔연계양안녹음괴〕 連한 시내 언덕에는 綠陰이 우거졌네
〔대서가가혹리퇴〕 무더위 집집마다 甚한 아전 물러가고
〔신량처처고인래〕 서늘한 것은 곳곳에 친구처럼 찾아왔네
〔참천고목창등갈〕 하늘가 古木에는 푸른 藤이 얽혀있고
〔심협연류피석태〕 깊은 골짝 시내에는 돌이끼 덮혀 있네
〔진일명선성최호〕 盡終日 우는 매미 소리가 가장 좋아
〔벽오동하갱함배〕 碧梧桐 아래에서 다시 한잔 마셔볼까

【註釋】
酷吏：가혹한 관리
新涼：첫 가을의 서늘한 기운
故人：오래 사귄 벗. 죽은 사람
深峽：산골짜기
涓流：작은 흐름
盡日：날이 다하도록 온 終日
含盃：술을 마심

【字解】
酷：흑독할 혹
峽：골짜기 협

水滿則傾月滿虧
淸欄風入半簾垂
洞僻樹雲藏短壑
林深山鳥下疎籬
爲詩每恨驚人少
愛酒如何荷鋪隨
先難後獲分明見

물과 山이 거듭하고 길이 한번 돌아있는데 連해진 시냇가 언덕에는 푸른 槐木나무 그늘이 덮혀 있네. 그렇게 기승을 부리던 무더위 아전처럼 귀찮게 던 그것도 차츰 물러가고 서늘한 친구같은 가을이 곳곳에 찾아왔네. 하늘에 닿은 古木엔 푸르는 藤 덩울이 감겨있고 깊은 산골짝 흐르는 시냇물엔 돌에 이끼가 덮혀 있네. 온終日 우는 매미 소리가 더할 나위없이 좋으니 碧梧桐나무 밑에서 한잔 하는 것이 格에 맞지 않은가?

(수만즉경월만휴) 물이 차면 기울고 달 도 차면 이즈러져

(청란풍입반렴수) 개인 欄干 바람불어 걸린 발이 들렸도다.

(동벽수운장단학) 골짝이 구석져서 나무의 구름은 구렁에 감취있고

(임심산조하소리) 숲이 깊었으니 산새들이 성긴 울타리로 내려오네

(위시매한경인소) 詩를 하매 언제나 사람을 놀라게 못한 것을 恨嘆하고

(애주여하하삽수) 술을 좋아 한다고 어찌하여 삽을 메고 따라서야 되겠는가

(선난후획분명견) 어려움을 먼저 하면 뒤에 얻어 지나니

【註釋】
洞僻：골짜기 구석진 곳
驚人：사람을 놀라게 함
荷鋪隨：삽을 메고 따라다님. 술에 醉하여 쓰러져 죽거든 묻어 달라고 삽을 메고 따라다니게 했다는 劉伶이 이야기
先難後獲：어렵게 애쓰고 努力한 後에 얻어 진다는 論語의 말
萬鍾：萬鍾祿. 아주 두터운 祿俸

休説萬鍾自在其

〔휴설만종자재기〕 萬鍾祿이 그 속에 있다고 하지마오

물은 그릇에 가득차면 기울어지고 달도 차면 이즈러지나니 極盛을 부리고 威勢를 휘두르지 못할 것은 權勢인가 하노라. 누가 말했던가 花無十日紅이요 勢無十年이라고! 개인 欄干에 바람이 들어오니 쳐놓은 발이 半쯤 들렸도다. 골짜기 구석져서 나무속에 잠긴 구름이 짧은 구렁에 감춰있고 숲이 깊으니 산새들이 듬성듬성 쳐있는 울타리로 내려오는구나. 詩를 지으매 언제나 鱉人句가 적은 것이 恨이 되고 술을 좋아 한다해서 劉伶이 처럼 취하여 죽으면 묻어달라고 삽을 메고 따라다닐 까닭은 없지 않은가? 모든 것이 어렵게 애써서 얻어지는 것이 原理라고 할진데 書中에 「自有萬鍾祿」이라는 말은 믿지를 마오.

虚以受人自牧卑
〔허이수인자목비〕
비우고 받아들여 게 處身할지니

流民到處怨聲悲
〔유민도처원성비〕
避亂民 곳곳마다 怨望소리 슬프도다.

細雨初晴芳草路
〔세우초청방초로〕
가는 비는 처음으로 풀길에 개어 있고

暖煙浮在緑楊湄
〔난연부재녹양미〕
煙氣는 버드나무 물가에 떠 있구나

良夜逢君兼有月
〔양야봉군겸유월〕 좋은 밤에 님 만나니 달이 마침 떠있고

【註釋】
書中에 自有萬鍾祿:: 글가운데 많은 록이 있음. 곧 학문을 많이 하면 유족한 생활을 할 수 있다는 말

虚以受人: 겸손한 태도로 자기를 낮추어 사람의 의사를 받아드림.
良夜: 하늘이 맑고 달이 밝은 밤. 좋은 밤.

狗尾續貂篇

新春召我更題詩
碌碌鄙夫何足道
隱居晦養待他時

人物生生有秉彝
行行一路見平夷
峯高草木中霄立

〔신춘소아갱제시〕 새봄이 나를 불러 詩를 쓰게 하였도다.
〔녹록비부하족도〕 碌碌한 鄙夫를 말하여 무엇하랴?
〔은거회양대타시〕 숨어서 갈고 닦아 다른 때를 기다려야.

〔인물생생유병이〕 人物이 나는 것이 떳떳한 理致있어
〔행행일로견평이〕 걸어 온 이 한 길이 平夷할 뿐이로다.
〔봉고초목중소립〕 峯은 높아 草木들이 하늘 위에 서 있는데

謙虛한 姿勢로서 사람에게 받아들여 自身을 낮은 곳에 處하는 것이 儒生의 道理라네. 流浪하는 避亂民이 到處에 怨望의 아우성이 슬픈 일이로고 가랑비가 처음으로 芳草 우거진 路邊에 개어 있고 따스한 煙氣는 푸른 버드나무 물가에 떠있다네. 좋은 밤에 님을 만나고 보니 때마침 달이 떠있고 해마다 찾아오는 새봄은 어김이 없어 올해도 나를 불러 詩를 짓게 하였도다. 自己앞에 큰 감을 놓겠다고 我田引水하는 碌碌한 鄙夫들을 말한들 무엇하랴, 내 工夫가 未盡하니 좀 더 갈고 닦고 다듬어서 그릇이 될때 까지 어디 한번 참고 기다려야지.

【字解】
碌碌: 돌이 많은 모양 록.
題詩: 詩를 지음.
碌碌: 용렬한 모양. 따르고 좇는 모양. 평범하고 잘것 없음.
鄙夫: 마음씨가 더러운 남자
晦養: 남 몰래 實力을 기르는 것.

【註釋】
秉彝: 떳떳하게 타고난 사람의 본성
平夷: 평평해서 險하지 않음.
中霄: 半空中. 中天.
野色: 들의 경치
稍傳: 갑자기 나타나는 것이 아니라 점차 눈에 띨만큼 보이는 것.
春光: 봄 볕

日晚簾陰下砌移
野色稍傳生葉麥
春光先到吐花枝
晴窓讀罷仍懷友
忽看斜陽在已而

〔일만첨음하체이〕 해가지니 처마 그늘
섬돌로 옮겨지네
〔야색초전생엽맥〕 들 빛은 날로 점점 보
리 잎에 옮겨지고
〔춘광선도토화지〕 봄 빛은 먼저 와서 나
무가지 꽃피었네
〔청창독파잉회우〕 窓가에 읽고 나서 다
시 벗을 생각하니
〔홀간사양재이이〕 忽然히 비낀 해를 볼
따름 이로소니.

人間과 萬物이 났다가 사라지고 또 나서 循環하는 原理는 古今을 通하여 變함
이 없는데 내가 살아온 過去를 回想할 때 波欄은 많았지만 平坦하게 失手없이 지
내 온 것을 多幸으로 생각한다. 봉우리가 높이 솟아 草木이 中天에 서 있는것 같
은 食藏山, 산이 높다고 보면 골짜기 깊은 것은 自然의 攝理로서 날이 저물려 하면
벌써 처마 그림자가 섬돌로 옮겨지는 것은 아닌가. 들빛은 점점 짙은 綠色이 보
리 잎으로 傳達이 되고 봄 소식은 빛이 먼저 陽地를 向한 나무가지로 옮겨져 꽃
봉우리를 吐하게 하였도다. 밝게 개인 窓가에서 讀書를 罷하고 나서 因하여 벗
을 생각하니 忽然히 비켜있는 夕陽을 볼 따름일러라. 미진한 생각과 無常한 生涯
에 대한 錯雜으로 뒤얽힌 마음의 실마리를 풀지 못하여 눈을 감아 본다. 깊은 思
索에 잠겨보는 것이다.

先到: 먼저 到着함. 먼저 오는 것
讀罷: 읽던 글을 멈추는 것
斜陽: 저녁 때의 비껴 비치는 햇볕

高崖欲墜石撐支
萬理昭然知者知
念不及他皆玆在
問渠捨此更何之
山價不廉多蘊玉
天時降瑞見靈芝
莫非活潑流行處
須看鳶飛魚躍池

[고애욕추석탱지] 떨어지는 언덕이 돌이 고여져서 지탱함. 돌이 고여지기 때문에 무너지지 않고 버티는 것.
[만리소연지자진] 모든 이치가 뚜렷하다. 명백하다.
[념불급타개자재] 다른 곳에 미칠 겨를이 없음.
[문거사차갱하지] 이것을 버린다면 어디로 갈 것인가.
[산가불염다온옥] 山 값이 헐치 않아 玉을 많이 간직함.
[천시강서견영지] 하늘이 祥瑞 내려 靈芝를 보겠노라.
[막비활발유행처] 活潑하게 流行하지 않는 곳이 없을지니
[수간연비어약지] 솔개는 날고 물고기는 못에 뛰네

높은 언덕이 未久에 무너져 주저앉게 생겼는데 중요한 部分에 돌이 고여져 힘으로 支撐해 가는 것처럼 社稷之臣 한둘이 나라의 運命을 이어간 前例는 있는 것이다. 原來 모든 理致는 昭然하지만 아는 사람만이 알게돼 있고, 막힌 사람은 손바닥에 쥐어 줘도 모르는 法이다. 생각이 다른 곳에 미칠 수 없으니 다 여기

【註釋】
石撐支:돌이 고여져서 지탱함. 돌이 고여지기 때문에 무너지지 않고 버티는 것.
昭然:사리가 뚜렷하다. 명백하다.
念不及他:생각이 다른곳까지 미칠 겨를이 없음.
問渠捨此:문건대 저 이것을 그만두고
多蘊玉:山 밑에 人物이 많이 남. 많이 玉을 간직함.
靈芝:神靈스런 芝草. 버섯.
活潑:생기가 있음. 기운이 넘쳐 흐르는 모양.
流行:世上에 널리 퍼져 행하여 짐

【字解】
仍:인할 잉
撐:버틸 탱
蘊:쌓을 온
潑:활발할 발

있는 것처럼 이것을 버리고 어디로 갈 수 없는 것이 선비의 志操라. 그래서 名山
은 값이 나가고 人傑은 地靈이라고 하지를 않았는가. 活潑하게 流行하는 氣脈을
타고 하늘끝을 높이 나는 소리개나 못에서 뛰는 물고기가 莫非一貫된 한 氣가 아
니라던가.

和氣滿天春日遲

嶺雲自悅不敢持

踏來苔路靑生屐

升飮松亭綠入巵

書難字字從君讀

利在田田自我治

晨雞鳴促天將曙

彼美人兮心每馳

〔화기만천춘일지〕 하늘에 찬 和한 기운
봄날은 더딘지고

〔영운자열불감지〕 구름은 좋아 하나 갖
을 수 없어라.

〔답래태로청생극〕 苔路를 밟아 오니 푸
른 것이 신에 묻고

〔승음송정녹입치〕 松亭에 가 마셔 보니
푸른 술로 變하였네.

〔서난자자종군독〕 어려운건 글인데 자
네와 같이 읽고

〔이재전전자아치〕 利한 것이 밭이라면
내가 힘써 갈겠노라.

〔신계명촉천장서〕 새벽 닭이 울고 보면
날이 장차 밝으리니.

〔피미인혜심매치〕 그 사람은 어데 있나
내 마음이 설레이네.

【註釋】
和氣‥화창한 천기. 온화한 기운
自悅‥스스로 기뻐함. 자기 혼자 좋아함.
利在田田‥利한 것이 밭을 발하는 데 있다.
農事하는 것이 이롭다는 말
晨鷄‥새벽을 알리는 닭

【字解】
曙‥새벽 서

狗尾續貂篇

和氣는 하늘에 가득차 무르녹고 봄날의 긴긴 해는 쉽게지지 않는데 고개 넘는 흰구름에 喜悅을 느끼지만 가져다 줄 수 없는 것이 안타깝다. 이끼가 돋은 길을 밟아 오노라니 푸른것이 나막신에 묻어나고 솔밭 亭子에 올라서 술 마시니 푸른 液体가 잔으로 들어 온다.

글이란 것은 글자 하나 하나를 다 뜻을 通해야 文脈이 서서 알게되는 것인데 자네와 같이 읽고 밭을 갈면 먹을 것이 생겨 커이 있는 것이라면 내 힘써 보리라. 새벽을 알리는 닭의 울음소리 미칠것만 같은 그 소리를 기다린지 얼마만이던가 닭이 울면 날이새고 날이새면 개짖는다더니 世上을 좋게 할 수 있다는 그 사람은 幻想의 人物이지 그런 것이 있을 理致가 없다는 것을 깨달은 것이다.

萬事其天非我私
工夫不必尚文詞
又來往跡前年客
如夢流光昨日兒
謂世何爲常自悼
伊人所在每相思

(만사기천비아사) 모든 것이 하늘이라 내 사사란 없는 걸세.
(공부불필상문사) 工夫가 반드시 文詞에 있을소냐.
(우래왕적전년객) 또 왔다간 자취는 지난해에 손님인데
(여몽유광작일아) 꿈같은 건 歲月이라 지난날에 아이라네
(위세하위상자도) 世上 말해 무엇하랴. 항상 슬플 따름이요.
(이인소재매상사) 그 사람 있는 곳을 매양서로 생각하네.

【註釋】
流光: 흘러간 세월. 光陰
捕風捉影: 바람과 구름을 잡는 것처럼 허황한 말과 행동을 하는 것

一點塵埃消盡處
誰知其樂在於斯
恒雨紛紛運極衰
曾從深處定吾居
明月清風懷我友
高山流水仰先師

〔일점진애소진처〕 한점의 티끌이 사라지는 그곳에
〔수지기락재어사〕 누가 그 즐거움이 있는 것을 알겠는가
〔항우분분、극쇠〕 밤낮 비가 紛紛하니 運이 극히 衰했는가
〔증종심처정오거〕 일찍이 깊은 곳에 살곳을 定했도다.
〔명월청풍회아우〕 달 밝고 좋은때엔 내 친구 생각나고
〔고산유수앙선사〕 높은 山 흐르는 물 옛 스승을 우러러 본다.

世上의 萬事란 原來 하늘이 按配하는 것으로써 인간의 사사로 되는 것이 아니므로 運字를 부친 것이다.
그렇다면 공부라는 것 역시 高次元的인 性命이나 人間의 大道大法같은데도 눈을 떠야지 文辭에만 執着을 한다면 累하다고 하였다. 近來에 와다간 過客은 前年에 왔던 그 사람인데 생각해 본다면 꿈같이 歲月을 돌아보니 어젯날에 아이였던 自身의 무상함을 느끼게 한다. 世上일을 말해봤자 항상 불우한 것이 슬프고 저 사람을 생각해 봤자 捕風捉影이니 虛事로다. 공부나 軌道에 올라 塵世의 物累를 超脫했을 때에 진정한 樂을 얻게 될 것이다.

【註釋】
恒雨：장마비가 한없이 계속 되는 것
紛紛：시끄럽고 말썽이 많아 뒤숭숭하다。일이 뒤얽혀 갈피를 잡을 수 없다。
高山流水：높은 山에서 흘러내리는 맑고 꿋꿋한 물
先師：옛적의 스승。세상을 떠난 스승
元是：처음 원래
同胞：한 국민。한 겨레

狗尾續貂篇

元是同胞何怨惡
由來古法大悲慈
天下滔滔皆溷濁
孰知雄也孰知雌

(원시동포하원오) 원래에 이 同胞인데 원망하고 미워하랴.
(유래고법대비자) 由來한 옛 法度는 大慈大悲 아니더냐.
(천하도도개혼탁) 답답한 이 世上이 溷濁하기 限이 없어
(숙지웅야숙지자) 수컷인지 암컷인지 분간하지 못할러라.

밤낮을 가리지 않고 無節制하게 쏟아지는 長魔비! 治世에는 天心이 順해서 暴風雨는 불고 오지않는 것이라고 했거늘 運이 衰한 것은 아닌가 賢明한건 아니지 만내 일찍이 深山幽谷에 居處를 定했노라. 明月과 淸風이 心思를 快適하게 할 때에는 친구를 생각하고 높은 산을 쳐다보고 悠悠히 흐르는 물을 굽어 볼 때에는 옛 스승을 우러러 본다. 元來에 한 同胞인데 思想에 엇갈려 미워하고 원망할 까닭이 없지 않은가.
由來된 옛날의 佛法인 大慈大悲가 얼마나 훌륭한가 溷濁해진 세상에 巨物 역시 중심을 잃고 갈팡질팡하는 판에 어느 것이 까마귀의 암컷인지 수컷인지 분간을 할 수 있겠는가.

雨餘風日暖微微
一點輕塵政不飛

(우여풍일난미미) 비바람은 그치고 날이 조금 따뜻한데
(일점경진정불비) 한 점의 티끌인들 일어날 수 있을소냐?

【字解】

溷：호릴 혼

由來：事物의 내력。 사물의 所從來
古法：옛날의 법식
滔滔：물이 즐편히 흐르는 모양。 물이 넘치는 것
溷濁：어지럽고 흐림。 깨끗하지 못함.

重門吾培彭澤柳
入山誰食首陽薇
煙塞掀天雷動鼓
雲林無事晝關扉
大道行行如直矢
年過四十覺前非

〔중문오배팽택류〕 우리집 門 앞에 彭澤 柳를 심었거늘

〔입산수식수양미〕 누가 캐어 먹었는가 首陽山 고사리를

〔연새흔천뢰동고〕 하늘을 뒤흔드는 우뢰소리 擾亂하고

〔운림무사주관비〕 숲속에 일이 없어 낮에 문을 닫았도다.

〔대도행행여직시〕 큰 길을 가는 것이 화살처럼 곧은데

〔년과사십각전비〕 나이 四十 넘어서 前非를 깨달았네.

【註釋】
雨餘風日 : 비가 온 나머지 바람부는 날 微微 : 보잘것 없이 아주 작다. 시원치 않다.
彭澤 : 晋處士 陶淵明이 살던 地名
首陽 : 伯夷叔齊가 周나라 곡식을 먹지 않겠다 하여 入山하여 고사리 캐먹던 山名
掀天 : 하늘을 흔드는 것. 爆聲을 하는 소리
覺前非 : 前에 그른 것을 깨달음. 遽伯玉이 「行年五十에 知四十九年之非」란 데서 나온 말.

【字解】
掀 : 흔들 혼

狗尾續貂篇

에도 사립문을 닫았도다. 人間의 大道는 뚜렷하고 곧아서 화살이 가듯이 疑心이 없는것. 내가 지나온 길을 돌아보니 過去의 다소 후회스러운 過誤를 깨닫게 하는 것은 살아온 經驗이라는 年輪의 탓이로다.

石壁重重映夕暉
興飛題軸更毫揮
比年益熾時行疾
憫旱常思歲荐饑
遊心物外千金芥
藏跡湖西一布衣
萬事皆天非所願
知音相遇古來稀

〔석벽중중영석휘〕 돌담은 거듭하고 저녁빛은 비치는데

〔흥비제축갱호휘〕 흥이 나서 軸을 펴고 다시 붓을 휘두른다.

〔비년익치시행질〕 去年보다 甚한 것은 웬일인가. 流行病이 旱魃이 계속되니, 凶年들까지 걱정일세

〔민한상사세천기〕

〔유심물외천금개〕 物累를 벗어나니 千金이 草芥같고

〔장적호서일포의〕 湖西에 隱居하니 베옷입은 선비라네.

〔만사개천비소원〕 모든 일이 하늘인데 願한들 所用있나.

〔지음상우고래희〕 自古로 드물다고 知己相逢 말하지만

〔註釋〕
夕暉∙∙ 저녁 햇빛
毫揮∙∙ 揮毫. 붓을 휘둘러 글씨를 쓰는 것.
比年∙∙ 가까운 해
益熾∙∙ 益甚. 더욱 극심함
常思∙∙ 늘 생각하다.
布衣∙∙ 벼슬이 없는 선비. 白衣
非所願∙∙ 원하는 바 아님. 바라는 것이 아님
知音∙∙ 새나 짐승의 소리를 알아들음. 뜻이 서로 通하는 것.
相遇∙∙ 서로 만남

剪去心茅欲盡除
周道如砥莫蹢躅
萬里天晴雲影滅
一窓夜寂雨聲疏
名傳酒國誰荷鋂
田彼南山我試鋤

〔전거심모욕진제〕 마음의 띠뿌리는 다 뽑아 버려야지
〔주도여지막주저〕 넓은 길이 平平한데 주저할 것 없지 않나
〔마리천청운영멸〕 머나먼 푸른하늘 구름 흔적 사라지고
〔일창야적우성소〕 깊은 밤 고요한데 빗방울 떨어지네
〔명전주국수하삽〕 술타령 하는 나라가 삽을 멜 것인가
〔전피남산아시서〕 저 南山에 밭을 갈아 내 호미를 試驗할까?

돌담으로 거듭 둘러싸인 山幕에는 夕陽빛이 물들어 황홀감에 陶醉되어 無意識 중에 굳대를 펴 놓고 잘 쓰지도 못하는 붓대를 휘둘러 본다. 금년에는 有別나게 流行病이 漫延되고 있는 것은 무슨 緣故이며 극심한 旱魃의 後遺症으로 凶年이 거듭될까 우려되기도 한다. 物累에 拘碍를 벗어나서 眞我를 깨닫고 보니 千金이 草芥같이 보이고 湖西에 자취를 감추고 살다 보니 베옷입은 한 선비라는 것은 받아 놓은 밥상일세. 그렇다면 모든 것이 先天的인 運數와 後天的인 努力이 合해져서 成事되는 것이 莫非運命이오 하늘의 뜻이라면 空然히 안 될 것을 願하는 것은 徒勞無益이오 自古로부터 知己가 서로 만난다는 것은 드문일이라서 얼마나 많은 先覺者가 草木과 같이 썩어갔단 말인가?

【註釋】
心茅··마음에 절은 띠뿌리
蹢躅··망설여 머뭇거리고 나아가지 못함
來頭··이때부터 닥치는 앞
復其初··그 처음을 회복함. 그 원점으로 돌아가는 것

〔字解〕
剪··싹 벨 전
躊··머뭇거릴 주
躅··머뭇거릴 저
鋤··호미 서

十數年間多用力
來頭餘事復其初
必有其隣德不孤
玉將待價問誰沽
松立高峯天共翠
薙生中谷早先枯

〔십수년간다용력〕 오랜 세월 힘을 쏟아 기른 것이 얼마던가
〔래두여사복기초〕 오는 머리 남은 일은 처음으로 돌아와야

마음에 얼킨 떠뿌리를 뽑으려거든 아주 밑둥이까지 다 除去해 버리는 것이 上策인데 쉬운일이 아니다. 平平한 大路가 곧바로 나 있는데 무저정 가 없는 것을 하필이면 비탈길과 좁은 길을 擇하는 것일까? 빠르고 利害關係가 얼킨 때문이리라. 萬里의 晴天에는 구름의 그림자가 다 사라지고 窓가에는 밤의 靜寂이 성긴 빗소리로 바뀌었도다. 술 타령하는 나라에 이름을 떨쳤다는 劉伶이 가는 술이 취한 뒤에 죽거든 문어 달라고 삽을 메고 따르게 했다는 南山에 밭이나 갈고 雜草나 뽑으리라. 十餘年間 힘들여 工夫한 것을 收穫해야할 決算期가 오는 許頭에 남아 있는 과제라면 天賦自然의 本性을 回復하는 作業이 매듭을 기다리고 있음을 따름이다.

〔필유기인덕불고〕 그 이웃에 있을지니 德이 어찌 외로우랴.
〔옥장대가문수고〕 玉이 장차 값을 쳐서 누구에게 팔겠느냐
〔송립고봉천공취〕 高峯에 서 있는 솔 은 하늘과 함께 푸르르고
〔퇴생중곡조한선고〕 中谷에 난 益母草는 먼저 말라 시들었네.

【註釋】
天共翠：하늘과 함께 가지런히 푸르고
薙：益母草
擧世：온 세상, 세상의 모든 사람.
皆予聖：다 자기가 聖人이라고 함. 자신을 내세우는 것.
自笑：자기가 可笑롭게 생각함.
一狂奴：한 미친종 놈. 자신이 아무 쓸모없고 無能하다고 깎아내리는 것
雲龍際會：구름과 용이 만나는 것

擧世皆稱皆予聖
今吾自笑一狂奴
雲龍際會相安日
從諫如流帝曰都
爲仁我亦聖人徒
萬里鵬程南海圖

〔거세서칭개여성〕 온 世上은 다 내가 聖人인데
〔금오자소일광노〕 이제 나는 可笑로워 종놈이라 하는도다.
〔운룡제회상안일〕 구름과 용이 만난 편안한 날이 오면
〔종간여류제왈도〕 諫하는 말 敬聽하니 帝가라사대 옳도다.
〔위인아역성인도〕 仁을 하니 나도 또한 聖人의 무리라네
〔만리붕정남해도〕 萬里의 鵬새길은 南海를 생각하듯

德이 있는 사람은 외롭지 않아서 이웃에서 도와주게 마련이니 갚나가는 玉이 있어 장차 팔려하지만 알아 보는 사람이 있어야 제값을 주고 살것이 아닌가. 老松이 높은 峯우리에서 있어 하늘과 함께 푸르고 골짝에서 난 益母草는 가뭄에 저항력을 잃어 시들어 버렸네. 온 世上 사람은 다 말하기를 自身이 聖人이라고 하는 版局에 나는 그와 달리 별수없는 미친 종놈이라고 내세우는 자체가 可笑롭구나. 바람은 구름을 부르고 구름은 龍을 쫓아 서로 편안한 날에 옳은 소리 바른말 듣는 것을 물이 아래로 흐르는 것처럼 한다면 帝는 가라사대 「옳은지고」할 것이로다.

【註釋】
從諫如流∶잘못된 것을 말하고 바른말을 해주는 것을 옳게 받아드림

【字解】
沽∶팔 고

【註釋】
聖人從∶聖人을 흠모하고 배우려는 무리
萬里鵬程∶만리의 붕새길. 遠大한 희망과 抱負를 뜻함
心田∶心地. 마음의 자리.

狗尾續貂篇

心田明鏡方塘水
慾海塵愁點雪爐
歸雲收雨晴在樹
晚籟吹庭韻在梧
身爲尺度聲爲律
動靜無非天下模

(심전명경방당수) 마음밭은 거울같아 모난못이 물이런가.
(욕해진수점설로) 바다같은 욕심 근심 한點 눈의 火爐라네
(귀운수우청재수) 구름은 비를 거둬 나무위에 개어 있고
(만뢰취정운재오) 늦게 산에서 부는 嵐氣는 桐의 운치로세
(신위척도성위율) 몸이 尺度되고 소리가 律이 되면
(동정무비천하모) 動靜이 天下法이 아닌 것이 없을진져

내가 비록 愚昧하나 仁이 무엇인가 알고 간혹 그것을 實踐하는 사람이니 聖人의 무리는 된다고 한다면 鵬새가 九萬里 먼 길을 나는데 뱁새를 따라갈 수는 없지 않느냐. 마음은 못물에 비치는 밝은 거울처럼 됐으면 쓰겠고 許多한 욕심이 나 塵世의 근심걱정은 붉은 火爐에 한點의 눈처럼 사그라지기를 願하노라. 돌아가는 구름은 비를 걷어가서 나무위에 말끔히 개어있고 늦으막에 부는 嵐氣는 梧桐나무에 운치를 더해준다. 몸이 世上에 尺度가 되고 소리가 律이 되어 一動一靜이 天下에 法이 되는 것을 聖人이라고 하는데 나는 그것을 본받고자 한다.

明鏡‥밝게 비치는 때묻지 않는 거울
慾海塵愁‥이 세상의 모든 욕심과 근심걱정
點雪爐‥붉은 大爐위에 한 점의 눈. 녹아버림을 뜻함. (紅爐點雪)
晚籟‥늦게 산에서 부는 嵐氣. 자연계에서 일어나는 옷깃 소리
尺度‥자. 자로 재는 길이의 표준. 계획의 표준
律‥音律。紀律。법
動靜‥움직이고 가만히 있는 모든 일
天下模‥온 세상사람의 본보기가 되는 것

其於予也忍斯胡
不墜斯文在玆乎
重門擊柝抱關客
一束生蒭空谷駒
南來消息待時動
北報無端乘勝驅
月朗風清微雨過
光明通達何天衢

〔기어여야인사호〕 그 어찌 나에게 이럴 수가 있는가.
〔불추사문재자호〕 떨어지지 않는 글이 이곳에 있을진저
〔중문격탁포관객〕 重門에서 柝을 치니 關을 안은 손님이여
〔일속생추공곡구〕 한 묶음의 산골은 빈 골짝에 망아지라.
〔남래소식대시동〕 南쪽으로 오는 消息 때를 맞춰 움직이고.
〔북보무단승승구〕 北녘 回報 無端히 乘勝長驅 하였도다.
〔월랑풍청미우과〕 달 밝고 바람이 맑아 보슬비 지나가니.
〔광명통달하천구〕 光明하게 뚫린 것이 어느 하늘 거리인가.

그는 제 나름대로 내가 그에게 최선을 다했거늘 나에게 이렇게 刻薄하게 대할 수가 있나. 떨어지지 않는 글이 여기에 있을진저 순간적으로 놀란것은 周文王의 諱字가 내 이름에 붙어 있는 것이라고나 할까. 重門에 막대를 치고 夜警을 돌며 關을 지키는 客이며 한뭉음 산골을 마음대로 뜯어먹을 수 있는 빈

【註釋】
忍斯胡：이렇게 참아 할 수가 있는가.
斯文：儒敎文化. 儒學
擊柝：딱다기를 침
抱關：關門을 지키는 것
待時：시기를 기다림. 기회가 오기를 기다리는 것
無端：아무 까닭이 없음
乘勝驅：이긴 형세를 타고 휘몰아치는 것
乘勝長驅
光明通達：밝고 환하게 트임. 밝은 빛이 뚫어짐
何天衢：어느 하늘의 거리인가.
周文王：名은 昌. 姓은 姬氏. 聖人의 德이 있어 百里의 地方으로 天下의 民心이 돌아오게 仁政善治를 함. 西伯

廣居天下是吾居
遵大路兮摻子袪
人心危若風前燭
時事誕如鬼載車
綠陰滿地風生樹
早氣騰天水絕渠
雲龍風虎相從處
勢若沛乎縱壑魚

〔광거천하시오거〕 그 넓은 하늘아래 이 것이 다 내집인데
〔준대로혜삼자거〕 큰 길을 쫓음이여 자네 소매 잡았노라.
〔인심위약풍전촉〕 人心의 危殆함이 바람 앞에 촛불인데
〔시사탄여귀재거〕 時事의 虛誕함은 귀신실은 수레로다.
〔녹음만지풍생수〕 綠陰은 우거져서 나무에 바람불고
〔한기등천수절거〕 早氣는 騰天하여 개천이 말랐도다.
〔운룡풍호상종처〕 구름찾는 龍이며 바람쫓는 범이런가.
〔세약패호종학어〕 形勢는 沛然히 놓아 진고기처럼

【註釋】
廣居天下∶넓게 거처하는 세상
綠陰滿地∶우거진 푸른나무의 그늘이 땅에 가득함
早氣騰天∶가뭄 기운이 하늘에까지 치솟음
雲龍風虎∶구름은 龍을 쫓고 바람은 범을 쫓 듯이 類가 類를 쫓음
沛乎∶沛然히 비가 많이 오는 상태. 盛한 모양.

數頃山田又草廬
行途坦坦我徐徐
一心獨得方知德
衆理透明盡在書
濟時天國三千界
得意年光幾十餘

〔수경산전우초려〕 數頃되는 山田과 그리고 草家집
〔행도탄탄아서서〕 가는 길은 平坦한데 내 徐徐히 가리로다.
〔일심독득방지덕〕 마음에 얻은 것을 德이라고 하였거늘
〔중리투명진재서〕 뭇 이치가 透明하여 다 글에 있는 것을
〔제시천국삼천계〕 때로는 하늘나라에서 大千世界 救濟하고
〔득의년광기십여〕 뜻을 얻은 年光이 幾 十年이 되었다네

넓은 하늘 아래가 다 나의 居處라고 하는 것은 내 所有만 찾는다면 貧弱하기 限이 없는 所有權을 가진 財力뿐이라 하겠지만 視野를 넓혀서 크게 보면 나와 더불어 숨을 같이 쉬는 大氣圈內의 모든 것이 나의 舞臺 아닌 것이 없으니 天地日月과 山水花鳥가 나의 周邊을 按配하기 爲하여 存在하고 있는 것이다. 世上人心이 위태롭기는 바람앞의 촛불같고 時事의 虛誕한 것은 鬼神을 실은 수레와 같아서 믿기가 어렵도다. 綠陰은 땅에 가득하고 나무에서 생기고 가뭄 기운은 하늘까지 치솟아 개천에 물이 말랐도다. 구름을 쫓는것이 龍이요. 바람을 쫓는 것이 범이 라면 形勢가 마치 큰 구렁에 물고기를 놓아 보내는 것처럼 沛然하고 揚揚할것이 아니겠는가?

【註釋】
坦坦:편편하고 넓음
徐徐:천천히
衆理透明:모든 이치가 환히 트여 속까지 보임.
三千界:三千이나 된다는 大千世界
恍然:환하게 밝은 모양 밝게 깨닫는 모양
從容不迫:조용하고 急하지 않음

【字解】
恍 : 황홀할 황

好是恍然大覺日
從容不迫自如如

一葉白雲霽後天
空簾風暖日如年
欝懷酒國君休説
大夢山堂我自眠

〔호시황연대각일〕이렇듯이 恍然히 大覺하는 날이 오면
〔종용불박자여여〕急迫하지 아니하고 조용히 살리라.

〔일엽백운제후천〕 한 잎의 흰구름이 하늘에 떠있는데
〔공렴풍난일여년〕 빈발 따스한 바람 해처럼 날이 기네
〔울회주국군휴설〕 술타령 하는 나라 말 해서 무엇하랴.
〔대몽산당아자면〕 큰 꿈은 山마루에 내 가자고 있노라.

近千坪의 山田과 草家가 全財産이라면 비참한 것이지만 걸어 온 길이 平坦하고 마음의 餘裕가 있어 悠悠自適 할 수 있는 것은 金錢으로 따질 수 없는 無限한 지식이나 人格이라는 財産이 있기 때문이리라. 한 마음으로 얻어진 것을 德이라고 하는 바 무릇 이치가 透徹하여 밝은 것이 다 글에 있도다. 때로는 하늘의 大千世界라고 하는 세상을 救濟해 보고 싶은 데 해를 쌓아온 축적된 힘이 있으므로써이니라. 내 앞길에 恍然히 깨닫는 날이 온다면 急迫하지않고 조용히 소리 안나게 살고 싶은 생각이 드는 것은 멀어서 빨리 가려 하면 지치고 힘이 들며 시끄럽게 욕심을 부리면 競爭者가 많아서 疲困하다는 것이다.

【註釋】
葉白雲: 잎 한개의 흰구름
欝懷: 우울한 회포. 답답한 가슴속에 있는 생각
酒國: 술을 마신뒤에 느끼어지는 일종의 다른 세상. 술먹은 기분
大夢: 크게 吉한 꿈. 큰 꿈
我自眠: 내가 스스로 자고 있다. 한갓 수고롭기만 함.
徒勞: 헛된 수고.
名利: 명예와 이잉. 功名心과 利己心
爭頭: 일을 먼저 하려고 서로 다툼. 머리를

心焉徒勞相思地
人在不知渺邈邊
塵間名利皆何事
須是爭頭莫或先

〔심언도로상사지〕 마음이 수고로운 생각하는 그곳은

차지하려고 爭奪戰(빼앗으려고 다투는 싸움)을 벌림.

〔인재부지묘막변〕 사람이 알지 못할 아득한 곳이로세

〔진간명리개하사〕 俗世의 名利란 무엇 하는 것들이냐

〔수시쟁두막혹선〕 머리를 다투어서 먼저 하지 말지니라.

한 잎의 흰구름이 개인 하늘에 한가로이 떠 있는데 빈 발에 따뜻한 봄날이 한해처럼 더디게 느껴진다. 술타령에 정신 못차리는 나라를 그대는 말하지 말라. 꿈을 꾸면서 山마루에서 자고 있는 내가 여기 있노라. 별수 없는 주제에 空然한 소리 한번 해보는 것이다. 마음이 수고롭고 錯雜한 생각을 갖게 되는 理想鄉이란 架空의 事物처럼 아득한 곳이니라.

塵間의 名利란 다 무엇을 하는 것 들이냐. 餓鬼다툼을 하는 매력없는 競爭보다는 先頭를 다투지 말고 讓步하는 雅量쯤은 있어야 하겠다.

淫奔古喻指蜉蝣
至今時俗略相同

〔음분고유지체동〕 淫奔함을 옛적의 무지개에 비유하나

〔지금시속약상동〕 지금의 時俗이 대략 서로 같은지라.

【註釋】
淫奔‥음난하게 싸다니며 紊亂하게 처신함.
蜉蝣‥그 시대의 人情과 風俗
時俗‥그 시대의 人情과 風俗
白屋‥가난한 사람의 草家집

打令‥광대의 잡소리. 雜歌
理想鄉‥자기 생각에 이러했으면 그리는 세상.
架空‥空中에 가로 건너지름. 터무니 근거없는 것.
餓鬼‥굶주린 귀신. 염치도 없이 탐내는 사람의 비유

428

狗尾續貂篇

雲裡藏蹤多白屋
日來徵稅索青銅
凌人高節時看竹
待鳳初心早種桐
臨亂保身非別策
吾生自笑一狂童

〔운리장종다백옥〕 구름속에 감춘 자취 어려운집 太半이요.
〔일래징세색청동〕 날로 찾는 賦稅는 金錢을 徵하도다.
〔능인고절시간죽〕 凌人 하는 높은 節介 때로보니 대나무요.
〔대봉초심조종동〕 待鳳 하는 初心에서 梧桐을 심었도다.
〔임란보신비별책〕 亂離때 保身策이 다른 것이 아니오라.
〔오생자소일광동〕 내가 삶이 伴狂이니 그 아니 우스운가.

【字解】
蝀‥무지개 체
蝃‥무지개 동

青銅‥구리와 주석을 合金한 것. 돈을 말함
高節‥높은 節介
初心‥처음에 먹은 마음. 처음 배움. 初心者
保身‥위태함을 피하여 몸을 보전함. 保身命
伴狂‥거짓으로 미친체함

非正常的인 淫亂한 行動을 古人은 무지개를 指摘하고 比喩하여 諷刺했는데 지금의 時俗은 대략 같아서 말할 나위가 없도다. 구름속에 자취를 감추니 가난한 초가집들이요 稅金을 督勵하는 官吏가 例外일 수 없는 것은 國權이 미치는 領域은 공통되어 있기 때문이다. 사람을 凌駕하는 높은 節介 그것은 추울 때 대나무 같은 것이오. 鳳凰을 기다리게 하는 初心이 나로 하여금 梧桐을 심게 하였도다. 亂時에 臨하여 몸을 保全하는 計策이 별것이 아니라 내가 일찍이 人民軍南侵때 거짓 미친체하여 賦役을 謀免하고 禍를 機先에 制壓한 것을 생각하면 우습기도 하다.

是知萬物備我躬
事事分明必有終
久雨初晴今夜月
向陽又見早春風
妾婦形容何足道
丈夫懷抱正無窮
大局腥塵天漲海
問其天下幾英雄

〔시지만물비아궁〕 모든 것이 내 몸에 갖추어져 있으니
〔사사분명필유종〕 일에는 분명하고 마침이 있어야지
〔구우초청금야월〕 오랜 비는 개이고 오늘 밤에 달이 뜨고
〔향양우견조춘풍〕 陽地쪽에 일찍이 봄바람 불어오네
〔첩부형용하족도〕 妾婦의 形容을 말한들 무엇하리
〔장부회포정무궁〕 丈夫의 懷抱는 窮함이 없으리라
〔대국성진천창해〕 큰 版局 亂離속에 하늘 바다 닿는데
〔문기천하기영웅〕 묻노니 天下에 英雄이 몇이런가.

이 모든 理致가 내몸에 갖추어져 있는 것을 알 것이니 그야말로 天地의 縮小版
人間인 것이다. 일은 分明해야 하고 시작을 하였으면 매듭을 지어야 한다.
오래 오던 비가 처음으로 개었으니 오늘밤 달이 유난히 밝고 陽地를 향한 곳
에 또한 이른 봄바람을 보리로다. 妾婦의 形容을 하는 奸小輩의 阿諛苟容을 말

【註釋】
妾婦形客 : 비위나 맞추고 잘못을 바른 말
일깨워 줄만한 것까지 미치지 못하는 첩따
위. 아첨하는 형용
丈夫懷抱 : 大丈夫의 마음속에 품은 생각
大局 : 큰 版局. 大体의 판국
腥塵 : 風塵. 난리

해서 무엇하랴. 丈夫의 懷抱가 無窮한 것이 對照라고 하리로다. 큰 版局에 비린 내나는 風塵이 하늘까지 닿도록 물이 불어 浩浩滔天하는데 묻노니 이 天下에 英雄이라 하는 사람 몇이나 된다던가.

蓄之又積漸成豊
括取乾坤總集中
小烏反哺能知孝
黑鯉拱頭亦効忠
務爲寡慾心如鏡
無慾治粧首似蓬
聖人不與凡人比
聲入神通達四聰

〔축지우적점성풍〕 쌓고 또 쌓아서 豊盛함을 이룰지니.
〔괄취건곤총집중〕 天地를 包括하여 다 集中시켰도다.
〔소오반포능지효〕 小鳥는 反哺하여 能히 孝를 안다 하고
〔흑리공두역효충〕 검은 鯉魚 머리 조아 忠誠을 본받도다.
〔무위과욕심여경〕 寡慾에 힘을 쓰니 마음이 거울 여기있네
〔무욕치장수사봉〕 꾸미려고 아니하니 대머리 여기있네
〔성인불여범인비〕 聖人이란 凡人에 比較할 바 아니니라.
〔성입신통달사총〕 들으면 神通하여 四聰에 達한다고

【註釋】
括取: 온통 휩싸서 하나로 묶어 取해나감.
小烏: 작은 까마귀. 까마귀 새끼
反哺: 도리어 그 어버이 까마귀에게 먹이를 물어다가 은혜를 갚음
黑鯉: 검은 잉어
拱頭: 머리에 팔장을 끼듯 머리를 조아리는 것.
務爲寡慾: 욕심을 적게 하고서 힘을 쓰는 것
無慾治粧: 매만져서 모양을 내려고 아니함.
不與凡人比: 보통 사람과 더불어 비교할 바 아니라 보통 사람과는 다르다.
聲入神通: 소리가 들어오면 신비롭게 통해진다. 말을 들으면 곧 알 수 있다는 뜻.
達四聰: 四方의 聰明이 뚫린다. 곧 다 알수 있다는 말

【字解】
拱: 팔장낄 공
粧: 단장할 장
漲: 물많을 창
括: 맺을 괄

모든 원리가 작은 것이 쌓여서 큰 것을 이루는 것처럼 學問도 역시 배우고 익히고 연구하고 깨우쳐서 水準級에 이르게 되는바 及其也에는 하늘과 땅이치를 總括 集中시켜 標的을 세운 분이 聖人인 것이다.

까마귀 새끼가 약간 크면 그 어버이 까마귀에게 먹이를 도리어 먹이는데 이것을 反哺라고 한다. 그리고 검은 鯉魚는 北으로 向하여 머리를 조아려 禮를 아니 忠誠을 아는 것이다. 慾心을 적게 하는 것은 제일 큰 공부로서 욕심만 除去하면 마음이 거울같이 맑아지고 몸치장에 관심이 없으니 蓬頭亂髮이라는 것 있지 않느냐. 聖人이란 普通 사람과 달라서 마음의 깊이를 헤아릴 수 없어서 소리가 들어오면 神明으로 通하여 明四目 達四聰할 수 있는 超能力을 갖추고 있는 분이라는 것이다.

工夫已過足三冬　〔공부이과족삼동〕 工夫를 겨울三冬하였으니 足한건가.

願勿攻人先自攻　〔원물공인선자공〕 사람을 공격말고 제 잘못을 고칠지니

浮世虛名渾若夢　〔부세허명혼약몽〕 뜬 世上에 헛된 이름 渾然히 꿈과 같고

入山拙策莫如農　〔입산졸책막여농〕 入山한 拙한 計策 農事만은 못하리라.

風雨滿天多劫氣　〔풍우만천다겁기〕 비바람 하늘에 차 殺氣를 띠어 있고

【註釋】

三冬 : 음력 十月, 冬至, 섣달 三月을 말함. 겨울 석달
攻人 : 사람의 잘못을 공격하는 것.
浮世 : 덧없는 世上, 뜬 세상
虛名 : 헛되고 실속이 없는 명예. 虛名無實한 것.
渾若 : 딴 것이 섞이지 않는 모양. 구별이나 차별이 없는 모양. 圭角이나 缺點이 없는 모양.
拙策 : 졸렬한 계책. 옹졸한 꾀
劫氣 : 험한 山의 굿은 기운
陽春 : 음력 정월. 봄철
於變時雍 : 惡한 것이 변하여 善하게 되어 和

明四目達四聰 : 四方의 視聽을 통해서 막히고 가리움이 없는 것.

狗尾續貂篇

陽春呼我理新節
待他於變時雍日
但見無爲在篤恭

相離不願願相逢
敢望何時比屋封

〔양춘호아이신공〕 陽春이 나를 불러 신를 메게 하였도다.

〔대타어변시옹일〕 다른 때 於變時雍 하는 날이 돌아오면

〔단견무위재독공〕 다만 하는 일이 없어 篤恭하면 될 것이니

工夫를 겨울 석달 내내 하였으니 이만하면 足할려나. 千萬에 말씀일세 공부가 限이 있나 죽어야만 끝나는 것을. 願컨대 사람의 短點을 공격하기에 앞서 自己의 缺點을 반성할지니 자기의 잘못을 糊塗하려는 것이 사람의 弱點이라. 덧없는 浮生이 헛되이 이름을 求하지만 그것은 꿈과 같이 虛無한 것이고 목구멍이 捕盜廳이라고 아무래도 肉体人間은 먹어야 살기 때문에 拙劣한 計策은 治國平天下를 못할진대 農事밖에 별수가 없는 것이다. 비바람이 간정이 되지않아 世上은 아직 搖亂하고 이른 봄이 나를 불러 大地에 움트는 새싹을 鑑賞하라고 신들메게 하였도다. 다른날 변화가 와서 살기좋은 世上이 돌아오면 人脈을 찾게 될는지… 없는 篤恭而天下平할 수 있는 大道가 행하여져서 人爲가 造作이 없는

〔상리불원원상봉〕 離別은 願치 않고 만나기를 願하나니

〔감망하시비옥봉〕 敢히 어느 때에 屋封함을 바라리오.

【字解】
劫∷위협할 겁

【註釋】
比屋封∷사람이 다 착하여 집집마다 可히 표
창할만함
晩籟∷늦게 나는 自然界의 소리
殘陽∷기울어져 가는 햇빛. 夕陽

無爲∷아무 일도 하지 않음. 힘을 기울이지 않음. 人爲나 造作이 없는 자연 그대로의 모습
篤恭∷인정이 두텁고 공손함
하는 것.

晚籟噓松山雨急
殘陽倒水洞天濃
民情已久偕亡日
形勢忽如群起蜂
大義分明須在此
式相好矣莫爭鋒

〔만뢰허송산우급〕 晚籟는 불어 와서 山
빗소리 요란하고

〔잔양도수동천롱〕
落照는 꺼꾸러져 골
하늘이 무르녹아

〔민정이구해망일〕 民情은
닥이 들어나고

〔형세홀여군기봉〕 形勢는 忽然히 일어
나는 뭇 벌이라.

〔대의분명수재차〕 大義는 분명히 모름
지기 여기 있어

〔식상호의막쟁봉〕 서로 좋게 지내고 싸
우지는 말아야지

사람의 常情이 離別을 願치 않고 만나기를 願하나니 식생활이
夕粥의 끼니를 이으기가 어려운 판인데 敢히 어느때 家給人足하고 比屋可封할
만큼 豊饒한 時期가 올려나. 늦게 불어 오는 嵐氣가 소나무로 몰아치니 빗소리에
彷彿하고 哀殘한 夕陽이 물에 꺼꾸러져 골짝 하늘에 무르녹았도다. 民心은 洶洶
하여 共匪世上의 殺伐한 분위기가 더불어 亡하기를 바랄뿐이며 形勢는 忽然
히 무리져 일어나는 벌떼같이 搔亂스럽기만 하도냐. 大義를 말하자면 분명히
피를 같이한 同胞요 兄弟가 아니더냐? 그까짓거 思想이 무엇이 그리 重하다고
서로 의좋게 지내야 할 同族끼리 칼을 갈고 다투어서야 되겠는가. 무엇이 잘못
되어 主客이 顚倒돼서 自覺을 못하고 있는 것이다.

【字解】
噓:불 허
濃:무르녹을 롱
偕:함께 해
偕亡:함께 망함. 다같이 망하는 것
忽如:문득. 얼씬 나서는 모양. 갑자기 사라
지는 모양
大義:바르고 큰 義理
式相好矣:서로 좋게 지내는 것

434

狗尾續貂篇

新涼天氣即良辰
北斗傾杓夜向晨
林屋風寒鶯謝友
水樓月滿雁來賓
彷徨欲問終欺跡
出役爲言實惱神
外飾誇張非好事
丹心一片是忠臣

〔신량천기즉양신〕 서늘해진 天氣라 좋은 때로고
〔북두경포야향신〕 北斗자루 기울어져 새벽인가 봐
〔임옥풍한앵사우〕 숲속에 바람차니 꾀꼬리 숨고
〔수루월만안래빈〕 水樓에 달이 뜨니 기러기 오네
〔방황욕문종기적〕 彷徨하며 물으나 자취속이고
〔출역위언실뇌신〕 赴役말만 들어도 신물이 나네
〔외식과장비호사〕 誇張을 하는 것이 좋은 일인가
〔단심일편시충신〕 一片丹心 그것이 忠臣이라네

무덥던 여름도 지나가고 서늘한 기운이 도는 新凉의 계절 北斗 자루가 기울어져 밤이 점점 새벽을 향하여 치닫고 있는 것이다. 때가 바뀌어 찬바람이 부는 숲에서 꾀꼬리가 노래할리 없고 물에 비친 樓閣에 달이 밝으니 기러기가 날아오는 것이 正常인 것이다. 彷徨하면서 물어봐도 마침내 자취를 속이고 잘 가리켜 주지

【註釋】
天氣：天候。日氣
良辰：좋은 때
傾杓：자루가 기울어짐. 시간이 흘러 北斗七星의 자루가 한바퀴 돌아감
林屋：숲속에 있는 꾀꼬리 집
水樓：물가에 세운 樓閣
雁來賓：기러기가 손님처럼 날아옴
出役：賦役을 나오게 하는 것
惱神：정신이 어지러움, 심란함
外飾：외면, 치레, 겉으로 꾸미는 것
誇張：실제보다 더하게 떠벌림
非好事：좋은 일이 아님. 바람직하지 못함.
丹心一片：一片丹心。변함없는 국가를 위하여 몸과 정성을 다 바치는 참된 마음.

않으려 하고 赴役을 나오라는 말만 들어도 정신이 어지러운 것은 困辱을 많이 當했기 때문이다. 虛飾으로 誇張하는 것이 좋은 일이 못되고 一片丹心 表裏없이 始終이 如一한 것이 君子라고 하는 忠臣이라네.

南北相爭經幾旬
何時敢望斂彛倫
懷深如渴人何在
世晚胡爲鳳不臻
峯頭月出開圓鏡
物外神淸不染塵
白鷗汝識騷翁否
逐水時來與我親

〔남북상쟁경기순〕 南과 北이 겨룬지가 몇 열흘이 지났는가
〔하시감망서이륜〕 어느 때에 敢히 彛倫이 펴질려나
〔회심여갈인하재〕 懷抱가 깊었으니 그 사람은 어디있고
〔세만호위봉부진〕 세상은 늦었는데 鳳은 어이 안오는가
〔봉두월출개원경〕 峯우리에 달이 뜨니 둥근 거울 열리었고
〔물외신청불염진〕 精神이 맑은지라 汚染되지 않았도다.
〔백구여식소옹부〕 白鷗 너는 이 騷翁을 알고 있단 말인가
〔축수시래여아친〕 물을 쫓아 날아와서 친해지려 하느니

【註釋】
相爭：서로 다툼. 전쟁을 벌림
彛倫：사람으로서 떳떳히 지켜야 할 道理
峯頭：산봉우리의 맨 위. 峯의 頂上
物外：形態있는 물건 이외의 세계. 세상물정을 벗어난 바깥 세계.
白鷗：갈매기
騷翁：글하는 늙은이. 歐陽修가 四十세에 醉翁亭記를 짓고 자신을 醉翁이라하여 翁字를 붙임

【字解】
臻：이를 진

狗尾續貂篇

南北이 서로 戰爭을 시작한지 몇 열흘이 지났는가. 終戰이 될만한 兆朕이 없으니 어느 때에 敢히 떳떳한 人倫을 펼 만큼 좋은 때가 오려나. 懷抱는 깊어서 목마른 것 같은데 현실을 收拾할 사람은 어디 있으며 세상은 늦었는데 어찌하여 鳳凰은 이르지를 않는가.

山 上峯에 달이 뜨니 둥근 거울이 열린 것 같이 환하고 物累밖에 정신이 맑으니 世俗에 물들지 않았도다. 갈매기야! 너는 이 騷翁의 錯雜한 心情을 아는가 물을 쫓아 때로는 날아와서 나로 더불어 친해지려 하니 潔白하고 優雅하고 高尚한 네 모습이 嘉尚하고나

進則憂民退則君 〔진즉우민퇴즉군〕 나가서는 民生 걱정 들어 와선 나라 생각

生憎此地綠林軍 〔생증차지녹림군〕 이 땅에 可憎한건 도적인가 하노라.

踽踽潔身非我意 〔우우결신비아의〕 踽踽히 潔白함이 내 뜻이 아니로다.

昂昂如鳳出鷄君 〔앙앙여봉출계군〕 昂昂히 鳳凰은 닭무리에 빼어났네

得志不爲方丈食 〔득지불위방장식〕 뜻 얻는다 하더라도 方丈食은 아니할터

蔽形何羨綾羅裙 〔페형하선능라군〕 形体를 가렸는데 비단 바지 부러워하랴

【註釋】
憂民‥百姓의 身上을 근심함
綠林軍‥불한당이나 화적 (綠林客)
踽踽‥혼자 걸어가는 모양
昂昂‥높은 모양
得志‥所願을 이룸. 뜻을 얻음
方丈食‥四方十尺이나 되는 큰 床에 가득히 차린 飮食
綾羅‥두껍고 얇은 좋은 비단
大法‥가장 所重한 부분이 되는 法
同文‥글자가 공통됨. 같은 문자나 문장.

從古聖賢傳大法
同倫天下又同文
吾亦今時是一民
蕭蕭短褐又青巾
回瞻西土文明極
必見東方大命新

[종고성현전대법] 예로부터 聖傳이 大法을 傳했으니
[동륜천하우동문] 차례가 같은 세상 글이 또한 같으다고

그 地位에 處해서는 民生을 憂慮하고 물러나 있어서는 國家를 염려하는 이른바 憂國憂民하는 人物이 아쉬운데 이 땅에 태어나서 可憎한 것은 共匪들인가 하노라. 萬一 顯達하여 벼슬한다 하더라도 方丈食은 하지않을 것이오, 옷은 形体만 가리고 淨潔하면 되는 것이지 綾羅錦繡를 부러워 하겠는가. 衣食住의 中庸之道 그것이 내가 주장하는 生活哲學으로서 住宅 역시 분수에 맞게 容身하면 足하지 高大廣室이 假飾이지 所用이 무엇이란 말인가. 예로부터 聖傳이 전해 준 法度가 있으니 차례가 같은 세상에는 또한 글이 같아야 한다고 한 나라에 制度가 다르고 글이 다르다면 문제가 되는 것이다.

[오역금시시일민] 내 또한 이世上에 한 百姓인데
[소소단갈우청건] 허름한 베옷에다 푸른 수건 둘렀도다.
[회첨서토문명극] 서녁땅 돌아보니 文明이 極해 있고
[필견동방대명신] 반드시 東方에서 큰 命이 새로우리

【註釋】
短褐: 짧은 허름한 베옷
青巾: 푸른 수건
西土: 서쪽 땅. 歐羅巴
文明: 물질적 요소의 발전상태
大命: 天命
落照: 저녁 때의 해
暮煙: 저녁무렵의 연기
相思不見: 남녀가 서로 그리워 하면서도 보지 못함.

輕塵汜路送朝雨
落照掛山凝暮煙
相思不見人何在
天一邊兮入夢頻

(경진읍로송조우) 티끌은 길을 젖어 아
침 비를 보내고
(락조괘산응모연) 저녁 노을 山에 걸려
저문 煙氣 어렸도다.
(상사불견인하재) 생각해도 보지 못할
사람은 어데 있나
(천일변혜입몽빈) 하늘가 한 곳에 꿈에
자조 들어오네

내가 비록 山間僻村에 蟄居하고 있을지언정 地域社會의 住民의 一員인지라 쓸할만큼 허름한 짧은 베옷에다 또한 푸른 수건을 동여 맸도다. 돌이켜 西土를 바라보니 物質文明이 極했고 반드시 우리 東方에 大命이 새로워짐을 볼 것이로다. 가벼운 티끌이 길에 젖어 있으니 아침비를 보내고 夕陽 노을은 山에 걸려 있고 저 문 煙氣는 깔려 있도다. 서로 생각은 해도, 볼 수 없는 그 사람은 어데 있는가? 하늘이 한 邊方에 있음이여 꿈에 들어오기를 자주 했도다.

非農非士是何民
身着短衫頭載巾

(비농비사시하민) 농사꾼도 선비도 아
닌 이것이 뉘 百姓인고
(신착단삼두재건) 몸에는 짧은 적삼 머
리에 수건이라.

【字解】
入夢頻：자주 꿈에 보임. 꿈에 자주 나타남.
褐：굵은 베옷 갈

金井蕭蕭梧葉落
水田漠漠稻花新
雨意移山晴在樹
夕陽掛壁紫生煙
不識火禽何似者
何其多事去來頻

〔금정소소오엽락〕 金井은 蕭蕭하니 梧桐잎 떨어지고
〔수전막막도화신〕 물 논은 아득한데 벼꽃이 한창일세.
〔우의이산청재수〕 비의 뜻川에 옮겨 나무에 개어 있고
〔석양괘벽자생연〕 저녁 노을 壁에 걸려 붉은 煙氣 뻗혀있네.
〔불식화금하사자〕 알지못할 불새란 놈 어떠한 것이기에
〔하기다사거래빈〕 어찌 그리 일이 많아 가고 오고 하는가?

농사꾼이 되려거든 벗어 부치고 밭 갈수 있는 實力者가 되던지 선비가 되려거든 글공부에 專念할 수 있는 學者라야 진짜 선비인데 나는 이것도 아니요 저것도 아닌 어정쩡이 같으면서 農事일도 하고 工夫도 하면서 충분히 선비의 흉내도 낼 수 있는 애매모호한 존재로서 옷도 꾸밈게나 아무렇게나 잠뱅이를 걸치고 수건을 질끈 동긴 村夫인 것이다. 가을 바람이 쓸쓸하게 梧桐잎을 흔들어 떨어지게 하고 아득한 물논에는 벼이삭이 패서 흰 꽃이 한창일러라. 비가 오려고 구름이 모였다가 山으로 옮겨지니 나무는 개어 있고 저녁빛이 붉게 물들 무렵 저녁 연기가 굴뚝에서 길게 뻗쳐 있는 것이다. 알지 못할 것은 새같이 생긴 놈이 불을

【註釋】
短衫∶적삼. 홑옷. 등걸이
金井∶가을 우물
蕭蕭∶바람이나 빗소리가 쓸쓸하다.
水田∶논
漠漠∶넓고 아득한 모양
雨意∶비가 올듯한 기운
移山∶산으로 옮아 감.
火禽∶불새. 불을 품는 새. 爆擊을 하는 飛行機의 異稱.
何似者∶어떠한 놈이란 뜻으로 濂洛에 不識 何顥何似者라는 句節을 引用함.
何其多事∶어찌면 그렇게 일이 많아 그렇게도 많아서
去來頻∶가고 오기를 자조한다. 자주 왕래하여 쉴새 없다.

품어 놓는다고 해서 「불새」라고 하는 飛行機란 놈은 어떠한 것이기에 晝夜長川 잇달아서 왜 그리 일이 많아 그런 무서운 速度로 갔다왔다 하기를 그렇게 「頻煩」하게 하는가 말이다.

柳橋南畔水西隣 (유교남반수서린) 버들다리 南쪽 언덕 물 서쪽 이웃에

十數人家石澗濱 (십수인가석간빈) 열두어 사람집이 돌 간 수 물가라네

常情孰厭貴兼富 (상정숙염귀겸부) 사람의 常情이 富貴를 마다하리

亂世亦宜窮且貧 (난세역의궁차빈) 亂世에는 貧窮도 마땅함이 있으리니

數卷床書能樂志 (수권상서능낙지) 두어 卷의 平床 글은 능히 뜻을 즐겨하고

三間茅屋可安身 (삼간모옥가안신) 三間의 草家집은 히 몸을 便케하네

莫恨秋來皆葉落 (막한추래개엽락) 가을이 와 나뭇잎 다 진다고 恨嘆마오

一山松竹自青春 (일산송죽자청춘) 山에는 松竹들이 스스로 青春일세

【註釋】
常情: 普通의 人情
孰厭貴兼富: 누가 富貴를 싫어 하겠는가.
亂世: 어지러운 세상. 질서가 紊亂하고 暴力이 亂舞하는 세상
床書: 平床 곁에 놓여 있는 書籍
茅屋: 따로 이은 집. 草家
自青春: 언제나 봄철같이 푸르름

【註釋】
石澗濱: 돌이 많이 깔린 산골짜기에 흐르는 시내물

옛적부터 버드나무 서 있는 다리 南쪽 밭뚝 西쪽에 있는 이웃에 十餘家口 石
澗水 흐르는 물 옆에 옹기종기 모여있는 村落이 나의 사는 집이라네. 사람의 떳
떳한 人情이 어찌 富貴를 싫어하고 마다 하리오만 命이 있는 것이라 마음대로 되
지 않는 法, 世上이 뒤숭숭할 적에는 貧窮한 것도 生命을 保全하는 것이라 마땅한 一
面도 있을성 싶다. 平床곁에 놓여진 數十卷의 一冊들은 能히 나의 뜻을 즐겁게 하
고 草家三間 그것은 可히 몸을 便히 할 수 있는 安息處라네. 가을이 와서 다 落
葉이 되었다고 恨嘆을 마오, 한곳의 山에는 獨也靑靑한 松竹이 高孤한 志操를 자
랑하고 있지를 않는가?

不治則已治除根
燒屋頹墻賊退痕
江山倏爾開花日
風雨許多落木魂
我欲吐情人不信
天將降福世何喧

(불치즉이치제근) 잘 다스리려거든 뿌
리를 뽑아야지

(소옥퇴장적퇴흔) 탄집과 무너진 담 賊
지나간 자취라네

(강산홀이개화일) 江山은 倏然히 꽃이
핀 그날이오

(풍우허다낙목혼) 비바람 많은 것은 落
葉지는 時期라네

(아욕토정인불신) 眞情을 吐해봐도 사
람은 믿지않고

(천장강복세하훤) 天이 장차 복내리매
세상 어이 소란한고

【註釋】
燒屋頹墻:家屋이 燒失되고 담장이 무너짐.
倏爾:歘然. 갑자기. 문득
許多:수두룩함. 몹시 많음
落木:잎이 떨어진 나무
吐情:마음속에 있는 事情을 솔직하게 말함
一氣:天地가 나뉘기 전의 혼연한 기운
二氣:陰과 陽. 음양의 기운
流行:세상에 널리 퍼져 행하여짐
生生:만물이 나고 나서 퍼져 나가는 자연의
이치. 나고 나서 이어지는 법칙
物物:물건과 물건. 많은 물건
元元:元來부터, 처음부터

【字解】
倏:문득, 홀

二氣流行仍得正
生生物物樂元元

〔이기유행잉득정〕二氣가 流行하여 바른 것을 얻었나니
〔생생물물낙원원〕나고 나는 물건의 즐거움이 元元하리

다스리지 않으려거든 않는 것이 났거니와 다스리려거든 타고 담은 무너져 賊이 물러간 痕跡이 역력하네. 江山은 꽃핀 날에 갑자기 지나가는 것 같고 風雨는 落葉 떨어질 때에 많이 불고 오는구나 내 중심에 있는 생각을 吐하려 하는데 사람이 믿어주지 않고 하늘을 장차 북을 내리려고 하는 데 세상이 어이하여 騷亂한 것일까 陰과 陽 두 기운이 널리 흘러 行하나니 因하여 바른 것을 얻어서 나고 나는 모든 물건들이 즐거운 것이 원래부터 순조로 왔다는 것을 알게 하도다.

手探月窟見天根
冲漠無朕不見痕
物生然後方有性
氣聚以前亦無魂

〔수탐월굴견천근〕달의 窟을 더듬어 天根을 보려하니
〔충막무짐불견흔〕아득하고 兆朕없이 흔적을 볼 수 없네
〔물생연후방유성〕물건이 생긴뒤에 性品이 있을지니
〔기취이전역무혼〕기운 모인 以前에는 또한 魂도 없느니라

〔註釋〕
月窟：달 속。달 속의 바위굴。달이 떠오르는 곳。西쪽 끝의 땅。梁簡文帝大法頌 踰月窟東漸扶桑天姤卦。
天根：하늘의 맨 끝。地雷復卦。
冲漠無朕：비고 아득하여 兆朕이 없음。浩浩茫茫하고 空虛하여 아무런 일이 드러나 보이는 變化現象이 없음
大和：陰陽이 調和된 元氣 易經의 乾道變化各正性命保合大和乃利貞
一元：會運世의 元으로 十二萬九千六百年

誰知其本眞而靜
胥動浮言各自喧
四時代序相終始
渾若大和有一元

緑竹猗猗淇水干
盈虚明月照心肝

〔수지기본진이정〕 그 根本이 참되고 요함함을 누가 알랴 이라함

〔서동부언각자훤〕 뜬 말은 퍼뜨려서 各自가 떠드누나

〔사시대서상종시〕 四時가 相代하여 始終運行 하는 것이

〔혼약대화유일원〕 渾然히 大和속에 一元과 같은지라.

손으로 달속의 굴을 더듬어 하늘의 뿌리를 보려고 했더니 아득하고 비고 兆朕이 없어 痕跡을 볼 수가 없도다. 물건이 생긴 뒤에 바야흐로 性品이 있게 마련이니 기운이 모아지기 以前에는 또한 魂이 없나니라. 누가 그 本性이 참되고 고요해서 萬有를 包括하고 있는 것을 알겠는가, 서로 뜬 말을 움직여 理氣가 어떻다고 떠들어 봤자 시끄러울 뿐이지 結末이 나지 않은 것을 春夏秋冬 四時가 서로 交代하여 始終 運行하는 大自然 歲月속에 渾然히 大和라고 하는 天地原氣 中에 一元인 十二萬九千六百年이 있는 것과 같으리라.

〔녹죽의의기수간〕 푸른 대가 猗猗한 淇水의 물갓이여!

〔영허명월조심간〕 차고 빈 밝은 달이 나의 心肝 비쳐주네

【註釋】
猗猗 : 아름답고 성하다.
盈虚 : 찼다 기울어졌다 하는 것
心肝 : 마음 속. 참된 마음
簡黙 : 간소하고 沈黙함. 몸차림이나 처세를

簡默自持誰敢侮
空譽相對亦知奸
咿唔不徹十年夜
一步更登百尺竿
如何近日多陰雨
將見秋陽又曝乾

〔간묵자지수감모〕 간단하고 수수하게 하며 말이 없고 잠잠함 가 감히 蔑視하랴
〔공예상대역지간〕 空然한 稱讚相對 사항을 알리로다.
〔이오불철십년야〕 글소리 쉬지 않고 十年 밤 계속하니
〔일보갱등백척간〕 한 걸음만 더 오르면 百尺竿頭 이르겠네.
〔여하근일다음우〕 어찌하여 近日에 궂은 비가 많단 말인가
〔장견추양우폭간〕 장차 가을 曝陽이 事情없이 쬐이리니

푸른 대밭이 盛한 것은 淇水의 물갓인데 찾다가 비었다가 하는 달이 往來하며 나의 心肝을 비쳐준다. 간소하고 沈默하여 自己를 지킬 줄 아는 사람은 不問可知 奸邪한 사람이 없신여길 것이며 쓸데없이 칭찬으로 상대하는 사람은 十年의 세월 한결음만 더올 이니라. 글소리를 그치지 아니한지 江山이 變한다는 어찌하여 百尺竿頭에 이를것이 안타깝다. 랐더라면 오래 계속되는고, 장차 必然적으로 가을 햇볕이 曝陽으로 내려쬐일 것이 다지도 明白한 것은 陰하면 陽하는 理致가 그런 것이다.

【字解】
咿 … 선웃음칠 이.
唔 … 글읽는 소리 오.
空譽 … 헛되고 실속이 없는 명예. 虛名
咿唔 … 글을 읽는 소리
不徹 … 그치지 아니함. 쉬지 아니함
陰雨 … 오랫동안 계속해 내리는 음산한 비
秋陽 … 가을철의 햇볕

前宵夢得古人看
相贈以詩記憶難
來頭消息雙鬢白
滿腹經綸一片丹
枕引溪聲驚夢裡
簾搖山色入簾端
所願在何知有在
至誠上帝每登壇

〔전소몽득고인간〕 간밤 꿈에 옛 사람을 만나 얻어 보았으니
〔상증이시기억난〕 詩를 주고 받았지만 기억하기 어렵도다.
〔내두소식쌍빈백〕 오는 消息 귀밑 털이 희는 것만 남아있고
〔만복경륜일편단〕 배에 찬 경륜이란 一片丹心 뿐이라네
〔침인계성경몽리〕 벼개에 시내 소리 꿈속에서 놀라고
〔염요산색입첨단〕 발이 山을 흔들어 처마끝에 들어 왔네
〔소원재하지유재〕 소원이 어데 있나 있는 곳에 있나니
〔지성상제매등단〕 上帝께 至誠하려 매일 壇에 올랐다네

지난밤 꿈속에서 古人을 만나 胸中에 있는 말을 글로 지어 주고 받기는 하였지만 기억이 朦朧하고나. 나이 먹으면 늙는 것이 公道요 自然의 法則이라면 내앞에 놓인 것은 두 귀밑 털이 희어지는 것이 남아 있을 뿐이요. 뱃속에 經綸이 있

【註釋】
前宵∶지난밤. 전날 밤
雙鬢∶두 귀밑 털
枕引溪聲∶흐르는 시내가 가까이 있어서 벼개를 벼고 있을 적에 물흐르는 소리가 들려 옴.
簾搖山色∶바람이 불어 쳐 놓은 발이 山의 경치를 흔들어 놓음
所願∶원하는 바. 바라는 일
至誠∶지극한 정성
上帝∶하늘을 맡아 다스린다는 神. 하느님

다면 國家民族을 위한다는 一片丹心뿐이리라. 베개가 시냇물 소리를 끌어들여 꿈속에서 놀라 깨우게 하고 처진 발이 山빛을 흔들어 처마끝에 들어오게 했도다. 무엇인가 所願을 이루지 못한것이 恨이되어 上帝께 至誠으로 祈願하기 위하여 매양 壇에 올랐도다.

對人無處聽猗蘭 〔대인무처청의란〕 對人하여 猗蘭操를 들을 곳이 없어서

佇立斜陽依曲欄 〔저립사양의곡란〕 우두커니 斜陽에서 굽은 欄干 依支했네

佳句多出酒中筆 〔가구다출주중필〕 멋진 글귀 許多히 술 가운데 붓에 나오

繪事難能煙外巒 〔회사난능연외만〕 그리기 어려운건 연기 밖에 뫼뿌린가.

松屋夜深燈耿耿 〔송옥야심등경경〕 松屋에 밤이 깊어 불이 깜박이고

雪天雲散月團團 〔설천운산월단단〕 눈 하늘에 구름이 개 니 밝은 달만 둥글고나.

十月庭前生草綠 〔시월정전생초록〕 十月의 뜰 앞에 生草가 푸르르니

今年冬令覺時闌 〔금년동령각시란〕 올해의 겨울철이 늦은 것을 깨달으니라

【字解】
佇‥‥오래설 저
繪‥‥그림 회
闌‥‥늦을 란

【註釋】
對人‥‥사람을 마주 대함
佇立‥‥우두커니 섬
斜陽‥‥저녁때의 비껴 비치는 햇볕. 夕陽
佳句‥‥잘 지은 글귀
繪事‥‥그림 그리는 일
夜深‥‥밤이 깊음
耿耿‥‥불빛이 깜박 깜박함
團團‥‥둥글고 둥글다. 아주 동그랗다
冬令‥‥겨울철

사람을 對하여 猗蘭操를 들을 곳이 없어서 우두커니 斜陽에 서서 굽은 欄干에 依支하여 섰도다. 멋진 글귀란 原來 술을 한잔 한 가운데 솟아나게 마련이고, 그림을 그리는데 煙氣에 쌓여있는 뫼뿌리는 着手하기 어렵도다. 소나무 서있는 집에 밤이 깊었으니 燈盞은 깜박거리고 눈 오는 하늘에 구름이 흩어졌으니 달이 둥글게 솟아났네. 十月이 되어 뜰 앞에 例年같으면 무서리가 내리어 풀이 다 말라 죽을 것인데 올해만은 푸릇푸릇한 산풀이 있는 것을 보니 겨울이 아마 늦게 찾아올 모양인게로구나.

身着布衣又佩蘭
逍遙自適上靑欄
放乎大壑長流水
聳出重霄特立巒
千山落木肅霜急
晚圃寒花零露團

〔신착포의우패란〕 몸에는 베옷입고 또 한 蘭을 찼으며
〔소요자적상청란〕 逍遙自適 하려고 푸른 欄干 올라갔네
〔방호대학장류수〕 큰 구렁에 놓으니 길게 흐른 물이요.
〔용출중소특입만〕 重霄에 솟아난 特殊한 뫼뿌리라.
〔천산낙목숙상급〕 모든 山에 나무 잎져 肅霜이 急하였고
〔만포한화영로단〕 늦 菜田에 찬 꽃은 이슬이 맺혀있네

【註釋】
逍遙自適: 한가롭게 거닐고 돌아 다니며 마음 내키는 대로 悠悠히 生活함.
放乎大壑長流水: 물고기를 잡다가 큰 골짝 길게 흐르는 물에 놓아 주는 것
聳出重霄: 하늘 위에 거듭 우뚝하게 솟아남.
落木: 잎이 떨어진 나무
肅霜: 된 서리. 되게 내린 서리
晚圃: 늦은 채소밭. 늦가을 채소밭
一生: 平生. 나서 죽을 때까지
眞味: 참맛. 眞正한 취미

【字解】
聳: 솟을 용

一生眞味書中在
讀罷殘燈夜已闌
窮谷托身未得安
東籬採拾落英餐
深林葉脫村容見
豊草經霜野色殘
一間弊屋青山暮

몸에는 베옷을 걸치고 또 蘭을 찾는데 한가로이 거닐며 마음이 내키는대로 悠悠히 生活하느라고 푸른 欄干에 올랐도다. 큰 구렁 길게 흐르는 물에 놓아 보내고· 거듭 하늘에 솟아난 特出하게 서있는 되뿌리리라. 온 山에 落葉이 떨어지는 것은 嚴肅한 서리가 내리기 때문이요, 늦게 菜田에 핀 菊花에는 둥근 이슬이 맺혀있도다. 一生의 眞味가 글속에 있어서 글을 읽고 나니, 衰殘한 燈불에 밤이 이미 늦었네.

〔일생진미서중재〕一生의 眞味가 글 가운데 있으니
〔독파잔등야이란〕 글 읽고난 등불에는 밤이 이미 늦었네
〔궁곡탁신미득안〕 窮谷에 依托한 몸, 便安할 수 없는데
〔동리채습낙영찬〕 울타리에 캐고 주어 떨어진 꽃 먹었도다.
〔심림엽탈촌용견〕 깊은 숲에 잎지니 마을이 나타나고
〔풍초경상야색잔〕 성한 풀이 서리맞아 들 빛이 衰殘했네.
〔일간폐옥청산모〕 한간 떨어진 집에 靑山은 저물었고

【註釋】
讀罷: 읽던 글을 마침. 글읽는 것을 그만두는 것.
殘燈: 다 꺼지려 하는 등불. 깊은 밤의 희미한 등불.
托身: 몸을 부쳐 의지함.
深林: 깊게 무성한 수풀.
村容: 마음의 얼굴. 마을 생긴 모습
豊草: 무성한 풀
經霜: 서리를 겪음. 서리가 지나김
仰天: 하늘을 우러러 봄. 어이가 없어 寒心한 생각이 나서 하늘을 쳐다봄
擊缶: 장구를 침. 長短을 맞추기 위하여 發作하는 것
發長嘆: 긴 한숨을 내쉬며 탄식을 발하는 것. 長吁短歎.
弊屋: 황폐한 집. 무너지고 허물어져 형편없이 된 집.

三尺短琴流水寒
同族相殘今幾日
仰天擊缶發長嘆

〔삼척단금유수한〕 三尺의 短琴에는 流水曲이 차도다
〔동족상잔금기일〕 同族相殘 하는 것이 이제 몇날 되었는가
〔앙천격부발장탄〕 하늘보고 長鼓치며 嘆息할 일 아니드냐?

深山幽谷에 몸을 依托하니 便할 수가 있나. 참고 견디자니 東쪽 울타리에 菊花를 다다가 떨어진 꽃의 香氣를 먹으면서 陶淵明을 생각한다. 그가 菊花를 사랑했다지 찬바람 부는, 荒涼한 가을! 깊은 숲은 落葉이 떨어져 洞里 얼굴이 露出되고, 그럴게 茂盛했던 풀잎도 된서리를 맞아 들빛이 누렇게 바래고 시들어버렸구려. 한間 弊屋에는 문풍지가 울고 靑山이 저물었는데 三尺의 짧은 거문고로 流水曲을 타니 寒氣가 서린다. 同族相殘하는 六·二五動亂이 일어난지 이제 얼마나 되었는가, 實로 하늘을 우러러 長鼓를 치며 痛嘆할 일이 아니더냐.

出則國安入家安
君子是知不素餐
從古一貫奚道墜

〔출즉국안입가안〕 나가면 나라 便코 물러오면 家庭便해
〔군자시지불소찬〕 君子는 이런 故로 헛밥을 안 먹는 法
〔종고일관해도추〕 하나로 꿰었다는 道가 어찌 떨어지며

【字解】
缶∶장구 부
托∶부칠 탁

【註釋】
深山幽谷∶깊은 山 으슥한 골짜기
露出∶드러냄. 속에 있는 생각을 밖으로 나타냄.

【註釋】
君子∶學識과 德望이 높은 사람. 士君子
素餐∶집에서 죽치고 앉아서 空밥만 치우는 것.
從古∶예로부터
奚道墜∶어찌 道가 떨어질소냐?
至今∶이제에 이르러. 至于今
千載∶千年

狗尾續貂篇

至今千載又經殘
誰使人間多疾苦
願言天下不飢寒
茫茫血海無人渡
獨木橋邊堪可嘆

〔지금천재우경잔〕 千年이 지났는데 經書가 衰
殘했네
〔수사인간다질고〕 누가 人間에게 疾苦를 많
게 했나.
〔원언천하불기한〕 天下에 飢寒이 없기를 願
하노라.
〔망망혈해무인도〕 茫茫한 血海를 건너갈 자
없으니
〔독목교변감가탄〕 외나무 다리에서 可히 嘆
息하노라

出世를 하여 國祿을 먹게되면 國家民族을 安如盤石 위에 굳건히 지켜서 生存의 威脅으로 부터 排除하여야 하며 草野에 물러나 獨善其身할 때에는 保妻子할 程度의 家計의 安定을 꾸려나갈 수 있는 것이 君子소리를 들을 수 있는 大丈夫이지 그래 戰爭으로 국토가 폐허가 되고 民生이 屠戮을 當하여 국가의 命脈이 朝不慮夕의 危機에 處하여도 束手無策이라면 그것은 수만 채우고 밥만 축내는 허수아비가 아니고 무엇이란 말이냐? 安逸無事한 평상시에는 尸位素餐이 國家社會에 미치는 影響이 但只 發展이 沮止되고 業績이 不振하는 데 그치는 것이지만 非常時의 危機에 處해서는 國家의 存亡과 民族의 死活이 달려있는 것이다. 忠臣은 國家社稷이 危機를 打開하지 못하면 죽는 法이거늘 世上이 아무리 變했다고 해도 예로부터 一貫되어온 道가 아주 떨어졌단 말이며 千年이 흘러간 오늘에 이르러서 비록 글이 衰殘했다고는 하나 經綸濟世之才가 씨가 말랐던 말이냐? 누가 人間으로 하여금 疾苦를 많게 했는가. 願컨대 天下에 배고프고 추운 것이 없었으면 얼마나 좋

【註釋】
獨善其身 : 자기 한 몸의 善만을 꾀함. 世上에 無關心하여 뜻이 없음.
尸位素餐 : 제사때 앉혀놓은 尸童처럼 아무 하는일 없이 밥만 축내는 것.
經綸濟世之才 : 能히 天下를 잘 다스릴만한 人材

經殘 : 글이 衰殘함. 大經大法이 頹廢하여
解弛해짐
疾苦 : 病魔에 시달리는 苦痛
言 : 뜻이 없는 語助辭
飢寒 : 배고프고 추움. 굶주리고 떠는 것.
茫茫 : 아득하고 넓어 끝없는 것.
血海 : 피흘리고 어지러운 航海의 비유
獨木橋 : 외나무 다리. 한개의 통나무로 놓은 다리

學而時習是其眞
〔학이시습시기진〕 배우고 때로 익혀 참된 것
을 깨우쳐서

大道坦坦聖法遵
〔대도탄탄성법준〕 聖人의 넓으신 法을 쫓아서
行하리라.

霽天雲葉魚鱗細
〔제천운엽어린세〕 개인 하늘 구름잎은 물고
기 처럼 가늘고

滿地稻花野色均
〔만지도화야색균〕 땅을 덮은 벼 꽃은 들빛을
고루했네.

充體乃知吾養氣
〔충체내지오양기〕 몸에 充電되었으니 내기운
을 길러내고

齊家不見婦翻脣
〔제가불견부번순〕 집안을 다스리니 아낙네가
말이 없네

憂國忠心難忘處
〔우국충심난망처〕 나라를 걱정하는 忠誠된
그 마음이

겠는가. 넓고 아득한 죽음의 바다를 같이 건너갈 사람이 없는 絶望狀態에서 어떻게
건너갈까 하는 刹那에 周邊을 살펴보니 외나무 다리가 있지 않는가? 나는 다시한
번 주어진 運命을 嘆息하며 외나무다리를 타고 民族의 受難인 六·二五를 無事히
치렀던 것은 危急할 때에 精神을 차렸기 때문이다.

【註釋】
坦坦：편편하고 넓다.
霽天：맑게 갠 하늘
雲葉魚鱗細：나무잎 모양의 구름이 고기 비
늘처럼 가늘다.
野色均：들빛이 한결같이 똑같다. 빛이 一定
하다.
充體：氣流를 몸에 充電시킴.
養氣：精神을 修鍊하여 元氣를 기름.
齊家：집안을 다스림.
翻脣：입술을 펄럭임. 나쁘다고 口舌로 反撥
하는 것.
徘徊：목적없이 이리저리 거닐어 다님.

【字解】
鱗：비늘 린
翻：펄럭일 번

徘徊一念每相巡

〔배회일념매상순〕 徘徊하는 한 생각이 마냥 서로 오가네

배우고 때로 익혀 工夫하는 것은 그 참된 것을 깨우치려 하는데 있으니 요즈음엔 써 먹고 出世하자는 데로 價值觀이 完全히 뒤바뀌어 버렸도다. 하늘이 變치 않았으면 道도 또한 變치 않는다는 聖人의 法은 坦坦大路가 다니지 않아 거칠어져서 雜草만 茂盛했도다.

때는 가을이라 개인 하늘에 고기비늘처럼 가는 새털 구름이 떠 있으며 世上은 비록 騷亂하지만 萬百姓이 먹고 살라고 땅에 가득찬 벼꽃이 들판을 한빛으로 만들어 주었으니 하나님의 사랑이 큰 것을 알 수 있다. 내 비록 써먹지는 못할지언정 길러나 보겠다고 江山의 精氣인 浩然之氣를 몸에 充電해 보았으니 德分에 아낙네가 쓸데없이 口舌을 늘어놓아 家道를 紊亂케 하지는 않았도다. 사람마다 出世를 하여 이름을 떨쳐 뽐내보려고 血眼이 되어 몸부림 치는 것은 結論적으로 窮極의 目的이 自己自身이 好衣好食하고 自己 혼자 잘 되자는 營利를 追求하는 그것이라면 國家를 편케하고 國民大衆을 보살필 人物은 어디가서 찾겠는가. 내 일찍이 憂國의 忠心이 澎湃하던 것은 敎育의 뿌리가 썩는 部分에서 생겨나는 毒버섯을 어떻게 막을 것이냐 하는 그런 것들이었다.

意適山居不換公
無如本業在農工
謙以自持誰敢侮

〔의적산거불환공〕 뜻이 있어 山에 사니 公卿 大夫 바꿀소냐.

〔무여본업재농공〕 本來의 業 같은 것이 農工 만 못하나니

〔겸이자지수감모〕 겸손으로 處世하니 누가 감히 侮視하며

【註釋】
意適 ‥ 마음이나 뜻이 맞음
本業 ‥ 근본이 되는 직업. 主業
謙以自持 ‥ 자기의 몸을 謙遜하고 낮게 함.
處身
勞而不伐 ‥ 功勞가 있어도 자랑하지 아니함
浮生 ‥ 덧없는 衆生
役役 ‥ 마음과 힘을 몹시 쓰는 모양. 汲汲하다.
即色空 ‥ 곧 色則是空이란 말

勞而不伐莫爭功 〔로이불벌막쟁공〕 자랑하지 않으니 겨룰이가 없도다.

十年南國雲常暗 〔십년남국운상암〕 十年에 남쪽나라 구름 항상 어두웁고.

萬里春城花發紅 〔만리춘성화발홍〕 萬里의 봄 城에는 꽃이 피어 붉었도다.

浮生役役皆如夢 〔부생역역개여몽〕 浮生이 사는 것이 다 꿈결 같은데

總是人間即色空 〔총시인간즉색공〕 모든 것이 人間의 곧 空인 것을.

본래에 번거롭고 어지러운 것을 좋아않는 性格이라 山에서 사는 것이 適當하다 하겠으니 公卿大夫 지내봤자 밥세끼 먹고 사는 것은 똑같은데 마음편하게 살면 되지 별수가 무엇인가. 環境에 適應시키는 것이 賢明하면 處世라면 農村에는 農事, 工場地帶에서는 工業, 商街에서는 商業이 適當한 것이다. 가나 오나 말썽많고 골치아픈 存在라는 것은 知識이 밥먹여 주는 것이 아니라서 糊口解決이 그렇게 쉽지않다는 與件 때문이리라.

겸손한 것으로 처세를 하면 누가 감히 업신 여기며 功勞가 있어도 자랑하지 않으면 競爭할 하였건만 우리 韓國의 自由黨이 執權한지 10年이 지났으나 아직도 暗雲의 그림자는 낮게 춤추고 荒凉한 城郭에는 봄은 찾아와 꽃만 붉게 피어있는 것이다.

平衡正在衆星目 〔평형정재중성목〕 平平한 저울대는 正히 뭇별 눈에 있고

明鏡淨無一點塵 〔명경정무일점진〕 밝은 거울 깨끗하여 한점의 티끌도 없도다.

千變萬化從此出 〔천변만화종차출〕 千萬가지 變化가 이에 좇아 나오니

澹然虛靜是其眞 〔담연허정시기진〕 비고 고요한 것이 眞實인 것이〔未發之中〕가 하노라

平平한 저울대에 박혀있는 눈 그것은 物體의 輕重을 측정하는 기준이 되는 것이요 明鏡止水가 淸淨無礙하여 塵埃나 汚濁이 없기에 照明을 받을 수 있는 것이다. 妍蚩을 照鑑할 수 있는 千變萬化와 能力이 이로부터 나오니 一本萬殊의 體는 맑고 비어있는 이것이 바로 靈臺라고 하는 것이다.

一日二日萬機來 〔일일이일만기래〕 하루 이틀에 모든 기틀이 오나니

觸處洞然衆理開 〔촉처통연중리개〕 觸處마다 뚫려서 묻 이치가 열었도다.

汎應曲當須在此 [범응곡당수재차] 널리 應하고 曲盡히 當하는 것이 여기에 있으니
神妙不測自靈臺 [신묘불측자령대] 神妙하여 헤아릴수 없는 것이 靈臺인가 하노라

날마다 發端되는 事機가 눈에 나타나고 가슴에 와 닿을 때 이것을 處決할 수 있는 方案이 접촉하는 곳마다 환히 뚫려서 막히지 않는 것은 平素에 格物致知의 工夫로 묻 이치가 깨우쳐 열려있기 때문이니 縱으로는 허다한 사물을 넓게 應하고 橫으로는 하나를 끈질기게 파헤쳐서 굳게 물고 늘어져 曲盡하게 當해내는 것이 모름지기 여기에 있으니 神通하고 微妙하여 헤아릴 수 없는 것이 變化無雙한 靈臺인가 하노라.

아무리 많아도 管掌할 수 있고 아무리 複雜해도 다 統括해서 뱃속에 집어 넣어 消化시킬 수 있고 조절해도 缺陷이 생기지 않는 것은 原頭處가 뚫려져 있기 때문이라는 論理가 나오는 바 이것을 갈오리 大人의 能力이라고 하는 것이다. 그래서 어두운데 깨우쳐서 밝은데 用事하는 것이 사람이라는 結論을 얻었다.

去山來山山又山 [거산래산산우산] 가도 산이요、 와도 산이 요、 산이요 또 산인데。
山越山山疊疊山 [산월산산첩첩산] 산을 넘어도 山과 山이니 疊疊이 山일세
土山石山無非山 [토산석산무비산] 흙山과 돌山이 山아닌 것 이 없는데

虎踞龍蟠亦是山

〔호거용반역시산〕 虎踞하고 龍蟠한 것, 이것 역시 산일세.

〔山吟〕

한마디로 말해서 韓國은 山이다. 가도 山이요, 와도 山이요、山이 이어져 또 山인데 제기랄 山을 넘어도 별수없이 山과 山이니 疊疊이 山일세。個中에는 흙으로 된 산이나 돌로 된 산、잘생기고 곱게 생긴 산、못생기고 밉게 생긴 산、뽀죽하거나 둥글게 생긴 산、모지게 생긴 산、君臨하려는 산이나 죽치고 있으면서 손벌리고 있는 산 등 다 산 아닌 것이 없다. 용처럼 서려서 뱃대지 채우려고 하는 산이 있는가 하면、범처럼 으르렁거리면서 삼켜보겠다는 山、이 역시 山에는 틀림없는 것이다. 다시 한번 造物主의 神秘를 感嘆하지 않을 수 없는 것이 山들은 다 제 口實을 하고 있는 데 사람은 惟獨 잘못되어 가고 있는 것은 科學이라는 鬼神이 登場하여 그놈에 對等할만한 哲學이 나오지 않아서 均衡이 깨졌기 때문이다.

増補拾遺篇

劉鶚公牘鈔存

聯句

江陵日暖花先發
〔강릉일난화선발〕 강릉은 따뜻하여 꽃이 먼저 피어 있고.

楓岳天寒雲未消
〔풍악천한설미소〕 금강산은 추워서 눈이 녹지 않았네. (權適)

강릉은 날이 따뜻하여 봄이 일찍 찾아와 꽃이 먼저 피어 있다건만 금강산은 아직도 기후가 차서 눈이 녹지 않은 곳을 볼 수 있도다.

江上幾回今夜月
〔강상기회금야월〕 강위에는 몇번이나 오늘밤 달이 돌아왔는고.

鏡中無復少年時
〔경중무부소년시〕 거울속에는 다시 소년 시절이 없네. (聯句集)

강위를 비치는 밝은 달은 오늘밤의 그 모양을 수없이 되풀이 하고 있건만 거울속에 비치는 그 얼굴은 흘러간 소년 시절의 모습은 다시 찾아 볼 수 없네.

江水新添前夜雨
〔강수신첨전야우〕 강물은 새로 어제밤 비를 더하고.

春光復吐去年枝 〔춘광부토거년지〕 봄빛은 다시 지난해 가지에 토하였네.

원래 도도히 흐르는 강물은 어제밤에 비가 와서 수량이 더하여 많아진 듯 하고 무르익은 봄빛은 다시 지난해에 묵은 가지에 찾아와 꽃을 토하게 하였네.

光陰不貸賢愚老 〔광음부대현우로〕 광음은 현인과 우인 이 늙는데 빌려주지 않고.

天地無私雨露均 〔천지무사우로균〕 천지는 사가 없어 우로를 고루하였네.
(聯句集)

세월은 쉴새없이 흘러 어진 사람이나 어리석은 사람이 늙는데 빌려준다는 것은 생각할 수 없거니와 천지는 공평무사하여 초목군생지물(草木群生之物)에게 우로지택(雨露之擇)을 고루 내려 주었네.

龜負殘碣松下路 〔귀부잔갈송하로〕 거북은 쇠잔한 비석을 솔아래 길에서 지고 있고.

鶴眠畫壁月中樓 〔학면화벽월중루〕 학은 그림벽 달 가운데 다락에서 졸고 있다.

거북이가 새겨진 쇠잔한 비석은 오랜 세월이 흘러 바람에 갈리고 비에 씻

槿花香露三千里

〔근화향로삼천리〕
은 삼천리나 되고.
무궁화꽃 향기 이슬

檀樹淸風半萬年

〔단수청풍반만년〕
은 반만년일세.
박달나무 맑은 바람

무궁화꽃 향기는 이슬을 머금은 채 삼천리에 피어 있고 박달나무의 그 맑은 바람은 반만년이나 우리 역사와 더불어 이어오고 있지 않은가.

金剛山高松下立

〔금강산고송하립〕
소나무 아래에 서 있고.
금강산이 높다해도

漢江水深沙上流

〔한강수심사상류〕
모래위로 흘러가네.
한강물이 깊다하나

저 하늘가에 높이 솟은 금강산도 산위에 서있는 소나무 아래에 서있는 셈이요, 한강수가 비록 깊다고는 하지만 기껏해 봤자 모래위로 흘러가는 것일세.

棋罷古松流水下

〔기파고송유수하〕 바둑을 고송유수 아래에서 파하고.

詩成芳草落花中

〔시성방초낙화중〕 시는 방초낙화 가운데서 이룬다.

바둑을 고송이 우거진 흐르는 물아래서 두다가 그만두고 시는 녹음방초가 무성한 꽃이 떨어진 그 속에서 읽어야만 제맛이 난다.

(聯句集)

道心靜似山藏玉
書味淸於水養魚

〔도심정사산장옥〕 도의 마음이 고요한 것은 산에 옥을 감춘 것 같고.
〔서미청어수양어〕 글맛은 물에 고기를 기르는 것 보다 맑다.

도의 마음은 잡된 것이 섞이지 않아 고요한 것이 마치 산속에 옥을 감춘 것처럼 청아(淸雅)하고 글의 맛이란 사물을 터득하여 아는 것이 마치 맑은 물에 고기를 기르는 것처럼 신선(新鮮)하기가 이를데 없다.

(聯句集)

登高始覺乾坤大
悟道終知日月明

〔등고시각건곤대〕 높은데 올라봐야 비로소 건곤의 큰 것을 깨닫고.
〔오도종지일월명〕 도를 깨달으니 마침내 일월이 밝은 것을 알았도다.

높은데 올라가 봐야만 처음으로 끝없이 넓고 큰 천지의 형태를 깨닫겠고 도를 깨우쳐 얻은 것이 있어야 마침내 날과 달이 밝고 환한 것을 알 것이

464

羅浮山下梅花村

〔나부산하매화촌〕 나부산 아래 매화 마을은.

玉雪爲骨氷爲魂

〔옥설위골빙위혼〕 옥설은 뼈가 되고 얼음은 혼이 되겠네.

나부산 아래에 매화가 피어있다는 마을은 어찌나 황홀한지 옥설같은 그 모양은 뼈대가 되고 얼음처럼 결백한 그것은 혼이 되겠네. (事文類聚)

洛陽城東桃李花

〔낙양성동도리화〕 낙양성 동쪽의 복사꽃과 오얏꽃은.

飛去飛來落誰家

〔비거비래낙수가〕 날아가고 날아와 뉘 집에 떨어지는가. (劉廷之)

낙양성 동쪽에 피어 있는 복사꽃과 오얏꽃은 나붓끼는 바람에 따라 날아가고 날아와서 뉘집에 떨어질 것인가.

落霞與孤鶩齊飛

〔낙하여고목제비〕 떨어진 안개는 외로운 따오기와 더불어 가지런히 날고.

물색이 화려한 낙양성

秋水共長天一色 〔추수공장천일색〕 추수는 긴 하늘과 같이 한 빛이라.

(王勃)

떨어진 안개는 외로운 따오기와 같이 가지런히 날고 가을의 맑은 물은 긴 하늘과 함께 한 빛이 되어 있도다.

落花不語空辭樹 〔낙화불어공사수〕 떨어진 꽃은 말없이 공연히 나무를 떠나고.

流水無心自入池 〔유수무심자입지〕 흐르는 물은 무심코 스스로 못에 들어간다. (白樂天)

떨어진 꽃잎은 아무 말없이 공연히 나무를 하직하고 흐르는 물은 무심코 자연적으로 못으로 들어가네.

落花有意浮流水 〔낙화유의부유수〕 낙화는 뜻이 있어 유수를 따르는데.

流水無情送落花 〔유수무정송낙화〕 유수는 무정하게 낙화를 보내누나. (聯句集)

떨어지는 꽃잎은 무언가 뜻이 있어 흐르는 물을 따라 떠내려 가건만 흐르는 물은 어찌나 무정한지 낙화를 보내면서 그렇게 무표정(無表情)한가.

老於風浪鷗頭白
染是煙霞鶴頂丹
〔노어풍랑구두백〕 풍랑에 늙어서 갈매기는 머리가 희고.
〔염시연하학정단〕 노을에 물들어서 학은 이마가 붉다.
심한 풍랑에 늙어서 갈매기는 온통 머리가 희었으니 백구라 이르고 붉게 물든 저녁 노을에 물이 들어 그런 것인지 학은 이마가 붉어 단학이라 부른다.
(聯句集)

流水何心通海去
白雲有意自天還
〔유수하심통해거〕 흐르는 물은 무슨 마음으로 바다를 통하여 가고.
〔백운유의자천환〕 흰구름은 뜻이 있어 하늘로부터 돌아오네.
흐르는 물은 무슨 마음으로 구비구비 돌아 바다로 뚫어 나가는데 흰구름은 뜻이 있어 하늘로부터 일어나 돌아오는 것일까?.

李白騎鯨飛上天
江南風月閒多年
〔이백기경비상천〕 이백이 고래를 타고 하늘로 날아 올라가니.
〔강남풍월한다년〕 강남 풍월이 한가한 해가 많다.

이백이 술에 취하여 달을 잡는다고 고래를 타고 하늘로 날아 올라간 후에는 강남땅에 풍월이 끊겨 한가이 보내는 해가 많았도다.

臨江不種桃花樹
恐引漁郎入武陵

〔임강부종도화수〕 강가에 복사나무를 심지 말라.
〔공인어랑입무릉〕 어랑을 끌어 무릉으로 들어갈까 두렵도다.

강가에 와서 복사나무를 심어서는 아니되는 것이 어랑을 유인하여 무릉으로 들어가 버릴까 두렵기 때문이다.

臨事無疑知道力
讀書有味覺心閑

〔임사무의지도력〕 일에 임하여 의심이 없으니 도력을 알겠고.
〔독서유미각심한〕 글을 읽어서 맛이 있으니 마음에 한가함을 깨달았도다.

일을 당하여 대처할 방안이 뚜렷하여 의심이 없는 것은 도력을 얻은 사실을 알겠고 글을 읽어 묘미를 얻었으니 조급(燥急)하고 당황하지 않아 마음에 여유가 있어 한가한 것을 깨달겠도다.

莫言老圃秋容淡

〔막언노포추용담〕 노포에 가을 얼굴 맑다고 이르지 말라.

猶有香花晚節香

〔유유향화만절향〕 오히려 절기에 향기롭다. 오히려 국화꽃은 늦가을이 깊어가는 나물밭에 가을 얼굴이 담박(淡泊)하다고 이르지 말라. 오히려 국화꽃은 늦게 피는 것이 더 향기롭지 않은가.

萬卷詩書眞活計
一山梅竹自淸風

〔만권시서진활계〕 만권의 시와 서는 참으로 된 생계요. 〔일산매죽자청풍〕 일산에 매화와 대는 스스로 맑은 바람이란다. 서재에 가득히 꽂혀 있는 만권이나 되는 시와 서는 참으로 생계를 좌우하는 값진 물건이요. 한곳 산중에 있는 매화와 대나무는 자연적으로 맑은 바람을 불어 일으킬만큼 뛰어난 군자의 절개를 상징하는 물건들이다. (聯句集)

萬事不求忠孝外
一身空老是非間

〔만사불구충효외〕 만사를 충효 밖에서 구하지 말라. 〔일신공로시비간〕 한몸이 부질없이 시비하는 사이에 늙는다. 모든 일은 충효 밖에서 구한다면 그것은 사심이요, 사리에 어긋난다. 그리하여 부생은 한몸이 부질없이 시비하는 사이에서 이해를 추구하다 늙는다. (聯句集)

萬世興亡看古史 〔만세흥망간고사〕 만세의 흥망한 고사를 읽어보니.

一生窮達付蒼天 〔일생궁달부창천〕 일생의 빈궁과 영달은 하늘에 있네. 〔聯句集〕

만대의 흥하고 망한 자취는 고사를 통하여 살펴보니 사람의 일평생 궁하고 현달하는 것이 하늘에 매여있지 않은 것이 없어 사람의 뜻대로 되는 것이 아님을 알았도다.

萬里風來山不動 〔만리풍래산부동〕 만리바람이 와도 산은 움직이지 아니하고,

千年水積海無量 〔천년수적해무량〕 천년 쌓인 바닷물은 헤아릴 수 없구나. 〔聯句集〕

만리나 몰아 붙이는 거센 바람도 산을 움직이게 할 수는 없고 천년이나 쌓인 물이 바다를 한량없이 큰 것으로 만들어 놓았도다.

明月隨人同渡水 〔명월수인동도수〕 명월은 사람을 따라 같이 물을 건너가고.

白雲送客獨歸山 〔백운송객독귀산〕 흰구름은 손을 보내고 홀로 산으로 돌아가네.

渤海觀來千澗少

〔발해관래천간소〕 발해를 보고 오니 일천 간수가 적고.

밝은 달은 사람의 가는 자취를 따라 한가지 물을 건너 가고 흰구름은 손을 전송(錢送)하고 혼자서 산으로 들어가 종적을 숨긴다.(그림자가 되어)

金剛歸後萬山低

〔금강귀후만산저〕 금강산에서 돌아오니 일만산이 낮다.

발해라는 큰 바다를 보고 온 다음에는 일천 산 골짝 물이 작게 보이고 금강산을 구경하고 돌아온 뒤에는 모든 산이 낮아 시원찮게 보인다.

芳名萬里如山屹

〔방명만리여산흘〕 방명은 만리에 산같이 높고.

仁術千秋似月明

〔인술천추사월명〕 인술은 천추에 명월과 같도다.

꽃다운 이름 그것은 만리나 되는 높은 산처럼 빼어난 것이고 사람을 구제할 수 있는 인술 그것은 마치 천추의 명월처럼 숭고(崇高)한 것이다.

芳樹無人花自落

〔방수무인화자락〕 아름다운 나무에 사람은 없어 꽃만 떨어지고.

春山一路鳥空啼 〔춘산일로조공제〕 봄산 한 길에 새만 공연히 울고 있네.
（李華）

아름다운 나무에 봐주는 사람없어 꽃만 스스로 떨어지고 봄 산기슭에 한 길이 나 있는데 새만 부질없이 울고 있네.

芳草連阡牛舌綠 〔방초연천우설록〕 향기로운 풀이 언덕에 연하니 소 혀가 푸르고.

落花滿地馬蹄紅 〔낙화만지마제홍〕 떨어진 꽃이 땅에 가득하니 말 발굽이 붉다. （聯句集）

꽃다운 풀이 언덕을 이어서 한없이 펼쳐 있으니 구애없이 뜯어 먹는 소의 혀는 의당 푸를 것이고 떨어진 꽃이 온통 땅에 가득히 차 있으니 뛰어 노는 말 발굽은 틀림없이 붉을 것이다.

不海江山徒棹立 〔불해강산도도립〕 바다 아닌 강산에 한갓 돛대만 섰고.

無花天地有蜂來 〔무화천지유봉래〕 꽃없는 천지에 벌이 있어 오누나.
（電信柱）

바다가 아닌 강산에 한갓 돛대같은 물체만 우뚝히 서있고 꽃도 피지 않는 천지에 벌 우는 소리만 들려온다.

事不三思終有悔
人能百忍自無憂

〔사불삼사종유회〕 일을 세번 생각하지
아니하면 마침내 후회가 있고.
〔인능백인자무우〕 사람이 능히 백번 참
으면 스스로 근심이 없다.

일에 있어 세번 생각할만큼 심사숙고(深思熟考)하지 않고 처리하면 마침
내 후회할 일이 생기고 사람이 능히 백번 참아 경솔하게 아니하면 스스로
근심될 일이 없어진다.

山億千年靑不變
花三四月赤何殘

〔산억천년청불변〕 산은 억천년이나 푸
르고 변하지 않는데.
〔화삼사월적하잔〕 꽃은 삼사월 붉었다
어찌하여 시드는가.

산은 억천년이나 이르도록 푸르러 변함이 없는데 꽃은 삼사월 동안에 잠
깐 붉었다 곧 시드니 어찌된 일인가.

山不渡江江口立
水難穿石石頭回

〔산불도강강구립〕 산은 강을 건너지 못
하고 강 어구에 서 있고.
〔수난천석석두회〕 물은 돌을 뚫지 못하
고 돌머리에서 돌아온다.
(金笠)

산이 아무리 위력이 있다해도 뛰어 넘지 못하고 강어구에 서 있으며 물이 돌을 뚫어낸다는 것은 역부족(力不足)으로 돌머리에 가서는 돌아가고 말았다.

生色一年芳草雨
〔생색일년방초우〕 빛은 일년방초에 비요.

無情三月落花風
〔무정삼월낙화풍〕 무정한 것은 삼월의 낙화하는 바람일세.
(金笠)

가장 생색이 나는 것은 일년중에도 꽃다운 풀이 자랄때 내리는 비요, 무정하기 이를데 없는 것은 춘삼월에 핀 꽃을 떨어지게 하는 바람일세.

雲開萬里同看月
〔운개만리동간월〕 구름이 열리니 만리 가같이 달을 보고.

花發千山共得春
〔화발천산공득춘〕 꽃이 피니 온 산이 같이 봄빛을 얻었네.
(聯句集)

하늘을 덮었던 구름이 개어 벗겨지니 만리나 탁 트여 다같이 달을 볼 수 있고 꽃이 만발하니 온 산은 다같이 봄빛을 얻었네.

雲滿山中高士臥
〔운만산중고사와〕 구름이 산속에 가득 차니 높은 선비가 누어 있고.

月明林下美人來
〔월명임하미인래〕 달이 숲 아래에 밝으
니 미인이 오도다.

구름이 산속에 가득히 끼어 있으니 높은 선비가 누어 있는 것 같고, 달은 휘영청 숲 아래를 밝게 비치니 흡사히 미인이 온듯 하도다.

雲水烹茶天上味
桂花煮酒月中香
〔운수팽다천상미〕 구름의 물로 차를 끓이니 천상의 진미요.
〔계화자주월중향〕 계수나무 꽃으로 술을 빚으니 달속의 향기라.

구름속에 있는 물을 가져다 차를 끓이니 그것은 천상옥경(天上玉京)에서 나 구경하는 진미요. 계수나무 꽃을 삶은 물로 술을 빚으니 달속의 향기가 물신히 나는 것 같도다.

性如修竹能持節
心似孤松不染塵
〔성여수죽능지절〕 성품은 수죽같은 절개를 가졌고.
〔심사고송불염진〕 마음은 고송같아 티끝에 물들지 않네.

성품은 길게 자란 대나무에 마디가 있는 것처럼 절개를 가졌고, 마음은 외로이 서 있으며 변치않고 푸른 빛을 머금고 있는 소나무처럼 속세의 티끝에 물들지 않았네.

酒量漸大黃金盡 〔주량점대황금진〕 주량이 점점 커질수록 돈은 다 하고.

世事纔知白髮新 〔세사재지백발신〕 세상 일을 겨우 알만 할때 백발이 새롭네. (金笠)

술을 마신 양이 늘어나 만취되었을 때에는 벌써 수중에 돈은 떨어져 가고 세상 일을 알만하였을 때에는 어느덧 백발이 엄습해 찾아오네.

松收萬木餘春立 〔송수만목여춘립〕 소나무는 일만나무 남은 봄을 거두어 섰고.

川合千峯散雨鳴 〔천합천봉산우명〕 내는 일천 봉우리 흩어진 비를 합하여 우네.

소나무의 푸르름은 모든 나무의 남아 있는 봄 기운을 거두어 우뚝히 서 있고 냇물은 허다한 봉우리에 흩어진 빗물을 합하여 오열(嗚咽)을 터뜨리고 있네.

水到深潭方解怒 〔수도심담방해노〕 물은 깊은 못에 이르러서 노를 풀고.

風登高樹始生威

[풍등고수시생위] 바람은 높은 나무에 올라 비로서 위엄을 낸다. (聯句集)

물은 깊은 웅덩이 못에 이르렀을 때 바야흐로 노여움이 풀리듯 여울져 흐르는 소리가 사라지고 바람은 높은 나무 위로 올라갈수록 더욱 기세를 부려 위엄을 더한다.

一生高趣山同屹
百世令名水與長

[일생고취산동흘] 일생의 고상한 취미는 산과 같이 높고.
[백세영명수여장] 백세의 영명은 물과 더불어 길다.

일생동안 간직해온 고상한 취미는 높이 솟은 산처럼 고고(孤高)하고 백세까지 전할만한 착한 이름은 끝없이 흘러가는 물과 더불어 길게 뻗치리.

庭棣有香兄弟樂
硯田無稅子孫耕

[정체유향형제락] 뜰의 아가위가 향기가 있으니 형제가 즐겁고.
[연전무세자손경] 벼루 밭에 세금이 없으니 자손이 가누나.

뜰앞에 서 있는 아가위 나무에 향기가 있으니 형제들이 화락하고 장만해

둔 벼루 밭에는 세금을 내라는 사람이 없으니 자손들은 마음놓고 갈아 먹을 수 있으리라.

青山鬱鬱驪聲快 〔청산울울여성쾌〕 청산은 빽빽한데 나귀 소리는 쾌하고.

百日遲遲燕語多 〔백일지지연어다〕 흰날은 더딘데 제비 소리 많도다.

푸른 산은 수목이 빽빽하고 푸르게 우거져 있는데 나귀의 우는 소리는 쾌활하고, 갠날은 더디고 더디어 해가 지려하지 않는데 제비의 지저귀는 소리가 수다하기 이를데 없다.

災殃秋葉霜前落 〔재앙추엽상전락〕 재앙은 가을 잎이 서리앞에 떨어지듯 하고.

富貴春花雨後紅 〔부귀춘화우후홍〕 부귀는 봄꽃이 비 온 뒤에 붉은 것 같다. (邵唐節)

재앙은 가을의 낙엽이 무서리가 내리는 직전에 떨어지듯 사라지고 부귀는 마치 봄 동산의 꽃이 비 온 뒤에 붉게 피어나는 것처럼 솟아 오른다.

酒似韓兵多益善 〔주사한병다익선〕 술은 한신의 군사같이 많을수록 좋고.

詩如蜀道去尤難

[시여촉도거우난] 시는 촉나라 길과 같아서 더욱 어렵다.

술은 한신이 군사가 많을수록 잘 다룬다는 그것처럼 있을수록 더 좋고, 시는 촉도가 험하고 가파른 것처럼 갈수록 더욱 어렵고 힘이 든다.

天無私意家家月
春作公心樹樹花

[천무사의가가월] 하늘은 사사로운 뜻이 없어 집집마다 달을 비춰주고,
[춘작공심수수화] 봄은 공평한 마음을 지어 나무마다 꽃이네.

하늘은 사사로운 뜻이 없어 지공무사한 까닭에 집집마다 달로 비춰주고 봄은 공평하고 치우치지 않는 마음을 지어 나무마다 빼놓지 않고 꽃을 피게 한다.

春來遍是桃花水
不辨仙源何處尋

[춘래편시도화수] 봄이 오니 두루 복사꽃과 물이요.
[불변선원하처심] 선원을 분별하지 못하니 어느 곳에서 찾을고. (武陵桃源)

봄이 오니 모든 것이 복사꽃과 물뿐이라, 신선이 산다는 무릉도원을 분별하지 못하노니 어느 곳에 가서 찾아야 할 것인지 알지 못하겠도다.

花間酒氣春風暖
　〔화간주기춘풍난〕 꽃사이에 술기운은
　봄바람이 따뜻하고.

竹裡棋聲夜雨寒
　〔죽리기성야우한〕 대나무속 바둑소리는
　밤비가 차도다.

　꽃 구경을 하러 와서 술에 얼큰히 취하고
　있고 대나무 숲속에서 바둑을 두는 소리가 적막을 깨는데 밤비가 차게 내
　리고 있다.

花欲開時方有色
　〔화욕개시방유색〕 꽃은 피고자 할 때
　바야흐로 빛이 있고.

水成潭處却無聲
　〔수성담처각무성〕 물은 못을 이룬 곳에
　문득 소리가 없도다.

　꽃은 막 피려고 할 때 이제 한창 생색(生色 : 빛이 남)이 나고 물은 못이
　만들어진 곳에 갑자기 소리가 없어진다.

黃菊花開新酒熟
　〔황국화개신주숙〕 국화꽃 피자 새술 익
　고.

碧梧琴抱故人來
　〔벽오금포고인래〕 거문고 안으니 친구
　가 오네.
　　　　　　　　　　　　　　　　（聯句集）

노란 국화꽃이 피는 것과 때를 같이하여 새로 빚은 술이 막 익었고 거문고를 안고 있노라니 때마침 친구가 찾아오는 것이다.

古渡風微雙鷺宿
齊天月出衆星稀

〔고도풍미쌍로숙〕 옛적에 건너던 곳에 바람이 적으니 두 백로는 자고.
〔제천월출중성희〕 갠 하늘에 달이 뜨니 뭇별이 드물도다.

옛적에 건너가던 길목에 바람이 불지 않으니 한쌍의 해오라기는 잠자리를 하고 맑게 갠 하늘에 보름달이 뜨니 많은 별들이 사라져 큰 것만 드문드문 보인다.

箕踞淸談非達士
側廳淫視豈豪雄

〔기거청담비달사〕 키같이 걸터 앉고 청담을 하는 것이 달한 선비가 아니요,
〔측청음시기호웅〕 기울여 듣고 음난하게 보는 것이 어찌 호걸 영웅이리요.

키같이 벌리고 걸터 앉고 청담을 늘어 놓는 것이 통달한 선비가 아니요, 바르지 않게 기울여 듣고 눈을 부릅떠 음난하게 보는 것이 어찌 호걸이나 영웅이라 하리오.

雷起山南還動地

雲歸海北復靑天

晩籟從生山斷北

連峯疊出水流西

明月方生蒼海底

白雲留宿碧山頭

〔뇌기산남환동지〕 우뢰는 산 남쪽에 일어나서 도리어 땅을 움직이고,

〔운귀해북부청천〕 구름은 바다 북쪽으로 돌아가니 다시 푸른 하늘이라.

뇌성(雷聲)은 산 남쪽으로부터 일어나서 도리어 지축(地軸)을 흔들어 놓고 창공을 덮고 있던 구름은 바다 북쪽으로 돌아가 버리니 또다시 푸른 하늘의 옛 모습을 들어 내었다.

〔만뢰종생산단북〕 늦게 일어나는 산바람은 산 끊어진 북을 좇아 일어나고,

〔연봉첩출수류서〕 봉우리는 물 흐르는 서쪽으로 첩첩이 이어져 있네.

늦게 일어나는 산바람은 산이 끊어진 계곡으로부터 생겨나고 연하여 이어져 있는 봉우리는 물이 흘러가는 서쪽에 첩첩이 솟아나 있네.

〔명월방생창해저〕 밝은 달은 바야흐로 푸른 바다 밑에서 나고,

〔백운유숙벽산두〕 흰구름은 푸른산 머리에 머물러 잔다.

變態浮雲空散合
多情明月自盈虛
城頭告別雲初冪
江口傷心水自流

〔변태부운공산합〕 변태 많은 뜬구름은 공연히 흩어졌다 합하고.
〔다정명월자영허〕 다정한 명월은 스스로 찼다 비었다 한다.
〔성두고별운초멱〕 성머리에 이별을 고하니 구름이 처음으로 덮혀 있고.
〔강구상심수자류〕 강어구에서 마음을 상하니 물이 스스로 흐른다.

밝은 달은 푸른 바다 밑바닥으로부터 떠오르고 흰구름은 푸른산 머리에서 머물러 자고 있도다.

모양을 변하기를 좋아하는 뜬구름은 부질없이 흩어졌다 모였다 하고, 다정한 밝은 달은 자연적으로 찼다 이즈러 졌다 한다.

성머리에 올라 이별을 고하고 보니 때마침 구름이 덮기 시작하고 강어구에서 상심이 되어 고민하고 있노라니 아랑곳 없는 물은 스스로 흘러만 가네.

夜久水聲來遠谷 〔야구수성래원곡〕 밤이 오래매 물소리
煙空月色滿前川 〔연공월색만전천〕 연기가 비니 달빛이
앞 내에 가득차네.
　　밤이 오래 되어서인지 흐르는 물소리가 먼 골짜기로부터 들려 오고 연기
　　가 사라지니 밝은 달빛이 앞 냇가에 가득히 차있네.

簾頭月落孤村寂 〔염두월락고촌적〕 발머리에 달이 지니
외로운 마을이 고요하고.
門外山深白雪多 〔문외산심백설다〕 문밖에 산이 깊으니
백설이 많도다.
　　늘여 놓은 대나무 발머리에 달이 떨어지니 갑자기 외로워진 마을에 적막
　　이 찾아오고 문밖에 산은 깊었는데 흰눈이 많이 내렸도다.

欲問自家當世路 〔욕문자가당세로〕 자신의 처세의 길을
묻고자 하여.
還看列國古人詩 〔환간열국고인시〕 도리어 열국의 옛사
람 시를 보았도다.
　　자신의 당면한 처세의 방도를 묻고자 하였다가 도리어 벌려 있는 많은 나

라 옛사람의 싯귀를 음미(吟味)해 보는도다.

枝盤可借千年鶴
〔지반가차천년학〕 가지가 서려 가히 천년학에 빌릴만 하고.

影轉還成五彩龍
〔영전환성오채룡〕 그림자는 도리어 다섯 채색용을 이루었도다.
서린 가지는 천년 묵은 학에게 빌려주어 깃들이게 할만하고 그림자는 굴러(황홀하게 어른거려) 도리어 오색채의 용을 방불케 하였도다.

風借冬威因驅雪
〔풍차동위인구설〕 바람은 겨울 위엄을 빌어 인하여 눈을 몰고.

水傳春信暗鳴波
〔수전춘신암명파〕 물은 봄 소식을 전하여 가만히 물결을 울린다.
사나운 바람은 동장군(冬將軍)의 위력(威力)을 빌어 폭설(暴雪)을 휘몰아치고 계곡을 흐르는 물은 봄 소식을 전하는듯 가만히 소리내어 울먹이고 있다.

避亂峯深雲影裏
〔피난봉심운영리〕 피난봉은 구름 그림자 속에 깊었고.

傍花洞寂雨聲中

[방화동적우성중] 방화동은 빗소리 가운데 고요하다.

옛적에 피난을 하였다고 피난봉이란 이름이 붙혀진 그 봉우리는 구름의 그림자 속에 깊이 묻혀 있고 곁에 꽃이 피었다는 방화동(傍花洞)은 빗소리가 나는 가운데 고요히 잠겨 있네.

碧澗還緣楊柳暗
疏籬偶得菜花紅

[벽간환연양류암] 푸른 간수는 도리어 버들로 인연하여 어둡고.
[소리우득채화홍] 성긴 울타리가 우연이 채화를 얻어 붉도다.

푸른 개울물이 도리어 버들이 우거진 숲을 인연하여 어두어 보이고 드물게 얽어 놓은 울타리가 우연히 꽃이 핀 것을 얻어 붉어졌도다.

絶句

大同江上送情人
楊柳千絲不繫人
含涙眼看含涙人
斷腸人送斷腸人

東岸長松西岸柳
南山疊石北山花

〔대동강상송정인〕 대동강 위에서 정든 님을 보내는데.
〔양류천사불계인〕 실버들 일천실이 님을 잡아매지 못하네.
〔함루안간함루인〕 눈물어린 눈으로 눈물어린 님의 눈을 바라보고.
〔단장인송단장인〕 창자가 끊어질듯한 사람이 창자가 끊어질듯한 사람을 보내누나. (桂月)

대동강 흐르는 물을 바라보며 정든님을 보내는데 실버들이 천가닥이나 되어도 님하나 잡아매 두지 못하니 무슨 소용 있다던가. 눈물어린 그 눈으로 눈물어린 님의 눈을 쳐다보니 창자가 끊어질듯 한 맺힌 사람이 창자가 끊어질듯한 그 님을 보내는 마음 오죽하리.

〔동안장송서안류〕 동쪽 언덕 큰 솔이요 서쪽 언덕 버들이라.
〔남산첩석북산화〕 남산에는 돌 쌓이고 북산에는 꽃 피었네.

中藏止水明如鏡
上有梅湖處士家
羅代遺墟百姓家
五陵秋草夕陽多
微茫往事問無處
籬下寒花沾露華

〔중장지수명여경〕 가운데에 그친 물은 맑기가 거울같고.
〔상유매호처사가〕 위에는 매호처사 집 이 있네. (孫德升)

동쪽 언덕에는 낙락장송(落落長松)이 서있고, 서쪽 언덕에는 버들이 푸르르며, 남쪽 산에는 돌이 첩첩이 쌓여 있고, 북쪽 산에는 꽃이 피어 있네. 그 가운데에 끼어 멈춰 있는 듯한 물은 맑기가 거울 같은데 그 위쪽에 매호처사의 집이 서있네.

〔나대유허백성가〕 신라때 끼친 터에 백성집 널려 있고.
〔오릉추초석양다〕 오릉에 가을풀의 저녁별이 짙었구나.
〔미망왕사문무처〕 아득한 지난일 물어 볼곳 가히 없어.
〔리하한화첨로화〕 울밑에 국화꽃 이슬에 젖어 있네. (尹子雲)

신라시대의 유적으로 남아 있는 옛터에 민가(民家)는 수없이 널려 있고 오릉에 우거진 가을 풀에는 저녁 빛이 무한히 비쳐 있네. 아득히 멀어진 지난일을 물어볼만한 곳이 전혀 없고 울밑에 피어 있는 국화꽃만이 이슬이 맺혀 있네.

臨溪茅屋獨閑居
月白風淸興有餘
外客不來山鳥語
移床竹塢臥看書

〔임계모옥독한거〕 시냇가 초가집에서 홀로 한가이 사니。
〔월백풍청흥유여〕 달 밝고 바람 맑아 흥취가 절로 나네。
〔외객불래산조어〕 손님은 아니오고 산새만 지저귀니。
〔이상죽오와간서〕 대밭에 평상 옮겨 누워서 글을 읽네。(吉再)

시냇가에 초가집 짓고 혼자서 한가이 있노라니 달은 밝고 바람은 맑아서 흥취가 절로 나네。찾아오는 손님도 없고 산새들만 무어라고 지저귀는데 무료(無聊)하여 대나무 언덕으로 평상을 옮겨 놓고 비스듬히 누워서 글을 읽어보네。

富貴掀天從古死
貧寒到骨至今生
億千年去山猶碧

〔부귀흔천종고사〕 부귀가 하늘을 흔들어도 예로부터 죽었고。
〔빈한도골지금생〕 빈한이 뼈에 이르러 도지금까지 산다。
〔억천년거산유벽〕 억천년을 가도 산은 오히려 푸르고。

十五夜來月復圓

〔십오야래월부원〕 보름 밤이 오면 달은 다시 둥글다네. （大院君）

부귀가 하늘을 뒤흔들만큼 득세(得勢)를 한 사람도 예전부터 다 죽어갔고 빈한한 것이 뼈에 이를만큼 어려워도 지금까지 다 살아오지 않았더냐? 억천년이 지나가도 산은 변치 않고 푸르러 있으며 보름의 밤이 오면 언제나 달은 다시 둥글지 않은가.

山梅落盡野花飛
谷口春殘客到稀
遙望千峰紅樹裡
杜鵑齊處一僧歸

〔산매낙진야화비〕 매화꽃 떨어지고 들꽃이 나니.
〔곡구춘잔객도희〕 골짜기에 봄은 가고 오는 손님 드무네.
〔요망천봉홍수리〕 멀리 산봉우리 숲속을 바라보니.
〔두견제처일승귀〕 두견새 우는 곳에 중은 돌아가네. （釋海源）

매화꽃은 다 떨어지고 들꽃도 바람에 휘날리니 골짜기에는 봄이 가고 찾아오는 손님마저 보기가 드무네. 멀리 솟아 있는 수많은 봉우리에 울긋붉긋한 숲속을 바라보고 있노라니 두견새가 우는 곳에 중이 돌아가느라고 걸음이 바쁘다네.

雪作衣裳玉作趾
窺魚蘆渚幾多時
偶然飛過山陰縣
誤染羲之洗硯池

〔설작의상옥작지〕 눈같은 옷입고 옥같은 발톱으로.
〔규어노저기다시〕 물가에서 고기를 엿본지 얼마던가.
〔우연비과산음현〕 우연히 산음현을 지나다가.
〔오락희지세여지〕 그릇되어 왕희지의 벼루못에 떨어졌네. (成三問 墨鷺詩)

눈같이 흰옷을 입고 옥같이 고운 발톱을 하고 갈대 우거진 물가에서 물고기를 엿보노라고 헤맨지 얼마만이던가. 우연히 산음현으로 지나는 길에 잘 못되어 왕희지의 벼루못에 떨어져 묵화가 되었구나.

歲暮風寒又夕暉
送君千里淚沾衣
春堤芳草年年綠
莫學王孫歸不歸

〔세모풍한우석휘〕 해 저물어 찬바람 부는 저녁에.
〔송군천리누첨의〕 님을 멀리 보내니 눈물옷을 적시네.
〔춘제방초연년록〕 봄 언덕에 방초는 해마다 푸르니.
〔막학왕손귀불귀〕 왕손이 가서 돌아오지 않음은 배우지 마오. (玉花)

해는 저물고 찬바람이 불어오는 석양 하늘 아래에서 그대를 천리길에 보
내면서 생각하니 가슴이 메어 눈물이 옷을 적시게 하는구나. 봄 언덕에 피
어나는 방초는 해마다 푸르건만 제발 당음(唐吟)에 있는 왕손은 한번가고
돌아오지 않는다는 싯귀(詩句)만은 배우지 마오.

遠上寒山石徑斜 〔원상한산석경사〕 찬 산에 돌길을 올라
가 보니.

白雲深處有人家 〔백운심처유인가〕 흰구름 있는 곳에 사
람의 집이 있네.

停車坐愛楓林晚 〔정거좌애풍림만〕 수레를 멈추고 앉아
단풍잎을 바라보니.

霜葉紅於二月花 〔상엽홍어이월화〕 서리맞은 나무잎이
이월의 꽃보다 붉고나.
(杜牧)

멀리 추운산 돌길이 비낀 곳을 올라가 보니 흰구름이 깊이 가려진 곳에
사람이 사는 집이 있네. 타고 가던 수레를 멈추고 앉아서 하염없이 단풍을
사랑해 바라보니 서리맞아 곱게 물든 나뭇잎이 이월에 피는 꽃보다 더 붉고
나.

引手攀蘿上碧峰 〔인수반라상벽봉〕 담쟁이를 더위 잡고
푸른 봉우리에 올라서.

一菴高臥白雲中
若將眼界爲吾土
楚越江南豈不容
日月爲燈燈不盡
乾坤爲屋屋無邊
此身隨處生涯足
飢食松花渴飲泉

〔일암고와백운중〕 구름속 높은 암자에
비스듬히 누워보네.
〔약장안계위오토〕 만일 눈에 보이는 땅
이 내것이라면,
〔초월강남기불용〕 초나라 월나라 강남
을 용납하지 못하랴.
〔李太祖〕
손으로 담쟁이를 붙잡고 푸른 봉우리에 올라가 구름속에 높이 솟은듯한
암자에 슬그머니 누워본다. 그리하여 생각해 보기를 만약에 이 눈에 보이는
한 울아래 땅덩어리를 내가 소유했다고 한다면 멀리 강남 모퉁이에 치우쳐
있는 초나라 월나라를 용납못할 것이 무엇이란 말인가.

〔일월위등등부진〕 해와 달로 등불을 삼
으니 등불은 다함이 없고,
〔건곤위옥옥무변〕 하늘과 땅으로 집을
삼으니 집은 한계가 없네.
〔차신수처생애족〕 이 몸이 가는 곳마다
생애가 만족하니,
〔기식송화갈음천〕 주리면 송화를 먹고
목마르면 샘물을 마시노라.
〔莊子〕

天衾地席山爲枕
月燭雲屛海作樽
大醉居然仍起舞
却嫌長袖掛崑崙

〔천금지석산위침〕 하늘로 이불하고 땅으로 자리하고 산으로 벼개하고.
〔월촉운병해작준〕 달로 촛불하고 구름으로 병풍하고 바다로 술잔 삼아.
〔대취거연잉기무〕 마음껏 취하여 슬그머니 일어나 춤을 추니.
〔각혐장수괘곤륜〕 문득 긴 소매가 곤륜에 걸릴까 염려가 된다.

하늘과 땅으로 이부자리를 하고 산을 베고 달로 촛불을 켜고 구름으로 병풍하고 바다로 술잔하여 마음껏 퍼 마시고 크게 취하여 취흥이 도도한 참에 저도 모르게 일어나서 춤을 추니 생각이 나는 것이 옷소매가 너무 길어 곤륜산에 걸릴까 걱정이 된다.

낮과 밤을 번갈아 비춰주는 해와 달로 등불을 삼으니 등불이 다할 수는 없고 끝없이 넓고 큰 하늘과 땅으로 집을 삼으니 집은 한계가 없어 갓을 찾아볼 수 없네. 이 육체인간이 가는 곳마다 사는 것이 만족하여 구애(拘礙)받을 것이 없으니 배고플 때에는 송화나 따먹고 목이 마를 때에는 우물을 퍼 마시면 될 것이 아닌가.

七言律詩

午晴還雨雨還晴 〔사청환우우환청〕 잠깐 개었다가 도로 비오고 비오다 도로 개니.
天道猶然況世情 〔천도유연황세정〕 천도도 오히려 그러하거늘 하물며 세상 인정이랴.
譽我便應足毀我 〔예아변응족훼아〕 나는 칭찬하다 문득 응당 족히 나를 헐뜯고.
逃名却自爲求名 〔도명각자위구명〕 이름을 도망한다는 것이 문득 스스로 이름을 구하는게 된다.
花開花謝春何關 〔화개화사춘하관〕 꽃이 피고 꽃이 지는 것을 봄이 어찌 관여하며.
雲去雲來山不爭 〔운거운래산부쟁〕 구름이 가고 구름이 오는 것을 산은 다투지 않는다.
寄語世人須記憶 〔기어세인수기억〕 말을 세상에 부치노니 모름지기 기억하라.
取歡無處得平生 〔취환무처득평생〕 기쁨을 취할 곳이 없어 평생토록 얻노라.

(金時習)

날씨가 잠깐 개었다가 도로 비가 오고 비오다가 도로 개니 천도도 오히려 그런데 하물며 세간 인정이야 말할나위 있겠는가. 나를 잘한다고 칭찬하는 사람은 문득 안면을 바꾸어 나를 족히 훼방할 수 있고 이름을 감춘다고 하는 사람은 문득 스스로 이름을 구하는 사람이 되기도 한다.

꽃이 피고 꽃이 진다는 것을 봄이 어찌 주관한다고 할 수 있겠는가? 다시 말해서 꽃을 피게 하거나 지게 할 권리는 없는 것이다. 구름도 역시 가고 싶으면 가고 오고 싶으면 오는 것을 산이 시비할 수는 없는 일이다.

그리하여 세상 사람들에게 부쳐 말하노니 모름지기 기억해 둘 것이 기쁨을 취할 곳이란 얻을 수 없어 평생토록 자기 마음속에서 자득해야 한다는 것을 명심해야 한다.

數間茅屋環流水
布被黎羹飽暖餘
不向利中生計較
肯於名上着工夫
窓前野馬閑來往

〔수간모옥환류수〕 두어칸 띠집이 흐르는 물에 둘러 있고.
〔포피여갱포난여〕 베옷 입고 명아주 국으로 배부르고 등따스니.
〔불향이중생계교〕 이익을 향하여 생계를 비교하지 않고.
〔긍어명상착공부〕 이름을 얻으려고 공부에 착심하네.
〔창전야마한래왕〕 창앞에 아지랑이 한가히 오가고.

天際浮雲自卷舒
〔천제부운자권서〕 하늘가에 뜬구름은 스스로 말고 펴네.

窮達始知皆有命
〔궁달시지개유명〕 궁하고 달한 것이 비로소 다 명에 있는 것을 알지니.

不妨隨分老漁樵
〔불방수분노어초〕 분수따라 고기 낚고 나무하며 늙는 것도 무방하리. (蔡西山)

두어칸 되는 초가집 오막이 흐르는 시냇물에 둘러 쌓여 있으니 베옷을 걸치고 명아주로 국을 끊여 배부르고 등따스니 취리(取利)를 위하여 생계에 주판을 마추려고 연연하지 않으며 즐겨 이름이나 하나 옳게 전하려고 공부에 착심할 따름이로라.

창앞에 아른거리는 들 말은 한가이 오고 갈 따름이오. 하늘가에 뜬구름은 스스로 말렸다 폈다 재주를 부리고 있네.

궁하고 현달함이 비로소 다 운명에 달려 있다는 것을 알지니 분수를 따라 물에 가서 고기 낚고 산에 가서 나무하며 늙는 것도 무방하지 않은가.

遼瞻北斗拜龍樓
〔요첨북두배용루〕 멀리 북두칠성을 우러러 보며 용루에 절을 하니.

白首蠻裳憤涕流
〔백수만상분체류〕 늙어서 오랑캐 옷이 분하여 눈물을 흘리게 하네.

萬死不貪秦富貴
〔만사불탐진부귀〕 일만번 죽더라도 진나라 부귀는 탐하지 않겠고.

一生猶讀魯春秋
黃河五百餘年後
赤日東南大海頭
願棄人間多少事
滄江明月伴閒鷗

剖胸賤血示心眞

〔일생유독노춘추〕 한평생을 오히려 노나라 춘추를 읽으리라.
〔황하오백여년후〕 황하수의 오백여년이 지난 뒤요.
〔적일동남대해두〕 붉은 날 동남쪽 큰 바다 머리로다.
〔원기인간다소사〕 원컨데 인간의 모든 일을 버리고.
〔창강명월반한구〕 서늘한 강 밝은 달에 한가이 갈매기를 짝하리라.
(參席巴里列國會談次李儁烈士詩)

멀리 북두성을 바라보며 황제께서 거하는 용루를 배알하고 만국평화회의 사신으로 떠나려하니 백발이 성성한 몸이 오랑캐의 양복을 걸친 것이 분통이 터져 눈물이 흐른다. 일만번 죽더라도 옳지 않은 부귀를 탐할리가 있겠는가. 한평생 대의를 잡은 노나라 춘추만을 읽겠노라. 오백년이 지날때마다 큰 인물이 난다고 하였는데 붉은 해가 솟아오르는 동남쪽 큰 바다머리에 이 적은 일어나지 않아 왜적에게 곤욕을 치르는구나. 그럴바라면 차라리 인간의 허다한 일을 다 버리고 강가에서 밝은 달을 쳐다보며 때묻지 않은 한가한 갈매기와 짝하기를 원하노라.

〔부흉천혈시심진〕 가슴을 찌르고 피를 뿌려 마음의 참된 것을 보이니.

壯節便驚天下人
萬里魂歸迷故國
千家淚灑哭忠臣
豈念妻子難瞑目
爲報君王不有身
大義堂堂懸日月
泉坮化作伯夷隣

〔장절변경천하인〕 장한 절개는 문득 천하 사람을 놀라게 하였도다.
〔만리혼귀미고국〕 만리의 혼은 희미한 고국으로 돌아오고.
〔천가루쇄곡충신〕 일천집은 눈물을 뿌리고 충신에 곡을 하네.
〔기념처자난명목〕 어찌 처자를 생각하면 눈감기 어려웠고.
〔위보군왕불유신〕 임금에 보답하기 위하여는 몸을 두지 않았도다.
〔대의당당현일월〕 대의는 당당하여 해와 달처럼 달려 있으리니.
〔천태화작백이린〕 저승에서 백이와 이웃하겠네.

(悼李儁烈士袁世凱輓詞)

할복자결(割腹自決)을 하여 파리에서 열린 만국평화회의 장소를 선혈(鮮血)로 물들여 진심을 보이니 장한 그 절개는 문득 세상 사람을 깜짝 놀라게 하였도다.
이역만리(異域萬里)에서 죽은 원혼(怨魂)은 갈팡질팡 방향을 잡지 못하는 희미한 고국(故國)으로 돌아오고 조가(朝家)나 민가(民家)할 것 없이 온 나라 사람들은 다 눈물을 뿌리고 장한 충신이 죽었다고 곡을 하네.

어찌 처자를 생각하면 생으로 목숨을 끊는다는 것이 뼈에 사무쳐 차마 눈을 감기 어려웠고 나라 임금님의 막중(莫重)한 명을 보답하기 위하여는 몸을 초개(草芥)같이 버려 추호도 돌아보지 아니하였도다. 국가와 군왕과 민족을 위하여 바친 충성(忠誠)의 대의는 당당하여 영원히 공중에 해와 달이 달려 있는 그것처럼 변함이 없으리니 아득한 저승에서 백세청풍(百世淸風)을 자랑하는 백이숙제(伯夷叔齊)와 더불어 기거를 같이 하며 대화를 나누고 있을 것이로다.

我京畿運久沈衰
黃海淸波第幾時
塵多咸鏡藏孤影
色變全羅染黑絲
朝野昇平安得矣
家邦餘慶尙遲之

〔아경기운구침쇠〕 우리 경기 운이 오래 도록 쇠하였으니.
〔황해청파제기시〕 황해의 맑은 물결 몇 때나 되었는고.
〔진다함경장고영〕 티끌이 거울에 많으 니 외로운 그림자 감추었고.
〔색변전라염흑사〕 빛은 온전한 비단을 검은 실로 물들였네.
〔조야승평안득의〕 조야가 태평함을 언 제나 얻으려나.
〔가방여경상지지〕 가방의 남은 경사 오 히려 더디고나.

貞忠淸節歸無處 〔정충청절귀무처〕 정충의 맑은 절개가 돌아갈 곳 없으니.

落日江原雪涕垂 〔낙일강원설체수〕 떨어진 날 강언덕에 눈이 눈물을 드리우네. (崔龍菴의 八道嘆)

우리 한국의 서울 운수가 구한말부터 한없이 오래도록 침체하고 쇠하였으니 성인이 출세하면 황해가 맑아진다는 그때가 언제쯤 오려나. 티끌이 거울에 많이 묻어 외로운 얼굴 그림자는 감추어져 있고 색은 온전한 비단을 변하여 검정실로 물들여 버렸네.

그렇다면 조정이나 산야가 승평한 안락을 누릴때는 언제나 있을 것인가. 사가나 국가의 남은 경사는 눈에 보이지 않을만큼 더디고나.

서구풍조가 범람하여 정충대절같은 것은 찾아볼 수 없게 되었으니 해 떨어진 날 강 언덕에서 눈물을 뿌리면서 탄식할 수 밖에 없지 않는가.

後 記

※ 이 冊의 活用方法

★ 七言名句篇은 널리 人口에 膾炙되어 오는 名句나 驚人句로 된 歷軸詩들 입니다. 巷間에 나돌고 있는 이 冊 內容과 비슷한 冊과 對照가 되는 名作만을 뽑았습니다. 騷人墨客의 愛玩物로 活用되었으면 하는 욕심에서 엮어 본 것입니다.

★ 五言名作篇은 歷代의 名人들 作品으로 理解하기가 比較的 容易하여 初心者나 水準에 미치치 못하는 學生들도 硏究가 可能하도록 註釋과 字解를 붙여 보았습니다. 文脈이 通해진 것을 알 만큼 進展이 되면 재미를 느낄 수 있다고 생각됩니다.

★ 李杜文章篇은 李白이나 杜甫의 作品을 中心으로 엮어 보았습니다. 위 五言名作篇을 본 다음에 參考를 하면 效果的이라고 思料됩니다.

★ 格言至訓篇은 여러篇과 全然 性格이 다른 格言이나 至訓으로 된 句節들 입니다. 누구를 莫論하고 日常生活 또는 處世의 知識이나 智慧의 源泉이요, 座右銘이 될 만한 것들 입니다. 政治人으로부터 工夫하는 學生에 이르기까지다 參考가 될 만한 것이라고 勸獎하고 싶습니다.

★ 七言佳作篇은 五言名作篇과 表裏가 되는 歷代名人들로 엮어진 歷史意識이나 傳統的인 儒敎의 忠孝思想을 간직한 人間의 脈이 숨쉬는 作品들 입니다. 攝取할 만한 값어치가 있다고 봅니다.

★ 狗尾續貂篇은 名作은 原來에 貴한 것이라. "꿩대신 닭"도 아닌 往年에 모아둔 編者의 拙作인 『개의 꼬리』로 담뷔의 꼬리를 이어 보자는 뜻에서 餘白을 메우기 爲하여 揷入해 보았습니다. 萬에 하나 取할 것이 있다고 한다면 千萬多幸이라 생각합니다.

(編 者)

| 名句選解 | 정가 15,000원 |

판권	2版 / 1993년 7월 5일
	1刷 / 1993년 7월 10일
	編著 / 朴喜昌
	發行人 / 李根滉
	發行處 / 東信出版社
	登錄 / 제5-247호

130-072 서울시 동대문구 용두2동 103-21
TEL. 924~0729, 0742 FAX. 926~8378

※ 파본은 교환해 드립니다.

ISBN 89-7408-453-8

동신이 내놓은 도서안내

●주문은 924~0729, FAX.926-8378

● 자동차 분야

완전합격 운전면허　　편집부편
운전면허 책자 중 가장 쉽게 풀이해 놓았으므로 나이가 드시고 오래간만에 책을 접하시는 분에게는 아주 안성맞춤인 책입니다.
값 4,000원

자동차 실기시험요령　　이근황저
코스와 장거리 시험에 관하여 종목별로 상세하게 서술하여 그림과 함께 공부한다면 단한번에 합격의 영광을 누릴 수 있는 자신있는 책입니다.
값 2,000원

5일합격 운전면허　　편집부편
5일만 공부하시면 당신도 면허증을 따실 수 있습니다. 제2의 주민등록증이라 할 수 있는 운전면허증을 카드와 함께 지갑에 넣고 다니시기 바랍니다.
값 4,500원

자동차 정비실무(엔진편)　　유성렬저
베테랑 정비사가 일러주는 정비 기술의 노하우 결정판!! 지루한 서론이나 개론을 생략하고 직접 정비 현장 실무사례를 해설, 전개하고 있다.
값 8,000원

포 켓 운전면허　　편집부편
포켓속에 들어 있으면서도 방대한 문제를 함축성있게 편집하여 시간없으신 분들이 휴대하고 다니면서 공부할 수 있는 우리나라 최초의 아이디어 책자입니다.
값 2,000원

자동차 정비실무(전기편)　　유성렬저
시동·충전·점화 계통의 각 시스템을 구성순서·원리·구조·기능·점검방법 등을 이해하기 쉽게 해설하고 어려운 부분에서 참고를 달아서 충분한 보충 설명에 노력하였다.
값 8,000원

백발백중 운전면허　　편집부편
면허취득의 전과정과 핵심을 파악할 수 있도록 요점정리를 간결하게 하였다. 실전문제에서는 별표(★)를 표시하여 출제의 빈도를 나타내었고 권말에는 1종·2종 모의고사를 수록하여 시험전에 자체평점을 가름할 수 있도록 하였다.
값 4,000원

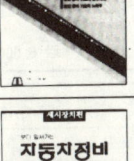
자동차 정비실무(섀시편)　　유성렬저
동력전달 계통과 제동장치에 역점을 두었으며 자동변속기관계, 각종 섀시장치 검사용 기구의 취급 사용법 특히, 선진국에서 이미 보급 되어 있는 시험기구와 구조에 대하여 소개하는데 힘썼다.
값 9,000원

카 세 트 운전면허
유명 성우 배한성·송도순이 강의한 카세트로 배우는 운전면허입니다. 시간적 여유가 없거나 책자로 공부하기에는 너무 지루한 분에게 꼭 알맞는 필수라 생각됩니다.
값 10,000원

자동차 정비실무(디젤편)　　유성렬저
자동차 정비현장에서 디젤엔진에 관한 까다로운 점들과 특히, 연료장치에 관하여 집중적으로 해설하였다. 여기에 있는 내용을 이해한 다음 또 다른 응용기술을 구사할 수 있도록 유도·연계하였다.
값 10,000원

오토바이 운전면허
이 책은 오토바이(원동기) 면허를 취득하려는 분을 위하여 편집한 면허합격 전문가의 전문서입니다. 쉽게 합격하실 수 있으리라 믿습니다.
값 2,000원

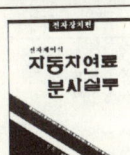
자동차 연료분사실무(전자편)　　전대진저
기계식과 전자식을 총망라한 역사적 배경과 구조, 기능해설, 각종센서의 구조, 기능과 응용해설 및 무접점 점화계통·충전계통의 상세한 해설과 외국차종의 고장수리에 대한 설명도 첨부하였다.
값 9,000원

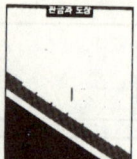
자동차 판금도장실무 신원향저
제1편 자동차 판금기술, 제2편 자동차 도장기술, 부록으로 각 자동차별 제원표 (외제차 포함)등으로 편집되어 어떠한 차종도 신속하고 정확하게 수리할 수 있도록 하였다.
값 7,000원

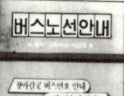
시내버스 노선안내 편집부편
이책 한권이면 서울시내 또는 처음가는 목적지까지 자신있게 다닐 수 있도록 행선지별, 또는 번호별로 정리하여 여행자 여러분의 든든한 안내자가 될 것이다.
값 700원

자동차 법규 및 안전관리 장상수저
가장 최근에 개정된 법령과 저자가 강단에서 강의한 경험을 바탕으로 자동차 정비기사·기능사 또는 검사기사·기능사 시험을 보는 수험생들이 공부하는데 많은 도움이 될 수 있도록 출제문제를 기준으로 종합예상문제를 수록하였다.
값 3,000원

교통관계법 사례별 해설집 엄용흠 저
교통단속·사고사례·질의사항·판례를 중심으로 한 교통경찰관, 자가운전자, 운수업체 종사자들의 문제해결 지침서
정가 10,000원

일반 기계 공학 장상수저
새로운 출제경향에 맞추어 실제출제문제를 기준으로 각 단원마다 많은 예상문제를 수록하였고 이해하기 어려운 문제는 풀이를 보충하여 수험생들의 이해를 돕는데 힘썼다.
값 6,000원

자동차 전기 배선도① 신원향편역
현재의 국내에서 생산된 모든 차종을 가능한 모두 포함시키는 방향으로 엮기 위하여 60년대 코로나부터 최근에 출고되는 엘란트라에 이르기까지 현대자동차를 총 망라해 두었다.
값 20,000원

자동차 정비 교실 신원향저
자동차의 기본적인 구조, 고장시를 대비한 비상용품들, 증상별 고장대책, 고속도로와 악천후에서의 운전기술 등 손수운전자들을 위해 어디서든지 안전하게 운전할 수 있도록 만든 오너를 위한 책이다.
값 6,000원

자동차 전기 배선도② 신원향편역
대우·기아·쌍용 기타 자동차의 최근 생산되는 차종의 배선도까지 총 망라하였다. 배선도를 보는 방법이 좀 서툴더라도 중간 중간에 쉽게 이해하실 수 있는 요령을 실었다.
값 20,000원

오너 드라이버 교실 김언규저
자동차의 필수적인 관리요령 및 응급처치와 자동차 사고에 따른 효과적인 보험처리 등을 수록하였다.
값 4,000원

AT자동차의 구조와 정비 유성렬저
이 책의 구성 내용은 기초편, 기능편, 정비편, 전자제어편, 일렉트로닉스편 및 운전편 그리고 뒤에다가 국내차 정비지침서, 외국차 정비지침서, 유압회로 등을 아쉬울 때 볼 수 있도록 실어 놓았다.
값 7,000원

마이 카(MY CAR) 편집부편
운전기술이란 생명과 가족을 지킬 수 있고 더 나아가서는 사회를 명랑하게 할 수 있다는 안전과 도덕적인 측면에서 한번쯤 이책을 읽어보기를 권한다.
값 4,000원

오토바이 정비교실 남기정저
기초에서부터 전기계통의 엔진不調까지, 공냉식과 수냉식 그리고 어느 고장징후를 보고도 점검할 수 있도록 도표를 수록하였다.
값 4,000원

● 사회·과학·취미분야

1,800字 한자해설 진영선저
문교부 제정 1,800字를 중심으로, 두자를 한단어로 묶어 암기하기에 편리하고 재미있도록 자해, 및 획순까지 2색도로 인쇄하였다. 특히 권말에는 축문쓰는 법, 젯상차리는 법, 각종 서식쓰는 법, 원고교정보는 법 등 실생활에 필요한 지식을 수록하였다. 값 3,000원

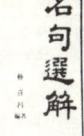

명구선해 박희창저
동양 3국의 명구를 총망라한 뒤 엄선된 명구들만 고르고 묵장보감까지도 감히 능가할 수 있는 명구들만 골라 현대인의 감각에 맞게 편집구성하였다. 특히 이 책은 서예에 심취해 좋은 명작을 남기고자 하는 분들께 알맞는 재료가 될 것이다. 값 15,000원

故事成語 박희창저
고사성어의 출전을 밝히므로써 그 뜻을 유추할 수 있도록 하였으며 가나다순으로 찾기에 편리하도록 엮었다. 부록으로 요즘 자주 사용하는 약자라든가 혼돈하기 쉬운 유사한자를 정확히 가리는 능력을 키우도록 노력하였다. 값 5,000원

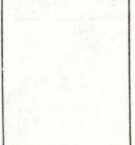

한국식물보전 송주택저
우리나라에서 자생하고 있는 모든 식물을 총망라하였다. 특히, 이 저자는 한라산에서 백두산까지를 직접 답사하면서 평생을 조사해 온 자료를 집대성하였으며 그림까지 일일이 곁드렸다. 값 26,000원

四書三經 편집부편
論語, 孟子, 中庸, 大學, 詩經, 書經, 易經(周易)의 삼본으로 동양의 역사, 문학, 종교, 민속 등을 연구하는데 꼭 읽어야만하는 최고의 명서이다. 값 9,000원

가정생활 과학백과 이종화저
가정에서도 이제는 과학적인 사고에 따라 운영되어야 한다. 과거에는 주부만이 전통 그대로 전수되어 오는 생활 양식들만 고집하며 살아왔지만, 21세기를 바라보는 요즘에는, 어느 하나라도 과학에 근거를 둔 생활양식이어야 된다는 생각에서 가정생활에 필요한 모든 생활과학 지식을 일러주었다. 값 8,000원

周易과 世界 중산학회편
대산선생의 화갑을 기념하는 대담집을 한출 한줄 녹음한 문답형식으로 주역이라는 어려운 분야를 보다 쉽게 풀이하므로서 세계속에 우리나라를 재조명 해보는 기회를 독자와함께 나누고자 하였다. 특히 이 책을 구입하신분에게는 무료강좌의 혜택을 드린다. 값 3,500원

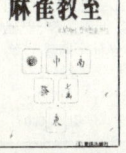

마작교실 편집부편
마작은 중국에서 건너오긴 했지만, 동양 3국이 서로 다르게 발전하였다. 그러나 여지껏 우리나라에는 우리식의 마작책은 없고 오로지 일본서적을 번역하는 정도에 그쳤기 때문에 우리현실과 너무도 다르다는 점에 착안하여 처음 배우는 독자를 위해 기초부터 실전까지 삽화를 곁드려 쉽게 배울 수 있도록 하였다. 값 4,000원

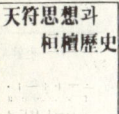

천부사상과 한단역사 백산저
시중에 나와있는 「桓檀古記」 번역본들을 읽어본 독자들이라면 그 내용이 무척 난해하다는 것을 깨달았을 줄 안다. 필자는 바로 이러한 점을 착안하여 이해할 수 있도록 원본을 재구성 하였다. 값 5,000원

오목교실 김남훈저
저자 김남훈선생이 8년여에 걸쳐 연구한 오목의 기초와 정수 및 급소를 정리하였다. 이 책을 펼치는 순간 "아! 이렇게도 수가 많은가?"라는 감탄사가 절로 나올 것이다. 값 3,000원

東洋萬歲曆 최국봉저
2색도로 인쇄하였으며, 시차제(써머타임)까지 수록하여 만세력을 공부하고 싶은 학생들이나 일반인들에게 쉽게 접근할 수 있도록 편집하였다. 값 5,000원

한사상의 세계통일선언 김요곤저
한사상이란 과연 무엇인가?
한사상의 깊은 진리와 뜻을 하나씩 파헤침으로 세계 통일은 한사상의 핵심 구성임을 강조하였다. 값 5,000원

稽疑神訣 최국봉저
상대방의 얼굴이나 생년월일이 필요없이 무엇이든 적척 알 수 있는 神書! 누구나 쉽게 해독할 수 있는 기초에 통변의 결정판! 이 한권의 책으로 당신도 도사(道士)가 될 수 있다. 값 15,000원

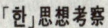

「한」思想考察 임균택저
우리나라 최초로 한사상을 밑바탕으로 한 박사학위 취득 논문집을 엮어 누구라도 한사상에 쉽게 접근할 수 있도록 하였다. 값 4,000원

● 컴퓨터 분야

Fox 그래프   정성민저
FoxBASE+, FoxPro에서 2차원, 3차원 그래프 작성 dBASE Ⅲ, dBASE Ⅳ에서 2차원, 3차원 그래프 작성 DTP와 paint 프로그램을 위한 2차원, 3차원 그래프 작성
값 6,000원

환상의 터보C 산책   한보광저
· Turbo C의 설치부터 에디터 사용 및 컴파일, 링크하는 법을 자세히 소개
· C의 기초부터 실제 프로그램을 작성할 수 있도록 많은 예제를 제시
· C에서 제일 어렵다는 배열과 포인터에 대해서 자세히 설명
값 13,000원

Fox BASE+   정성민저
PoxBASE+ 사용자 가이드: 완전해설
FoxBASE+ 명령과 함수 완전 해설
값 6,000원

컴퓨터 첫걸음 교실   한보광저
· 컴퓨터를 처음 대하는 독자
· 컴퓨터를 좀더 알고자 하는 독자들을 위하여 VIDEO로 자세히 설명·제작하였습니다.
값 22,000원

Turbo C 교실   한보광저
C를 처음 공부하는 독자나 C언어를 공부하다 중도에 포기한 독자 그리고 C 언어를 공부하긴 했어도 도무지 뭐가 뭔지 모르겠다는 독자를 위해 기초부터 쉽게 풀이했다.
값 7,000원

한글 2.0 참 쉬워요   한보광저
· 한글 2.0을 배웁시다.
· 이제까지 한글의 기능을 획기적으로 뛰어넘은 S/W의 필독서입니다. 당신의 편집 친구로서 손색이 없는 파트너입니다.
값 7,000원

MS-DOS 교실   한보광저
컴퓨터를 처음 대하는 독자를 위해 가장 쉽게 썼다. 컴퓨터를 처음 대하는 독자를 위해 가장 간략하게 구성했다. 컴퓨터를 처음 대하는 독자를 위해 가장 재미있게 엮었다.
값 5,000원

콤팩트 디스크와 플레이어   서동필저
콤팩트 디스크의 개요와 CD플레이어 구성원리를 전개하고 신호처리 및 측정방법에서부터 종합평가 조정방법까지 자세하게 설명하였다. 특히 권말에 LSI 회로를 설명하고 부록으로 에러 정정방법을 달아 두었다.
값 5,000원

GW-BASIC 교실   한보광 저
·컴퓨터를 처음 대하는 독자를 위하여 MS-DOS의 사용법을 자세히 설명하였다. 또, 프로그램을 공부하려는 독자를 위해 프로그래밍의 개념·프로그램 작성기법·베이식 명령어의 사용법 특히, 소트(정렬)에 대해서도 자세히 설명하였다.
값 8,000원

BASIC 학습의 길잡이   안상문 저
컴퓨터 학습의 밑거름이 되고자하는 독자 실과·가정·기술까지 컴퓨터로 해결하려는 독자 그리고 초급·중급·고급 프로그램을 수록하여 컴퓨터를 공부하는 독자로 하여금 선택의 폭을 넓혔다.
값 6,000원